미국의
한국 정치
개입사 연구
6
**전두환
제거 구상 편**

미국의 한국 정치 개입사 연구 **6**
전두환 제거 구상 편

지은이 | 이완범

제1판 1쇄 발행일 | 2022년 12월 30일

발행인 | 안병우
발행처 | 한국학중앙연구원 출판부

출판등록 | 제1979-000002호(1979년 3월 31일)
주소 | 경기도 성남시 분당구 하오개로 323
전화 | 031-730-8773   **팩스** | 031-730-8775
전자우편 | akspress@aks.ac.kr   **홈페이지** | www.aks.ac.kr

ⓒ 한국학중앙연구원 2022

ISBN 979-11-5866-709-2   03340

이 책의 저작권은 한국학중앙연구원에 있습니다.
이 책 내용의 전부 또는 일부를 재사용하려면 반드시 저자와 발행처의 서면 동의를 받아야 합니다.
값은 뒤표지에 있습니다. 잘못된 책은 바꿔드립니다.
이 책은 2018년 한국학중앙연구원 연구사업 모노그래프과제로 수행된 연구임(AKSR2018-M03)

미국의 한국 정치 개입사 연구 6

전두환 제거 구상 편

이완범 지음

한국학중앙연구원출판부

일러두기

1. 인터넷 자료를 인용한 경우, 자료명을「 」안에, 웹사이트명을〈 〉안에, 자료 업로드 일자를 ( ) 안에 밝힌다. 해당 인터넷 페이지 URL과 검색일 정보는 위의 정보가 불분명한 경우에만 밝힌다.

2. 『월간조선』, 『신동아』 등 월간지의 경우 통권 번호를 적지 않고 발간 연월을 ( ) 안에 표시한다.

3. 카터 라이브러리 원격 아카이브 캡처(Remote Archives Capture) 프로젝트에 의한 자체 문서 검색 시스템을 RAC로 약칭한다. RAC는 인터넷으로 연결되어 있지 않고 내부 인트라넷에서만 볼 수 있다.

4. 대한민국 외교부 공개 외교문서 자료의 출처는 "「문서명」(작성일자), 『문서철명』(담당과, 생산년도), 대한민국 외교부 공개 외교문서(공개연도)"의 형식으로 표시한다. 해당 자료의 상세 정보는 〈외교부 외교사료관〉 https://diplomaticarchives.mofa.go.kr/new/main/ 에서 문서철명으로 검색할 수 있다.

미국의 한국 정치 개입사 연구 1~6
전체 목차

박정희 제거 공작 편 (1~3)

전두환 제거 구상 편 (4~6)

1부   12·12 쿠데타적 사건과 미국의 대응
2부   미국의 전두환 암살 공작과 역쿠데타 검토
3부   1980년 서울의 봄, 신군부의 부상
4부   광주민주화운동과 미국의 대응
5부   쿠데타를 완성한 전두환
6부   김대중 구명을 위한 전두환 제거 구상
7부   6월민주항쟁 이후 한미 관계

6권 목차

6부 김대중 구명을 위한 전두환 제거 구상

1장 김대중 재판에 대비하는 미국의 전략   11
    1. 김대중 구명이 최우선 목표   11
    2. CIA 국장 터너의 보고서: 전두환 제거 이외의 방법   14
    3. 김대중 구명을 위한 카터의 최후 수단   22

2장 김대중 사형 선고 이후 미국의 반응   30
    1. 수포로 돌아간 미국의 노력   30
    2. 미국 의회의 김대중 재판 관련 결의안   37
    3. 카터의 압박과 전두환의 효과적 대응   45

3장 카터와 레이건의 정권 교체기 상황   55
    1. 레이건은 다를 것이라는 기대와 우려   55
    2. 카터와 뜻을 같이한다는 레이건의 메시지   64
    3. 쌀 지원 문제와 북한 변수까지 동원한 카터   69
    4. 친서를 보내 전두환을 직접 위협한 카터   77
    5. 노태우 보안사령관의 역할   92
    6. 브라운 국방장관의 마지막 권고   96
    7. 레이건 차기 정부에 건넨 협상카드   105
    8. 국제사회의 김대중 처형 반대 여론   112

4장 전두환이 외교술로 이끌어낸 한미 정상회담   119
  1. 한미 정상회담에서 레이건의 지지 확인   119
  2. 미국 방문의 대가와 성과   125

5장 카터가 전두환 체제를 묵인한 국제적 배경   133
  1. 미국이 유도한 소련의 아프가니스탄 침공   133
  2. 데탕트 종결, 미소 냉전의 새로운 시작   141
  3. 카터의 인권 정책과 이상적 현실주의   148
  4. 안보에 밀린 민주주의   156

7부 6월민주항쟁 이후 한미 관계

1장 미국의 전두환 친위쿠데타 견제   163
  1. 호헌 지지 요구를 거절한 미국   163
  2. 1986년 11월 전두환의 친위쿠데타 계획   168
  3. 공개외교를 통한 집권 연장 저지 노력   176

2장 6월민주항쟁과 직선제 개헌   184
  1. 6월민주항쟁의 배경   184
  2. 4·13 호헌조치에 반대하지 않은 미국   187
  3. 6·10 대회와 명동성당 농성   191
  4. 군부 개입을 강력히 반대한 미국   195
  5. 시거 국무차관보 특사 파견   201
  6. 빗발치는 직선제 개헌 요구   208
  7. 6·29 선언으로 직선제 개헌 수용   222

8. 6월민주항쟁의 성공 요인 분석　　　　　　　　　230
9. 야권 분열로 인한 군정 종식 실패　　　　　　　241

3장 실행되지 못한 전두환 제거 구상　　　　　　　254
1. 30년이 지나서야 확인된 미국의 전두환 제거 구상　254
2. 1980년 미국의 불개입이 광주 비극의 원인인가?　259
3. 대한민국 최고 지도자 제거 구상　　　　　　　265
4. 탈냉전 이후 달라진 한미 관계　　　　　　　　269

4장 김영삼 정부 이후 미국의 한국 정치 개입사　　274
1. 한미 관계 변화와 1997년 IMF 사태　　　　　　274
2. 김대중 정부 시절 한미 밀월관계　　　　　　　282
3. 노무현 정부 시기 예상 밖의 한미동맹 강화　　287
4. 박근혜 제거 구상이 있었나?　　　　　　　　　295

부록1 한국 현대사를 좌우한 미국의 정권 교체 공작　　297

부록2 미국의 제3세계 국가 정권 교체 공작　　　　　320

November 25, 1980

THE SECRETARY OF STATE
WASHINGTON

6부

김대중 구명을 위한 전두환 제거 구상

SECRET

MEMORANDUM FOR: THE PRESIDENT
FROM: Edmund S. Muskie

GDS 11/25/86

DECLASSIFIED
E.O. 12958, Sec. 3.6

◀

전두환 대통령 미국 방문 - 레이건 미국 대통령과 정상회담(1981.2.2).
문화체육관광부 정부기록사진집, 공공누리 제4유형

1장

김대중 재판에 대비하는
미국의 전략

1. 김대중 구명이
   최우선 목표

카터 대통령은 한국의 가장 저명한 인권 희생자인 김대중을 만나고 싶어 했으나[1] 대통령 취임 전이나 재임기간 중에 개인적으로 그를 만난 적은 없다. 카터 대통령은 박정희에게 압력을 가해 1978년 12월 김대중의 석방을 이끌어냈으며, 1979년 6월 말 방한 시점에 그를 만나려 했으나 글라이스틴 대사 등의 거센 반대로 뜻을 이루지 못했다. 카터는 김대중을 한국 민주화운동의 중심인물로 파악하고 그에 대해 개인적으로 지대한 관심을 가지고 있었다. 따라서 카터 행정부 관리들은 김대중 구명을 상당히 의식할 수밖에 없었다. 카터 행정부의 인

---

[1] William H. Gleysteen, Jr., *Massive Entanglement, Marginal Influence: Carter and Korea in Crisis* (Washington, DC: Brookings Institution Press, 1999), p. 39; 윌리엄 H. 글라이스틴, 황정일 역, 『알려지지 않은 역사: 전 주한미국대사 글라이스틴 회고록』(중앙M&B, 1999), 72쪽.

권정책 목표는 사회변혁과 같은 실현 불가능한 혁명적·거시적인 것이 아니라 점진적이고 미시적인 개인 인권 개선 같은 것이었고, 카터 자신도 민주화 인사 개인에 대해 관심이 있었다. 김대중에 관한 한국 정부의 움직임이 포착될 경우 카터 대통령에게 즉각 보고될 정도로 김대중 구명은 카터에게 매우 중요한 의제였다.

1980년 5월 17일 김대중 체포 직후부터 미국은 김용식 대사와 이희성 계엄사령관, 최규하 대통령에게 항의한 이래 계속 이 문제를 대한(對韓) 정책의 거의 유일한 의제로 삼았다. 글라이스틴 대사(존 몬조 대사대리 포함)는 1980년 전두환을 10여 차례 만났으며, 노태우 보안사령관을 2번, 노신영 신임 외무장관을 여러 번 만나 이 문제를 논의했다. 1980년 8월 크리스토퍼 국무부 부장관이 소집한 워싱턴의 김대중 문제 핵심 관계자 회의에서 '김대중 구명이 미국 대한 정책의 최우선 목표가 되어야 한다'는 주장에 대해 글라이스틴은 구금된 다른 인사도 있고 정치개혁과 관련된 문제도 있다고 지적했다. 김대중 문제에 너무 치중할 경우 전두환과 신군부 세력에 이용당할 가능성이 있다고 주장했다. 그러나 글라이스틴의 주장은 김대중에 관심을 집중하자는 주장에 밀렸다.[2]

카터 행정부가 김대중 구명을 최우선시한다는 사실을 잘 알았던 전두환은 미국을 조바심 나게 하면서 동시에 김대중의 죽음을 막을 수 있다는 희망적인 생각을 갖게 하면 미국과의 관계를 크게 손상시

---

2   William H. Gleysteen, Jr.(1999), 위의 책, 171~172쪽; 윌리엄 H. 글라이스틴, 황정일 역(1999), 위의 책, 240~241쪽.

키지 않으면서 통치 문제를 자신의 생각대로 밀고 나갈 수 있다고 생각했다.[3] 이렇게 신군부는 미국의 막강한 힘을 제한하는 데 성공했으며 김대중 문제를 잘 이용했다고 할 수 있다. 결과적으로 전두환이 김대중 문제를 통해 미국을 효과적으로 제어했던 것이다.

한편 미국이 전두환 정권을 견제하기 위한 수단으로 김대중 카드를 이용했다는 시각도 가능하다. 김대중 문제만 놓고 보면 미국의 한국 길들이기와 한국의 미국 제어가 교묘하게 상호 작용하여 기존의 의존적이고 종속적이며 한국이 일방적으로 미국에 편승했던[4] 관계에서 대등한 관계, 경우에 따라서는 상호 의존적인 관계로 나아갔다고 해석할 수 있다.

미국이 김대중 구명에 적극 나서게 된 데에는 카터의 개인적인 집착이 가장 주요했으나 광주학살을 자행한 신군부가 남한의 합법정부를 장악하는 과정에서 이를 묵인했던 미국으로서는 남한 사회에 점증하고 있는 반미 감정을 완화시킨다는 차원도 고려했을 것이다. 미국으로서는 김대중을 구명해 야권 세력을 무마하고 광주 시민의 반미 감정을 다독여야 하는 절박한 필요성이 있었다.[5] 전국적으로 확산되기 시작한 반미 감정을 잠재우는 데 김대중 구명이 큰 효과를 거둘

---

3 William H. Gleysteen, Jr.(1999), 위의 책, 167쪽; 윌리엄 H. 글라이스틴, 황정일 역(1999), 위의 책, 236쪽.
4 홍석률, 「위험한 밀월: 박정희-존슨 정부 시기」, 『역사비평』 편집위원회 편, 『갈등하는 동맹: 한미관계60년』(역사비평사, 2010), 64~65쪽.
5 신현익, 『전두환 군부정권 성립과정에서의 미국의 역할』, 고려대학교 박사학위논문(2006), 199쪽; 정일준, 「미국 개입의 선택성과 한계: 전두환·노태우-레이건·부시 정부 시기」, 『역사비평』 편집위원회 편(2010), 위의 책, 107쪽.

수 있겠느냐는 회의적인 시각도 존재했지만 김대중 사형을 묵인하거나 수수방관했다면 (적어도 광주를 중심으로) 반미 감정이 더 크게 증폭되었을 가능성이 있었다.

2. CIA 국장 터너의 보고서: 전두환 제거 이외의 방법

1980년 9월 12일 금요일에 카터 대통령이 주재한 미 외교 정책 (주례 - 인용자) 조찬[6]에서 카터는 터너 CIA 국장[7] 등에게 김대중 판결에

---

6   'foreign policy breakfast'는 공식 문서에 나와 있는 표현인데, 카터는 『백악관일기』에서 'the foreign affairs breakfast'라고 스스로 잘못 표기했다. The White House, "The Daily Diary of President Jimmy Carter," The White House, Washington, D.C., September 12, 1980, 5:00 a.m. Friday, Plains File, President's Daily Diary, Box 15, Folder: 9/1-14/80, Jimmy Carter Library에도 'foreign policy breakfast'로 나온다. 참석자는 Walter F. Mondale, Edmund S. Muskie, Warren M. Christopher, Harold Brown, Stansfield Turner, Jack H. Watson, Jr.(Chief of Staff), Brzezinski, Lloyd N. Cutler(Counsel), Joseph L. "Jody" Powell(Press Secretary)이었으며 오전 7시 30분부터 9시 15분까지 진행되었다.

7   The White House, "The Daily Diary of President Jimmy Carter," The White House, Washington, D.C., September 19, 1980, 5:00 a.m. Friday, Plains File, President's Daily Diary, Box 15, Folder: 9/15-28/80, Jimmy Carter Library; The White House, "The Daily Diary of President Jimmy Carter," The White House, Washington, D.C., September 26, 1980, 5:00 a.m. Friday, Plains File, President's Daily Diary, Box 15, Folder: 9/15-28/80, Jimmy Carter Library; The White House, "The Daily Diary of President Jimmy Carter," The White House, Washington, D.C., October 3, 1980, 12:03 a.m. Friday, Plains File, President's Daily Diary, Box 16, Folder: 9/29-10/5/80, Jimmy Carter Library에 나와 있는 세 차례의 외교 정책 주례 금요 조찬 모임에는 머스키 국무장관, 브라운 국방장관, 크리스토퍼 국무부 부장관, 커틀러, 포웰, 브레진스키만 참석(26일에는 먼데일과 왓슨도 참석)했으며 터너는 오지 않았다. 따라서 터너는 외교 정책 조찬 모임의 고정 참석자는 아니며 9월 12일자 조찬 참석은 예외적인 것이었다. 김대중 구명 방법을 논의하기 위해 카터가 특별히 참여를 지시한 것으로 추정된다.

대비하는 전략을 물었다. 김대중 사형 집행을 막을 방안을 논의하고자 했던 것이다.[8]

머스키는 1980년 9월 12일 오후 일일보고서에서 카터가 전두환에게 보낸 편지가 김대중 판결에 중요한 역할을 할 것이라고 적었다. 다만 검사가 사형을 언도한 상황에서 바로 무기징역이 선고될 가능성이 높지는 않다고 했다. 예측과는 다르게 만약 사형 집행이 확정된다면 무기 판매를 비롯한 경제 제재를 고려한다고 언급했다.[9] 김대중 문제에 대한 미 국무부의 상황 인식은 비교적 낙관적이었으며 제재 수단도 대북 정책 변경이나 주한 미군 철수 등을 고려하지 않는 등 온건한 편이었다.

한편 터너는 김대중 구명을 전두환 제거 및 북한 카드 등과 연관시키는 보고서를 작성해 1980년 9월 15일 브레진스키에게 올렸다. 이미 논의의 주제로 삼고자 했던 북한 카드에다가 전두환 제거를 연결시킨 '한국: 정책 옵션들'이라는 제목의 야심적인 보고서였다. 그러나 그레그의 7월 7일자 권고를 반영하여 전두환 제거보다는 북한에 더 많은 초점을 두었다. 터너는 "(카터) 대통령은 김대중에게 내려질 판결과 관련해 국방부가 마련한 대(對)남한 조치들의 영향력에 대해 나의 의견을 물었다"며 7월 초부터 시작된 '대남한 정책 옵션' 논의의 연장선에서 아래와 같이 예측했다.

---

8 Jimmy Carter, *White House Diary* (New York: Farrar, Straus and Giroux, 2010), p. 464.
9 "Memorandum of Edmund S. Muskie to the President[: Evening Report]," September 12, 1980, Secret, pp. 2–3, Plains File, Subject File, Box 40, Folder: State Department Evening Reports, 9/80, Jimmy Carter Library.

1. 국방장관 해럴드 브라운의 제안[10]을 포함해 미-남한 군사 관계를 약화시키는 방안(예를 들면 주한 미군 철수 혹은 감축 - 인용자)[11]은 다음 결과를 낳을 것이다.

- 남한 군 지휘부들 사이의 균열을 야기하고 전(Chun,[12] 전두환 - 인용자)의 군사적 지지를 약화시킬 것이다.

- 또한 한국 문제에 대한 미국의 개입에 개탄하는 군 고위 장교들 사이에 (미국이 독재자를 지지하면서 한국 내정에 간섭한다며 - 인용자) 반미 감정을 확산시킬 것이다.

- (12·12와 같은 - 인용자) 군사적 불안정의 2차 라운드가 올 것인데 이는 전두환에 대한 쿠데타로 절정에 달할 수 있다. 그의 후임은 미국의 관점으로 보아 더 좋은 사람이 아닐 가능성이 높다.

이 대목에서 역쿠데타에 의한 전두환 제거 계획이 국방부와 CIA에서 아직 완전히 폐기되지는 않고 계속 논의되고 있었음을 확인할 수 있다. 그런데 이 시점에 터너 또한 그레그의 '전두환 퇴진 계획 회의론'에 대체로 동의하게 되었다. 군부 내에서 전두환보다 더 나은 인물을 모색하는 데 실패했기 때문이다. 두 번째로는 북한 관련 변수였다.

10 "Memorandum of SecDef (Harold Brown) to the President," 13 September 1980, National Security Affairs, Collection # 6, Brzezinski Material, Country File, Folder: Korea, Republic of, 9/80-1/81, Box 44, Jimmy Carter Library. 이 메모는 비밀로 묶여 있는 문서 목록인 Withdrawal Sheet 7a 항목에 있는데 2011년 6월 당시 비밀로 묶여 있었다.
11 미 국방부의 제안은 CIA나 그레그, 브레진스키보다 적극적이었다고 할 수 있다. 하윤해, 「[단독] "김대중 구하라"… 美 메가톤급 '전두환 정권 제재' 입안」, 〈국민일보〉(2016.5.25).
12 원래 Jung으로 잘못 기안되어 있는 것을 최종 단계에서 잉크로 수정했다. CIA 내부가 전두환에 대해 그렇게 치밀하게 인지하지 못했음을 확인할 수 있는 대목이다.

2. 북한이 미국의 방안을 알게 되었을 때 평양은 아래와 같이 할 것이다.

– 미국의 안보 공약의 감소를 인식할 것이다. 그러나 대남 군사행동의 기회로 생각하지는 않을 것이다.

– 유엔과 비동맹국가들로부터 남한을 고립시키는 다른 방안을 모색할 것이다.

– 아마도 미국과의 평화조약 체결 노력에 박차를 가해 미국과 남한 사이의 균열을 더 넓히고자 할 것이다.

이러한 북한 카드는 이전 시기와 비교할 때 냉전적 사고에서 다소 벗어나 있으며 덜 감정적이고 이이제이(以夷制夷)식 현실주의에 바탕을 둔 느낌이다. 세 번째 논점은 남한산 철강의 대미 수출 규제와 같은 경제적 방안(경제 제재)인데 그것은 효과적이지 않고 이미 약화된 남한 경제를 더 불안하게 만들며, 한국에서 미국과 일본의 사업 이익에 해를 끼칠 것이므로 반대하는 분위기였다. "전면적인 금수(禁輸) 조치 같은 것이 도입되지 않는 한 이런 조치는 효과가 없을 것"이라며 "어떠한 금수 조치라도 시행된다면 한국에서 미국과 일본의 사업 이익은 피해를 볼 것"이라고 주장했던 것이다.[13] 네 번째도 역시 북한 카드로 '남한을 배제한 북·미 정부 간 직접 접촉 검토'였다.

4. 추가적으로 정치적인 영역에서 미국이 북한과의 문화적 관계를 미

---

13 하윤해, 「[단독] 전두환 협박 위해 '北과 접촉' 충격적 카드도 검토」, 〈국민일보〉(2016.5.25).

래에 정부 간 관계로 점진적으로 진전시키는 방안까지를 포함하여 대북 관계를 재검토하는 것은 전두환에게 다음과 같은 위협이 될 것이다.

- 아마도 군부 내에서 전두환의 지지를 감소시키며 만약 이것이 알려지게 되면 그의 퇴진을 가져올 것이다.
- 남한을 고립시키기 위해 미국과 관계를 맺으려는 노력을 포함한 북한의 외교적 공세를 지속시킬 것이다.

마지막 제안은 전두환을 위협할 필요가 없으므로 위험 부담이 별로 없어 보다 현실적이다.

5. 카터 대통령이 전두환에게 기독교 박애 정신에 따라 자비를 구하는 것으로 위협이 아닌 청원 형식이다. 이를 통해 미국이 한국을 평등한 동반자로 간주하고 있다는 것을 보여 주므로 전두환이 아마 받아들일 것이다. 한편 전두환은 등가의 대가(김대중의 무기징역 감형과 전두환 정부 승인을 교환하는 것이 그 예인데, 카터 이후 레이건 대통령과의 한미 정상회담으로 실현되었다고 볼 수도 있다.-인용자)를 요구할 것이 거의 확실하다.

1980년 9월 중순에 작성된 위 문서가 1980년 7월 초 작성된 「가능한 정책 대안들: 남한」 문서와 같이 여러 군데 파일링되어 있으므로[14]

---

14 "Memorandum of Stainsfield Turner (the Director of Central Intelligence) to Zbigniew Brzezinski: Korea: Policy Options," 15 September 1980, National Security Affairs, Collection # 6, Brzezinski Material, Country File, Folder: Korea, Republic of, DOD

이 구상이 다각도로 검토되었으며 초미의 관심사 중의 하나였음을 알 수 있다.

  이 문서를 구체적으로 검토하면 카터가 전두환 제거보다 김대중 구명에 더 강조점을 두고 있었기 때문에 터너는 이에 초점을 맞추려 했지만, 터너의 주된 관심사는 여전히 7월 초의 대안 제시와 같이 전두환 제거와 이를 실현하는 방법으로서 북한 카드 동원이라는 큰 틀에서 벗어나지 않았다. 터너도 역시 전두환보다 더 양호한 대안적 인물을 발견하지 못했으므로 그레그의 반대 의견에 일부 동의하는 듯했다. 그러면서도 미국의 북한 접근이라는 카드까지 동원해 전두환을 퇴진시키려는 그의 복안은 매우 획기적인 비밀공작의 냄새가 났다. 그러나 북한 동원은 매우 위험부담이 높은 것이었다. 이미 전두환이 최고 권력자가 되었던 1980년 9월은 역쿠데타를 고려했던 1980년 2월이나 광주의 참극을 막기 위해 군대 동원을 저지하고 시위대와 타협을 모색할 수 있었던 5월과는 달랐다. 이런 상황에서 김대중 구명을 위한 하나의 수단으로 전두환 제거를 실현하기에는 큰 부담이 있

Transmission to Congress re Korean Troop Withdrawals, 4-6/77, Box 44, Jimmy Carter Library. 사실 이 문서는 날짜 등을 고려할 때 Folder: Korea, Republic of, 9/80-1/81에 있어야 하는데 같은 박스 안의 다른 폴더(Folder: Korea, Republic of, DOD Transmission to Congress re Korean Troop Withdrawals, 4-6/77)에 들어 있다. Folder: Korea, Republic of, 9/80-1/81의 비밀로 묶여 있는 문서 목록인 Withdrawal Sheet 7b 항목에 이 문서가 있는데 2011년 당시 해제되어 있지 않은 것으로 나왔다. 그러나 카터 라이브러리 원격 아카이브 캡처(Remote Archives Capture; RAC) 프로젝트에 의한 자체 문서 검색 시스템(인트라넷으로만 볼 수 있음)으로 터너, 박정희 등을 검색하면 이 문서가 비밀 해제된 것으로 나온다. 이 문서 위에 Approved For Release 2005/01/28:NLC-6-44-8-1-8로 적시되어 있는데, 비밀 해제는 2004년에 되었으며 2005년에 RAC에 릴리스 되었다. 문서 제목 뒤와 문장 말미의 비밀 등급 (S) 등이 지워져 있다.

Approved For Release 2005/01/28 : NLC-6-44-8-1-8

The Director of Central Intelligence
Washington, D.C. 20505

15 September 1980

MEMORANDUM FOR: The Honorable Zbigniew Brzezinski
                 Assistant to the President for
                 National Security Affairs

SUBJECT: Korea: Policy Options

1. At the foreign policy breakfast last Friday, the President asked for my views on the impact of measures developed by Defense against South Korea with regard to the possible sentencing of Kim Dae Jung. I have just received Harold's list and believe that, while the individual measures would carry different weights, the probable effect on South Korea of any of the measures suggesting a downward trend in U.S.-South Korean military relations would be to:

-- Cause a split in senior Korean military ranks and weaken Chun's military support;

-- Generate anti-American sentiment among some senior officers who would resent U.S. interference in Korean affairs (reflecting the lack of sympathy for Kim in South Korea);

-- Set the stage for another round of military instability that could culminate in a coup against Chun. His successor likely would be no better from the U.S. point of view.

2. On the assumption that North Korea would become aware of the nature and extent of the U.S. measures, Pyongyang:

-- Would perceive the measures as a diminution of the U.S. security commitment, but not as an opportunity for military action against the South;

-- Might be encouraged to undertake other measures in the UN and nonaligned nations to isolate South Korea;

-- Would probably intensify its efforts to conclude some kind of peace settlement with the U.S. and to widen the split between the U.S. and South Korea.

SANITIZED
SECRET

Approved For Release 2005/01/28 : NLC-6-44-8-1-8

그림 1. CIA 국장 터너가 브레진스키 보좌관에게 보낸 메모랜덤: 「한국: 정책 대안들」(1980.9.15), 카터 대통령 기념도서관 소장

3. In addition to the military measures provided by the Department of Defense, we have looked at a number of economic measures the U.S. might take against the South Korean Government, such as restrictions on the import of South Korean steel to the U.S. We conclude that:

-- Any such action short of a complete economic embargo would probably be ineffective;

-- A complete economic embargo would devastate the already weakened South Korean economy, leading to further instability;

-- Any such embargo would harm U.S. and Japanese business interests in Korea.

4. Additionally, in the political sphere, the U.S. could threaten Chun with a reexamination of its policy toward North Korea, possibly including a threat to undertake cultural ties with a view to gradually improving government-to-government relations in the future. We believe such action:

-- Would probably weaken Chun's support among the military and might bring about his downfall if it became known;

-- Would encourage North Korea to continue its diplomatic offensive, including seeking ties with the U.S. to isolate the South.

5. Also, the President could make a personal appeal to Chun, without threats, asking Chun to show mercy in an act of Christian charity. We believe Chun would probably be receptive to that kind of appeal, particularly inasmuch as it would show that the U.S. accepts Korea as an equal partner. On the other hand, Chun would almost certainly expect a *quid pro quo*.

STANSFIELD TURNER

었다. 김대중을 구명하기 위해 전두환을 제거하는 것은 아무래도 격이 맞지 않는다고 판단했을 것이다. 그렇다면 그 방법을 버리고 다른 대안을 찾아야 했다.

미국의 정책 결정자들은 내정간섭 논란에 휩싸여 심각한 민족주의적 반향을 일으킬 제거 추진은 위험 부담이 크다고 생각해 사적인 압력을 비공식적으로 가하는 안을 대체로 선호했다. 미국 최고 정보기관의 수장 터너가 이런 상황을 몰랐을 리 없다. 따라서 그는 마지막에서 결론격으로 주한 미군 감축이나 북한 동원에 비해 위험 부담이 없는 개인적 설득 방안을 적시했다. 카터는 이 제안을 읽고 나서 읽었음을 확인하는 C자 이니셜 서명까지 했다. 카터가 전두환 제거 공작(작전)을 인지하고 있었음을 확인할 수 있는 대목이다.

3. 김대중 구명을 위한 카터의 최후 수단

그레그는 터너와 브라운의 안[15]을 같이 검토한 지 하루가 지나기도 전인 1980년 9월 16일에 기민하게 김대중 구명에 관한 보고서를 올렸다. 제목은 '김대중'이었다. 미국 시간으로 바로 그날 밤에 1심 판결이

---

15 "Memorandum of SecDef (Harold Brown) to the President," 13 September 1980, National Security Affairs, Collection # 6, Brzezinski Material, Country File, Folder: Korea, Republic of, 9/80-1/81, Box 44, Jimmy Carter Library. 이 메모는 비밀 미해제 목록인 Withdrawal Sheet 7a 항목에 있는데 2011년 6월 당시 비밀로 묶여 있었다.

예상되므로 그렇게 서둘렀다. 글라이스틴이 오늘 전두환을 만나 카터의 메시지를 전달했다면서 그 만남에 대한 보고서는 아직 읽지 못했지만 전두환이 우리의 관심을 알고 있으며 1심 재판에 그가 간여하지는 못해도, 관여할 때가 되면 우리의 관심을 마음에 두고 행동할 것이라고 들었다고 기술했다. 그레그는 김대중의 사형 집행을 제지하기 위해 할 수 있는 가장 효과적인 방법을 이미 동원했다고 평가했다. 자신은 경제 제재나 군사 제재 모두 반대하며 CIA 부장 터너의 메모(DCI's memo)가 자신과 같은 관점으로 좋은 안이라 느낀다고 썼다.

그러면서 그레그는 터너 안의 한 가지 오류는 전두환을 기독교적으로 대하라는 것이라며, 전두환을 유교적으로 대해야 한다고 주장했다. 전두환은 덕치를 통해 국민들의 지지를 얻어야 한다고 생각하는데 그의 주위에 있는 사람들은 김대중을 처형해 한국 사회 혼란의 원인을 제거하는 것이 덕치의 과정이라고 말한다는 것이다.[16] 이와 같은 경향이나 사상은 진정 미국의 그것과 배치된다고 평가되었다. 또한 그레그는 김대중의 판결이 나오고 그에 대한 전두환의 반응을 예견할 수 있을 때까지 제재를 하지 말라고 대통령에게 권했다.[17] 훗날

---

16 글라이스틴은 1980년 11월경 전두환 최측근을 포함해 젊은 군 장교들 사이에 반김대중 정서가 다소 늘어나고 있다고 평가했다. 일부 인사들은 김대중이 처형되지 않으면 정치 무대에 다시 등장해 자신들의 '구국' 노력이 허사가 될 것이고, 그의 처형에 대한 외국인들의 비난은 시간이 가면 사라질 것이라며 공공연히 그의 처형을 주장했다는 것이다. William H. Gleysteen, Jr.(1999), 앞의 책, 181쪽; 윌리엄 H. 글라이스틴, 황정일 역(1999), 앞의 책, 254쪽.

17 "Memorandum of Donald Gregg to Zbigniew Brzezinski: Kim Dae Jung," September 16, 1980, #7c, National Security Affairs, Collection # 6, Brzezinski Material, Country File, Folder: Korea, Republic of, 9/80-1/81, Box 44, Jimmy Carter Library. withdrawal sheet 상에는 브라운의 페이퍼(7a)와 터너의 페이퍼(7b)가 첨부되어 있는데 극비로 묶어 놓고 공개하지 않았다.(그러나 7b는 전술하였듯이 잘못 위치 지워진 채로 공개되었다.) 위 그레그의 9월 6일

SECRET   TOP CRET ATTACHMENT   5148
MEMORANDUM
ACTION   NATIONAL SECURITY COUNCIL
                                        September 16, 1980

MEMORANDUM FOR: ZBIGNIEW BRZEZINSKI
FROM: DONALD GREGG
SUBJECT: Kim Dae Jung (U)

This is a difficult moment to sound definitive about what to do about Kim. His initial trial verdict is expected tonight our time. Gleysteen saw Chun today in Korea, and delivered the President's message. I have not yet seen the report of this meeting, but am told that Chun said

- He was well aware of our concerns,
- He cannot interfere in the initial judgment of the court,
- Once the case reaches him on appeal, he will act with our concerns in mind.   (S)

I feel that we have already taken the most effective measures we can to deter Kim's execution. I am against sanctions, whether economic or military, and feel that the DCI's memo is solid in making this same point. The DCI errs in one area--in dealing with Chun, we must treat him essentially as a Confucian, not a Christian. Chun is seeking to follow a "virtuous" course which will win him the support of his people. Chun has been told by some of those around him that the virtuous course is to execute Kim, thereby removing him as a cause of disruption in Korean society. That tendency, or trend of thought, is really what we are up against.   (S)

Attached at Tabs A and B are Brown's and Turner's papers. At Tab I is a memo to the President, telling him where we are, and urging that no sanctions be invoked until the Kim verdict is in, and we get some readings as to Chun's thinking in reaction to that verdict.   (S)

Attachments

SECRET

                   Z. Brzezinski
                   September 16, 1986

TOP SECRET ATTACHMENT

그림 2. 그레그가 브레진스키에게 보낸 메모랜덤: 「김대중」(1980.9.16), 카터 대통령 기념도서관 소장

그레그가 당시 김대중 구명에 힘을 보탰다고 증언했는데 이 문서에서 전두환 제재에 반대하는 태도를 보인 것을 보면 김대중 편이라기보다는 신군부 편이었다고 평가할 만하다. 따라서 그레그가 1973년 납치 사건이 일어났을 당시와 1980년 두 차례에 걸쳐 김대중을 구명했다고 주장하는 것[18]은 사후적, 결과론적인 회고이다. 공작원이었던 그가 김대중 편이었다기보다는 CIA 편이었다고 보는 것이 합리적이며 보다 적절한 평가라고 할 것이다.

  1980년 김대중을 구명한 것은 일개 공작원 그레그가 아니라 대통령 카터였다. 그레그는 카터 대통령의 김대중 구명 열의를 알고 그의 지시에 최대한 복무하려고 노력했을 뿐이다. 전방위적인 압력의 동원을 모두 검토하려고 했던 카터에 비해 공작원 그레그는 부작용을 고려해 신중한 방법론을 제기했다. 그레그는 전두환 제거보다는 전두환 묵인을 통한 미국의 안보 확보와 김대중 구명 압박을 동시에 추구했다고 할 수 있다.(묵인과 구명의 교환) 이러한 동시 추구는 전두환 제거를 강력하게 주장한 카터를 제외한 거의 모든 참모들의 의견이었고, 결국은 그러한 방향으로 추진되어 김대중 구명의 결과를 산출했다. 카터의 군사적(철군), 경제적(원조) 수단 검토가 도상작전에 그칠 수 있었던 것은 무리수를 우려한 참모들의 건의가 먹혀든 결과이다. 물론 카터도 전두환 제거라는 무리수를 추구했다기보다는 위협 수단으로만 활용하려 했을 것이다. 이러한 위협도 전두환 측이 움직

   자 문서는 NLC-6-44-8-2-7에서도 볼 수 있다.
18   김중호, 「"김대중 지킴이" 그레그와 DJ의 관포지교(管鮑之交)」, 〈노컷뉴스〉(2009.8.11).

```
SECRET ATTACHMENT
            ANDUM
                          THE WHITE HOUSE
SECRET                       WASHINGTON
ACTION                            September 16, 1980
MEMORANDUM FOR:      THE PRESIDENT
FROM:                ZBIGNIEW BRZEZINSKI
SUBJECT:             Kim Dae Jung     (U)

Here is the situation vis-a-vis Kim Dae Jung.

   -   The initial trial verdict is expected to be handed
       down tonight (16-17 September) local time.

   -   Ambassador Gleysteen saw President Chun today, and
       delivered to him the message sent out on Sunday,
       restating your personal concerns re the case.

   -   I am told that Chun's response was serious and
       attentive.  He said that he was well aware of our
       concerns, that he cannot interfere in the initial
       verdict of the court, but that when the case comes
       to him on appeal, he will take our views into
       account.

   -   Kim and his co-defendents were allowed to speak
       freely and impressively in the final days of the
       trial.

   -   There is some room to hope that the initial verdict
       may be less than a death sentence, but on balance,
       I think it is prudent to prepare for such a sentence.
       (S)

As to any other immediate actions on our part, designed to
deter Kim's execution, my feelings are as follows:

   -   By conveying your feelings on the Kim case directly
       and privately to Chun, we have already taken the
       most effective action open to us.

   -   Sanctions, as outlined in Harold Brown's memorandum
       at Tab A, are in my view likely to be counterproductive.
       Harold says that four of the actions he lists can
       be undertaken, but I believe that Stan Turner's
       comments (Tab B) on the damages accruing from any
       sanction are valid. (S)

SECRET
               Z. Brzezinski
      x        September 16, 1986

TOP SECRET ATTACHMENT
```

그림 3. 브레진스키가 대통령에게 보낸 메모랜덤: 「김대중」(1980.9.16), 카터 대통령 기념도서관 소장

SECRET

Chun has signalled clearly to us that he values the US relationship above all others, and that he wants to work closely with us. We have said that Chun's handling of the Kim case will influence our willingness to work with Chun. He has responded that his hands are tied until the case reaches him on appeal. Chun is essentially a Confucian leader, trying to find the "virtuous" path as Korea's president that will cause his people to follow him. He has been told by some of his advisors that to execute Kim, thereby removing him as a disruptive force, *is* the virtuous thing to do, in Confucian terms. We and the Japanese and the Western world are giving contrary advice. This is not easy for Chun to sort out, but I am quite certain that he will, and that Kim will not be executed. (S)

RECOMMENDATIONS

At this juncture, I believe we should wait for the initial Kim verdict. State's press guidance, being prepared now, will make clear how we feel if the death sentence is handed down. Once the appeal process gets underway, there will be time for other messages to Chun, to which I believe he will be able to respond positively. We can also, after the verdict, and in consultation with Ambassador Gleysteen, consider sending an emissary. If, and only if, it appeared clear that Chun was ignoring our views, should we consider use of sanctions. We are still far from that point. (S)

Attachments

Hold options for possible use
J

SECRET

임을 보이지 않자 카터는 군사적·경제적 수단 동원을 적극적으로 검토했고 사용 직전까지 갔다고 할 수 있다.

그레그의 보고서를 수령한 같은 날인 1980년 9월 16일 브레진스키는 최종 보고서를 작성해 대통령에게 보냈다. 제목은 역시 '김대중'이었다. 서울 시간으로 16일이나 17일 1심 판결이 내려질 것인데 글라이스틴이 카터의 메시지를 전달했으므로 판결에 간여할 수는 없어도 미국의 입장을 고려할 것이라는 전두환의 말을 들었다고 하는 부분은 그레그의 메모에 기반하고 있다. 브레진스키는 1심 판결이 사형이 아닐지도 모른다는 희망의 여지도 있지만 사형 판결에 대비해야 한다고 적었다. 이미 카터의 직접적이고 사적인 생각을 전두환에게 전달했으므로 자신들은 할 수 있는 한에서 최선을 다했다고 자평했다. 그리고 브라운이 언급한 제재는 역효과가 있을 것 같다고 평가하고, 터너의 평가(군사적 제재가 가져올 손상을 고려해야 함)가 유효하다고 적었다. 브레진스키는 그레그와 같이 국민들이 지지하는 근거가 되는 유교적 덕치 개념을 소개하면서 이것이 한국이 미국, 일본, 서방세계와 다른 점이라고 평가했다. 브레진스키는 김대중이 처형되지 않을 것이라고 확신했으며,(이것이 전두환 제거 작전을 계속 진행하지 않은 이유이다.) 1심 판결 때는 기다려야 한다고 권고했다. 현재로서는 국무부의 홍보 지침에 따라 만약 사형 선고가 내려진다면 어떻게 해야 할지 준비해야 한다고 했다. 항소 절차가 진행 중일 때는 전두환에게 다른 메시지를 전달하는 것을 권했다. 그러면 긍정적 반응이 가능하다고 믿었다. 글라이스틴 대사의 구상에 따라 1심 판결 후 특사 파견을 고려하라고 권했다.(실제로 브라운 국방장관이 12월 13일 특사로 파견되었다.) 만약 전두환이 미국의 입장을 고려하지 않을 것이 확실하다면 제재를 고려해야 하지만 그러기에는 아직 시간이 많이 남아 있다고 했다.

만약 김대중 처형이 집행될 가시적 조짐이 보였다면 미국은 전두환을 몰아내는 방안을 더 구체적으로 고려했을 것이며 실행되었을 가능성도 없지 않다. 실제로 카터는 브레진스키의 1980년 9월 16일자 메모랜덤에 "대안을 후일의 사용을 위해 보류하자."라고 자필로 적고 서명했다.[19] 이렇듯 전두환 제거 계획을 카터 행정부 말기까지 고려하고 있었음이 확인된다. 카터는 전두환 제거를 김대중 구명을 위한 최후의 카드로 아끼고 있었던 것이다. 그렇지만 CIA, 국방부, NSC의 거의 모든 대안에 들어 있는 전두환에 대한 개인적이고 은밀한 압력은 가장 유력한 대안으로 남아 이후에도 계속 실행되었다.

---

19 "Memorandum of Zbigniew Brzezinski to the President: Kim Dae Jung," September 16, 1980, #7, National Security Affairs, Collection # 6, Brzezinski Material, Country File, Folder: Korea, Republic of, 9/80-1/81, Box 44, Jimmy Carter Library. 이 폴더에 있는 비공개 문서 목록인 Withdrawal Sheet에 의하면 위 문서는 1992년 11월 12일에 sanitized된 형태로 공개되었다가 2001년 9월 24일에 완전히 공개되었다. 한편 Plains File, Box 33, Folder: President's Comments on Memos Incomplete, 6/78-10/80, Jimmy Carter Library에서는 실제 박스나 RAC 상 모두 아직 비밀로 묶여 있다.

2장

김대중 사형 선고 이후 미국의 반응

1. 수포로 돌아간 미국의 노력

미국의 제어 노력에도 불구하고 결국 김대중은 1980년 9월 17일 육군 계엄보통군법회의(1심)에서 사형 선고를 받았다.[1] 미국은 '올 것이 왔다'고 여기면서도 적지 않은 충격을 받았다. 그런데 판결이 임박한 1980년 9월 14일 크리스토퍼 미 국무부 부장관은 리치 한국과장이 기안한 전문을 글라이스틴 대사에게 보냈었다. 글라이스틴에게 이번 주 가능한 빠른 시일 내에 비밀리에 전두환을 직접 만나 압박을 가해 김대중을 살리겠다는 보증을 받아 오라고 지시했던 것이다. 주미 한국대사관을 통해 1980년 9월 8일 전달된 전두환 대통령의 편지에, 사형 집행의 중대성에 대해 전두환이 충분히 인식하고 있다는 부분

---

1 「김대중 사형선고」, 『동아일보』 1980년 9월 17일 석간, 1면.

이 있었다. 미국은 이를 김대중 감형에 대한 전두환의 개인적 보증으로 간주하고 있는데 전두환에게 이를 확인해 오라는 것이었다. 만약 전두환이 보증을 주저하면 글라이스틴은 대화의 마지막에 다음과 같이 말해야 한다고 지시했다. 만약 사형이 집행된다면 미 의회의 대외 군사 판매(FMS) 차관 이행과 PL-480 차관 등은 물론 양국 간의 무역 관계 등에 중대한 영향을 미칠 것이라는 경고였다. 카터는 이 전문을 승인하는 이니셜 서명 'J'를 남겼다.[2]

이에 따라 판결 전날인 1980년 9월 16일 글라이스틴 대사는 전두환을 청와대에서 은밀히 만나 미국의 요구사항이 무엇이냐는 직설적인 질문을 받고, "우리의 가장 큰 관심은 김대중 건이 대통령에게 넘어오면 정치인다운 자세로 그를 감형해 주었으면 하는 것"이라고 대답했다. 전두환은 확실한 보장은 거부했지만, 글라이스틴은 그가 미국이 원하는 대로 해줄 것 같은 인상을 받았다. 전두환은 자신과의 만남이 외부에 알려지면 좋지 않은 영향을 가져올 수도 있다고 경고했다. 한국 국민들은 외국의 간섭에 상당히 민감하기 때문이라는 것이었다. 미국의 압력 때문에 카터 대통령의 요망사항을 수용할 자신의 능력이 감소되긴 했어도 그 사건이 대법원에서 전두환 자신에게 넘어오면 정치적 사항뿐만 아니라 사법적 사항까지 고려하겠다고 전두

---

[2] "Cable from Warren Christopher to AmEmbassy Seoul: Korea Focus -- Dialogue with President Chun on Kim Dae Jung Verdict," 9/14/80, National Security Affairs, Collection # 15: Brzezinski Material, Brzezinski Office File, Folder: Denend (Les) Chron File: 7-10/80, Box 89, Jimmy Carter Library. NLC-15-89-2-14-1에서 보았으며 실제 박스의 문건은 2012년 1월 13일 당시 모두 비공개였다.

환이 말했다고 글라이스틴은 적었다. 글라이스틴 대사는 국무부에 급히 보고하면서 공개적으로 비판하거나 특사를 파견하지 말고 사법 처리의 마지막 단계까지 기다리라고 권고했다.[3] 같은 날 그레그도 판결이 어떠하든 간에 대응은 비밀스러워야 한다고 브레진스키에게 건의했다.[4]

한편 글라이스틴과의 면담을 통해 미국의 요구사항이 그렇게 큰 것이 아니라고 판단했던 전두환 대통령은 1980년 9월 17일 김대중에 대한 사형 선고를 지켜보면서 비교적 가벼운 마음으로 상급심에서 형이 확정되는 것을 기다릴 수 있었다.

미 국무부는 1심 사형 선고에 대한 격한 비판을 자제하고, 김대중에게 "극형이 내려진 데 대해 실망하고 있음은 부인할 수 없는 사실이지만 본건이 사법적 판단과 관련한 사항이므로 더 이상 논평할 것이 없다"는 성명서안을 9월 16일 카터 대통령에게 보내 즉각 승인받았다.[5] 그레그, 글라이스틴 등 참모들로부터 공개적인 비판은 자제하고 비밀스럽게 대응할 것을 요구받은 카터가 이를 받아들여 승인했

---

[3] William H. Gleysteen, Jr., *Massive Entanglement, Marginal Influence: Carter and Korea in Crisis* (Washington, DC: Brookings Institution Press, 1999), pp. 174~175; 윌리엄 H. 글라이스틴, 황정일 역, 『알려지지 않은 역사: 전 주한미국대사 글라이스틴 회고록』(중앙 M&B, 1999), 244~246쪽.

[4] "Memorandum of Donald Gregg to Zbigniew Brzezinski: Kim Dae Jung," 16 Sept 80, 1715 hours, National Security Affairs, Collection # 15: Brzezinski Material, Brzezinski Office File, Folder: Country Chron, Korea: 8-11/80, Box 27, Jimmy Carter Library.

[5] "Memorandum of Edmund S. Muskie to the President[: Evening Report]," September 16, 1980, Secret, p. 1, Plains File, Subject File, Box 40, Folder: State Department Evening Reports, 9/80, Jimmy Carter Library에 이 성명의 기안문(카터가 사전 승인함)이 나와 있다. NLC-128-15-9-2-3에서도 볼 수 있다.

던 짧은 논평이다.[6] 머스키가 카터에게 보낸 이 일일보고서에는 만약 국제적인 압력이 강하지 않으면 전두환은 김대중을 구명할 것이라는 글라이스틴의 예측도 인용되어 있다. 외세의 압력에 굴복해 감형할 수 없다는 한국 신군부 내 소장파들의 민족주의적 정서가 반영된 것이다. 실제 머스키 국무장관의 9월 17일자 성명문은 아래와 같았다.

> 여러분이 잘 알고 있듯이 우리는 김대중의 계엄법정 판결에 대해 심대한 주의와 깊은 우려를 가지고 주시해 왔다. 대한민국 정부는 우리의 이러한 관점을 잘 알고 있다. 우리는 방금 이루어진 극형(extreme verdict)에 대해 분명히 강한 감정(strong feeling)을 가지고 있다. 그럼에도 불구하고 사법적 절차에 따라 재판이 진행 중이므로 현재 더 이상 논평할 것은 없다.[7]

이에 대해 대한민국 정부는 머스키가 "사형 선고는 지나친(extreme) 것이며 미국으로서는 매우 언짢게 생각(strong feeling)"한다고 말한 것으로 해석했다.[8] 또한 미 국무부 대변인은 정오 브리핑에서 "김대중의 기소 사실을 억지라고 간주하고 있는 데는 변함이 없"으며 "미군의

---

6 "Memorandum of Edmund S. Muskie to the President[: Evening Report]," September 17, 1980, Secret, p. 2, Plains File, Subject File, Box 40, Folder: State Department Evening Reports, 9/80, Jimmy Carter Library (NLC-128-15-9-3-2).

7 「'머스키' 국무장관 성명문 전문」(1980.9.18), 『외무부의 청와대 보고문, 1980-81, 전3권』(북미, 1981 생산), V.1, 19쪽, 대한민국 외교부 공개 외교문서(2012).

8 「김대중 선고에 대한 미국 반응: '머스키' 국무장관 성명요지」(1980.9.18), 위의 문서철, V.1, 12쪽.

한국 주둔을 김대중 사건과 관련시켜 고려할 수 있느냐는 문제에 대해서는 무어라 말할 수 없"다고 말했다. 이 브리핑을 요약한 대한민국 외무부의 위 문서에서는 strong feeling을 '불쾌감'이라고 번역했다.⁹ 이렇듯 대한민국 외무부에서는 미국이 미군 철수를 김대중 감형의 지렛대로 사용할까 봐 우려했다. 미국이 전두환 제거를 위해 주한 미군 철수를 대안으로 가지고 검토하고 있던 상황을 한국 외교 당국자들도 잘 알고 있었음을 확인할 수 있는 대목이다.

또한 미 국무부의 리치 한국과장은 1980년 9월 17일 오후 3시 30분 주미 한국대사관 직원과의 면담에서 머스키 국무장관의 성명은 글라이스틴 대사의 보고를 토대로 카터 대통령과 직접 협의 후 작성한 것이라면서 김대중의 사형 언도에 대해 미 행정부는 실망했고 김대중의 사형을 집행할 경우 현재의 한미 관계는 전면 재검토될 것이라고 말했다. 2심 및 대법원 판결 과정에서 감형되기를 희망한다는 뜻도 첨언했다. 미국 측은 양국 원수 간의 친서 교환 사실이나 9월 16일자 청와대 면담 자체 등을 비밀로 할 것이라고 했다.¹⁰ 은밀하게 압력을 가할 뿐 공개적으로 압력을 행사하지는 않을 것임을 명백히 했던 것이다. 군부 내 소장파의 민족주의적 반발과 비록 맹아적 형태였지만 국민들의 반미 감정 형성 등을 우려한 입장이었다.

미국 국무장관이 신속히 직접 나서서 내정간섭으로 보일 정도의

---

9 「김대중 선고에 대한 미국 반응: 국무성 정오 브리핑시 기자질문에 대한 답변 요지」(1980.9.18), 위의 문서철, V.1, 14~15쪽.

10 「김대중 선고에 대한 미국 반응: 국무성 Rich 한국과장 면담 ([1980.] 9. 17, 15:30)」(1980. 9.18), 위의 문서철, V.1, 13쪽.

성명을 즉각 발표했다는 것은 미국이 그만큼 다급했다는 방증이기도 하고 미국이 신군부와 일정한 거리를 두고 있음을 남한의 국민과 국제사회에 알리겠다는 의도로도 읽힌다.[11]

한편 한국 당국은 미국 관리가 김대중 재판을 기소 당시부터 방청할 수 있게 해 달라는 강경한 요구를 받아들일 수밖에 없었다. 미국은 재판 후 김대중에 대한 기소 내용이 '억지(far-fetched)'라고 발표했다. 이러한 노력으로 김대중 사건은 국제적 주목의 대상이 되었다고 미국은 자평했다.[12] 1980년 9월 19일 머스키·브라운·브레진스키 3자 정례회동에서 이 문제에 대해 토론했으나 현재의 관계를 유지하며 사태의 추이를 주의 깊게 지켜보는 것 외에 다른 방안을 내어놓지는 못했다.[13] 일종의 관망 작전이었던 셈이다.

윌리엄 글라이스틴 대사는 1980년 9월 22일 주영복 국방장관과 면

---

11 장준갑, 「제5공화국 출범과 한미관계」, 『서양사학연구』 28(2013), 234쪽; 장준갑·김건, 「1980년대 초반(1980-1981) 한미관계 읽기」, 『미국사연구』 38(2013), 198쪽.

12 "United States Government Statement on the Event in Kwangju, Republic of Korea, in May 1980," June 19, 1989, Vertical File, Box 71, Presidential Papers of Jimmy Carter, Jimmy Carter Library; John Adams Wickham, Jr., *Korea on the Brink, 1979-1980: From the '12/12' Incident to the Kwangju Uprising* (Washington, DC: National Defense University Press, 1999), p. 212; 존 위컴, 김영희 감수, 유은영 외 공역, 『12·12와 미국의 딜레마: 전 한미연합사령관 위컴 회고록』(중앙 M&B, 1999), 321쪽. 한편 재판을 참관한 스미스가 공식 참관 보고서를 공개적으로 발표하려고 하자 글라이스틴은 이를 기밀로 분류하게 했다. "Telegram from AmEmbassy Seoul (Gleysteen) to SecState: U.S. Public Comment on Kim Dae Jung Verdict," September 5, 1980; 「글라이스틴이 홀브룩과 리치에게: 김대중 선고에 대한 미국의 논평」(1980.9.5) in William H. Gleysteen, Jr.(1999), 앞의 책, 223쪽; 윌리엄 H. 글라이스틴, 황정일 역(1999), 앞의 책, 307쪽.

13 "Memorandum of Zbigniew Brzezinski to David Aaron and Les Denend: M-B-B, Sept. 19, 1980," September 19, 1980, Zbigniew Brzezinski Collection, 1972-1981, Subject File, Folder: [Meetings-Muskie/Brown/Brzezinski: 7/80-9/80], Box 23, Jimmy Carter Library.

담했다. 그 내용을 기록한 9월 24일자 국무부 보고 전문에 실린 주 장관의 발언은 신군부가 사형 선고가 내려진 김대중 재판에 어떻게 접근하고 있는지를 분명히 보여 준다. 글라이스틴 대사는 김대중 사형 선고 이후 미국의 입장을 전하면서 "미국은 이 문제에 매우 강한 감정을 갖고 있기 때문에 김대중 재판의 불행한 결과는 한미 관계에 심대한 손상을 줄 것"이라며 이 문제의 원만한 처리를 촉구했다. 그러나 주 장관은 "김대중 재판에 대한 최종적인 결정은 대통령의 몫"이라며 "대통령이 어떻게 결정할 것인지는 아무도 예상할 수 없다"고 말했다. 주 장관은 특히 "증거의 타당성, 재판의 공정성 여부와는 별개로 이 사안은 대통령의 위신이 관련돼 있는 사안"이라고 강변한 후 "미국의 공개적인 압력은 현명하지 않은 것"이라며 미국이 공개적인 입장 표명을 삼가고 인내해 줄 것을 촉구했다. 신군부는 당시 '김대중 내란음모 사건' 재판을 권력 실세였던 전두환의 권력 구축 과정의 위신, 정통성에 대한 문제로 바라보았던 것이다.[14] 이러한 주영복 장관 등의 요구를 참조해서 미국은 이후 카터 행정부 잔여 기간 동안(짧게는 1981년 1월 23일 대법원의 사형 확정 판결 때까지) 김대중 사형 선고에 대한 공개적인 비판과 논평을 삼갔으며 전두환 대통령에 대한 직접적인 압력 행사를 자제했다. 대신 내부적으로 여러 대안을 놓고 고민했으며 한국 관리들과의 조심스런 접촉을 통해 김대중 구명 노력을 계속했다.[15]

14 성기홍, 「80년초 美국무부.군장성, 신군부 정책 이견」, 〈연합뉴스〉(2010.5.18).
15 William H. Gleysteen, Jr.(1999), 앞의 책, 176쪽; 윌리엄 H. 글라이스틴, 황정일 역(1999), 앞

2. 미국 의회의 김대중 재판 관련 결의안

미국 의회도 1980년 9월 1심에서 사형을 선고받은 김대중의 구명을 위해 아래와 같이 영향력을 행사하려 했다. 1980년 9월 17일 처치(Frank Church, 민주당 아이다호주 출신) 상원 외교위원장은 상원 본회의에서 김대중에 대한 관용을 촉구하면서 그러지 않을 경우 한미 우호관계가 손상될까 두렵다고 했다. 김대중이 범법 행위를 했다면 처벌받아 마땅하지만 그의 정치 활동이 사형을 받을 만큼 심각한 위법 행위라고 생각되지는 않는다고 발언했다. 처치 위원장은 공화당 소속(뉴욕주 출신)의 재비츠(Jacob Javits) 상원의원과 공동으로 사면을 요청하는 서한을 작성해 전두환 대통령에게 전달하기까지 했다.

캔자스주 출신의 공화당 상원의원인 밥 돌(Bob Dole)도 9월 17일 본회의에서 10·26 이후 활성화되었던 민주화운동은 무산되었으며 김대중은 사법적 보호 및 인권을 무시당하고 있다고 주장했다. 그 근거로 ICJ 등 국제기구 대표들의 재판 참관이 거부되었고 재판 관련 기사에 대한 보도가 통제되고 있음을 들었다. 그러면서도 그는 김대중이 전 대통령에 의해 감형될 것으로 보인다고 했다. 밥 돌은 이를 전두환 대통령 체제에 합법성과 견고성을 부여하기 위한 책략으로 평가했다.[16]

의 책, 247쪽.
16 「김대중 선고에 대한 미국 반응: 김대중 선고에 대한 미의회 반응 (속보)」(1980.9.24), 『외무부

이렇듯 김대중이 전두환에 의해 사면될 것으로 예측하는 분위기가 미국 조야에 형성되었으며 전두환이 김대중 구명을 이용해 미국의 승인을 얻으려 하는 속셈도 파악되었다고 할 수 있다. 한미 양측은 서로의 속셈을 파악하고 있으면서도 신경전을 벌였다. 카터는 김대중 처형이 이루어지지 않을 것으로 기대하면서도 밥 돌 상원의원처럼 느긋하지는 못했다.

1980년 9월 17일과 18일 미 하원에서도 김대중 재판에 대해 논의했다. 워싱턴주 출신의 민주당 돈 본커(Don Bonker) 의원은 김대중의 감형을 촉구했고 일리노이 출신의 공화당 포터(John Porter) 의원도 김대중 재판 결과는 미국의 지속적인 대한 지원을 위태롭게 할 것이라고 말했다. 캘리포니아 출신의 민주당 스타크(Fortney Stark) 의원은 김대중 구출을 위한 미 행정부의 조치를 희망했고 뉴욕 주 출신 민주당 맥휴(Matthew McHugh) 의원도 김대중의 석방을 희망했다. 미네소타 출신의 민주당 오버스타(James Oberstar) 의원도 김대중에 대한 관대한 조치를 호소했다.[17]

1980년 9월 23일 돈 본커 하원 외교위원회 국제기구 소위원회 위원장은 필립 버튼(Philip Burton) 의원과 공동 명의로 김대중 사건 및 민주화 문제와 관련된 결의안(concurrent resolution)을 제출했다. 그 내용의 요지는 아래와 같다.

의 청와대 보고문, 1980-81, 전3권』(북미, 1981 생산), V.1, 43~44쪽, 대한민국 외교부 공개 외교문서(2012).

17 위의 자료, 45쪽.

한국 정부는 민주화 발전에 관한 공약을 충실히 이행하여야 하며, 김대중의 사형 선고를 감형해 줄 것을 촉구한다.

미국은 지난 35년 동안 한국의 민주주의와 자유를 위해 물심양면으로 적극 지원하여 왔으며, 현재도 한국의 방위와 한국민의 복지를 위해 공헌하고 있다.

또한 한미 간의 무역 역조에도 불구하고 한국 상품의 주요 수출 시장으로서의 역할을 감당함으로써 한국의 경제발전에 기여하고 있다.

한국의 현 지도자들은 한국의 민주화와 국민들의 시민 및 정치적 권리를 도외시하고 있다.

수백만 한국민들의 정치발전에 대한 열망을 대표하는 김대중의 사형 선고, 여타 정치, 종교 지도자 및 지식인들의 중형 선고가 그 예이다.

김대중의 범죄 혐의 사실은 억지이다. 그의 재판은 국제적으로 공인된 공정성의 기준을 무시했고 사법 절차도 사법부의 독립성과 불편부당의 본질을 결여한 것이었기 때문이다. 또한 김대중의 사형과 여타 반대인사들의 형량이 그대로 집행되는 경우, 한국 정부는 국민들로부터 외면당할 것이며, 미국민들도 한미 양국의 긴밀한 관계를 유지하여야 한다는 논리의 정당성을 상실할 것이다.

따라서 하원은 다음과 같은 입장을 한국 정부에 밝히고자 한다.

- 한국 정부는 이미 공약한 한국 정치의 민주화를 적극 추진할 것을 촉구한다.
- 한국 정부는 김대중과 여타 반대인사들의 재판 과정을 재고할 것을 촉구한다.
- 이들의 무거운 형량이 그대로 집행된다면 미 의회는 한미 간의 현

존 관계를 재고할 것이다.[18]

위 결의안은 절차상 외무위원회의 아시아·태평양 소위원회에 회부되어 심의를 종결한 후 외무위원회 심의 및 운영위원회의 본회의 토의 규칙 심의를 거쳐 본회의에 상정될 예정이었다. 또한 본커 의원 측은 이 결의안의 상원 통과를 위해 케네디, 처치 또는 크랜스턴(Alan Cranston) 의원을 상원 내의 제안자로 선정하려고 노력했다.[19]

이 같은 움직임에 대해 한국 정부도 적극적인 대응을 펼쳤다. 1980년 9월 24일 주미대사관 관계관은 미 국무부 리치 한국과장을 만나 김대중 재판이 진행 중에 있음을 감안해 미 의회가 이러한 결의안을 심의하지 않도록 촉구할 것을 요청했고, 리치는 의회와 조심스럽게 협의하여 보겠다고 말했다.[20] 또한 김용식 주미대사는 1980년 9월 25일 하원 외교위원회 회의실에서 자블로키(Clement Zablocki) 위원장과 울프(Lester Wolff), 베이커 등 11명의 하원의원들[21]과 간담회를 갖고 김대중 선고를 포함한 10·26 이후 국내 사태를 소상히 설명하며 의원들의 이해를 촉구했다. 김 대사는 김대중 사건은 재판 진행 중

---

18 「김대중 선고에 대한 미국 반응: 김대중 선고에 대한 미의회 반응 (속보)」(1980.9.25), 『외무부의 청와대 보고문, 1980-81, 전3권』(북미, 1981 생산), V.1, 46~48쪽, 대한민국 외교부 공개 외교문서(2012).
19 위의 자료, 50쪽.
20 위의 자료, 49쪽.
21 「김대중 선고에 대한 미국 반응: 미하원 의원 일행 간담 요지(9.25. 주미대사 보고)」(1980. 9.26), 『외무부의 청와대 보고문, 1980-81』(전3권, 북미담당관실, 1980~1981 생산), V.1, 53~54쪽, 대한민국 외교통상부 공개 외교문서(2011).

에 있으므로 성급한 결론을 내릴 필요는 없다고 전제하면서 현 상황에서 대통령이 헌법상의 사면권 등을 행사할 수 없다는 견해를 표명했다.[22]

또한 본커 의원의 결의안 제출에 대해 김 대사는 한국이 최근 이룩한 정치 안정을 바탕으로 정치 일정을 앞당겨 추진하고 있는 상황에서 결의안을 논의한다는 것은 한국 국내의 정치 발전이나 대외적인 면에서 도움이 되지 않는다며 결의안이 통과되어서는 안 된다는 견해를 표명했다.

한편 미 의원 측은 현재 의회에 계류 중인 8,800만 달러 상당의 항공기 부품을 포함한 군사물자 구매건과 관련해, 한국 정부가 김대중에 대한 호의적 조치를 취할 수 없는 경우, 의회의 분위기로 보아 안건이 통과될 가능성이 희박하므로 미 행정부로 하여금 이를 철회하도록 하는 것이 현명하다고 말했다. 이에 김용식 대사는 군사물자 구매건은 군사적으로나 심리적으로나 대단히 중요하므로 각별한 배려가 있기를 바란다고 대응했다.[23] 이렇듯 미 의회 의원들은 차관 등 경제 협력 및 군수물자 판매를 유보시킬 것이라고 입장을 밝혔다. 김용식 대사는 본국에 보낸 보고에서 자블로키 위원장이 본커 의원의 결

---

22 위의 자료, 51~52쪽, 이는 김대중이 사면될 것임을 암시하는 예측 표명이었으며 미국 측도 이러한 합리적이고 낙관적인 견해에 대체로 동조해 안도했다고 할 수 있다. 『워싱턴포스트』도 김대중의 사형 언도 사실을 전하면서 "미국 관리들은 김대중이 처형되지 않을 것이라고 굳게 믿고 있는데 이러한 믿음은 전두환 대통령으로부터 명백한 언질을 받았음을 시사한다"고 논평했다. 그러나 명백한 언질은 없었으므로 추측 보도였다. 위의 자료, 16~17쪽.
23 위의 자료, 52~53쪽.

의안을 적극 추진하지 않을 것으로 전망했다.[24]

한편 1980년 9월 23일 크랜스턴 상원의원은 상원 본회의에서 김대중의 석방과 민주화 개혁을 촉구하는 발언을 했다. 그는 한국 사태에 대한 우려를 표시하는 최적의 수단은 미 수출입은행(ExIm Bank)의 대한 차관을 동결하는 것이며 이러한 조치가 한국 및 주한 미군의 안전을 위협하지는 않을 것이라고 주장했다.[25] 안보를 훼손하지 않는 선에서 김대중 구명을 위한 경제 제재를 고려했던 것이다. 안보를 우선시하는 미국의 입장을 대변하는 입장이었다고 할 수 있다.

1980년 9월 29일 앤드류 영(Andrew Young) 전 주유엔 미국대사는 『뉴욕타임스』 기고문을 통해 "한국의 독재자가 김대중을 처형한다 하더라도 모든 사람이 그 사실을 기억할 것이다. 양심적인 기독교인과 미 인권주의자들은 이 문제를 생생하게 기억할 것이며, 순교자 김대중은 살아 있을 때보다 죽어서 더욱 강력한 위협적 존재가 될 것이다."라고 주장했다. 영은 김대중이 한국의 마틴 루서 킹이라면서 "온건하고 민주적인 지도 세력의 협조 없이는 경제 회복 및 지속적인 경제성장을 이룩하기 어려우며, 폭력에 의존하는 지하 게릴라 등 혁명 세력의 활동이 강화됨으로써 결국 북한의 개입 및 침투를 유발하게 될 것이"라고 예견했다.[26] 이는 혁명 방지와 친미정권 사수를 위해서

---

24 위의 자료, 53쪽.
25 「김대중 선고에 대한 미국 반응: 김대중 선고관련 미의회 반응 (속보)」(1980.9.26), 『외무부의 청와대 보고문, 1980-81, 전3권』(북미, 1981 생산), V.1, 55쪽, 대한민국 외교부 공개 외교문서 (2012).
26 「김대중 선고에 대한 미국 반응: Andrew Young 전 유엔 미대사 한국 관계 기사 기고」 (1980.9.30), 위의 문서철, V.1, 56~57쪽.

반혁명적이고 개량적이며 점진적인 민주화를 추구하는 미국의 전형적인 입장이다.

미 하원 아시아·태평양 소위원회 소속 의원 10명, 즉 울프, 테니슨 가이어(Tennyson Guyer), 댄 미카(Dan MIca), 조엘 프리처드(Joel Pritchard), 거스 야트로(Gus Yatron), 구들링(W. Goodling), 스티븐 솔라즈(Stephen Solarz), 토니 홀(Tony Hall), 자블로키, 본커 등(한국 외교문서에 의하면 9명이라고 적혀 있으나 서명 의원 명단은 위와 같이 10인으로 열거되어 있음)은 1980년 10월 3일 전두환 대통령 앞으로 서한을 보내 "만약 김대중이 처형당하면 한미 관계는 파탄에 직면하게 될 것"이며 한국의 국내 사태가 계속 악화되는 경우 미 의회의 한국 지원 능력은 심하게 감소될 것이라고 경고했다.[27]

1980년 10월 6일 미 상원의 칼 레빈(Carl Levin) 의원은 김대중 선고와 관련하여 결의안을 제출했는데 하원의 안과 대동소이했다.[28] 에드워드 케네디 상원의원은 특별히 김대중 구명에 적극적이었다. 그는 1심 판결일인 9월 17일경 즉각적인 논평을 내고 "김대중이 처형된다면 이는 한국의 민주화 과정에 결정적인 타격을 줄 것"이라면서 "한국 정부는 이와 같은 판결이 한국 및 한미 관계에 영향을 주지 않을 것이라는 환상을 가져서는 안 된다"고 말했다. 케네디 의원은 "카터 행정부가 한국 정부에 대해 판결을 번복하도록 모든 영향력을 행사

---

27 「김대중 선고에 대한 미국 반응: Lester Wolff 의원 등의 대통령 각하 앞 서한 발송 (10.3. 주미대사 보고)」(1980.10.6), 위의 문서철, V.1, 77~80쪽.
28 「Carl Levin 상원의원 한국관계 결의안 제출」(1980.10.7), 위의 문서철, V.1, 89쪽.

할 것을 요청하는 바"라면서 "또한 한국 정부에 대하여도 동 피고인들의 석방과 인권이 보장되는 완전한 민주체제를 수립할 것을 요망"했다.[29] 케네디 의원은 10월에도 성명을 내고, 한국 정부가 이 같은 경고를 무시하면 주한 미 대사를 소환하고, 미 수출입은행 차관을 포함한 경제 협력을 유보시키겠다고 말했다.

이에 앞서 같은 해 8월 28일 열린 하원 외교위 공개 청문회에서 의원들은 한국에 대한 차관 제공 중단을 행정부에 건의했으며, 리처드 홀브룩 미 국무부 차관보는 "김대중이 유죄 판결을 받을 경우 미국이 피난처를 제공할 의향이 있다"고 밝혔다. 미 의회는 이어 8,800만 달러 상당의 항공기 부품을 한국에 판매하지 못하도록 하는 내용의 결의안을 상정했다.[30]

이에 주미 한국대사관은 미 국무부에 '사법 절차가 진행 중인 만큼 최종 판결이 날 때까지 공개적인 논평을 삼가 달라'고 요청했으며, 미 유력 언론에 계엄 사태의 불가피성을 설명하는 기사 게재도 추진했다. 외무부는 일본 주재 공관에 김대중 구명 시위 및 집회를 적극 저지하라는 지시를 내렸으며, 이에 따라 각 공관은 민단과 기자 등을 동원해 '김빼기 작전'과 '맞불 시위' 등을 조작했다. 또 문화공보부 해외공보관은 김대중의 죄상과 적용 법조항, 적용법의 입법 취지, 군재판

---

29 「김대중 선고에 대한 미국 반응: '케네디' 상원의원 논평 전문」(1980.9.17), 위의 문서철, 19~20쪽; 「김대중 선고에 대한 미국 반응: 케네디 상원의원 논평 요지」(1980.9.18), 위의 문서철, V.1, 16쪽.
30 김종효, 「[1980년 외교문서 공개] 故김대중 前대통령 구명에 美-日 총력 기울여」, 〈뉴스엔〉 (2011.2.21).

절차, 예상 문제 등으로 구성된 '김대중 내란음모사건 홍보 참고자료'를 배포하고 이를 해외 홍보에 적극 활용했다.[31]

3. 카터의 압박과 전두환의 효과적 대응

1980년 10월 17일 고려대학교에서 500명의 학생들이 전두환 퇴진을 외치며 시위를 벌였다.(경찰 추산으로는 1,000명) 이는 1980년 5월 이래 최대 규모였다. 학생들은 다음 주 수요일로 예정된 헌법 개정 국민투표에 반대하며 일본 제국주의자들이 전두환 정권을 지지하고 있다고 주장했다. 백악관은 로이터 통신의 시위 보도에 주목했다.[32] 학생들은 미국이 한국의 민주화를 도와주지 않는 것에 실망했다고 미국 대사관 직원에게 말했다고 한다.[33] 그러나 결국 1980년 10월 22일 국보위에서 마련한 헌법 개정안에 대한 국민투표에서 95.5% 투표율과 91.6%의 찬성률로 헌법 개정이 확정되었다.

백악관은 한국 정부가 향후 8년간 정치 활동 금지자 명부에 1,000명

---

31 「〈외교문서〉 미.일, 김대중 구명 총력」, 〈연합뉴스〉(2011.2.21).

32 Reuter, "Seoul-Student," October 17, 1980, National Security Affairs, Collection # 2: Brzezinski Material, President's Daily CIA Brief File, Folder: 10/15/80-10/19/80, Box 31, Jimmy Carter Library.

33 "Memorandum of the Situation Room to Zbigniew Brzezinski: Noon Notes," October 17, 1980, p. 2, National Security Affairs, Collection # 1: President Daily Report File, Box 17, Folder: 10/11/80-10/20/80, Jimmy Carter Library(NLC-1-17-3-14-4).

정도를 올릴 것이라는 1980년 11월 11일 기사에도 주목했다.[34] 실제로 811명에 달하는 정치 활동 규제 대상자가 발표되자 미 국무부는 11월 13일과 14일 정오 브리핑을 통해, 최종 조치를 취하기 전에 재심이 이루어질 것으로 본다며 이 조치에 대해 평가하거나 향후 정치발전에 대해 판단을 내리는 것은 시기상조라고 말했다.[35] 이는 김대중에 대한 최종 판결 이전에 공식적 논평을 자제하라는 글라이스틴 등의 조언이 작용한 결과였다.

1980년 11월 18일 브레진스키는 카터에게 전두환 대통령이 사회 정화운동을 가속화할 것이라고 예측한 CIA의 분석을 보고했다. 민족주의 정서를 다시 고양시키고 서양과 일본의 정치·문화적 영향을 완화하기 위해 전통적 도덕을 부활시킬 것이라고 전망되었다. 이러한 이상주의를 한국 사회의 현실에 적용하려는 전두환의 시도는 김대중 사형 선고와 정부 내 군부의 역할 감소, 지난 20년간 최악의 경기침체와 같은 미묘한 문제들을 어떻게 해결하느냐에 달려 있다고 예측되었다. 만약 1981년 봄 선거철까지 경제가 회복 기미를 보이지 않으면 대중들의 각성이 일어나기 시작할 것으로 보았다. 선거 중 불거질 정부의 광범위한 부정과 비리, 비폭력 학생 저항에 대한 정부의 무자비한 탄압이 이러한 각성을 크게 증가시킬 것이라고 했다. 정부가 학생

---

34 James Kim (UPI, Seoul), "Korea," 11-11-80 06:52 PES, National Security Affairs, Collection # 2: Brzezinski Material, President's Daily CIA Brief File, Folder: 11/8/80-11/13/80, Box 32, Jimmy Carter Library.

35 「김대중 선고에 대한 미국 반응: 외무부 미주국의 대통령 각하에 대한 보고: 정치 활동 규제 대상자 발표에 대한 미국 반응」(1980.11.17.), 『외무부의 청와대 보고문, 1980-81, 전3권』(북미, 1981 생산), V.1, 209쪽, 대한민국 외교부 공개 외교문서(2012).

저항을 미연에 방지하는 것도 가능하겠지만 눈에 띄는 소동이 발생한다면 전두환이 수세적이 되어 (유화 국면에서) 더 억압적으로 전환될 것으로 보았다. 전두환의 정통성 증대와 안정을 위한 장기적인 번영을 증대시키기 위해서 이러한 것들은 피해야 할 것이라고 머스키 장관은 분석했다.[36] 이렇듯 카터 행정부는 전두환 정부에 대해 계속 비판적이었으며 그 장래에 대해서도 불투명하게 보는 다소 냉소적인 입장을 취하고 있었다.

1980년 11월 26일 카터는 머스키 국무장관에게 남한 민주주의의 후퇴에 대해 우려를 표하고, 전두환을 대할 때 자신들이 너무 소심하지 않은가 자괴했다.[37] 독재자를 인정하지 않을 정도로 과감하지 못한 것에 대해 아쉬움을 토로했다고 할 수 있다. 미국의 당국자들이 소심했음에 비해 전두환은 오히려 당당했던 면이 없지 않았다. 박정희 시대 군장성 및 관료들은 커뮤니케이션 능력도 떨어지고 미국에 대한 열등감에 짓눌려 미국 관료들과의 대화에서 말도 못하고 주눅 든 분위기였음에 비해 신군부의 전두환은 자신감에 충만했다. 식민지 시기 군인 세대에서 최초의 4년제 정규 육사 출신 엘리트 장교로 세대 교체가 진행된 결과이기도 했다.

미 대통령 재선운동 가도에서 레이건 공화당 후보와의 TV토론에

---

36 "Memorandum of Zbigniew Brzezinski to the President: Daily Report," November 18, 1980, p. 1, National Security Affairs, Collection #2: Brzezinski Material, President's Daily CIA Brief File, Folder: 11/14/80-11/18/80, Box 32, Jimmy Carter Library(NLC-2-32-5-3-6); National Security Affairs, Collection #1: President Daily Report File, Box 17, Folder: 11/11/80-11/20/80, Jimmy Carter Library(NLC-1-17-6-18-7).

37 Jimmy Carter, *White House Diary* (New York: Farrar, Straus and Giroux, 2010), p. 489.

대비하여 1980년 9월 18일 작성된 문건에 의하면 카터는 전두환 정부에 정치 변동(더 민주적인 정부로의 변화)과 인권 개선을 위한 압력을 가하면서 지지하고 있다고 자평했다. 김대중 문제에 대해서는 전두환 정부와 사적으로 대화하고 있고 전두환 정부가 카터의 관심을 잘 알고 있으며,[38] 이 시점에서 더 이상의 특별한 코멘트는 역효과를 가져올 수 있다고 평가했다.

이 자료에서 카터는 인권외교에만 치중한다는 비판을 의식해 한국에서는 안보 공약 지속과 민주화(인권) 요구를 병행하고 있음을 강조하려 했다. 주한 미군 철수와 박정희에 대한 인권 압박이 남한에 대한 카터 행정부의 중요한 목표였는데 철군은 연기되고 김대중은 감옥에서 재판을 받고 있으며 전두환이라는 군사독재자가 대통령이 되어 사실상 모두 실패했다는 비판을 의식하지 않을 수 없었다. 구체적으

---

38 1980년 9월 5일 브레진스키도 전두환이 김대중 문제에 대한 미국과 일본의 입장을 잘 알고 있으며 거래를 원한다고 평가했다. "The New Government in Korea," in "Memorandum of Zbigniew Brzezinski to the President: Daily Report," September 5, 1980, p. 1, National Security Affairs, Collection # 2: Brzezinski Material, President's Daily CIA Brief File, Folder: 9/5/80-9/11/80, Box 30, Jimmy Carter Library(NLC-2-30-6-1-9); National Security Affairs, Collection # 1: President Daily Report File, Box 16, Folder: 9/1/80-9/10/80, Jimmy Carter Library(NLC-1-16-8-11-3). 글라이스틴의 견해를 인용한 브레진스키는 신정부가 내각 구성원 중에 미국에서 교육받은 남덕우 총리와 친미적인 노신영 외무, 북한에서 출생한 4명(외무, 청와대 비서실장, 통일부 장관 등) 등 전체적으로 능력과 지역 안배를 꾀했으므로 긍정적이라고 평가했다. 남덕우에 대한 긍정적 평가는 백악관 보좌진의 1980년 9월 2일자 메모랜덤에 나와 있는 글라이스틴의 평가에 의거한 것이었다. 1980년 9월 2일자 메모랜덤에 의하면 이전 내각에서 탈락된 6명 중 3명은 전직 장군이며 신민당 국회의원 1명과 전라도 거주자 2명이 포함된 것도 특기할 만하다. "Memorandum of the Situation Room to Zbigniew Brzezinski: Evening Notes," September 2, 1980, p. 1, National Security Affairs, Collection # 1: President Daily Report File, Box 16, Folder: 9/1/80-9/10/80, Jimmy Carter Library(NLC-1-16-8-2-3).

로 전두환 정부에 대한 레버리지를 가지고 있느냐는 예상 질문에 대비해 미국은 남한에 대한 공약을 유지함과 동시에 자유로운 정치 제도의 발전을 지지한다는 것을 남한인들에게 명백히 해야 한다는 원론적 답변을 준비해 김대중 구명에 대한 구체적 레버리지 논의를 의도적으로 피하려 했다.[39]

레이건 후보는 카터의 인권외교가 실질적인 소득이 없는 허울뿐인 도덕외교라고 비판하면서 인권을 아예 의제로 설정하지도 않았다. 반면에 존 앤더슨(John B. Anderson)[40] 후보는 인권 유린을 자행하는 정부에 대해 원조를 끊음으로써 보다 확실하고 실질적인 압력을 가하는 쪽이었다.[41] 앤더슨은 카터 행정부가 광주 등에서 한국 인권 문제를 경시한다고 비판했고, 카터는 뾰족한 대응을 하지 못했다.

1980년 10월 9일 그레그가 브레진스키에게 보낸 비망록에 의하면 홀브룩 차관보가 글라이스틴 대사와 김대중 구명 문제에 대해 논의

---

39 "Security and Human Rights in South Korea," September 18, 1980, in "Presidential Debate: Foreign Policy and National Security Issue," September 29, 1980, National Security Affairs, Collection # 7: Brzezinski Material, Subject File, Folder: Debate Book: Foreign Policy and National Security Issue [II]: 10/80, Box 15, Jimmy Carter Library.

40 존 앤더슨 하원의원은 공화당 경선에 나갔다가 레이건에게 패하자 무소속으로 출마해 6.6%를 획득했다. 레이건은 50.7%, 카터는 41.0%였다. 1980년 대통령 선거에서 카터는 무소속 후보인 앤더슨의 독자 출마로 조지아를 제외한 남부 전역에서 패하고 북부에서 표가 크게 나뉘면서 재선에 실패했다. 앤더슨은 공화당 출신이었고, 6.6%만을 득표했지만 그 득표 대부분이 동부에 집중되어 카터의 전략에 악영향을 미쳤다. 앤더슨의 당시 선거 배지에는 "Anderson BeCause Anybody But Carter(앤더슨인 이유는 카터가 아니니까)"라고 적혀 있다.

41 "Anderson Themes: Foreign Policy and National Security Issue," September, 1980, in "Presidential Debate: Foreign Policy and National Security Issue," September 29, 1980, National Security Affairs, Collection # 7: Brzezinski Material, Subject File, Folder: Debate Book: Foreign Policy and National Security Issue [II]: 10/80, Box 15, Jimmy Carter Library.

했지만 묘수가 없다는 것이었다. 그레그는 다만 미국이 북한 변수를 조심스럽게 활용한다면 전두환이 현재 가지고 있지 않은 김대중 처형 회피 논리를 제공해 줄 수 있지 않을까 하는 예측을 피력했다.[42] 당초 그레그는 김대중 구명을 위해 북한 변수를 활용하는 것에 부정적이었지만 대안이 별로 없다고 생각해서인지 다소 변화된 모습을 보였다. 이렇듯 미국은 김대중 구명을 위한 북한 변수 활용을 포기하지 않고 계속 검토했다. 그렇지만 그레그에게 북한 변수는 만약 김대중을 처형하면 북한이 이를 대남선전전에 이용할 수 있다는 예측 정도였다. 실제로 1980년 12월 13일 브라운 국방장관과 함께 방한해 전두환을 만났을 때 이러한 말로 설득에 나섰다.

1980년 여름 이후로 카터 행정부는 대통령 재선에 집중해야 했으므로 재선 전략에 부담되는 전두환 제거 계획을 본격적으로 추진하는 데 한계가 있었다. 대신 사적 메시지 등으로 은밀하게 압력을 가하는[43] 김대중 구명 방안에 기울였다가 1980년 11월 4일 선거에서 레이건에 패배한 이후에는 김대중 구명의 매듭을 지으려고 한층 더 노력했다.

---

[42] "Memorandum of Donald Gregg to Zbigniew Brzezinski: Kim Dae Jung," October 9, 1980, National Security Affairs, Collection # 15, Brzezinski Material, Brzezinski Office File, Country Chron File, Box 27, Folder: 8-11/80, Jimmy Carter Library(NLC-15-27-2-6-8에서만 볼 수 있다.) 한편 NLC-6-44-8-3-6 (실제 박스인 National Security Affairs, Collection # 6, Brzezinski Material, Country File, Folder: Korea, Republic of, 9/80-1/81, Box 44, Jimmy Carter Library에는 비밀로 묶여 있음)에도 있다.

[43] 리치 미 국무부 한국과장은 1980년 10월 22일 실시된 신헌법 안에 대한 국민투표 결과에 대해 국무부 대변인 명의의 긍정적인 공식 논평을 검토했다가 기자들이 다시 김대중 재판 문제에 질문을 다시 제기할 가능성이 있어서 이를 유보하기까지 했다. 「김대중 선고에 대한 미국 반응: 헌법개정 국민투표에 대한 미국 반응」(1980.10.24), 『외무부의 청와대 보고문, 1980-81, 전3권』(북미, 1981 생산), V.1, 112쪽, 대한민국 외교부 공개 외교문서(2012).

한국 시간으로 1980년 11월 3일 대한민국 육군 고등군법회의는 김대중의 항소를 기각했다. 결국 대법원으로 넘어가야 하는지의 문제에 직면해야 했다. 김대중 측에서는 사형 판결에 불복해 상고해도 대법원에서 이를 받아들여 주지 않을 가능성이 높다고 생각했다. 그렇지만 상고하는 것 외에 뚜렷한 대안은 없었다. 이렇게 김대중에 대한 2심 판결이 10일 만인 1980년 11월 3일에 신속히 내려지자 미국 관리들은 정권 교체기에 전두환이 김대중을 처형할까 봐 당황했다.⁴⁴ 미 대통령 선거 전날인 1980년 11월 3일 머스키 국무장관은 메모랜덤을 작성해 김대중이 한국 군사법정 항소심에서 사형 선고를 받았다고 카터 대통령에게 보고했다. 대법원의 최종 판결은 12월로 예측되며 그 후 전두환 대통령에게 넘어갈 것이라고 보았다. 전두환은 이 사건이 자신에게 넘어오기 전에는 간여하지 않을 것으로 전망되었다. 전두환이 결정을 내릴 때 카터가 그와 다시 직접 접촉해 사형 판결에 대한 미국의 관심을 강조하는 것이 적절하며 중요하다고 머스키는 주장했다.⁴⁵

1980년 11월 7일 브레진스키에게 보고된 바에 따르면 한국 청와

---

44 「김대중 선고에 대한 미국 반응: 외무부 미주국의 대통령 각하에 대한 보고: 김대중 관계 미 언론 보도 요지」(1980.11.21), 위의 문서철, V.1, 236~237쪽.

45 "Korea," in "Memorandum of Edmund S. Muskie to the President," November 3, 1980, pp. 1-2, National Security Affairs, Collection # 2: Brzezinski Material, President's Daily CIA Brief File, Folder: 11/4/80-11/7/80, Box 32, Jimmy Carter Library(NLC-2-32-3-1-0에서도 볼 수 있다); National Security Affairs, Collection # 15: Brzezinski Material, Brzezinski Office File, Subject Chron File, Box 106, Folder: Muskie Evening Reports: 11/80, Jimmy Carter Library(NLC-15-106-2-1-5에서만 볼 수 있다); National Security Affairs, Collection # 7: Brzezinski Material, Subject File, Box 24, Folder: Evening Reports (State): 11/80, Jimmy Carter Library(NLC-7-24-1-1-6에서만 볼 수 있다).

대가 김대중을 처형하기 위한 여론을 조성하려 했는데 여론이 처형에 반대하는 것으로 나타나 당황했다는 것이다. 카터 대통령의 패배로 인해 전두환 대통령이 미국의 압력에 굴복하는 것처럼 보이지 않으면서도 새로운 정부에 대한 우호의 표시로 김대중을 감형하는 것이 더 쉽지 않겠냐는 관계자의 개인적인 전망도 이 보고서에 실려 있다.[46]

그러나 1980년 11월 중순경 김대중 구명이 어려울지도 모른다는 비관적 전망이 미국 조야에 먹구름을 드리웠다. 카터가 재선에 실패하고 보수적인 레이건 행정부가 등장할 것이므로 새로운 정부는 한국 인권에 카터만큼 집착하지 않을 것이라는 예측이 많은 한국인들 사이에 퍼졌다.[47]

이에 앞서 1980년 10월 14일 오후 3시 10분부터 4시 50분까지 100분 동안 미국 방문 중인 박세직 수도경비사령관과 만났던 홀브룩 차관보는 "미국의 대한 방위 공약 준수 의지는 확고하며 이에 따라 미국은 주한 미군 철수의 중지를 결정했으며 향후 양국 관계가 증진되기를 바란다"는 발언을 한 후 "한국 정부가 김대중 문제를 독자적으로 처리할 권한이 있으나 자신의 생각에는 처리 결과가 주는 심각한

---

46 "Memorandum of the Situation Room to Zbigniew Brzezinski: Additional Information Items," Top Secret, November 7, 1980, p. 1, National Security Affairs, Collection # 1: President Daily Report File, Box 17, Folder: 11/1/80-11/10/80, Jimmy Carter Library (NLC-1-17-5-14-2).

47 William H. Gleysteen, Jr., *Massive Entanglement, Marginal Influence: Carter and Korea in Crisis* (Washington, DC: Brookings Institution Press, 1999), p. 180; 윌리엄 H. 글라이스틴, 황정일 역, 『알려지지 않은 역사: 전 주한미국대사 글라이스틴 회고록』(중앙 M&B, 1999), 252쪽.

여파를 사전에 충분히 감안하여야 할 것"이라고 경고했다. 그는 11월에 치러지는 미국의 대통령 선거에서 카터 혹은 레이건 누가 당선되더라도 김대중 문제에 대한 미 행정부의 견해는 큰 차이가 없을 것이라고 강조했다.[48] 이는 레이건이 당선되어 김대중 구명에 대한 압력이 완화되기를 희망했던 한국 정부의 이중적인 플레이를 견제하고 김대중 구명을 얻어내려고 했던 홀브룩의 의도적인 압력 행사였다.

홀브룩은 "만일에 김대중이 처형되는 경우 한미 관계에 심각한 위기가 발생할 것이 틀림없으며 이 위기는 이승만 대통령 이래 가장 심각한 것이 될 것"이고 "이러한 위기는 의회, 언론계, 학계, 종교계 및 한국계 미국인 사회 등 다섯 가지 분야로부터 미 행정부에 극심한 압력이 가해져 더욱 악화될 수도 있을 것"이라고 말했다. "반면에 김대중이 처형되지 않을 경우에 한미 관계는 새로운 국면에서 개선되어 나가기 시작할 것"이라고 부언했다.[49] 만약 김대중이 처형된다면 미국 정부는 각계각층으로부터의 전방위적인 압력에 직면해 전두환을 제거하는 공작을 단행할지도 모른다는 위협이었다.

이러한 카터의 위협에도 불구하고 김대중을 민주주의 동지로 생각하는 카터와 김대중에 대한 인지도가 떨어지는 레이건은 다를 것이라고 신군부는 판단했을 가능성이 높다. 사실 레이건의 보좌관 중 최소한 몇몇은 한국 정부의 국내 정치에 대해 카터보다 관심이 덜하다

---

48 「김대중 선고에 대한 미국 반응: 홀르부크 차관보와 박세직 수도경비사령관 면담 요지 (1980.10.14. 15:10–16:50)」, 『외무부의 청와대 보고문, 1980–81, 전3권』(북미, 1981 생산), V.1, 104쪽, 대한민국 외교부 공개 외교문서(2012).
49 위의 자료, 104쪽.

는 것을 전두환도 알게 되었다. 따라서 카터 행정부의 교섭력은 현저하게 약화되었다.[50]

---

50 William H. Gleysteen, Jr.(1999), 앞의 책, 168쪽; 윌리엄 H. 글라이스틴, 황정일 역(1999), 앞의 책, 236쪽.

3장

카터와 레이건의 정권 교체기 상황

1. 레이건은 다를 것이라는 기대와 우려

대한민국 외무부는 레이건 당선 직후인 1980년 11월 5일 청와대에 올리는 보고서에서 "레이건 자신이나 측근들도 김대중이 처형되지 않기를 바라는 견해에 동감하고 있으나 선거 이슈로 제기하는 것은 삼가하여 옴."이라고 평가했다.[1] 또한 1980년 11월 10일 대한민국 외무부는 청와대에 올리는 보고서「미국의 대외정책 및 대한 정책 전망」에서 "레이건 신행정부는 힘의 우위를 바탕으로 세계평화를 유지하는 대외 정책을 추구할 것이 예상되므로 한반도는 지정학적 견지에서 소련의 팽창을 억제할 수 있는 전략적 요새로서 미국의 대한 방위

---

1 「김대중 선고에 대한 미국 반응: 미국 선거 결과 종합보고」(1980.11.5), 『외무부의 청와대 보고문, 1980-81, 전3권』(북미, 1981 생산), V.1, 154,157쪽, 대한민국 외교부 공개 외교문서 (2012).

공약의 철저한 이행과 한국군 장비 현대화 지원, 한미 간의 경제 관계 심화 등을 추구할 것으로 예상된다"고 평가했다. 이처럼 한국 정부는 레이건 행정부가 한미동맹을 더욱 공고하게 발전시킬 것이며 주한 미군 감축 등 안보를 약화시키는 정책은 지양할 것이라고 전망했다.

특히 신행정부의 인권 문제에 대한 평가에서 카터 행정부와는 달리 "우방국들에 대해 인권 문제를 이유로 등을 돌리지 않을 것"이라고 예측하면서도 "김대중 처형 문제에 관해서만은 레이건 측에서도 매우 깊은 관심과 우려를 표시하고 있"다면서 아래와 같이 우려 사항을 구체적으로 적시했다.

> 김대중이 처형될 경우 우선 언론계, 학계 및 종교계 등 소위 여론 형성층에서 비판적인 여론을 조성할 것이며, 이는 신행정부의 대한 정책 정립 과정에 부정적 요소로 작용할 것으로 보임.
> 이러한 부정적 요소는 경제적 비협조와 '대북괴 관계 조정'으로 집약될 수 있음.[2]

이렇듯 외무부는 미국이 북한과의 관계 개선을 지렛대로 활용해 전두환 정부를 흔들 수 있음을 우려했다. 만약 김대중이 처형되면 전두환 제거 공작이 레이건 행정부에서도 계속될 수 있음을 인지했던 것이다. 따라서 외무부는 당시의 억압적인 분위기를 감안할 때 우회

---

2 「김대중 선고에 대한 미국 반응: 미국의 대외정책 및 대한정책 전망」(1980.11.10), 위의 문서철, V.1, 194쪽.

적으로나마 비교적 적극적으로 김대중을 처형하지 말라는 권고를 했다고 할 수 있다.

이어서 외무부는 "레이건 신행정부는 김대중 케이스라는 특정 문제를 제외한 일반적 인권 문제를 외교적 수단으로 삼을 것으로 보이지 않으며, 따라서 외교 부문에서 협조가 비교적 잘 이루어질 것으로 전망"된다고 언급했다.[3] 전두환은 1980년 12월 16일 『워싱턴포스트』와의 인터뷰에서 레이건 대통령 당선자에 대한 자신의 생각을 다음과 같이 언급했다.

> 과거 미국 관리들은 동맹국이 미국의 의사에 미치지 못하면 제재를 가하는 경향이 있었는데 레이건 당선자는 동맹국이 미국의 기대나 의사에 미치지 못한다고 해서 꾸짖어 동맹국을 약화시키는 행동은 하지 않을 것이다.[4]

미국 『크리스티안 사이언스 모니터(Christian Science Monitor)』의 1980년 11월 12일자 사설은 레이건이 인권 문제에 둔감한 것으로 보고 있는 한국 독재 정권의 판단이 중대한 오산이며 만약 한국이 레이건 행정부의 정책 전망을 오판해 김대중을 처형한다면 전 대통령에게는 비극이 될 것이라고 주장했다.[5] 당시 미국 일각에서는 전두환의

---

3   위의 자료, 197쪽.
4   「대통령각하 회견 보도」(1980.12.17), 위의 문서철, V.2, 160~161쪽.
5   「김대중 선고에 대한 미국 반응: 레이간의 인권 정책 (11.12.자 CSM 사설 요약)」(1980.11.13), 위의 문서철, V.1, 204쪽.

김대중 처형이 전두환 정권의 종말을 가져올 것이라고 전망했으며 이러한 사설이 전두환에게 직보되었으므로 전두환도 이를 잘 알고 그의 묘수를 구상했을 것이다.

머스키는 1980년 11월 10일 대통령에게 올린「정권 교체기의 이슈들」이라는 메모랜덤에서 만약 레이건 당선자가 김대중 구명에 단호한 입장을 보이지 않으면 카터 행정부의 직접적인 김대중 구명 노력이 효과를 거둘 수 없다는 분석을 내놓았다.[6] 1980년 11월 14일 카터는 머스키 국무장관과의 통화에서 김대중이 곧 처형당할지도 모른다고 매우 우려했다. 머스키는 카터를 진정시키면서 글라이스틴의 전문을 검토할 것을 제안했다. 이 전문은 미국이 사적인 압력을 계속 가하는 방안을 제시하고 있으며 한국인들이 가까운 장래에 어떤 행동(김대중 처형 – 인용자)을 할 것인지는 증거가 없다고 했다.

그레그도 김대중의 처형을 확실할 증거가 없다고 했다. 터너의 부하가 언급했던 '김대중 곧 처형' 전망을 대통령까지 알게 되어서 카터가 흥분했다면서 진화에 나섰다. 그레그는 11월 14일 그의 직속상관 아론 부보좌관에게 자신들이 김대중 구명 압력을 계속 가하고 있다는 메모를 카터에게 보내 불안해하는 그를 진정시킬 것을 권고했다.[7] (그림 4)

---

6 "Memorandum of Edmund S. Muskie to the President: Transition Issues," November 10, 1980, p. 2, National Security Affairs, Brzezinski Material, General Odom File, Box 13, Folder: 9/1-5/80, Jimmy Carter Library; National Security Affairs, Collection # 15: Brzezinski Material, Brzezinski Office File, Subject Chron File, Folder: Alpha Channel: Miscellaneous: 11/80-1/81, Box 61, Jimmy Carter Library(NLC-15-61-5-24-7).

7 "Memorandum of Donald Gregg to David Aaron: Kim Dae Jung," November 14, 1980,

6023

MEMORANDUM

NATIONAL SECURITY COUNCIL

~~CONFIDENTIAL~~

November 14, 1980

ACTION

MEMORANDUM FOR: DAVID AARON
FROM: DONALD GREGG
SUBJECT: Kim Dae Jung

The President and the Secretary of State just spoke on the phone re Kim Dae Jung. The President was very concerned that Kim may be executed shortly. Muskie calmed him down, and suggested that he look at the attached cable from Gleysteen. This cable indicates that we are keeping the private pressure on, and that we have no indication that the Koreans are going to move in the immediate future. (C)

FYI, I am sure that the President was reacting to a recent PDB article, in which the DCI got way ahead of his analysts, and predicted that Chun might execute Kim in the near future. CIA called me on this article a couple of days ago. Since there had been no reaction, I assumed that it had passed without too much notice. (C)

Attached is a short note to the President, forwarding the cable, and assuring him that we are keeping up the pressure on Kim. (C)

Attachment

~~CONFIDENTIAL~~
Review on November 14, 1984

그림 4. 그레그가 아론에게 보낸 메모랜덤: 「김대중」(1980.11.14), 카터 대통령 기념도서관 소장

아론은 같은 날 즉각 대통령에게 메모랜덤을 보내, 김대중을 처형하지 말라고 한국인들에게 계속 개인적인 압력을 가함과 동시에 레이건 행정부 담당자와도 연락해 그들도 김대중 문제에 대해 공감하고 있다는 확언을 받았다고 전했다. 김대중의 운명이 이미 결정되었다는 예견이 있지만, 가장 확실한 것은 전두환이 최종 결정권자라는 사실이라면서, 강렬하지만 사적인 압력을 계속 가해야 하며, 한국 대법원이 판결을 내리기 직전에 보낼 대통령의 개인적인 편지를 준비해야 한다고 권고했다. 이 메모랜덤에 카터는 "필요하다면 매우 강력하게 움직이고 싶다.(I want to move very strongly when/if necessary)"라고 자필로 적고 서명했다.[8](그림 5)

머스키는 류병현 합참의장과 김경원 비서실장이 워싱턴을 방문할 예정이므로 이들에게 김대중 문제의 중요성을 인지시키면 좋을 것이라고 11월 14일 오후에 카터에게 보고했다. 레이건의 참모 리처드 앨런(Richard Allen)이 14일 오후에 머스키에게 전화했다는 사실도 알려주었다. 앨런은 하워드 베이커(Howard Baker)와 김대중 문제에 대해 대화했다고 말했다. 앨런은 정권이 바뀌어도 김대중에 대한 미국의 입장은 바뀌지 않을 것이라고 주미 한국대사관을 통해 경고했다고 전했

#17B, National Security Affairs, Collection # 6, Brzezinski Material, Country File, Folder: Korea, Republic of, 9/80-1/81, Box 44, Jimmy Carter Library(NLC-6-44-8-4-5에서도 볼 수 있다). 그런데 Plains File, Box 33, Folder: President's Comments on Memos Incomplete, 11/1-23/80, Jimmy Carter Library에서는 실제 박스나 RAC 모두 비밀로 묶여 있다.

8 "Memorandum of David Aaron to the President: Kim Dae Jung," November 14, 1980, #17, National Security Affairs, Collection # 6, Brzezinski Material, Country File, Folder: Korea, Republic of, 9/80-1/81, Box 44, Jimmy Carter Library.

MEMORANDUM

THE WHITE HOUSE
WASHINGTON

CONFIDENTIAL

November 14, 1980

MEMORANDUM FOR: THE PRESIDENT
FROM: DAVID AARON
SUBJECT: Kim Dae Jung

I want to move very strongly when/if necessary

Attached is the Seoul Embassy cable that Secretary Muskie mentioned to you when you spoke about Kim Dae Jung this morning. This cable indicates that we are keeping the private pressure on the Koreans not to execute Kim. We are also in touch with some of the Reagan Administration representatives, and are receiving from them assurances that they feel as we do about the case. (C)

While some predictions may be that Kim's fate is sealed, the best evidence we have is that the decision is still to be made by Chun, when the Korean Supreme Court hands down its decision. In the interim, I believe we should keep up our intense, but essentially private pressure and prepare to weigh in with a personal letter from you shortly before the Korean Supreme Court acts. (C)

Attachment

CONFIDENTIAL
Review on November 14, 1986

그림 5. 아론이 카터 대통령에게 보낸 메모랜덤: 「김대중」(1980.11.14), 카터 대통령 기념도서관 소장

다. 한국 지도부의 잘못된 판단이 미한 관계에 중요한 해악을 끼칠 것이라는 말을 전했다고 하자 머스키는 감사를 표했다. 미국이 영향력을 행사할 때 한국인들의 민족주의적 반발을 불러일으키지 않는 것이 중요하다고 충고한 일본인들과 계속 긴밀히 연락을 취한다고도 했다.⁹

레이건 당선자의 고위 보좌관이 김대중 처형은 양국 관계에 위해를 가져올 것이라고 밝혔다는 사실이 『뉴욕타임스』 11월 18일자 등을 통해 보도되었다. 이 고위 보좌관은 기자회견에서 레이건의 압도적 승리로 미국이 더 이상 김대중 처형에 반대하지 않을 것이라고 잘못 판단하면 안 된다고 경고하고, 만일 전 대통령이 김대중 처형을 허용한다면 한미 양국 관계는 손상될 것이라고 밝혔다. 이 기사는 글라이스틴과 위컴이 김대중 사건에 대해 조심스럽게 대처하도록 워싱턴을 설득해 왔는데, 이들은 전 대통령과의 면담을 통해 결국에는 김대중이 감형될 것이라는 인상을 받았기 때문이라는 내용도 전했다.¹⁰

미국의 『뉴욕타임스』는 1980년 11월 20일자 사설 「한국의 야비한 축하(A sordid celebration in South Korea)」를 통해 아래와 같이 주장했다.

> 언론 보도에 의하면 한국 군부 지도자들은 카터 대통령의 패배를 환

9　"Memorandum of Edmund S. Muskie to the President[: Evening Report]," November 14, 1980, p. 1, Plains File, Subject File, Box 41, Folder: State Department Evening Reports, 11/80, Jimmy Carter Library(NLC-128-16-2-4-6); National Security Affairs, Collection # 15: Brzezinski Material, Brzezinski Office File, Subject Chron File, Folder: Muskie Evening Reports: 11/80, Box 106, Jimmy Carter Library(NLC-15-106-2-11-4).

10　「김대중 선고에 대한 미국 반응: 외무부 미주국의 대통령 각하에 대한 보고: 김대중 관계 미 언론 보도 요지」(1980.11.21), 『외무부의 청와대 보고문, 1980-81, 전3권』(북미, 1981 생산), V.1, 235, 237쪽, 대한민국 외교부 공개 외교문서(2012).

호로 맞이하고 있다 하는바, 우리는 이를 의아하게 여긴다.

전두환은 지난 6개월간 탄압을 통해 권력 장악을 공고히 하고 민주 회복의 약속을 위배하여 왔으며 이에 대해 미국은 약간의 불만을 표시했을 뿐인데 이 정도의 불만 표시가 전 대통령을 곤란하게 했다는 사실은 전 대통령 정부의 불안정성을 보여 주는 것이다.

이어서 "이러한 불안정성은 미국 대통령 선거 후 전두환 대통령이 811명에 대해 정치 활동을 규제하고 언론 기관을 통폐합하는 등의 일련의 새로운 탄압에서도 나타난다"고 주장했다. "만일 대법원에서도 김대중에게 사형이 선고된다면 전 대통령은 미국 행정부의 과도기 중에 미국이 눈치채지 못하게 김대중을 영원히 제거할 수 있다고 생각할지도 모른다"고 우려하며 아래와 같이 레이건 당선자 측의 개입을 촉구했다.

이에 대해 레이건 측근들이 기민하게 대처함으로써 전 대통령의 그릇된 생각을 일깨워 주어야 할 것이다. 레이건 자신은 외교 문제 일반에 대해 신중한 침묵을 지키고 있으나 한 고위 보좌관은 한국 정부가 김대중을 처형한다면 이는 한미 양국 관계를 해칠 것이라고 엄중 경고한 바 있다.

한국이 미국에 대해 전략적·경제적으로 중요한 것은 사실이지만 한국 정부가 김대중을 처형한다면 이는 미국의 신정부를 극히 위험스럽게 모독하는 행위가 될 것이다. 미국인 간에 정당 정책에 대해 의견의 차이는 있을지언정, 독재정치에 대한 불쾌감마저 다른 것은 아니다.

이어서 아래와 같이 레이건 정부에 선택을 요구했다.

> 야당 지도자를 정치적 '범죄'를 이유로 처형한다는 것은 안정된 정부의 행위가 아니며 두려움을 갖고 있는 폐쇄된 사회에서나 있을 수 있는 일이다. 만일 한국 정부가 김대중을 처형하겠다는 시사를 계속 보인다면 미국은 갈피를 잡지 못하고 있는 군사정권, 또는 심히 학대받고 있는 국민 중 어느 쪽에 미국의 이익이 존재하는지 냉철히 생각해 보아야 한다.[11]

레이건 신정부에 민주주의를 억압하는 전두환과 민주화를 요구하는 한국 국민 중 양자택일을 요구했던 것이다. 만약 전두환이 김대중을 처형한다면 그를 승인하지 말고 제거한 후 국민의 요구를 들어주라는 주장이었다.

2. 카터와 뜻을 같이한다는 레이건의 메시지

1980년 11월 19일 머스키는 카터에게 보낸 보고서에서, 일본인들이 김대중의 장래에 대해 비관적으로 생각하는 근거가 무엇인지 이토 외상을 만나 알아보라고 맨스필드에게 지시를 내렸다고 했다. 만약

---

11 위의 자료, 238~240쪽.

김대중이 처형당하면 일본과 미국은 어떻게 할 것인지에 대해서도 상의할 예정이라고 했다. 머스키는 글라이스틴이 다음 주에 워싱턴에 와서 정권 인수팀과 상의한 후 결정적인 시기 이전에 서울로 돌아갈 때 카터의 개인적인 메시지를 전달하는 것이 좋겠다고 건의했다. 이에 카터는 가능한 강력한 어조로 기안하라는 자필 메모를 남겼다.[12]

1980년 11월 20일 글라이스틴은 위컴, 브루스터와 연명으로 워싱턴에 전문 형식의 보고서를 보내 "한국 고위 관리들과의 개인적 접촉 등 모든 정보를 근거로 판단하건대 김대중에 대한 사형 판결을 확정할 것으로 우려된다"면서 일이 종결될 때까지 대외적으로 자제할 것을 요청했다. 그러면서 물러나는 정부는 물론 특히 차기 행정부 최고위층의 메시지를 별도의 사절을 통해 전달할 것을 제안했다. 이르면 12월 5일 대법원이 최종 판결을 내릴 것이며 전두환 장군의 성격대로라면 즉시 반응할 것이므로 최종적인 압력을 가할 시간이 다가오고 있다며 경각심을 환기시키기도 했다.[13] 어느 미국인보다 현장감이 있

12 "Memorandum of Edmund S. Muskie to the President[: Evening Report]," November 19, 1980, pp. 1-2, Plains File, Subject File, Box 41, Folder: State Department Evening Reports, 11/80, Jimmy Carter Library(NLC-128-16-2-6-4); National Security Affairs, Collection # 15: Brzezinski Material, Brzezinski Office File, Subject Chron File, Folder: Muskie Evening Reports: 11/80, Box 106, Jimmy Carter Library(NLC-15-106-2-15-0).

13 "Cable from AmEmbassy Seoul (Gleysteen) to SecState: Assessment of Kim Dae Jung Outcome, and Proposed Actions," O 201032Z Nov 80, National Security Affairs, Collection # 6, Brzezinski Material, Country File, Folder: Korea, Republic of, 9/80-1/81, Box 44, Jimmy Carter Library(NLC-6-44-8-24-3); William H. Gleysteen, Jr., *Massive Entanglement, Marginal Influence: Carter and Korea in Crisis* (Washington, DC: Brookings Institution Press, 1999), pp. 182; 윌리엄 H. 글라이스틴, 황정일 역, 『알려지지 않은 역사: 전 주한미국대사 글라이스틴 회고록』(중앙 M&B, 1999), 255~256쪽. 전자의 문서에서 브루스터가 동의했다고 추정되는 부분이 삭제되어 있다. CIA 관계 내용은 삭제하려는 경향이라고 할 수 있다.

던 글라이스틴이 표명한 최초의 비관적 전망이었다. 그는 귀국하기 전 11월 21일에 전두환, 노태우의 요청으로 그들을 각각 만났는데, 이를 통해 비관적 전망이 다소 희석되었다.[14]

이러한 분위기 속에서 매우 긴장한 카터는 가능한 모든 은밀한 압력을 행사하려 했다. 카터는 11월 20일 레이건 당선자를 만나 김대중이 처형될 가능성이 있다면서 레이건 진영에 이해를 촉구해 성과를 거두었다.[15] 머스키가 11월 19일 카터에게 보고한 회담안에 따르면 김대중에 대한 카터 행정부의 입장을 레이건도 지지한다는 사적인 메시지를 한국 정부에 공개적으로 전달하라고 이미 지시 내렸던 사실이 적시되어 있다. 이에 대해 카터는 레이건에게 감사의 뜻을 표할 예정이었다. 또한 만약 김대중이 처형되면 어떤 행동을 취할지 일본과 상의할 것이라는 사실도 언급할 전망이었다. 800여 명에 달하는 정치인이 정치 규제에 묶여 있는데 장차 있을 해금 조치 이후에도 상당수의 규제가 풀리지 않는다면 레이건 당선자가 우려를 표명해 달라고

---

14 William H. Gleysteen, Jr.(1999), 위의 책, 183~184쪽; 윌리엄 H. 글라이스틴, 황정일 역(1999), 위의 책, 257~258쪽.
15 이날 레이건이 남한의 박정희 대통령이 시위를 강하게 진압하고 데모대를 군대에 강제 징집한 것에 대해 부럽다고 얘기한 것이 유일하게 독창적인 발언이었다고 카터가 그의 일기에다 비꼬았다. Jimmy Carter, *White House Diary* (New York: Farrar, Straus and Giroux, 2010), p. 487. 한편 Don Oberdorfer, *The Two Koreas: A Contemporary History* (Reading, Mass.: Addison-Wesley, 1997); 돈 오버도퍼, 『두개의 코리아』(중앙일보사, 1998), 138쪽에 의하면 카터가 김대중 문제에 대해 언급하자 가만히 듣고 있던 레이건이 느닷없이 "대통령 각하, 한국의 대통령들은 시위 가담 학생들을 군대에 보낼 수 있는 권한을 갖고 있는데 나도 그런 권한을 갖고 싶습니다."라고 말했으며 인권 문제로 한국 대통령들과 갈등을 빚어 왔던 카터는 레이건의 발언에 경악했다.

부탁할 예정이었다.[16]

1980년 11월 18일 오후 5시 30분부터 15분간 브레진스키는 자신의 집무실에서 그레그와 함께 김경원 청와대 비서실장과 김용식 주미대사, 박건우 주미대사관 참사관을 만나 김대중을 사형에 처하지 말라고 압박했다. 브레진스키는 파키스탄의 무함마드 지아 울하크(Muhammad Zia-ul-Haq) 대통령이 줄피카르 알리 부토(Zulfikar Ali Bhutto) 전임 총리·대통령 처형 문제를 질질 끌다가 마지못해 사형을 집행해 국제사회의 비난을 자초한 경우를 언급하면서 한국은 이러한 상황을 피해야 할 것이라고 조언하기도 했다.[17]

레이건은 김대중 처형이 한미 관계에 심각한 결과를 초래할 것이라는 점에서 카터 대통령과 뜻을 같이한다는 메시지를 보좌관을

16 "Memorandum of Edmund S. Muskie to the President: Your Meeting with Governor Reagan," November 19, 1980, p. 3, attached in "Memorandum of Denis Clift to the Vice President: Foreign Policy/National Security Development," November 20, 1980, Papers of Walter F. Mondale, Folder: Foreign Policy/National Security Development, [10/80-12/80], Box 1, Jimmy Carter Library.

17 "Memorandum of Conversation, National Security Advisor Zbigniew Brzezinski, Blue House Secretary General Kim Kyong Won, et al,," November 18, 1980, Confidential, RG 59, Subject Files of Edmund S. Muskie, 1963 - 1981, Box 3, Folder: Memcons October-December 1980, NARA, p. 2,http://nsarchive.gwu.edu/dc.html?doc=3696543-Document-16-Memorandum-of-Conversation-National (검색일: 2017.6.5). 파키스탄의 부토 총리는 1977년 7월 5일 육군참모총장 지아 장군의 무혈 쿠데타로 실각했으며 부토는 정적 암살을 배후 조종한 혐의로 검거되어 사형을 선고받았으며 수차례에 걸친 항소와 각국 지도자들의 사면 요청에도 불구하고 1979년 4월 4일 동트기 직전에 교수형에 처해졌다. 「파키스탄 전대통령 부토 사형 집행 오늘새벽」, 『동아일보』 1979년 4월 4일, 1면; "Memorandum of Dr. Brzezinski to the President: Death of Bhutto," April 4, 1979, National Security Affairs, Collection #6, Brzezinski Material, Country File, Folder: Korea, Republic of, 1-4/79, Box 43, Jimmy Carter Library. 그런데 미국은 부토 처형에는 김대중의 경우보다 소극적으로 대응했다. 한때 집권자였던 부토는 야당 정치인으로 민주주의의 상징이었던 김대중과는 달랐으므로 카터의 연민의 대상이 되지는 못했다.

통해 전두환에게 전달했다고 『워싱턴포스트』의 오버도퍼 기자가 1980년 11월 20일자로 보도했다. 이 보도에 의하면 카터 행정부 관리들은 레이건 측에 김대중 처형을 반대하도록 촉구한 바 있으며 레이건 측으로부터 당선 후 즉각적인 반응이 나온 점에 안도했다고 했다. 레이건의 침묵은 한국 측에 김대중 처형에 대한 묵인으로 해석할 가능성이 있었기 때문이다. 홀브룩 차관보는 11월 19일 레이건 측의 이러한 행동이 매우 사려 깊고 유익하며 훌륭한 것이라고 평했다.[18]

1980년 11월 (하순) 브레진스키는 류병현 합참의장에게 편지를 보내 만약 김대중을 처형하면 대한민국에 대한 미국의 지지가 매우 약해질 것이며 대한민국의 명성도 매우 손상될 것이라고 적었다.[19] 이렇듯 카터 대통령뿐만 아니라 참모들의 압력도 강해졌다.

1980년 11월 20일 류병현 합참의장은 워싱턴에서 크리스토퍼 국무부 부장관을 만나 김대중 사형 집행은 정권 교체기에 중요한 문제를 야기할 것이라는 경고를 들었다. 그 내용은 『뉴욕타임스』 11월 20일자에 보도되었다.[20] 카터는 11월 20일 오후 머스키 장관의 보고서를 통해 류 의장에 대한 경고 내용을 접하고, 공화당(레이건의 신정부-인용자)이 전두환을 미국으로 초청하는 문제에 관해 계속 자신에게 보

---

18 「김대중 선고에 대한 미국 반응: 외무부 미주국의 대통령 각하에 대한 보고: 김대중 관계 미 언론 보도 요지」(1980.11.21), 『외무부의 청와대 보고문, 1980-81, 전3권』(북미, 1981 생산), V.1, 242~243쪽, 대한민국 외교부 공개 외교문서(2011).

19 "Letter of Zbigniew Brezezinski to Lew Byung Hion," November 1980, White House Central File, Subject File, Confidential, Folder: CO 82-2 Confidential 1/20/77-1/20/81, Box CO41, Jimmy Carter Library.

20 「김대중 선고에 대한 미국 반응: 외무부 미주국의 대통령 각하에 대한 보고: 김대중 관계 미 언론 보도 요지」(1980.11.21), 앞의 문서철, V.1, 240~241쪽.

고하라고 당부하고, 자필 서명했다.[21] 이미 이 시점부터 레이건 행정부에 의한 전두환의 미국 초청이 논의되고 있었다.

3. 쌀 지원 문제와 북한 변수까지 동원한 카터

이즈음 카터는 남한의 쌀 부족 문제를 김대중 재판에 대한 압박 수단으로 활용할 것인지 검토하라고 국무부에 지시했다. 11월 20일 국무부는 남한의 쌀 부족 문제를 김대중 구명의 지렛대로 사용하게 되면 미국에 대한 원망이 커지는 등 역효과가 날 것이라면서 미국과 한국 협조의 상징적 효과를 지속하기 위해서라도 김대중 구명과 관계없이 지원해 줄 것을 건의했다.[22] 11월 25일 그레그도 국무부의 견해에 대체로 동의했다. 자칫 식량 폭동으로 이어질 수 있는 쌀 문제를 김대중 문제와 관계없이 잠재워야야 한다고 주장했던 것이다. 부족한 쌀 수입을 지연시키게 되면 한국인들이 이를 압력으로 받아들여 김대중 구명에 오히려 부정적으로 작용할 가능성이 있다는 것이다. 그레그

---

21 "Memorandum of Edmund S. Muskie to the President[: Evening Report]," November 20, 1980, p. 1, Plains File, Subject File, Box 41, Folder: State Department Evening Reports, 11/80, Jimmy Carter Library. 이 자료는 RAC 상(NLC-128-16-2-6-4)으로 확인한 것이다.

22 "Memorandum of SecStae (Edmund Muskie) to the President: Meeting Korean Rice Import Needs," 11/20/80[00, 비밀 해제 검토 시점으로 표기], National Security Affairs, Collection # 6, Brzezinski Material, Country File, Folder: Korea, Republic of, 9/80-1/81, Box 44, Jimmy Carter Library.

```
                                                        6278
    MEMORANDUM
          SECRET       NATIONAL SECURITY COUNCIL    November 25, 1980
          ACTION
          MEMORANDUM FOR:    ZBIGNIEW BRZEZINSKI
          FROM:              DONALD GREGG
          SUBJECT:           Korean Rice

          On its list of items that would become urgent during the
          transition period, the Department of State listed the Korean
          rice situation--a disastrous harvest which may cause them to
          import more than two million tons. To meet this acute need
          the Koreans expect to buy almost 1 million tons of American
          rice (virtually all that is available) and need to buy more
          from the Japanese, something we normally oppose. The President
          asked whether we wanted to do the Koreans a favor at this
          particular time. The State Department believes, and I fully
          concur, that we should ease a potentially explosive rice
          situation irrespective of the Kim case. In fact, delay on
          our part in easing the rice situation could be construed by
          the Koreans as pressure, with probably negative results as
          far as Kim is concerned. (S)

          Attached at Tab A is the Secretary's paper explaining the
          situation and at Tab I is a memo from you recommending that
          the President support State's position. With the Kim case
          in the balance, time is of the essence. (S)

          RECOMMENDATION

          That you forward the attached package to the President. (U)

          Attachments

          Hazel Denton concurs

          SECRET
                              State
                              Nov 25, 2000
                              State memo dtd 20 Nov 80
```

그림 6. 도널드 그레그가 브레진스키에게 보낸 메모랜덤:「한국인의 쌀」(1980.11.25), 카터 대통령 기념도서관 소장

는 미결 상태인 김대중 문제는 시간이 중요하므로 즉각 (무조건) 지원하자고 브레진스키에게 건의했다.²³ (그림 6) 보수적인 입장을 견지했던 그레그는 카터의 조바심을 진정시키지 못했다.

11월 26일 NSC 부보좌관 데이비드 아론은 그레그의 메모랜덤에 반대한다는 의견을 아래와 같이 적시했다. (그림 7)

> 나는 반대한다. 압박만이 김대중을 살릴 수 있다. 전두환 정부가 김대중을 죽이려 한다는 것은 우리가 읽은 모든 정보에 드러난다. 한국인들과의 관계에서 역효과를 가져오는 압력이란 없다. 만약 남한인들에게 영향을 미치고 싶으면 우리는 북한과 양자 대화를 시작해야 한다.²⁴

아론은 쌀 문제만이 아니라 북한을 동원해서라도 김대중의 사형 집행을 막아야 한다고 주장했다. 남한의 참여가 배제된 상태에서는 북한과의 대화를 거부한다는 오랫동안 고수해 온 정책을 한반도에서 미국의 국익 보호를 위해 변경할 수도 있다는 점을 전두환에게 전달해 그를 변화시키든지 전두환 정권 퇴진을 추구하자는 의견을 아론은 1980년 7월 9일 메모 작성 시부터 가지고 있었다. 그레그는 글라이스틴이 보다 강경한 어조로 말한다면 미국의 입장을 반영시킬 가능성

---

23 "Memorandum of Donald Gregg to Zbigniew Brzezinski: Korean Rice," November 25, 1980, #22A, National Security Affairs, Collection # 6, Brzezinski Material, Country File, Folder: Korea, Republic of, 9/80-1/81, Box 44, Jimmy Carter Library.

24 "Confidential Attachment of David Aaron to Zbigniew Brzezinski," November 26 1980, #22, National Security Affairs, Collection # 6, Brzezinski Material, Country File, Folder: Korea, Republic of, 9/80-1/81, Box 44, Jimmy Carter Library.

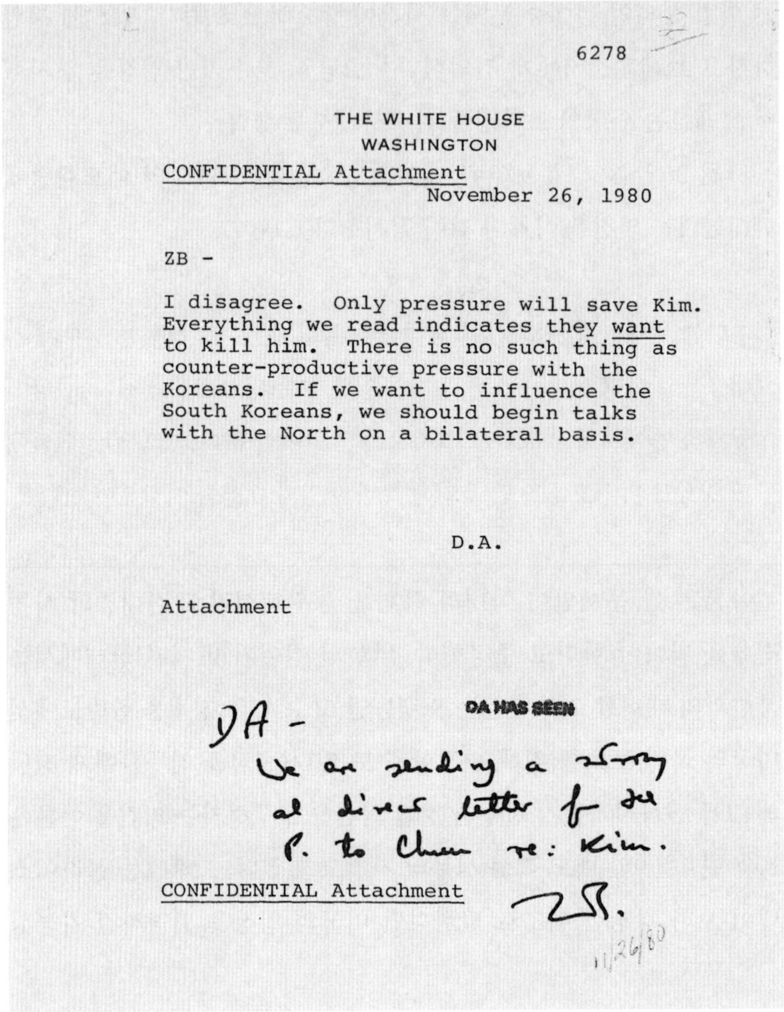

6278

THE WHITE HOUSE
WASHINGTON

CONFIDENTIAL Attachment

November 26, 1980

ZB -

I disagree. Only pressure will save Kim. Everything we read indicates they want to kill him. There is no such thing as counter-productive pressure with the Koreans. If we want to influence the South Koreans, we should begin talks with the North on a bilateral basis.

D.A.

Attachment

DA -
We are sending a strongly worded direct letter from the P. to Chun re: Kim.

DA HAS SEEN

ZB.

CONFIDENTIAL Attachment

11/26/80

그림 7. 데이비드 아론이 브레진스키에게 보낸 비밀 첨부 파일(1980.11.26), 카터 대통령 기념도서관 소장

이 있다고 생각했으나 아론은 말로 하는 것은 아무런 효과가 없으며 미국이 북한과 대화를 시작하는 것이 전두환을 변화시킬 수 있는 유일한 방법이라고 주장했다.[25]

그러나 글라이스틴을 비롯한 현지 미국 대표부는 미국의 대한 공약에 어긋난다는 이유로 북한 변수를 동원한 전두환 압박책에 일관되게 반대했다. 만약 워싱턴에서 북한을 동원한다면 글라이스틴은 사임하겠다고도 했다.[26] 글라이스틴은 대북 정책 변경과 같은 강경 제재 조치는 불가능하다고 평가했다.[27] 한국 국민들도 미국의 배신 행위에 반대할 것이 확실했으므로 미국은 한국 여론이 반미적 방향으로의 변화할 것을 염려해 이를 실행하지 않았다.[28]

한편 이런 수단을 동원했을 때 북한이 가만히 있지 않을 가능성도 고려해야 했다. 글라이스틴은 1979년에서 1980년 사이에 북한의 도발 위험성이 매우 높았다고 회고했다. 글라이스틴은 안보상 위험을

---

25 Don Oberdorfer, *The Two Koreas: A Contemporary History* (Reading, Mass.: Addison-Wesley, 1997), p. 131; 돈 오버도퍼, 『두개의 코리아』(중앙일보사, 1998), 131쪽.

26 이흥환, 「전두환 집권과 미국의 '거리두기'」, 『신동아』(2004.10), 350~362쪽. 그런데 William H. Gleysteen, Jr., *Massive Entanglement, Marginal Influence: Carter and Korea in Crisis* (Washington, DC: Brookings Institution Press, 1999), p. 42; 윌리엄 H. 글라이스틴, 황정일 역, 『알려지지 않은 역사: 전 주한미국대사 글라이스틴 회고록』(중앙 M&B, 1999), 75쪽에서 글라이스틴은 1979년 한미정상회담에서 카터가 김일성 초청을 고집하면 사임하겠다고 말했었다고 회고했다.

27 대신 비공개적인 권고나 공개적 비난, 혹은 비교적 미미한 제재 등 미약하고 때로는 비생산적 방법을 동원해 최선을 다했다고 회고했다. William H. Gleysteen, Jr.(1999), 위의 책, 195쪽; 윌리엄 H. 글라이스틴, 황정일 역(1999), 위의 책, 273~274쪽.

28 William H. Gleysteen, Jr.(1999), 위의 책, 151쪽; 윌리엄 H. 글라이스틴, 황정일 역(1999), 위의 책, 213쪽.

중시해야 했던 현장의 '보수주의자'였던 것이다.²⁹ 글라이스틴이 동조하지 않았기 때문에 아론의 대안을 더 이상 진전시키지 못했다.³⁰ 김대중 구명 방법을 비교해 보면 글라이스틴이 가장 보수적이었으며 그레그는 중도, 아론은 급진적이었다고 할 수 있다. 카터는 중도와 급진 사이에서 급진에 보다 가까웠다고 할 수 있다.

한편 김대중 재판 절차를 생략하고 그를 미국으로 추방하도록 한국 정부에 압력을 가하는 안을 1980년 8월 이전에 제안했던³¹ 홀브룩 국무차관보도 "만약 김대중을 처형할 경우 미국은 북한과 양자 대화를 할 수도 있다고 전두환에게 경고하는 것"이 어떤지에 대해 9월 말 이후 글라이스틴과 논의했다.³² 이에 대해 글라이스틴은 역효과를 불러일으킬 가능성이 있다는 등의 이유로 지체 없이 반대 의사를 표명했다. 보다 구체적으로는 "미국의 합당한 대북 정책이 남한 지도자들에 대한 보복 수단으로 변경되어서는 안 된다. 그것은 결과적으로 그간 북한이 보인 비타협적인 태도를 용인하는 것이다" 등의 이유를 들었

---

29 배진영, 「미, 신군부에 끌려가면서 당혹스러워 해: 1980년 '서울의 봄' 당시 한미관계를 보여주는 3건의 문건」, 『월간조선』(2013.5), 340쪽. 따라서 북한의 공격 위험을 무시하고 F-16기의 공급계획을 철회하는 것과 같은 강력한 제재 수단을 동원하지 않았다고 했다. 미국이 동맹국을 그런 식으로 길들이는 동안 북한이 신중한 자세를 취했을 가능성도 있지만 그러지 않을 가능성도 고려해야 했다는 것이었다. William H. Gleysteen, Jr.(1999), 위의 책, 196쪽; 윌리엄 H. 글라이스틴, 황정일 역(1999), 위의 책, 275쪽.
30 Don Oberdorfer(1997), 앞의 책, 131쪽; 돈 오버도퍼(1998), 앞의 책, 131쪽.
31 William H. Gleysteen, Jr.(1999), 앞의 책, 152쪽; 윌리엄 H. 글라이스틴, 황정일 역(1999), 앞의 책, 214쪽.
32 William H. Gleysteen, Jr.(1999), 위의 책, 177쪽; 윌리엄 H. 글라이스틴, 황정일 역(1999), 위의 책, 249쪽.

```
                                                              6278
           MEMORANDUM
                              THE WHITE HOUSE
           SECRET                 WASHINGTON
           ACTION                November 26, 1980

           MEMORANDUM FOR:    THE PRESIDENT
           FROM:              ZBIGNIEW BRZEZINSKI
           SUBJECT:           Korean Rice Imports

                    You asked the State Department, in view of the Kim Dae Jung
                    case, whether it was in our overall interest to help the
                    Koreans out with regard to their acute rice shortage.  Attached
                    at Tab A is a memorandum from the Secretary, strongly endorsing
                    an immediate agreement to allow the Koreans to buy additional
                    rice from Japan, once they have bought all of our California
                    rice, plus 200,000 tons of Gulf rice.  The USDA has a firm
                    understanding on this matter with the Koreans, and will monitor
                    it to ensure that interests of US rice sellers are protected. (S)

           RECOMMENDATION

                    That you approve the Korean request.  The Koreans are in a
                    potentially disastrous situation with regard to their rice
                    supply.  Our aid will be highly appreciated.  Delay would
                    be interpreted as political pressure, and would most probably
                    have an adverse impact on the Kim Dae Jung case, which still
                    hangs in the balance. (S)

           Attachment
```

그림 8. 브레진스키가 대통령에게 보낸 메모랜덤: 「한국의 쌀 수입」(1980.11.26), 카터 대통령 기념도서관 소장

다.³³ 카터가 제안한 3자 대화를 거부하고 양자 대화만을 주장하는 북한의 손을 들어 주는 것이라는 설명이었다. 결국 이 극단적인 조치는 심각하게 고려되지 않았지만 하나의 대안으로는 자주 거론되었다.

11월 13일 글라이스틴은 노신영 외무장관과 만나 만약 김대중이 처형되면 미국의 대북한 정책이 바뀔 가능성이 많다는 점을 지적했다. 미국의 대북 관계에 돌파구를 마련하려는 미국인들이 있으며 그들은 김대중 처형을 기회 삼아 오랜 시간에 걸친 자신들의 여망을 정당화하려 할 것이라고 강조했다.³⁴ 북한을 동원해 한국 정부에 압력을 가하는 것에 반대했던 글리이스틴도 이처럼 북한 변수를 위협 수단으로 활용했다. 노신영 장관은 회고록에서 "사형이 선고된 김대중 씨의 처리 문제"가 전두환 대통령의 방미 교섭에 가장 큰 걸림돌이었다고 회고했다.³⁵

북한을 동원하자는 말은 이미 권력을 잃은 카터 행정부 관리의 때늦은 방안이었다. 힘이 없었으므로 실현 가능성도 없는 극단적인 발언으로 공언해 보았던 것이라 할 수도 있다. 그러나 전두환 정부는 주한 미군 철수를 이용한 위협도 이미 물 건너갔다고 판단해 무시할 수 있었다.³⁶

1980년 11월 26일 브레진스키 보좌관은 김대중 구명에 이용하려고

---

33 William H. Gleysteen, Jr.(1999), 위의 책, 177~178쪽; 윌리엄 H. 글라이스틴, 황정일 역 (1999), 위의 책, 249~250쪽.
34 William H. Gleysteen, Jr.(1999), 위의 책, 181~182쪽; 윌리엄 H. 글라이스틴, 황정일 역 (1999), 위의 책, 254~255쪽. 이날의 만남을 보고한 전문은 Plains File, Box 33, Folder: President's Comments on Memos Incomplete, 11/1-23/80, Jimmy Carter Library에 있으나 비밀로 묶여 있다.
35 노신영, 『노신영 회고록』(고려서적, 2000), 245쪽.
36 이흥환(2004), 앞의 글, 350~362쪽.

쌀 수입을 지연시키는 것은 김대중 구명 문제에 오히려 부작용을 초래할 것이 확실하므로 한국의 요구를 들어주어 그들이 감사하는 마음을 갖게 하자고 카터에게 건의했다.[37] 쌀 문제 등 총력을 동원해 김대중을 구명하려 했던 카터의 의지는 일단 참모진의 만류로 무산되었다.

4. 친서를 보내 전두환을 직접 위협한 카터

레이건 당선 이후 전두환 대통령은 물러나는 카터 행정부가 김대중 판결에 대해 혹시 공개적으로 비난하지 않을지 우려했다. 이렇게 되면 최종 결정을 할 때 한국 군부와 일반 대중들을 자극한 미국의 행위를 의식하지 않을 수 없다고 글라이스틴 대사에게 말했다. 전두환은 카터 행정부가 마지막 순간에 정책을 부드럽게 해준다면 레이건 행정부로부터 승인의 문이 열릴 수 있지 않을까 기대했다. 글라이스틴은 전두환이 김대중을 감형해 주는 대가로 미국의 승인을 얻고 싶었던 것으로 관측했다.[38] 또한 한국 국방장관 등 군 관계 인사들은

---

37 "Memorandum of Zbigniew Brzezinski to the President: Korean Rice Imports," November 26, 1980, #22B, National Security Affairs, Collection # 6, Brzezinski Material, Country File, Folder: Korea, Republic of, 9/80–1/81, Box 44, Jimmy Carter Library.

38 William H. Gleysteen, Jr., *Massive Entanglement, Marginal Influence: Carter and Korea in Crisis* (Washington, DC: Brookings Institution Press, 1999), pp. 182, 185·186; 윌리엄 H. 글라이스틴, 황정일 역, 『알려지지 않은 역사: 전 주한미국대사 글라이스틴 회고록』(중앙 M&B, 1999), 256, 260~261쪽.

1980년 6월 이래로 열리지 않았던 안보협의회를 성사시키고 싶어 했지만 글라이스틴은 정치발전과 김대중 문제의 해결 없이는 불가능하다고 계속 거부하는 상황이었다.

글라이스틴은 워싱턴에 잠시 머무는 동안 브라운 국방장관을 특사로 한국에 보내는 일을 추진했다. 브라운 장관의 지원을 약속받은 후 글라이스틴은 서울로 귀임해 국무부에 제안했다. 그는 1980년 12월 4일 보낸 전문에서 브라운 방한 전에 한국 대법원이 김대중에 대한 선고를 확정할 가능성은 없으므로 브라운이 전두환 대통령에게 미국 측 우려의 심각성을 강력히 전달할 수 있는 적기라는 점을 지적하면서 미국 장관이 일본을 방문할 때 한국을 동시 방문했던 관례를 깬다면 자신과 자주 접촉하는 한국군 지인들이 크게 실망할 것이라고 적시했다. 만약 한국 방문이 이루어진다면 우리를 도우려는 그들의 의지를 고양시킬 수 있을 것이라고 주장했다. 한편 방한의 목적이 모든 면에서 김대중이 아닌 안보 문제로 설정되어야 함을 경고조로 강조했다. 만약 방한 목적을 김대중 구명으로 규정한다면 방한의 이점을 없애고 김대중 구명의 목적을 무산시킬 수도 있다고 했다. 김대중이 처형되더라도 브라운 방한의 실제 목적이 김대중 문제에 관한 '최후의 호소'였다는 사실을 기록해 인권 문제에 대해 카터 행정부가 끝까지 성의를 다했음을 정당화할 수 있는 일종의 '면피'를 제공해 줄 수 있도록 설정했다.[39]

---

39 "Telegram from AmEmbassy Seoul (Gleysteen) to SecState: Secretary Brown Visit to Korea," December 4, 1980; 「글라이스틴이 국무장관(Muskie)-국방장관(Brown)에게: 브라운의 방한」(1980.12.4), William H. Gleysteen, Jr.(1999), 위의 책, 223~224쪽; 윌리엄 H. 글라이스틴, 황정일 역(1999), 위의 책, 308~309쪽.

워싱턴에서는 즉각 브라운 장관의 방한 의사를 전두환에게 전달하라고 지시했다. 대외적으로 브라운 장관의 방한 목적은 김대중 구명이 아니었으며 정례적인 안보협의회 참석도 아니었다. 쌍방의 안보 문제 협의를 위한 것으로 두루뭉술하게 포장했다.[40] 1980년 12월 4일 자 카터의 일기에는 해럴드 브라운 국방장관이 김대중 처형에 대한 우려를 전두환과 군부 지도자들에게 전달하기 위해 파견될 예정임이 명시되어 있다.[41] 크리스토퍼 국무부 부장관은 1980년 12월 5일 글라이스틴에게 전문을 보내, 12월 6일 글라이스틴의 전두환 면담에서 브라운 장관이 12월 13일 몇 시간 동안 짧게 방한한다는 소식을 전해 주라고 지시했다. 크리스토퍼 부장관은 12월 6일 전두환과의 면담에서 김대중 문제가 해결되지 않는다면 12월 13일은 김대중 처형 결정의 대가가 크다는 것을 권위 있게 설명할 수 있는 절호의 기회라고 글라이스틴에게 강조했다.[42]

12월 6일 글라이스틴 대사는 브라운 국방장관이 일본 방문을 마치고 1980년 12월 13일에 한미 (연례)안보협의회(SCM) 참석차 한국에 올 것이라고 전두환 대통령에게 알려 주면서 김대중의 사면을 요청

---

40 William H. Gleysteen, Jr.(1999), 위의 책, 186쪽; 윌리엄 H. 글라이스틴, 황정일 역(1999), 위의 책, 261쪽.

41 Jimmy Carter, *White House Diary* (New York: Farrar, Straus and Giroux, 2010), p. 491.

42 "Cable from SecState (Christopher) to AmEmbassy in Seoul: Secretary Brown Visit to Korea," O 052320Z Dec 80, National Security Affairs–Brzezinski Material, Collection # 16: Cables File, Folder: White House In/Out, 12/1–7/80, Box 121, Jimmy Carter Library (NLC-16-121-4-20-4).

하는 1980년 12월 1일자 카터 대통령의 친서[43]를 전달했다.[44]

김대중 처형에 대한 우려가 확산되던 1980년 11월 중순(정확히는 18일 오전)에 류병현 합참의장은 워싱턴에서 그레그를 만나 SCM 개최를 요구했었다. 류 장군은 마치 SCM의 일정을 잡아 오라는 전두환의 명령을 받은 사람처럼 행동했다. 그레그는 이 문제를 플랫과 상의하면서 떠나가는 정부가 김대중의 처형이 이루어질 것으로 전망되는 상황에서 이를 추진하는 것은 어렵다는 데 동의했다. 대신 류 의장의 체면을 세워주는 정도로 브라운 장관이 도쿄에서 잠시 주영복 국방장관과 면담하는 방안이 고려되었다. SCM 무기한 연기는 12·12 사건 이래로 미국이 가지고 있던 유일한 제재 수단이었다고 평가되었다. 그레그는 이러한 톤을 류 의장에게 편지로 전달하라고 브레진스키에게 건의해 1980년 11월 어느 날 류 의장에게 편지가 전달되었다.[45] 1980년 11월 중순에는 SCM이 없는 것으로 전망되었으나 글라이스틴의 노력 등으로 SCM이 열리게 되었다. 미국은 1980년 4월

---

43 "Cable from the White House to AmEmbassy Seoul (Gleysteen)," 01 Dec. 1980, National Security Affairs-Brzezinski Material, President's Correspondence with Foreign Leaders File, compiled 1977-1981, Folder: Korea, Republic of: President Chun Doo Hwan, 8-12/80, Box 12, Jimmy Carter Library; 이흥환 편, 『미국 비밀 문서로 본 한국 현대사 35장면』(삼인, 2003), 59~60, 262~265쪽.

44 「최근의 한미관계」(1980.12), 『외무부의 청와대 보고문, 1980-81, 전3권』(북미, 1981 생산), V.2, 6쪽, 대한민국 외교부 공개 외교문서(2012); William H. Gleysteen, Jr.(1999), 앞의 책, 186쪽; 윌리엄 H. 글라이스틴, 황정일 역(1999), 앞의 책, 261쪽.

45 "Memorandum of Donald Gregg to Zbigniew Brzezinski: Evening Report – 18 November," November 18, 1980, National Security Affairs, Collection # 10: Brzezinski Material, Staff Evening Report File, Folder: 11/15-20/80, Box 33, Jimmy Carter Library(NLC-10-33-2-6-6).

14일 전두환의 중앙정보부장 겸직 이후 연기되었던 SCM을 김대중 구명의 지렛대로 활용하고자 했다. 김대중 구명의 대가로 SCM 개최를 교환하려 했던 것이다.

머스키 미 국무장관은 1980년 11월 25일 전두환 대통령에 보낼 편지 문안을 카터에게 발송했다.[46] 카터는 12월 1일 직접 수정한 편지를 당일 발송하라고 브레진스키에게 지시했다.[47] 백악관은 1980년 12월 1일 오후 2시 39분에 서울 미국대사관에 편지 내용을 급전으로 보냈다.[48]

카터 대통령은 1980년 12월 1일에 귀임한 글라이스틴 대사가 속히 전두환을 만나 전달할 것이라는 크리스토퍼 부장관의 보고문에다 직접 '신속히 전달하라(expedite)'고 적어 급한 심기를 표출했다.[49] 그러나 서울에 있던 글라이스틴은 빠른 시일 내에 전달하라는 명령에 대

---

46 "Memorandum of Edmund S. Muskie to the President Jimmy Carter," November 25, 1980, #16, Plains File, President's Personal Foreign Affairs File, Folder: Korea, Republic of Korea, 5/78-11/80, Box 2, Jimmy Carter Library. 한편 Plains File, Subject File, Box 33, Folder: President's Comments on Memos Incomplete, 11/24/80-12/4/80, Jimmy Carter Library에는 11월 25일자 메모랜덤이 비공개로 묶여 있다.

47 "Jimmy Carter to Mr. President," [November 1980], edited by Jimmy Carter on 12/1, #16A, attached in "Memorandum of Edmund S. Muskie to the President Jimmy Carter," November 25, 1980, #16, Plains File, President's Personal Foreign Affairs File, Folder: Korea, Republic of Korea, 5/78-11/80, Box 2, Jimmy Carter Library. 한편 Plains File, Subject File, Box 33, Folder: President's Comments on Memos Incomplete, 11/24/80-12/4/80, Jimmy Carter Library에는 3쪽짜리 편지 초안이 비공개로 묶여 있다.

48 "Cable from the White House to AmEmbassy Seoul (Gleysteen): Presidential Message," Z 011439Z Dec 80 [01 Dec. 1980], National Security Affairs-Brzezinski Material, President's Correspondence with Foreign Leaders File, compiled 1977-1981, Folder: Korea, Republic of: President Chun Doo Hwan, 8-12/80, Box 12, Jimmy Carter Library.

49 "Memorandum of Warren Christopher, Acting to the President," December 1, 1980, Secret, p. 2, National Security Affairs, Collection # 7: Brzezinski Material, Subject File, Folder: Evening Reports (State): 12/80, Box 24, Jimmy Carter Library (NLC-7-24-2-1-5).

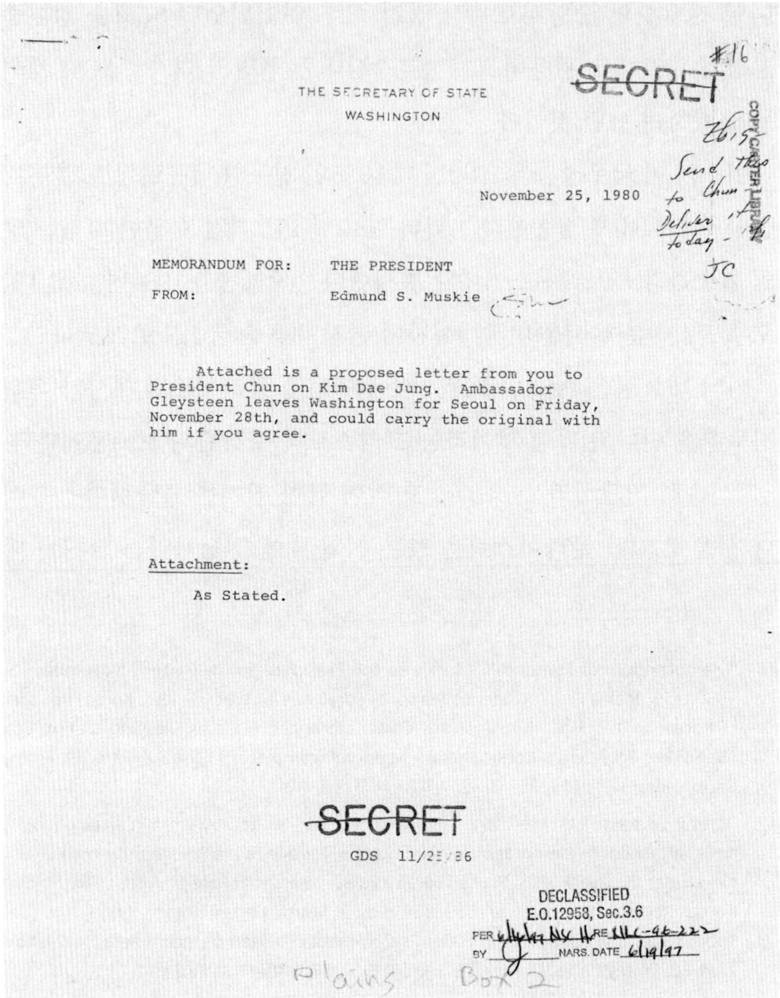

THE SECRETARY OF STATE
WASHINGTON

SECRET #16

November 25, 1980

MEMORANDUM FOR: THE PRESIDENT
FROM: Edmund S. Muskie

    Attached is a proposed letter from you to President Chun on Kim Dae Jung. Ambassador Gleysteen leaves Washington for Seoul on Friday, November 28th, and could carry the original with him if you agree.

Attachment:

    As Stated.

SECRET
GDS 11/25/86

DECLASSIFIED
E.O.12958, Sec.3.6

그림 9. 머스키가 카터 대통령에게 보낸 메모랜덤(1980.11.25), 카터 대통령 기념도서관 소장

해 1~2일이 걸릴 것이라면서 한국 외무장관에게 바로 전달하는 것도 방법이지만 그러면 카터 대통령 편지의 영향력이 많이 감소할 것이라고 주장했다.[50] 결국 12월 6일에야 전두환 대통령과의 면담이 이루어졌다. 대통령의 편지를 즉각 전달하라는 워싱턴의 명령이 대사 차원에서 지체되고, 주재국인 한국 정부도 즉각적인 대응을 지연시켰던 것이다. 재임 중에는 비교적 신속하게 이행되던 절차가 지체된 것은 역시 카터가 재선에 실패한 탓이었을 것이다.

전달된 1980년 12월 1일자 편지에서 카터는 전두환의 친절한 메시지에 감사한다는 의례적인 인사까지 서두에 달았다. 전두환의 11월 10일자 서신(미공개 상태임)에 대한 답장이었던 이유도 있겠지만 이제 대통령직에서 물러나야 했으므로 8월 27일자의 고압적 메시지와는 달리 자세를 낮춘 것이라고 할 수 있다.

카터는 차기 행정부도 양국의 긍정적 협력을 지속시켜 나갈 것을 확신한다면서도 국무부 원안에는 없던 김대중의 실명을 첨가해 "김대중과 같은 저명한 정치인의 처형은 미국-한국 간 군사·경제적 관계의 근간을 위협할 것"이라고 명시적으로 경고했다. '미국-한국 간 군사·경제적 관계'라는 표현의 원안은 '미국-한국 관계'였는데 카

---

50 "Cable from Gleysteen to the White House: Delivery of Carter/Chun Letter," O 020911Z Dec[ember] 2[, 19]80, National Security Affairs, Collection # 2, Brzezinski Material, President's Daily CIA Brief File, Folder: 12/1/80-12/4/80, Box 33, Jimmy Carter Library (NLC-2-33-2-3-8에서도 볼 수 있다); National Security Affairs, Collection # 16: Brzezinski Material: Brzezinski Material: Cables File, Folder: Privacy Channels In/Out, 11/80-1/81, Box 128, Jimmy Carter Library(NLC-16-128-7-9-7). 전자의 문서는 비밀 등급이며 카터의 사인(C자)가 있고 후자는 sensitive 등급에 사인이 없다.

터가 '군사·경제적'이라는 수식어를 첨가했다. '군사'는 주한 미군 철수를 암시한 것이며 경제는 미국의 한국에 대한 경제적 지원을 함의한다. 군사·경제적인 제재를 거론함으로써 전두환 스스로 신군부의 권력체제가 위험해질 수 있다고 판단해 양보하도록 압박하는 의도적 첨가였다. 그러면서 "향후 수개월간 경제와 안보 면에서 이익들을 같이 추구할 기회가 있습니다."라고 적시해 자신의 임기가 아직 남아 있음을 인지시켰다. 이 "중대한 시점에(카터가 첨가한 부분임) 당신도 이런 일들(경제·안보적인 이익들)이 위협받지 않기를 희망하시리라 믿습니다."라고 했다.(원안의 'be badly tarnished'를 'be threatened'로 카터가 수정함) 추상적인 표현보다 구체적인 직설화법을 선호하는 카터의 돌직구성 스타일에다가 '위협'이라는 구체적 용어까지 더해져 전두환은 실제로 제거당할 수 있다는 위협을 느꼈을 것이다.[51]

이어서 카터는 김대중에 대한 감형은 물론 가능성이 현격히 떨어지는 판결 파기까지도 언급했으며 국무부 초안의 'hope'를 'urge'로 바꿔 쓸 정도로 김대중 구명에 강한 관심을 표명했다.(인용문 중 밑줄 친 부분은 카터가 첨가하거나 수정한 곳이다.)

대통령님께
11월 10일자 당신의 친절한 메시지에 고마웠습니다. 양국 간 우의와

---

51 카터는 전임자 닉슨이나 포드, 후임자 레이건보다 외교적인 레토릭이나 숨김이 적었다. 카터는 외교적으로 에두르는 표현보다 솔직한 것을 좋아해 노골적인 언사를 썼으므로 박정희나 전두환이 위협적·고압적이라고 느꼈을 것이다. 따라서 카터 시대 한미 관계가 최악이라는 평가가 나오는데 사실 구체적인 것을 세부적인 차원까지 들여다보면 카터는 다른 어떤 대통령보다도 양방향적인 소통을 시도했던 인물이다. 따라서 최악이라는 평가에는 피상적인 면이 있다.

동맹관계가 앞으로도 더 강화되기를 진심으로 바랍니다. 머지않아 당신은 김대중 씨에 대한 사형[52]을 집행할지, 아니면 군사재판이 내린 형을 감형하거나 파기할지 매우 어려운 결정을 내려야 한다는 점을 충분히 인식하고, 이번 서신에 저의 견해를 사적으로 전하려 합니다.

아시는 바와 같이, 글라이스틴 주한대사가 귀 정부와 상의한 이후 미 정부는 본 사건이 최근 몇 달간 재판에 계류 중인 관계로 이에 대해 <u>공개적이거나 섣부른 공식적인 언급을 피하기 위해 지금까지 주의를</u> 기울여왔습니다. 이것은 미국 정부로서는 어려운 일이었습니다. 미국인들과 의회, 그리고 정부 내에 김대중 씨의 처형 전망에 대해 우려하는 목소리가 광범위하게 존재합니다.

그렇지만 무엇보다도 한국이 국제 관계에서 심각한 피해를 볼 가능성이 있습니다. 한미 양국의 중요한 안보 관계에 대한 미 국민의 지지는 이미 위험한 수준까지 떨어졌습니다. <u>한국 야당 지도자들이 말한마디 못하고 투옥되거나 정상적인 정치 활동을 하지 못하고 있다는 사실에 미국은 깊이 우려하고 있습니다.</u> 차기 미 행정부(the next American Administration, 원안은 my successor)도 양국의 긍정적 협력을 계속 지속시켜 나가리라는 것을 저는 확신하고 있으나, <u>김대중 같은 저명한 정치인의 처형은 미국-한국 간 군사·경제적 관계의 근간을 위협할 것입니다.</u>[53]

---

52 머스키 원안에 사형(death sentence)으로 되어 있는 부분을 카터도 수정하지 않았으므로 최종 발송 메시지에도 '사형'이라는 표현이 그대로 사용되었다. 아직 대법원에서 사형이 확정되지 않았으므로 부적절한 표현이라고 할 수 있다.

53 한현우, 「"DJ 처형하면 한·미관계 큰 위험": 80년 카터 美 대통령, 전두환 대통령에 '구명 서한' 보

향후 수개월 간 경제와 안보 면에서 이익들을 같이 추구할 기회가 있습니다. 이 중대한 시점에 당신도 이런 일들이 위협받지 않기를 희망하시리라 믿습니다.

당신의 지도력은 오직 화해와 관대함을 통해서만 공고해지리라고 저는 확신합니다. 당신은 김대중이 당신의 경쟁자가 아니며 김대중과 개인적인 원한이 있는 것도 아니라고 자주 밝혔습니다. 그러므로 당신은 김대중에 대해 감형 조치를 취하실 수 있으리라 기대합니다.

그런 결정은 오직 당신만이 하실 수 있는 결정이라는 것을 저도 잘 인식하고 있습니다. 한국의 국가이익과 양국의 상호 관계를 위해, 저는 군사재판의 판결 파기나 감형 조치를 취해 주실 것을 강력하게 권고합니다.

경구

지미 카터

글라이스틴을 만나 친서를 전달받은 전두환은 비밀리에 보낸 개인적인 사신(공식 서한이 아니라)이라는 전제가 붙어 있고 지금까지 공식 비난 성명을 자제했다는 수세적인 변명이 적혀 있었기 때문인지 카터의 친서가 대법원 최종 판결 이전에 온 것에 대해 못마땅해 하지 않았고, 김대중의 '사악함'에 대해 일장 훈시를 하지도 않았다. 전두환은 브라운 장관의 방한 소식을 반겼는데, 사실 브라운 국방장관의 안보협의회(SCM) 참석은 명분이었고 카터가 김대중 구명 때문에 그를

내…친필로 '강경 메시지' 첨가」, 『주간조선』(2000.1.27), 26~27쪽.

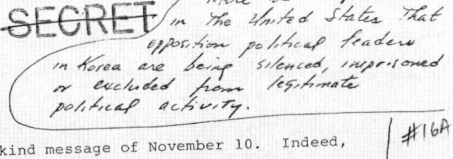

Dear Mr. President:

Thank you for your kind message of November 10. Indeed, I do hope that the relations of friendship and alliance between our two nations will be further strengthened in the future. I am writing privately at this time, however, in the knowledge that you may soon be presented with the very difficult personal decision of whether to let the death sentence against Mr. Kim Dae Jung be carried out, or whether to commute or reverse the sentence which the court martial rendered.

As you are aware, after Ambassador Gleysteen's discussions with your government we have been careful, until now public or to avoid, premature official U.S. comment on this case as it proceeded through the courts in recent months. This has been difficult for us, as there is widespread concern by significant segments of the American people, by our Congress, and by this Government over the prospect of execution of Mr. Kim.

Nevertheless, the potential for injury to Korea's international relationships is grave. ~~There is recent evidence that the~~ American public support for our important security relations with the Republic of Korea is already dangerously low. ~~While I~~ am confident that, the next American administration ~~my successer~~ will continue to try to maintain our positive cooperation, the execution of such a prominent political figure, as Kim Dae Jung will threaten the very foundations of the U.S.-Korean military and economic relationships.

His Excellency
 Chun Doo Hwan,
  President,
   Republic of Korea,
    Seoul.

그림 10. 카터가 수정한 '지미 카터가 전 대통령에게 보내는 편지'(1980.11), 〈그림 9〉에 첨부된 문서

-2-

Opportunities exist in the coming months for the common pursuit of our mutual economic and security interests. I know that you would not wish them to be ~~badly tarnished~~ threatened at ~~the beginning of a new administration here in Washington.~~ this crucial time.

~~Mr. Kim Dae Jung is widely viewed in the United States and elsewhere as a symbol of democracy and greater freedom~~ in your country. Whatever the validity of the charges which were brought against him this year, there was no evidence presented in the courts martial which is persuasive to us and the international community as justification for the harshness of the sentence. Carrying out that sentence, therefore, will only seriously weaken the prestige of your government internationally and provide a propaganda windfall to your adversaries, which North Korea is certain to exploit to the utmost. You can best judge the internal repercussions of your forthcoming ~~decision within the Republic of Korea.~~ However, I feel confident that your leadership can only be strengthened by an act of reconciliation and magnanimity. You have often noted that Mr. Kim is not your rival, and that you have no personal feud with him. Therefore, I would hope that you will be able to commute his sentence. Such an action would be widely hailed.

I realize that this decision ~~ahead~~ is one which ultimately only you can make. For the sake of compassion, your ~~For compassion sake, for the sake of your~~ own national interest, and for the sake of our mutual relations,

I urge you to reverse or commute the court martial findings. The weakening of ROK-U.S. ties is not in the interest of either of our countries.

Sincerely,

Jimmy Carter

보내는 것이었다. 한국 정부도 이를 알고 있었지만, 이를 기화로 한국산 군사장비의 제3국 수출 문제 등 한미 간 국방 현안들을 논의하려고 했다.[54] 실제로 브라운 장관은 주영복 국방장관과 1980년 12월 13일 서울에서 6시간 동안 상호 방위 문제에 대해 토론했다.[55] 글라이스틴은 브라운 장관의 방한 타이밍이 김대중 문제에 미치는 영향이라는 관점에서 봤을 때 더 이상 좋을 수 없다고 평가했다.[56] 곧 물러날 카터에게 김대중 문제는 한국과의 가장 중요한 미해결 현안이었다. 카터가 이 문제에 끝까지 집착했던 것을 확인할 수 있다.

크리스토퍼는 1980년 12월 8일 방한하는 몽고메리(G. Cranwell Montgomery) 입법보좌관(공화당 상원 원내대표 베이커 상원의원실)이 청와대에 김대중 구명을 위한 압력을 가하도록 부탁하라고 글라이스틴에게 지시했다.[57] 한편 토니 홀(Tony Hall) 의원 등 18명의 하원의원은 한국에 대한 잉여 전투기 부품 8,800만 달러의 FMS 현금 판매안을

---

54 "Memorandum of the Situation Room to Zbigniew Brzezinski: Additional Information Items," Secret, December 10, 1980, p. 1, National Security Affairs, Collection # 1: President Daily Report File, Box 17, Folder: 12/1/80-12/10/80, Jimmy Carter Library(NLC-1-17-8-28-4).

55 "Cable from Seoul (Harold Brown) to the White House: Visit to Korea-Talk with Chun Doo Hwan," O 131156Z Dec 80, National Security Affairs, Collection # 16: Brzezinski Material: Cables File, Folder: Privacy Channels In/Out, 11/80-1/81, Box 128, Jimmy Carter Library(NLC-16-128-7-24-0).

56 "Cable from AmEmbassy Seoul (Gleysteen) to SecState: Delivery of Presidential Letter," 06 December 1980, National Security Affairs, Collection # 6, Brzezinski Material, Country File, Folder: Korea, Republic of, 9/80-1/81, Box 44, Jimmy Carter Library.

57 "Cable from SecState (Christopher) to AmEmbassy in Seoul: Travel of Legislative Assistant to Senator Baker," O 060049Z Dec 80, National Security Affairs, Collection # 16: Brzezinski Material: Cables File, Folder: White House In/Out, 12/1-7/80, Box 121, Jimmy Carter Library(NLC-16-121-4-22-2).

부결시켰다. 홀은 남한 정국에 대한 심각한 우려를 표명한 것이라고 주장했다. 그런데 김대중 재판에 대한 토론은 예상과는 달리 이루어지지 않았다.

1980년 10월 초 울프(Lester L. Wolff) 미 하원 아태소위 위원장 등은 전두환 대통령에게 김대중 사면을 요구하는 새 서한을 보내기로 했었다. 아태소위의 모든 의원들이 서명할 것으로 예상된 울프의 편지는 김대중 사형이 집행되는 등 남한의 상황이 계속 부정적이면 미국과 대한민국 간 강한 유대 관계의 전통이 위험에 빠질 수 있음을 경고하고 있다. 서한은 글라이스틴 대사가 전두환 대통령에게 전달할 예정이었다. 백악관은 의회가 김대중 문제의 상고 과정에 계속 관심을 표명해 줄 것을 기대했다. 또한 백악관은 F5E/F의 한국 내 조립(공동 생산)에 대한 의회의 고시도 기다렸다.[58] 미 국방부 대변인은 1979년 8월 21일 한국 정부가 한국 내에서 F5E 전폭기와 F5F 훈련기를 미국과 합작으

---

58 "[Report: Kim Dae Jung]," 80, pp. 11-12, in "Memorandum of Frank Moore and Stu Eizenstat to the President: Weekly Legislative Report," October 3, 1980, attached in "Memorandum of Rick Hutcheson to Stu Eizenstat and Frank Moore," 10/6/80, Office of Congressional Liaison-Copeland, Folder: Weekly Legislative Reports, 4/14/80-10/6/80, Box 185, Jimmy Carter Library. 실제 박스에서는 이 문서의 11쪽이 2011년 11월 14일 당시 비밀로 분류되어 있었다. 2010년에 비밀 해제된 11쪽만은 RAC 상으로 찾은 것이다(NLC-52R-6-27-586-1). 이 원 문서의 3쪽과 11쪽은 NLC-52-6-31-1-3에도 있다. 그런데 위 문건의 김대중 항목은 다음 국무부의 백악관 보고 내용에 기반한 것이었다. "Memorandum of Brian Atwood (Assistant Secretary for Congressional Relations (Department of State) to Frank Moore (the White House): Weekly Legislative Report," October 3, 1980, Office of Congressional Liaison-Bourdeaux, Weekly Legislative Reports File, Folder: Legislative Reports- Week of 10/3/80, Box 136, Jimmy Carter Library(NLC-52-5-58-1-5로만 볼 수 있다). 김대중 항목은 4쪽에 있다.

로 조립하는 문제에 관심을 표명했다고 말했었다.[59] 한국 정부는 국방 자립 기반 구축(자주국방) 관점에서 방위산업 선진화를 추구했는데 미국은 김대중 구명의 지렛대로 이를 활용하려고 계획했다.

5. 노태우 보안사령관의 역할

1980년 12월 10일자로 브레진스키가 카터에게 보낸 일일보고에 의하면 한국 보안사령부는 김대중 사형 집행의 장점과 단점을 자세하게 분석한 보고서를 작성해 노태우 사령관(중장)에게 상신했다. 이 보고서는 김대중을 15~20년으로 감형시키고, 형기가 개시되면 병보석으로 석방시킨 후 신병 치료차 외국으로 출국시키는 방안을 건의했다. 석방의 이유는 병원 입원 때문이고, 외국에 있는 동안 정치 활동을 하지 않는다는 조건에 그(김대중으로 추정됨 – 인용자)가 동의해야 한다는 것이었다. 또한 미국과 일본은 김대중에게 입국을 위한 단수비자만을 발급하고, 워싱턴은 대한민국에 대한 안보 공약을 재확인하며 경제원조 프로그램도 강화할 것을 공약해야 한다는 단서 조건이 달려 있는 안이었다.

---

59 워싱턴=동양, 「國防省대변인 F5E 전투기 韓國 조립관심」, 『경향신문』 1979년 8월 22일, 1면. 한국은 이때부터 비행기 합작 생산을 추진해 비록 단순 조립에 불과했지만 1993년 5월 F5E의 필리핀 수출 상담이 이루어지기도 했다. 「한국 戰鬪機 F5E 비서 18臺 구매 추진」, 『동아일보』 1993년 5월 13일, 3면.

브레진스키는 이러한 보안사의 건의가 김대중 처형에 대한 노태우 사령관의 의구심을 증대시켰다고 알려졌으며 노태우는 이를 바탕으로 전두환 대통령을 만나 논의할 예정이었다고 보고했다.[60]

이 문서를 통해 노태우 장군은 김대중 처형에 반대했으며 처형을 주장한 인사들은 신군부 내 소장파였던 것으로 추정된다. 같은 날짜로 브레진스키에게 보고된 문건에 의하면 청와대 내에 있는 전두환 직계의 예비역 강경파들은 김대중 처형을 주장하지만 군 사령관들을 포함한 많은 수의 장성들은 그가 처형되어서는 안 된다고 생각한다는 것이었다. 처형으로 얻을 수 있는 것보다 잃을 것이 더 많다는 이유였다.[61] 노태우 보안사령관도 온건파에 포함된 것으로 판단된다.

당시 노태우 사령관의 지시를 받아 김대중 처리 문제 보고서를 작성했던 한용원 보안사령부 정보처장의 회고록에 다음과 같은 구절이 있다.

> 1980년 말에 사령관이 나와 비서실장 안병호 대령(육사 20기, 하나회)을 불러 "각하께서는 군법회의에서 사형 선고가 내린 김대중을 국외 추방 등 형식으로 일단 해외로 내보냈다가 용서를 하시고자 하시나 군부나 일부 사회 인사들의 반발을 우려하여 노심초사하실 것이다."라고

---

60 "South Korean Assesment of Pros and Cons of Executing Kim Dae Jung," in "Memorandum of Zbigniew Brzezinski to the President: Daily Report," December 10, 1980, p. 2, National Security Affairs, Collection # 2: Brzezinski Material, President's Daily CIA Brief File, Folder: 12/9/80-12/12/80, Box 33, Jimmy Carter Library.

61 "Memorandum of the Situation Room to Zbigniew Brzezinski: Noon Notes," Top Secret, December 10, 1980, p. 2, National Security Affairs, Collection # 1: President Daily Report File, Box 17, Folder: 12/1/80-12/10/80, Jimmy Carter Library(NLC-1-17-8-29-3).

하면서 국방대학원 김종휘 교수와 협조하여 연구해 보라고 지시했다.

전두환 대통령이 김대중 사형 집행을 주저하고 있었고, 이를 간파한 노태우가 감형 방안을 적극 마련했다고 할 수 있다. 그런데 전두환이 김대중 사형 집행을 주저한 이유는 미국과 일본이 사형에 반대하는 정치적 압력을 행사한 데다가 일본의 부두 노조가 한국 상품의 하역을 보이콧하여 신군부가 궁지에 몰렸기 때문이었다고 한용원은 해석했다. 한용원은 김종휘와 함께 연구한 결과, ① 김대중을 사형에서 무기징역으로 감형하고 신병 치료차 도미시키되, ② 한미 정상회담을 성사시키고 대일 차관 교섭을 추진한다는 목표를 설정했다고 한다. 김대중 사형이 쟁점이 되었던 1980년 말 당시 한일 무역역조 시정과 안보 무임승차론 등을 내세워 일본으로부터 100억 달러 수준의 차관을 받아 경제를 되살리는 것이 미국과의 관계 개선과 더불어 신군부의 중요한 목표였음을 알 수 있다.

한용원은 노태우 사령관의 지시로 신군부의 유학성, 차규헌, 황영시, 정호용, 허화평, 허삼수, 이학봉, 권정달, 유홍수, 현홍주, 정관용, 배명인 등을 궁정동 회의실로 초치, 브리핑하여 김대중의 처리 문제에 관해 신군부 사이에 공감대가 형성될 수 있게 했다고 회고했다.[62]

또한 당시 남덕우 국무총리는 노태우 보안사령관에게 김대중의 처형을 면하게 해 달라고 건의했다고 회고했다. 남 총리는 신병현 부총리, 김경원 비서실장과 함께 1980년 말~1981년 초 전두환 대통령을

---

62 한용원, 『한용원 회고록: 1980년 바보들의 행진』(선인, 2012), 101~102쪽.

만나 사법 처리에 간섭할 수 없다는 원론에 대해 판결 후 사면권 행사라는 대안을 제시했다고도 했다.(그런데 당시 전두환은 이미 그 대안을 알고 있었다.) 남덕우는 전두환의 김대중 감형 결단을 이끌어내는 데 노태우의 힘이 컸다고 회고했다.[63]

한편 박쌍용 외무부 정부차관보는 11월 19일 미국의 여론조사 전문가인 와트(William Watts)와의 대담에서 김대중 사형 집행이 한미 관계에 매우 부정적인 영향을 미칠 것이라는 와트의 주장에 대해, "국내 일부에서는 김대중으로 말미암아 광주사태에서 189명이 죽고 수백 명이 부상한 데 대하여 책임을 져야 한다고 말하고 있다"며 견해를 밝혔다.[64] 이렇듯 신군부의 일부 소장파들은 광주민주화운동에서 많은 사람이 죽게 된 책임이 '반란'을 선동한 김대중에게 있다고 생각했다.

전두환은 『월스트리트저널』 1980년 11월 18일자에 보도된 인터뷰에서 김대중이 범법 행위를 자행한 것으로 믿는다고 분명히 밝혔다. 미일 및 대부분의 서구 국가들이 김대중 사건 처리를 두고 자신을 비난하고 있는 것에 대해 전두환은 "전 세계를 통한 공산주의자들의 선동의 결과"라고 반박하고 북한 공관이나 사절단이 있는 곳에는 김대중과 관련한 활동이 있다고 말했다. 미국 상원이나 대통령에게 서한을 발송하는 자들은 북한에 동정적인 한국 교포들이며 이들은 조직

---

63   남덕우, 「김대중 씨의 구명에 앞장 선 보안사령관」, 노재봉 외, 『국내외 인사 175인의 기록: 노태우 대통령을 말한다』(동화출판사, 2011), 232~233쪽.
64   「김대중 선고에 대한 미국 반응: 면담요록: 박쌍용 정무차관보, William Watts, Potomac Associates 소장 (Leonard A. Wood 갤럽 국제부장 배석)」(외무차관보실, 1980.11.19. 11:00-11:40)」, 『외무부의 청와대 보고문, 1980-81, 전3권』(북미, 1981 생산), V.1, 220쪽, 대한민국 외교부 공개 외교문서(2012).

적인 활동을 벌이고 있다고 덧붙였다. 『월스트리트저널』은 전두환 대통령이 카터 대통령과의 관계가 아주 훌륭했다고 했지만, 그는 분명 레이건의 당선을 환영하고 있다고 분석했다. 전 대통령은 레이건의 대통령 당선이 "미 동맹국의 사기를 진작시켜 줄 것이며, 미국에 대한 신뢰를 증대시킬 것"이라고 말했다며, 전 대통령의 이런 평가는 레이건 행정부가 한국의 인권 접근 방식에 대해 카터 행정부처럼 비난하지 않으리라는 것을 완곡하게 표현한 것이며, 이와 같은 표현 방식은 그의 정치적 기교를 보여주는 것이라고 평가했다.[65] 이와 같이 전두환은 정치적 기교를 구사해 미국을 견인하려 했다.

6. 브라운 국방장관의 마지막 권고

1980년 12월 6일 아머코스트 미 국무부 동아시아·태평양 담당 부차관보는 브라운 국방장관의 12월 13일 전두환 면담을 대비한 메모랜덤을 국무부를 통해 국방부에 보냈다. 아머코스트는 글라이스틴 대사가 전두환과의 최근 면담에서 전두환이 김대중을 감형할 수 있는 가능성을 보았다고 전제하면서 해럴드 브라운의 다음 주 전두환 면담이 김대중 처형의 대가가 어떤 것인지 알려 줄 수 있는 가장 권위

---

[65] 「김대중 선고에 대한 미국 반응: 외무부 미주국의 대통령 각하에 대한 보고: 대통령각하 회견 관련 기사: WSJ (11.18): South Korea's President (by Urban C. Lehner 및 Norman Thorpe 기자) (한국 대통령)」(1980.11.19.), 위의 문서철, V. 1, 227~229쪽.

있는(authoritative) 기회라고 평가했다.⁶⁶ 그러면서 어떤 행동들이 준비될 것인가, 어떻게 전두환에게 사전에 특별하게 경고할 것인가가 문제라고 서술했다. 미국의 딜레마는 한국에 대한 실질적인 레버리지를 가지고 있느냐 라면서 아래와 같은 포인트를 열거했다.

- 예컨대 미군 철수와 같은 많은 잠재적 방안들은 한국의 이익을 침해하지만 미국의 이익도 침해한다는 것이 문제이다.
- 특정한 문제에 과도하게 집착하는 상대적으로 온건한 제재는 김대중 처형을 막기보다는 오히려 부추길 수 있다.
- 민족주의적인 군부 장교들을 상대할 때 공공연한 위협들이 의도한 대로 효과를 볼 것이라는 예측은 자명하지 않다.
- 집행할 능력이 없는 레임덕 정권이 제재에 대해 허세를 부리는 것은 위험하다.

특정 문제에 집중하거나 직접적인 보복 행동에만 집중하기보다는 김대중의 사형 집행 이후 일어날 다소 애매한 역효과의 위협을 지속적으로 알려 주는 것이 좋다고 생각한다. 또한 미한 관계와 일한 관계의 중요한 교착이 일어날 가능성을 강조하는 방식이 더 유용하다.

아머코스트는 크리스토퍼 국무장관 대행(부장관)이 카터와 상의하

66　전술한 크리스토퍼 국무부 부장관의 12월 5일자 전문에 나와 있는 인식과 일치한다. 당시 미국 관리들은 브라운의 면담이 카터 행정부의 마지막 기회라는 인식을 공유했다.

기 전에 먼저 브라운 국방장관을 만나 아래와 같은 전두환 면담 지침들을 주지시킬 것을 주문했다.

    1. 카터 대통령의 강하고 공개적인 비난 행동
    2. 글라이스틴 대사의 장기적인 협의를 위한 소환
    3. 대한(對韓) IFI(international financial institution) 차관에 대한 반대 표결
    4. 회계연도 81년의 잔여 대외 군사 판매(FMS)의 연기
    5. PL-480 차관 공여의 중지
    6. F-16기와 같은 주요 신형 무기 판매 체계의 재고

레이건 당선자 캠프 내 권위 있는 인사의 개인적인 메시지가 있어야 효과적으로 힘을 발휘할 수 있다는 것은 두말할 필요가 없다. 사전에 알아본 결과 레이건 측도 동의하는 것으로 판단된다.

    • 전두환과의 예상 대화 쟁점
    […]
    - 김대중 사형 집행 시 카터 대통령은 밀접한 우방국 정부로서 공개적이고 솔직하게 비난할 수밖에 없을 것이다. 또한 그는 글라이스틴 대사를 소환할 것이다.
    […]
    - 한국의 대일 관계에서 심각한 불안 요인이 조성되는 것에 큰 우려를 표한다. 이것은 비공산권의 안정과 북아시아의 결속을 심각하게 약화시킬 것이며 한국의 경제 회복에도 직접적인 영향을 미칠 것이다. 또한 한반도에 비상 상황이 일어날 경우 우리가 군사적으로 대응할 것

인데 이때 일본의 협조 능력을 훼손할 것이다.

  - 지금까지 양국 정부 각각 최선의 노력을 했음에도 불구하고 심각한 문제가 상승 작용할 것이다. 만약 김대중 문제에 관용이 베풀어진다면 그와는 반대로 협력 증진의 기회가 많아진다는 것이 중요하다. 한국 정당의 활동은 재개될 것이며 당신(전두환 대통령)은 더 정상적이고 이완된 국내 상황 속에서 새로운 선거들을 대비할 것이고, 다가올 몇 달 동안 우리 두 나라는 긍정적인 과업을 수행할 것이다.

  -새로운 레이건 행정부에 대해 단정할 수는 없다. 그렇지만 공통의 기회를 추구할 수 있는 정치적 기반을 파괴할 수 있는 사형이 집행되지 않는다면 새 행정부는 미국과 한국 사이에 존재하는 중요한 공동의 이익을 강화하려고 할 것이다. 나의 후임자가 과거 4년간 가져왔던 직접적인 대화를 계속 이어 갈 것을 희망하나, 만약 사형 집행을 한다면 안보 문제에 대한 정례적인 장관급 협의(SCM - 인용자)가 다시 재개되기는 매우 어렵지 않을까 생각한다.

아머코스트는 이 보고서의 부록으로 잠재적인 제재 행동에 대한 분석들을 첨부했다. '잠재적 대한 경제 제재(sanctions)' 부분은 위에 적시된 것을 보다 상세하게 설명한 것이었다. '잠재적 대한 정치·국방 제재' 부분도 역시 마찬가지인데 중요한 내용을 다음에 인용하고자 한다.

 • 잠재적 대한 정치·국방 제재
  한국과의 상호 안보 관계는 미국의 전체 동아시아 전략에서 핵심 요소이다. 주한 미군은 한국, 일본 그리고 다른 미국의 동맹국들에게 환영받고 있고, 중국인들은 지역을 안정시키는 힘이 된다고 생각하며, 러시아인들은 용인하고 있다.[67] 우리의 정책은 과거 25년 동안(한미상호방위조약 가동 이후를 말하는 듯함 – 인용자) 조금도 흔들림이 없었다. 그러나 현 상황에서는 약간의 반작용이 적당하다고 여겨진다.

- 사형 집행에 대한 강하고 공개적인 성명서 발표

이것은 정치적으로 핵심적인 것이며 현 상황에서 적당한 반응이다. 한국 리더십에 대한 공격이므로 미한 관계에 냉각기가 도래할 것으로 전망된다. 한국의 미디어가 반미적인 반작용을 선동할 가능성이 있으며 미국 사람이나 시설에 대한 우발적인 행동이 일어날 약간의 가능성도 있다.

- 대통령의 편지를 포함해 김대중 구명 노력을 공개하는 것

이것은 우리가 김대중을 구하기 위해 모든 수단을 동원했음을 증명하는 것이며 기록의 바른 보존을 도모하는 것이다.

- 글라이스틴 소환

[…]

- 북한과의 관계 조정

이것은 강한 압력이 될 것이다. 그러나 남한과의 관계가 좋지 않음을 보여 주는 수단으로는 사용되지 않아야 하며, 한반도의 긴장을 완화시키는 체계적인 외교적 노력의 일환이라는 우리 자체의 가치에 의

---

67 중국·소련 각각의 주한 미군에 관한 인식을 평가한 부분이 흥미롭다. 중국인들은 주한 미군이 소련의 팽창에 맞서는 힘이 된다고 생각하고 소련은 별수 없이 용인한다는 해석이다.

거해야 한다. 과도기에 정책이 근본적으로 변화할 것이라는 위협을 제공해서는 안 된다.

[…]

• 주한 미군 추가 철수

이 단계는 일본과의 외교적 논쟁을 재개시킬 위험이 있다. 미국 의회의 저항을 야기할 것이다. 또한 미국의 동아시아 정책의 지속성에 큰 의구심을 제기하게 될 것이다. 현시점에서 이는 믿을 수 있는 옵션이 아니다.

[…]

• 한국군과의 군사훈련에 참가하지 않는 방안

부분적인 훈련은 없어도 상관없을 수 있지만, 양국 군대 모두가 공동의 효과적인 작전 준비를 높은 수준으로 유지하는 것은 유사시 전투에 직접 투입되어야 하는 상황이 도래했을 때 필수적이다.[68]

미 국방차관보일 때 주한 미군 철수에 반대했던 아머코스트는 1980년 국무차관보로 자리를 옮긴 직후에도 위와 같이 이에 반대했다. 북한과의 직접 대화를 추구하는 것에도 비판적인 입장을 개진했다. 이와 같이 보수적인 입장에서 작성한 대응책을 브라운 장관에게 올렸던 것이다. 브라운은 전두환을 압박할 때 위 비망록을 참조해 카

---

68 "Memorandum to the Acting Secretary from EA - Michael Armacost (Acting), Subject: Harold Brown's Discussion with President Chun," December 6, 1980, Secret, http://nsarchive.gwu.edu/dc.html?doc=3696544-Document-17-Memorandum-to-the-Acting-Secretary (검색일: 2017.6.6).

터의 제재 의사를 전달했다.

  1980년 12월 13일 방한한 브라운 장관은 전두환을 만나서 김대중과 관련한 프리젠테이션을 했다.[69] 글라이스틴 대사는 브라운 장관의 면담이 시의적절하고 권위가 있었다고 평가했다. 게다가 브라운 장관이 적대적이지 않은 분위기에서 전두환을 가장 잘 설득할 수 있는 방법을 만들어 갔다는 극찬까지 부언했다.[70] 상대방을 따뜻하게 대하면서도 카터 대통령의 엄중한 위협 메시지를 전하는 능숙함을 보였다.[71] 그러나 당시 브라운과 같이 전두환을 만났던 그레그 NSC 보좌진의 아래와 같은 회고에 의하면 전두환은 그때까지도 군부의 입김을 고려해 김대중 사형을 고려하는 등 김대중 구명 작업의 막바지가 순탄하지만은 않았다.

  나는 김대중에 대해 전두환과 논의하기 위해 브라운 국방장관과 같이 출국했다. 브라운 장관은 "전두환이 김대중 문제를 화제로 올리지

---

69 브라운의 방한에 즈음한 1980년 12월 9일 미국의 전두환 군부정권 지원에 항의하는 광주 미 문화원 방화사건이 일어났다. 이 사건 주도 세력들은 브라운 방한의 목적이 김대중 구명이라는 사실을 당연히 몰랐을 것이다. 북한의 사주를 받지 않고 이루어진 이러한 자생적 반미 테러는 1982년 3월 18일 부산 미 문화원 방화사건으로 이어졌다

70 "Incoming Telegram from AmEmbassy Seoul（Gleysteen）to SecState: Secretary Brown's Korea Visit – Kim Dae Jung," 13 December 1980, National Security Affairs, Collection # 6, Brzezinski Material, Country File, Folder: Korea, Republic of, 9/80–1/81, Box 44, Jimmy Carter Library.

71 William H. Gleysteen, Jr., *Massive Entanglement, Marginal Influence: Carter and Korea in Crisis* (Washington, DC: Brookings Institution Press, 1999), p. 186; 윌리엄 H. 글라이스틴, 황정일 역, 『알려지지 않은 역사: 전 주한미국대사 글라이스틴 회고록』(중앙 M&B, 1999), 262쪽.

않을 것이라고 생각한다"고 말했다. 나는 "장관님, 나는 그가 화제로 올릴 것이라고 생각합니다."라고 대답했다. 우리가 전두환을 만났을 때 그는 이 문제를 첫 번째로 화제에 올렸다. 전두환은 "나는 김대중 때문에 골치 아픕니다."라고 말했다. "우리 군대의 모든 장군들은 그를 죽이라고 합니다. 한국 사람들 중 다수가 그를 죽이라고 합니다. 당신들은 내가 죽이는 것을 원치 않는다는 것을 알고 있습니다. 만약 내가 그를 죽이면 나는 당신들과 문제가 되며 이것이 나에게는 진짜 문제라는 것을 알고 있습니다."[72]

브라운과 그레그는 아래와 같이 북한 변수를 동원했다.

우리가 전두환을 감응시켰던 유일한 말은 북한이 김대중 사형을 이용해 방대한 선전전을 계획하고 있다는 사실을 알려 준 것이었다.[73]

브라운의 보고에 의하면 김대중 문제에 대해 전두환 대통령과 장시간 논의하는 중에 김대중 사형 집행이 안보 및 경제 관계에 가져다 줄 심각한 결과에 대해 열을 올려 언급했으나 전두환은 태도를 누그러뜨리지 않았다고 한다. 카터가 표현한 심각한 결과는 곧 전두환 체

72　Charles Stuart Kennedy, "Interview with Donald P. Gregg," Initial interview date: March 3, 2004, in The Foreign Affairs Oral History Collection of the Association for Diplomatic Studies and Training, http://memory.loc.gov/cgi-bin/query/D?mfdip:1:./temp/~ammem_ErJ3:: (검색일: 2011.8.8).
73　Charles Stuart Kennedy(2004), 위의 글.

제의 붕괴 위협이었지만 전두환은 적어도 겉으로는 이를 위협으로 받아들이지 않았다. 오히려 한국 강경론자들의 주장을 되풀이하면서 응대했다. 전두환이 미국의 위협을 파악하지 못했을 가능성은 거의 없으며 애써 태연자약했던 것으로 추정된다. 그는 군부에서 갈고닦은 노련한 외교술(군인들은 정면 대응을 할 수 없을 때는 지연 작전을 구사해 힘을 빼도록 교육받는다.)을 구사해 마지막까지 카터의 애간장을 태워 결과적으로는 레이건으로부터 많은 것을 얻어낼 수 있는 조건을 만들었다. 전두환은 브라운의 낙관적 전망, 즉 카터의 위협을 의식해 김대중의 사형 집행을 재고해 보겠다는 제스처를 보일 것이라는 예상과는 정반대로 "법원의 결정은 존중되어야 합니다. 법원이 사형을 확정하면 집행되어야 합니다."라고 말했던 것이다. 이는 그가 이 문제에 관해 언급한 것 중 가장 제한적인 것이었다고 브라운은 평가했다. 그렇지만 북한 변수를 제기했을 때는 이를 심각하게 받아들여 체제를 붕괴시킬 수도 있는 북한의 선전전을 무력화할 방법은 카터에 순응해 김대중을 처형하지 않는 것이라고 전두환은 생각했을 것이다. 이렇게 전두환은 속마음으로는 김대중 사형 집행 유보로 이미 기울었지만 겉으로는 끝까지 사형 집행의 여지를 두어 미국으로부터 최대한의 것을 얻어내려는 고도의 술수를 구사했다.

한편 전두환은 미국으로부터 한국이 받은 역사적 혜택과 경제·군사 관계의 중요성에 대해서도 언급했다. 또한 그는 미국의 충고를 기꺼이 고려할 것임을 강조했다. 브라운은 결과를 확신할 수는 없지만 카터의 편지와 자신의 프리젠테이션이 결합되어 김대중 처형이 미국의 강력한 반응을 초래할 것이라는 전망을 보여 주었다고 평가했다. 우리는

최선을 다했으며 그것이 충분하기를 바란다는 소망을 부기했다.[74]

브레진스키는 카터 대통령에게 보낸 서한에서 "전두환 대통령이 이곳(백악관)의 (김대중) 구명 문제에 대한 사정을 살피고자 장교를 보냈다.(11월 말 류병현 혹은 12월 14일경 정호용으로 추정됨 – 인용자) 그에게 김대중이 처형되면 미국의 수많은 단체가 항의 시위를 벌일 것이며, 그러면 북한에만 혜택이 돌아갈 것"이라 말했다고 했다.[75] 브레진스키도 북한 변수를 동원한 것이다.

7. 레이건 차기 정부에 건넨 협상 카드

과거 미 공화당 정부에서 일했던 한 인물이 선거운동 기간 중에 전두환 대통령 정부 대표들에게 "한국은 김대중 문제를 국제적 파장을 지나치게 의식하지 말고 국내 상황에 합당하게 처리하라"고 말해 레이

---

74 "Cable from Seoul (Harold Brown) to the White House: Visit to Korea – Talk with Chun Doo Hwan," O 131156Z Dec 80, National Security Affairs, Collection # 16: Brzezinski Material: Cables File, Folder: Privacy Channels In/Out, 11/80–1/81, Box 128, Jimmy Carter Library(NLC-16-128-7-24-0).

75 조진형, 「1981년 김대중 구명 이끈 미 외교 브레인 브레진스키: 전 백악관 국가안보 보좌관 별세」, 『중앙일보』 2017년 5월 29일, 27면. 이 기사는 1981년 1월 대법원에서 김대중 사형이 확정되자 이희호 여사가 백악관에 도움을 요청했고 브레진스키가 노력해 감형이 되었다고 평가한다. 그러나 1981년 1월 23일 한국 대법원에서 김대중 사형 판결이 확정된 후 같은 날 전두환 대통령의 지시로 국무회의에서 무기로 감형되었으므로 백악관에 도움을 요청한 것은 이 시점 이전으로 판단된다. 브레진스키의 노력도 있었지만 카터의 뜻이 가장 중요했으며 주변 참모들도 합심한 결과였다고 할 것이다.

건 행정부가 출범하면 김대중 문제에서 손을 뗄 것임을 암시했다고 전해졌다. 카터 행정부는 한국 정부가 김대중을 처형해도 좋다고 레이건 후보가 허가해 준 것이 아닌가 염려했다. 글라이스틴은 이 인물이 국무장관 지명자 헤이그(Alexander Meigs Haig, Jr.)라는 것을 후일 오버도퍼의 책[76]을 통해 알게 되었다고 했다.

글라이스틴은 1980년 11월 28일 레이건 진영의 핵심 외교 정책 보좌진(대통령 후보 특보) 리처드 앨런(Richard Allen, 레이건 취임 후 대통령 안보 보좌관 역임)을 정권 인수팀 사무실에서 잠시 만나 레이건 당선자가 김대중의 처형에 강력히 반대한다는 점을 전두환에게 직접 메시지를 통해 전해 줄 것을 권했다. 앨런은 어떻게 대처할 것인지는 언급하지 않았지만 무슨 조치가 필요하다는 점은 인정하는 듯했다.[77]

한편 전두환 대통령이 처삼촌 이규광(광업진흥공사 사장)을 특사로 파견해 김대중 문제에 대한 레이건 정부의 견해를 직접 타진하려 한

---

[76] Don Oberdorfer and Robert Carlin, *The Two Koreas: A Contemporary History*, revised and updated third ed. (New York: Basic Books, 2014); 돈 오버도퍼·로버트 칼린, 이종길·양은미 공역, 『두개의 한국』(길산, 2014), 218쪽; Don Oberdorfer, *The Two Koreas: A Contemporary History*, revised and updated (Basic Books, 2001), 135쪽; 돈 오버더퍼, 이종길 역, 『두개의 한국』(길산, 2002), 214쪽; Don Oberdorfer, *The Two Koreas: A Contemporary History* (Reading, Mass.: Addison-Wesley, 1997), p. 135; 돈 오버도퍼, 뉴스위크 한국판 취재팀 역, 『북한국과 남조선: 두개의 코리아』(중앙일보, 1998), 135쪽에 헤이그가 거명되어 있는데 글라이스틴이 읽었다면 아마도 1997년에 간행된 초판을 보았을 것이다.

[77] "Memorandum of Warren Christopher, Acting to the President," December 1, 1980, Secret, p. 3, National Security Affairs, Collection # 7: Brzezinski Material, Subject File, Folder: Evening Reports (State): 12/80, Box 24, Jimmy Carter Library(NLC-7-24-2-1-5); William H. Gleysteen, Jr., *Massive Entanglement, Marginal Influence: Carter and Korea in Crisis* (Washington, DC: Brookings Institution Press, 1999), pp. 180-181, 184; 윌리엄 H. 글라이스틴, 황정일 역, 『알려지지 않은 역사: 전 주한미국대사 글라이스틴 회고록』(중앙M&B, 1999), 253, 258~259쪽.

다는 정보가 1980년 12월 6일 포착되었다. 글라이스틴은 이때 레이건 정부의 담당자에게 김대중 구명 문제를 좋게 해결하는 것이 미한관계 차원에서 얼마나 중요한지 조언해 주려고 했다.[78]

그런데 리처드 앨런은 1980년 8월 19일 레이건 후보의 외교 담당 수석고문 자격으로 부시 부통령 후보를 수행해 도쿄 방문 중에 기자회견을 통해 "한국 사태에 깊고도 신중한 태도를 취하고 있다"고 말하고 "우리가 관심을 갖는 것은 안정"이라고 말했다. 또한 부시는 레이건 후보의 대외정책을 설명하는 자리에서 "한국의 정세는 몇 가지 우려되는 점이 있지만 북으로부터 침략을 당해서는 안 되기 때문에 전략적인 중요성을 고려해야 하며 따라서 주한 미군이 철수해서는 안 된다"고 말했다.[79] 카터보다 상대적으로 보수적인 관점을 표출한 회견 내용이었다고 할 수 있다.

앨런은 레이건 대통령 당선 이후인 1980년 11월 말 미국을 방문 중이던 류병현 합참의장을 만나 한국 측의 강경한 자세에 대해 직접 듣고 레이건에게 전했다. 레이건은 김대중의 처형이 '도덕적 파멸'이 될 것이라는 점에 동의했다. 레이건과 상의한 내용을 토대로 앨런은 김대중에게 위해가 가해질 경우 한국은 미국의 새 행정부와의 관계에서 어려움에 직면할 것이라는 말을 한국 정부에 전했다.

---

78 "Cable from AmEmbassy Seoul (Gleysteen) to SecState: Report of Chun Emissary to the US," 06 December 1980, National Security Affairs, Collection # 6, Brzezinski Material, Country File, Folder: Korea, Republic of, 9/80–1/81, Box 44, Jimmy Carter Library.

79 홍인근, 「부시 방일: 주한미군철수안해, 한반도 극동안정에 중요」, 『동아일보』 1980년 8월 20일 석간, 2면.

류병현 장군의 회고록에 의하면 방미 중에 류병현 장군은 전 주한 유엔군 사령관 베시 대장 등의 도움으로 레이건 후보의 특보 앨런을 만나 김대중의 감형을 조건으로 전두환-레이건 정상회담을 요청했다. 앨런과의 회담에서 류 장군은 "귀국 즉시 전두환 대통령에게 미국의 압력에 의해서가 아니라 자발적 의사로 김대중을 감형 조치하도록 건의하겠다. 나의 건의가 받아들여져 한국이 이러한 조치를 취할 때 레이건 대통령 당선자는 취임식 때 전(全) 대통령을 워싱턴으로 초청하여 정상회담을 열어 주한 미 지상군 철수의 취소를 포함한 양국 관계의 근본적 개선과 아울러 경제 협력의 증진을 협의해 주기 바란다"고 말했다는 것이다.[80] 취임식 초청은 성사되지 않았지만 비교적 이른 시기에 정상회담이 성사되기는 했다. 전두환이 미군 철수 문제의 재론을 의식했음을 확인할 수 있는 대목이다. 더 나아가 카터가 주한 미군 철수를 재론하면서 전두환을 제거하려 했음을 의식했다고 할 수 있다.

1980년 12월 14일경 정호용 특전사령관이 전두환의 특사 자격으로 앨런을 만나기 위해 미국에 갔다.[81] 전두환은 기대와는 달리 레이건 행정부도 김대중 문제에 그렇게 유화적이지 않을지 모른다고 판단해 이 점을 확인하기 위해 예비역 장성인 이규광이 아니라 현역 군부 실세를 보냈다. 정호용은 처음에 김대중이 처형되어야 한다는 강경한

---

80 유병현, 『한미연합사 창설의 主役 柳炳賢 회고록』(조갑제닷컴, 2013), 280~281쪽.
81 전두환 대통령은 노태우 보안사령관에게 노 장군이나 정호용 장군 중에 미국에 갈 사람을 정하라는 지시를 했다고 한다. 이에 노태우의 처남인 박철언 대통령 비서실 비서관이 핵주권 포기 문제가 제기되어 매국노가 될 가능성이 있다면서 정 장군을 보내자고 건의했다. 결국 노태우가 정 장군을 설득해 보냈다는 후문이 있다.

주장을 펼쳤다.[82] 사형이 예정대로 집행될 것이라고 이야기한 사실을 앨런도 2009년에 회고했다.[83] 험악한 분위기가 겨우 진정된 후 앨런은 김대중을 죽이면 "벼락이 치는 듯한" 미국의 반발에 부닥칠 것이라고 위협했다. 이튿날 정호용은 타협을 시작했다. 그는 레이건 취임식에 전두환 대통령을 초청해 줄 것을 류병현 장군에 이어 다시 요청했다. 그러나 앨런은 취임식 초청은 극히 이례적인 일이라며 취임 후 전두환의 방문을 대신 제안했다. 그러면서 김대중에 대한 선고가 대폭 감형되어야 한다는 조건을 달았고 비밀 합의임을 주지시켰다.[84] 정호용은 귀국 후 김대중을 죽이면 안 된다는 보고서를 올렸다고 한다.

앨런의 2009년 회고에 의하면 "레이건 대통령은 김대중의 사형이 집행된다면 이것은 윤리적인 범죄가 될 것이라고 생각했고, 이는 한국뿐만 아니라 한미 관계에 있어서 재앙이 될 것"이라고 생각했다고 한다.

우리는 김대중 대통령이 풀려나야 한다고 말했습니다. 그게 전부입

---

82 1994년 오버도퍼와의 인터뷰에서 정호용은 당시 자신은 김대중 처형을 반대했으며 전두환 장군도 그럴 생각이 없었다고 엇갈리게 말했다고 한다. 정호용 증언은 신뢰가 떨어지는 결과론적 사후 변명이다. 정호용은 이 인터뷰에서 전두환이 김대중 카드를 이용해 전두환의 방미를 얻어내려 했다고 주장했다. Don Oberdorfer and Robert Carlin(2014), 앞의 책; 돈 오버도퍼·로버트 칼린, 이종길·양은미 공역(2014), 앞의 책, 219쪽; Don Oberdorfer(2001), 앞의 책, 135~136쪽; 돈 오버더퍼, 이종길 역(2002), 앞의 책, 215쪽; Don Oberdorfer(1997), 앞의 책, 135~136쪽; 돈 오버도퍼, 뉴스위크 한국판 취재팀 역(1998), 앞의 책, 136쪽.

83 「리처드 앨런(Richard V. Allen) 전 미 백악관 안보보좌관의 인터뷰」, MBC 라디오-손석희의 시선집중(2009년 8월 20일 방송);「DJ 사형은 한미관계에도 재앙이었다」,〈오마이뉴스〉(2009.8.20).

84 Richard V. Allen, "On the Korean Tightrope, 1980" *The New York Times*, January 21, 1998; William H. Gleysteen, Jr.(1999), 앞의 책, 187쪽; 윌리엄 H. 글라이스틴, 황정일 역(1999), 앞의 책, 263~264쪽.

니다. 저희는 일반적인 외교 채널과 비공식 채널을 통해 그런 말을 했습니다. 레이건 대통령이 공식적으로 이와 같은 요청을 할 수는 없었기 때문에 우리는 비공식적으로 말했습니다.[85]

1980년 12월 31일 글라이스틴은 카터 대통령의 편지, 브라운 장관의 마지막 권고, 현지 공관원들의 전두환 및 그의 군부 동료들과의 접촉, 상하 양원 의원들의 편지들, 그리고 시의적절한 신행정부의 행동 등으로 한국인들은 미국의 태도를 신뢰하게(입장을 이해하게 – 인용자) 되었다고 자평했다. 추가적으로 국무장관 지명자 헤이그의 편지가 도움이 될 것이라고 머스키 장관에게 주문했다. 미래를 예측하고 싶지 않지만 지난 11월 중순보다는 (김대중 구명에 관한 한 – 인용자) 분위기가 훨씬 덜 비관적이라고 전망했다.[86]

같은 날인 1980년 12월 31일 글라이스틴은 머스키 장관에게 추가 전문을 보냈다. 미국 감리교 선교사 포이트라스(Edward Poitras)가 한국기독교교회협의회(KNCC) 강원용 회장을 만나 전해들은 이야기였다. 전두환이 강원용 목사를 만나 김대중의 사형 선고를 감형하기로 결정했다고 알려주었다는 것이다.[87]

---

85 「리처드 앨런(Richard V. Allen) 전 미 백악관 안보보좌관의 인터뷰」, MBC 라디오-손석희의 시선집중(2009년 8월 20일 방송);「DJ 사형은 한미관계에도 재앙이었다」,〈오마이뉴스〉(2009.8.20).

86 "Cable from AmEmbassy Seoul (Gleysteen) to SecState: Korea Focus: Prospects on Kim Dae Jung," 31 December 1980, National Security Affairs, Collection # 6, Brzezinski Material, Country File, Folder: Korea, Republic of, 9/80–1/81, Box 44, Jimmy Carter Library.

87 "Incoming Telegram from AmEmbassy Seoul (Gleysteen) to SecState," 31 December 1980, National Security Affairs, Collection # 6, Brzezinski Material, Country File, Folder:

강원용 목사는 1980년 9월 중순 국정자문위원에 임명되었는데, 병석에 누워 있던 정일형으로부터 김대중을 살려 달라는 간곡한 부탁을 받은 그는 "국정자문위원이 되는 것이 나로서는 여러 가지 문제가 있지만 만약 두 가지 전제조건이 받아들여진다면 그 제의를 수락하겠습니다. 우선 전 대통령과 한 시간 동안 단독 면담을 하고 싶고, 이 일이 신문에 절대로 보도되지 않았으면 합니다."라고 말했다고 한다.

1980년 11월 25일, 청와대에서 국정자문위원 위촉장을 받고 전두환과 1시간 10분 동안 면담할 때 강원용 목사는 "이미 우리나라는 광주사태로 전 세계에서 비난을 받고 있는데, 이제 김대중까지 죽인다면 그 들끓는 여론을 어떻게 감당하려고 그러십니까? 새 정부의 첫 출발을 사형으로 시작하면 되겠습니까?"라고 말했다고 한다. 정일형의 부탁을 받은 강 목사는 김대중의 사면을 전두환에게 건의해서 성사시켰다고 회고했다.[88]

1981년 1월 2일 브레진스키는 대통령에게 보내는 일일보고에서 전두환이 김대중을 감형할 것이라는 정보를 적시했다. 이러한 정보는 전두환이 솔라즈 하원의원에게 김대중 구명에 대해 호의적으로 반응했다는 노신영 외무장관의 전언과 일치하는 것이었다. 노 장관은 전두환이 김대중 문제에 대한 (미국의-인용자) 대중적인 압력을 제어한 글라이스틴의 노고에 감사해 했다는 사실도 말했다. 또한 전두환이 글라이스틴의 명예를 존중하는 방식으로 김대중 문제를 처리할 것임

Korea, Republic of, 9/80-1/81, Box 44, Jimmy Carter Library.
88 강원용, 『역사의 언덕에서 4: 미완성의 민주화』(한길사, 2003), 53~59쪽.

을 확신한다고 말했다. 노 장관의 전언은 모두 글라이스틴으로부터 나온 것이었다.[89] 글라이스틴의 자기중심적인 평가가 스며들어 있다. 한편 1월 2일 일기에서 카터는 김대중 문제에 대한 낙관적인 전망이 실린 보고서가 올라왔으나 아직 의구심이 남아 있다고 적었다.[90]

8. 국제사회의 김대중 처형 반대 여론

한편 1980년 9월 17일 1심에서의 김대중 사형 선고 이후 일본에서는 그를 살리려는 시위와 집회, 기도회, 촛불 행진이 있었고, 일본 노동조합총평의회는 한국 제품 불매운동을 시작했다. 일본 집권 자민당과 정부는 한일 간 정치적 결탁 의혹으로 자국 내 야당 등 여론의 공격을 받자 김대중 사형 집행에 반대하며 한국 정부에 압력을 가했다.[91] 일본 정부의 압박 카드는 '북한과의 교류 확대'였다.[92] 이는 미국도 검토했던 방안 중 하나였다. 대한민국 외교통상부가 2011년 2월 21일 공개한 외교문서에 따르면, 스즈키 젠코(鈴木善幸) 일본 수상은

---

89 "Memorandum of Zbigniew Brzezinski to the President: Daily Report," January 2, 1981, National Security Affairs, Collection # 1: President Daily Report File, Box 18, Folder: 1/1/81-1/10/81, Jimmy Carter Library(NLC-1-18-3-1-7).
90 Jimmy Carter, *White House Diary* (New York: Farrar, Straus and Giroux, 2010), p. 504.
91 이광길, 「日 "김대중 극형 처하면 北과 교류 확대할 수도"〈외교문서〉」,〈통일뉴스〉(2011.2.21).
92 김종효, 「[1980년 외교문서 공개] 故김대중 前대통령 구명에 美-日 총력 기울여」,〈뉴스엔〉(2011.2.21).

1980년 11월 21일 최경록 주일대사를 면담하면서 "김대중이 극형에 처해지면 대한 협력은 큰 제약을 받을 것이며, 북한과의 더욱 적극적인 교류를 요구하는 여론이 커질 수 있다"는 의견을 우리 정부에 전달했다. 당시 스즈키 내각은 특히 김대중이 극형에 처해질 경우 일본 내 여론과 야당(사회당)의 공격으로 정치적 입지가 좁아질 것이라고 우려했다. 이에 대해 한국 외무부는 (내정)간섭 기도라며 공식적으로 불만을 표시했다고 『뉴욕타임스』가 1980년 11월 27일자에 보도했다. 김동휘 외무차관은 무라오카 주한 일본 대사대리를 초치해 내란음모죄로 사형 선고를 받은 바 있는 김대중 사건에 일본이 간섭한다면 양국 관계가 손상될 것이라고 말했다.

이러한 한국 정부의 반발에는 한국 구세대의 반일 감정을 이용해 국민적 지지를 얻으려 하는 책략이 깔려 있다고 1980년 11월 27일자 『워싱턴포스트』는 분석했다. 『워싱턴포스트』는 일본 정부가 김대중 문제에 있어 압력 수단을 갖고 있지 못하며 주한 미군을 주둔시키고 있는 미국만이 전 대통령을 설득할 수 있다고 한 일본 소식통의 발언을 인용했다.[93]

이에 한국 외무차관은 주한 미 대사대리를 만나 스즈키-최경록 대사의 발언록 누설에 대해 해명했다. 이는 직접 간섭하는 내용은 아니었으며 만일 김대중이 처형될 경우 일본 정부가 정당 및 사회단체로부터 대한 협력 관계 재검토와 북한과의 교류 확대 압력을 받게 될 것

---

93 「김대중 선고에 대한 미국 반응: 외무부 미주국의 대통령 각하에 대한 보고: 최근 한-일관계에 대한 미언론 반응」(1980.11.28), 『외무부의 청와대 보고문, 1980-81, 전3권』(북미, 1981 생산), V.1, 287~288쪽, 대한민국 외교부 공개 외교문서(2012).

이라는 우려를 전달한 것이라는 설명이었다. 그렇지만 당시 일본 수상은 사실보다 과장해 한국민의 역사적 감정을 자극하는 여파를 남겼으며 만약 김대중이 특사된다면 36년간 한국을 지배했던 일본에 굴복했다는 비판에 직면해 국가원수의 헌법상 권력 행사를 곤란하게 만들지도 모른다고 외무차관은 우려했다.[94]

한편 일본에서는 노동조합과 시민·사회단체를 중심으로 연일 김대중 석방을 요구하는 집회가 열렸다.[95] 1980년 11월 일본 노조는 김대중 사형을 집행할 경우 한국과의 유관 사업을 '파열'시키겠다는 내용의 결의를 발표하기도 했다.[96] 1980년 10월 20일, 스노베 료조 주한 일본대사가 노신영 외무장관에게 "일본 측이 김대중 문제로 다소 한국 측을 괴롭게 하고 있는 것은 자인하나, 일본 정부도 한국 정부와 같이 비판 세력의 공격에 대한 방어적 입장에 있음을 이해해 달라"고 요청한 사실이 이를 뒷받침한다. 한 달 뒤에는 일본 외무성 하세가와 참사관이 주일 한국대사관 측에 "김대중 문제의 결말이 복잡해진다면 일본 정부가 야당 및 언론 관계에 있어 궁지에 몰릴 가능성이 농후하다"며 보다 구체적으로 일본 정부가 처한 상황을 설명하고 한국의 협조를 구했다.

일본 정부는 또 '김대중 내란음모사건' 재판 방청과 판결문 공개를 지속적으로 요청했다. 1980년 10월 21일 다카시마 외무차관은 "한일

---

94 「김대중 선고에 대한 미국 반응: 외무부 미주국의 대통령 각하에 대한 보고: 외무부 차관의 주한 미대사대리 면담내용(11.27)」(1980.11.28), 위의 문서철, V.1, 290~292쪽.
95 정근주, 「'김대중 내란음모사건'과 일본사회의 대응: 구명운동을 중심으로」, 류상영·와다 하루키·이토 나리히코 공편, 『김대중과 한일관계: 민주주의와 평화의 한일현대사』(연세대학교 대학출판문화원, 2012), 254~258쪽.
96 「[외교문서] 미.일, 김대중 구명 총력」, 〈연합뉴스〉(2011.2.21).

관계를 이간시키려는 야당의 공격 자료를 없애려는 목적이니 판결문의 관계 부문만이라도 보여 달라"고 했으며, 사흘 뒤 무라오카 일본 대사대리는 "판결문이 공표되지 않는 것이 관례라는 한국 측 입장은 김재규 등의 경우에 비추어 납득되지 않는다"고 불만을 표시하기도 했다. 일본 측의 재판 방청권과 판결문 요구는 7월부터 12월까지 3~4일 간격으로 계속됐다. 1심 판결 때인 9월 17일 일본대사관 직원은 미국대사관 측과 함께 참관할 수 있었는데, 협박과 '읍소'를 오가는 외교적 노력에도 불구하고 일본 정부는 결국 한국 정부로부터 판결 요약본만을 받았다.

일본은 미국과 일정 부분 공조했다. 1980년 12월 8일 주한 일본대사관의 대사대리 무라오카 공사는 글라이스틴 대사를 방문해 김대중 문제를 의논하기도 했다.[97]

브라운 국방장관은 한국 방문 전날인 1980년 12월 12일 도쿄에서 일본의 스즈키 수상을 만나 요담을 하다가 마지막에 김대중 문제에 대해 짧게 논의하면서 그의 처형은 미한, 일한 관계 모두에 심각한 영향을 줄 것이라는 점에 동의했다. 현재로서는 공개적인 압력을 피하고 전두환 대통령에게 은밀하게 접근하는 것이 김대중을 살리는 가장 좋은 방법이라는 데에도 의견을 같이했다.[98]

---

97 "Cable from AmEmbassy Seoul (Gleysteen) to SecState: Kim Dae Jung Case: Meeting with Japanese DCM," 08 December 1980, National Security Affairs, Collection # 6, Brzezinski Material, Country File, Folder: Korea, Republic of, 9/80–1/81, Box 44, Jimmy Carter Library.

98 "Cable from SecDef Harold Brown to the White House, for the President: Tokyo Visit," O 121506Z Dec 80, p. 2, National Security Affairs, Collection # 16: Brzezinski Material:

김대중을 구명하기 위해 스즈키 수상이 전두환에게 개인적인 서신을 보냈을 때 이것이 김대중을 처형하려는 강경파에 의해 의도적으로 공개되어 내정간섭 논란을 일으키면 한일 관계가 악화될 우려가 있다고 생각해 일본은 관망책을 선택했다. 한일 간의 여론 갈등이 김대중 구명의 가능성을 감소시킬까 봐 우려했던 것이다. 전두환 대통령도 여론을 동원한 한일 양국의 극단적인 대결을 막으려고 노력했다.[99]

영국과 프랑스, 독일, 이탈리아 등 유럽 주요국 정부도 김대중 처벌을 반대했다. 당시 독일 사민당 총재였던 빌리 브란트(전 독일 연방총리)는 김대중 사형 선고 소식을 접하고 1980년 9월 17일 전두환 대통령에게 아래와 같은 협박에 가까운 서신을 썼다.

저는 오늘 군사재판에서 김대중 씨가 사형 선고를 받았다는 소식을 접하고 경악을 금치 못했습니다. 자신의 나라를 위해 사회 진보와 인권 수호에 노력한 애국자에게 어떻게 이러한 판결을 내릴 수 있는지 우리는 이해할 수 없으며, 이것은 우리에게 큰 도전으로 받아들여집니다.

나는 당신에게 긴급하게 촉구합니다. 이 판결을 당신의 모든 권력을 다해 수정해 주십시오. 이번 판결을 집행할 경우, 한국은 국제사회 안에서 막대한 손상을 입게 될 것입니다.

Brzezinski Material: Cables File, Folder: Privacy Channels In/Out, 11/80-1/81, Box 128, Jimmy Carter Library(NLC-16-128-7-21-3).

99 "Memorandum of Warren Christopher, Acting to the President," December 1, 1980, Secret, pp. 2-3, National Security Affairs, Collection # 7: Brzezinski Material, Subject File, Folder: Evening Reports (State): 12/80, Box 24, Jimmy Carter Library(NLC-7-24-2-1-5).

1980년 12월 22일경 주미 서독대사 헤르메스(Hermes)는 머스키 장관을 방문해 김대중 문제에 간여하기 위해 서독 정부의 고위 인사를 방한하게 하는 것이 어떨지 문의했다. 이에 머스키는 당시 상황에서는 수상이 개인적으로 전두환 대통령에게 편지를 보내는 것이 더 바람직하다고 대답했다.[100] 미국 교회[101]는 물론 재서독한인들과 서독 교회도 김대중 구명운동에 나섰다.[102] 또한 교황도 개인적으로 김대중의 사면을 요청하는 편지를 1980년 12월 5일에 보냈다.[103]

1981년 1월 16일 머스키의 관측에 의하면 대한민국 군 지휘부 내에 김대중에 대한 관용에 반대하던 세력들이 부드러워졌으며 김대중 처형에 반대하는 국제 여론에 영향받은 정권 핵심부의 일부 구성원들이 이제는 그의 구명을 권하고 있다고 했다. 미국의 새 행정부와 긍정적인 관계를 수립하기 위해 전두환은 레이건이 취임하는 1월 20일 이후까지 기다릴 것으로 예측되었다. 미 국무부는 김대중 문제에 대

---

100 "Memorandum of Edmund S. Muskie to the President[: Evening Report]," December 22, 1980, p. 2, Plains File, Subject File, Box 41, Folder: State Department Evening Reports, 12/80, Jimmy Carter Library(NLC-128-16-1-8-3); National Security Affairs, Collection #15: Brzezinski Material, Brzezinski Office File, Subject Chron File, Folder: Muskie Evening Reports: 12/80, Box 106, Jimmy Carter Library(NLC-15-106-3-16-8); National Security Affairs, Collection #15: Brzezinski Material, Brzezinski Office File, Subject Chron File, Folder: Muskie Evening Reports: 12/80, Box 106, Jimmy Carter Library(NLC-15-106-3-17-7). 맨 앞의 Plains File과 마지막 문건에는 카터의 노트가 적혀 있다.
101 고지수, 「1980년 5월 광주와 김대중 구명운동, 그리고 자유공조: 북미주 개신교 네트워크의 활동을 중심으로」, 『한국기독교와 역사』 53(2020.9), 51~94쪽.
102 한운석, 「유신치하와 5·18 광주 민중항쟁 전후의 한·독 개신교 에큐메니컬 협력과 김대중 구명운동」, 『한국기독교와 역사』 54(2021.3), 271~316쪽.
103 "Memorandum of the Situation Room to Zbigniew Brzezinski: Noon Note," Top Secret, December 5, 1980, p. 2, National Security Affairs, Collection #1: President Daily Report File, Box 17, Folder: 12/1/80-12/10/80, Jimmy Carter Library(NLC-1-17-8-18-5).

한 공개적 논평을 계속 피하고 있었다.[104]

한편 1981년 1월 12일 전두환 대통령은 김일성에게 아무런 조건 없이 상호 방문하자고 제의했다. 이는 조건 없이 만나자는 박정희의 제안을 진전시킨 것이었으며 김일성의 고려민주연방공화국 창립 방안에 대한 대응이었고 백악관의 주목을 받았다. 또한 전두환은 다음 달 대통령 (선거인단) 선거를 위해 3월에 해제될 예정이었던 계엄령을 2월 중순에 해제하고, 4월 말이나 5월로 예정된 국회의원 선거도 한 두 달 먼저 실시할 것을 예고했다. 당시 전반적인 국내 안정이 회복되었으므로 정치 일정을 미룰 이유가 없다고 말했다. 전두환은 자신이 대통령 선거에 다시 출마할 것인지 아닌지 말하지 않았으나, 그가 출마하면 아무 어려움 없이 당선될 것이 확실하다고 관측되었다.[105]

---

104 "Memorandum of Edmund S. Muskie to the President[: Evening Report]," January 16, 1981, pp. 1-2, Plains File, Subject File, Box 41, Folder: State Department Evening Reports, 1/81, Jimmy Carter Library(NLC-128-16-3-8-1); National Security Affairs, Collection # 15: Brzezinski Material, Brzezinski Office File, Subject Chron File, Folder: Muskie Evening Reports: 1/81, Box 106, Jimmy Carter Library(NLC-15-106-4-12-1). 한편 "Memorandum of Zbigniew Brzezinski to the President: Daily Report," January 15, 1981, p. 1, National Security Affairs, Collection # 2: Brzezinski Material, President's Daily CIA Brief File, Folder: 1/14/81-1/17/80, Box 34, Jimmy Carter Library의 서두에는 두 블록이 지워져 있는데 폴더 맨 앞의 비공개 목록으로 확인한 바에 따르면 이 부분이 한국 관계 항목이다. 이 자료는 RAC 상(NLC-2-34-4-1-7)으로도 볼 수 있는데 마찬가지로 삭제되어 있다.

105 Executive Secretary, "Current Reports," January 13, 1991, Top Secret, pp. 3-4, National Security Affairs, Collection # 2: Brzezinski Material, President's Daily CIA Brief File, Folder: 1/9/81-1/13/80, Box 34, Jimmy Carter Library(NLC-SAFE 18 A-34-10-8-8에서만 볼 수 있음); Paul Shin (UPI, Seoul), "South Korean President Asks for Meeting with North Korean Leader," 01-11-81 10:35 PES, National Security Affairs, Collection # 2: Brzezinski Material, President's Daily CIA Brief File, Folder: 1/9/81-1/13/80, Box 34, Jimmy Carter Library; 「전대통령 81년 국정연설: 김일성 조건 없이 서울 초청」, 『동아일보』 1981년 1월 12일, 1면.

4장

전두환의 외교술로 이끌어낸 한미 정상회담

1. 한미 정상회담에서 레이건의 지지 확인

1981년 1월 20일 정오(미국 시간) 취임한[1] 레이건 대통령은 21일 오후 2시 전두환 대통령 초청을 공식 발표했다.[2] 1월 23일 한국 대법원에서는 김대중 내란음모사건의 주모자라는 사실이 인정되어 상고가 기각되었다. 이로써 사형 판결이 확정되었으나 전두환 대통령의 지시로 1월 23일 국무회의에서 무기로의 감형을 의결했다. 이날 신문에는 김대중의 탄원서가 실렸다.[3] 김대중의 탄원을 전두환이 받아들이는 형

---

1   강인섭, 「새국가부흥시대 선언: 레이건 미40대대통령취임」, 『동아일보』 1981년 1월 21일, 1면.
2   강인섭, 「2월2일(미국시간) 한·미정상회담: 전대통령 28일 방미, 불편한 관계 청산 우호강화, 한미방위동맹 중요성 확인」, 『동아일보』 1981년 1월 22일, 1면.
3   「김대중 탄원 전문」, 『경향신문』 1981년 1월 23일, 1면. 김대중이 선처를 바라며 전두환 대통령에게 보낸 다음과 같은 1월 18일자 탄원서가 실려 있다. "대통령 각하! 본인은 국가보안법·반공법·내란예비음모·계엄포고위반 등 사건으로 1·2심에서 사형 선고를 받고 현재 상고(上告) 중에

식을 취했던 것이다. 1월 24일에는 456일 만에 비상계엄이 전면 해제되었다. 정상회담을 앞두고 취해진 광주민주항쟁 관련자 처벌 완화 및 계엄령 해제가 미국 측의 요구사항이었는지 정상회담의 조건이었는지는 불확실하다. 카터 행정부라면 그런 전제를 내걸었을 가능성이 있으나 레이건 행정부는 달랐으므로 전제 조건은 아니었을 것이다. 다만 정상회담의 우호적인 분위기를 조성하고 한국의 인권 문제를 비난하며 민주화 조치를 요구하는 미국의 여론을 의식하여 전두환이 선제적으로 취한 조치였다고 할 수 있다.[4]

레이건 행정부가 출범하고 1주일 후인 1981년 1월 28일부터 2월 7일까지 10박 11일 동안 전두환 대통령은 레이건 대통령의 공식 초청으로 미국을 방문했다. 국빈 방문(State Visit, 전두환은 국빈 초청이라고 주장한다)은 고사하고 공식 방문(Official Visit)도 아닌 실무 방문(Working Visit)이었지만 미국 시간으로 1981년 2월 3일 오전 10시 55분 백악관의 대통령 집무실에서 1시간 20분 동안 정상회담이 진행되었으며,[5] 전두환은 레이건 대통령의 두 번째 외국 손님이 되었다.

있습니다. 본인은 그간 본인의 행동으로 국내외에 물의를 일으켰고 이로 인하여 국가안보에 누를 끼친 데 대하여 책임을 통감하며 진심으로 국민 앞에 미안하게 생각해 마지않습니다. 본인은 앞으로 자중·자숙하면서 정치에는 일체 관여하지 아니할 것이며 오직 새 시대의 조국의 민주 발전과 국가안보를 위하여 적극 협력할 것을 다짐하는 바입니다. 본인은 본인과 특히 본인의 사건에 연루되어 현재 수감 중에 있는 사람들에 대하여 전두환 대통령 각하의 특별한 아량과 너그러운 선처가 있으시기를 바라 마지않습니다." 각하라는 호칭이 나오는 등 이 탄원서는 김대중 자신의 생각대로 쓴 것이라기보다는 불러주는 대로 적은 면이 있다.

4 장준갑, 「제5공화국 출범과 한미관계」, 『서양사학연구』 28(2013), 242쪽; 장준갑·김건, 「1980년대 초반(1980-1981) 한미관계 읽기」, 『미국사연구』 38(2013), 205쪽.
5 강인섭·유탁, 「주한미군철수 계획 백지화: 한미정상회담 1시간 20분」, 『동아일보』 1981년 2월 3일, 1면.

앨런 보좌관은 전두환 대통령이 레이건 행정부 최초의 외빈이라는 인상을 주지 않기 위해 자메이카의 에드워드 세아가(Edward Seaga) 총리가 전두환보다 먼저 방문하게 했다고 한다.[6]

레이건 대통령은 백악관 오찬의 축배 제의 연설에서 글라이스틴이 준비한 한국의 정치발전에 대해서 언급하는 대신 자유 신장과 공산주의에 대항하기 위한 공동 투쟁에 대해서만 언급했다. 레이건의 신보수주의자로서의 면모를 보여 주는 것이었지만 한국에 전해진 그들의 공동 보조가 미국이 전두환 세력과 공모했다는 그릇된 인상을 광주 시민들에게 심어 주었다고 글라이스틴은 비판했다.[7] 레이건 대통령은 전두환 대통령을 '위대한 군인이자 정치인'이라고 칭송했다. 카터 행정부 시절 지속된 한미 간의 갈등이 눈 녹듯 사라지는 모습으로

---

6 「리처드 앨런(Richard V. Allen) 전 미 백악관 안보보좌관의 인터뷰」, MBC 라디오-손석희의 시선집중(2009년 8월 20일 방송); 「DJ 사형은 한미관계에도 재앙이었다」, 〈오마이뉴스〉(2009.8.20). 앨런은 정상회담도 아니라고 했는데, 정상회담의 격식은 갖추지 않았더라도 양국 정상이 만났으므로 정상회담이 아니었다고 부정하는 것은 문제가 있다. 그레그는 다음과 같이 회고했다. "레이건의 첫 번째 안보보좌관 리처드 앨런은 전두환에게 초청장을 보냈다. 전두환은 백악관 방문이 자신에 대한 승인이라고 생각해 혈안이 되어 방문을 요청했다. 만약 전두환이 레이건을 만나게 되면 김대중 구명과 교환될 것이다. 그것은 맞교환이었다. 우리는 그의 방문을 격하시키려고 모든 노력을 다했다. 우리는 저녁이 아닌 점심 행사를 가졌다. 우리는 외교적으로 미세한 것들을 활용했다. 그러나 레이건은 예의 바른 사람이라서 전두환을 포옹했으며 전두환은 그가 원하는 모든 것을 얻을 수 있었다." Charles Stuart Kennedy, "Interview with Donald P. Gregg," Initial interview date: March 3, 2004, in The Foreign Affairs Oral History Collection of the Association for Diplomatic Studies and Training, http://memory.loc.gov/cgi-bin/query/D?mfdip:1:./temp/~ammem_ErJ3:: (검색일: 2011.8.8).

7 William H. Gleysteen, Jr., *Massive Entanglement, Marginal Influence: Carter and Korea in Crisis* (Washington, DC: Brookings Institution Press, 1999), p. 188; 윌리엄 H. 글라이스틴, 황정일 역, 『알려지지 않은 역사: 전 주한미국대사 글라이스틴 회고록』(중앙M&B, 1999), 265쪽.

비쳤다.[8] 미국 정부는 당시 워싱턴에 와 있던 전두환이 당황할 것을 우려해서 미국 의회에 『연례인권보고서』의 발간을 연기하도록 요청하기도 했다.[9]

비록 간접선거였지만 대통령 선거(2월 25일)를 며칠 앞둔 시점이었으므로 전두환에게 미국의 인정은 큰 힘이 되었다. 만약 직접선거였다면 이렇게 선거가 한 달도 안 남은 임박한 시기에 방미는 어려웠을 것이다. 선거가 요식 행위에 불과했거나 아니면 미국의 승인이 다른 어떤 것보다 중요했으므로 이렇게 무리수를 두었다고 할 것이다.

1981년 2월 2일(미국 시간) 백악관에서 열린 한미 정상회담에서 전두환 대통령은 북한과 대치하고 있는 한국의 특수성과 인권 상황에 대해 언급하면서 2월 말에 대통령 선거가 있고 국회의원 선거도 3월 말이나 4월 초에 있으며 이 선거들의 결과로 5공화국이 출범할 것이라고 말했다. 레이건 대통령은 한국이 태평양 지역에서 안정적인 역할을 달성했다고 인정하면서 미국은 아시아에서 본연의 힘을 복구할 것이라고 했다. 또한 "한국과 미국은 인권 문제를 적당한 수준에서 함께 고려해야 한다"고 말했다.[10] 인권 개선을 적극적으로 압박했던 카

---

8   William H. Gleysteen, Jr.(1999), 위의 책, 188쪽; 윌리엄 H. 글라이스틴, 황정일 역(1999), 위의 책, 265쪽에 의하면 몇 년 후 레이건은 전두환의 월권적 통치에 반대하는 입장을 표출했다고 적고 있다.

9   William Blum, *ROGUE STATE: A Guide to the World's Only Superpower* (London: Zed Books, 2000), https://www.cia.gov/library/abbottabad-compound/5F/5FC9177D115DFAE199 E5204183A6F3E2_Rogue_state__By_sout_al_khilafah.pdf, p. 127 (검색일: 2021.1.8).

10 "Memorandum of Conversation, Subject: Summary of the President's Meeting with President Chun Doo Hwan of the Republic of Korea," February 2, 1981, 11:20 – 12:05 P.M., Cabinet Room, with Cover Memorandum, Richard V. Allen to President Reagan,

터와 달리 레이건은 한국의 특수한 상황에 맞는 '적당한 수준'을 고려하는 타협적 태도로 권위주의적 인권 탄압을 용인하는 유보적 태도를 보이는 등 전반적으로 민주화 수용 요구를 퇴보시켰다.

2017년 회고록에서 전두환은, 카터 행정부의 인권외교가 전략적으로 실패했다는 반성에서 출발한 레이건 행정부가 한국에 대한 인권외교 정책을 수정하려 했다는 것을 훗날 알게 되었다고 언급했다.

> 카터의 인권외교 전략은 소련 등 적대국과 한국 등 동맹국을 구분하지 않고 무차별적으로 적용한 결과 적대국의 인권 상황을 개선하는 효과는 거두지 못한 채, 박정희 대통령의 핵무기 개발에서 보듯이 동맹국의 반발만을 초래했다. 그러한 반성 위에서 적국과 동맹국에 대한 인권 정책을 차별적으로 적용하기로 한 첫 번째 케이스가 우리나라였다. 동맹국이나 우방의 인권 상황이 미국의 기준에 맞지 않는다 하더라도 일방적으로 압력을 가한다거나 하는 대신, 지속적인 관심을 가지고 영향력을 행사하되 긍정적인 결과에 이르기까지 인내한다는 것이다. [...] 레이건 행정부가 출범하면서 새로운 패러다임의 외교 정책을 선보이는 첫 케이스가 나의 미국 국빈 초청이었던 것이다.[11]

이와 같은 전두환의 주장은 카터와 레이건 행정부의 차이점을 지나

February 6, 1981, Subject: Your Meeting with President Chun of Korea. MDR-Reagan Library, p. 4, http://nsarchive.gwu.edu/NSAEBB/NSAEBB306/ (검색일: 2017.6.6).

11 전두환 저, 민정기 책임정리, 『전두환 회고록 2: 청와대 시절, 1980-1988』(자작나무숲, 2017), 300~301쪽.

치게 부각하는 평가이다. 실제로 레이건 행정부가 안보를 중시하는 보수적인 입장으로 변화한 측면이 없지는 않지만 제3세계의 민주화와 인권을 포기하지 않았으므로 연속성이 없지 않았다고 할 것이다.

12·12와 5·18을 통해 집권한 전두환 대통령은 미국의 지지가 자신의 취약한 정통성을 보장받는 지름길이라고 생각했고, 카터의 조건부 묵인을 넘어 보수주의자 레이건의 확고한 지지를 얻는 데 성공했다. 그러나 이를 계기로 독재자를 지원하는 미국 정부에 대한 비판적 인식이 한국 사회에 확산되면서 반미 감정이 고조되었다. 많은 한국인들은 전두환의 상징적인 미국 방문이 신경에 거슬렸고 결국 반미운동이 대학가를 중심으로 퍼지기 시작했다.

앨런은 김대중이 "레이건이 독재자를 도왔다는 심각한 오해를 해왔다"고 후일 증언했다. 앨런은 "사실인즉 레이건 대통령은 독재자가 아닌 김대중을 지지했던 것"이라고 말했다. "한국의 학자들, 기자들 그리고 논평가들은 지속적으로 중요한 사실을 왜곡하고 있다"고 평하며 "이유는 모르겠지만 사람들이 미국과 한미 관계에 대해서 자신들이 유지하길 원하는 환상"만을 따르려 하기 때문이 아닌가 의문을 제기했다.[12] 그러나 카터라면 몰라도 레이건이 김대중을 지지했다는 주장은 앨런의 자기중심적 생각이다. 집권 이후 레이건은 전두환과 우호적인 관계를 유지했으며 한미 관계가 변화했던 것은 사실이다. 레이건은 김대중이 누군지 잘 몰랐으며 자기 스스로의 목소리

---

12 「리처드 앨런(Richard V. Allen) 전 미 백악관 안보보좌관의 인터뷰」, MBC 라디오-손석희의 시선집중(2009년 8월 20일 방송); 「DJ 사형은 한미관계에도 재앙이었다」, 〈오마이뉴스〉(2009.8.20).

로 김대중의 구명을 요구한 적이 없다. 카터 행정부의 지속적인 노력에 영향받은 앨런 등이 비공식적으로 김대중 구명 압력을 가했을 뿐이다.

2. 미국 방문의 대가와 성과

김대중 감형은 레이건 행정부 취임 직후 전두환의 미국 방문과 맞바꾼 일종의 정치적 흥정 카드였다는 설이 있다. 1989년 미국 정부의 한국 국회 답변서에 의하면 "김대중이 사형 선고를 받은 몇 달 후 전두환 정부는 김대중의 운명을 한미 양국 정부 간의 경직된 정치 관계를 정상화시키는 문제와 결부시킬 것임을 미국 정부에 분명히 했다. 전두환과의 긴 논의 끝에 김대중의 사형 선고는 풀렸으며 전두환은 레이건 행정부가 들어선 지 얼마 안 되어 미국을 방문하게 되었다"고 적시해[13] 김대중 감형과 전두환 방미 간에 교환이 이루어졌음을 암시했다. 또한 릴리 전 주한 미 대사는 2004년에 발행된 회고록에서 "한국 대통령의 백악관 초청은 한국 정부가 전두환의 정적 김대중의 사

---

13 "United States Government Statement on the Event in Kwangju, Republic of Korea, in May 1980," June 19, 1989, Vertical File, Box 71, Presidential Papers of Jimmy Carter, Jimmy Carter Library; John Adams Wickham, Jr., *Korea on the Brink, 1979–1980: From the '12/12' Incident to the Kwangju Uprising* (Washington, DC: National Defense University Press, 1999), p. 212; 존 위컴, 김영희 감수, 유은영 외 공역, 『12·12와 미국의 딜레마: 전 한미연합사령관 위컴 회고록』(중앙M&B, 1999), 321쪽.

형 선고를 감형하여 해외 망명을 허가해야 한다는 조건부로 이루어졌다"고 증언했다.[14]

그런데 전두환의 방미는 장거리 미사일 개발 포기에 대한 대가라는 주장도 있다.[15] 전두환 대통령의 첫 미국 방문 전인 1981년 1월 22일 글라이스틴 대사가 헤이그 미 국무장관에게 보낸 '레이건-전두환 회담을 위한 협의 사항 안'이라는 2급 비밀 전문에 의하면 김대중 감형과 핵 비확산 등이 복합된 결과였다고 할 수 있다.[16] 이외에 미국 쌀 수입도 방미의 대가였다. 1981년 1월 29일에 작성된 미 국무부 문서에 따르면 전두환의 방미 "대가로 한국은 백만 톤 이상의 기록적인 미국 쌀 구매를 했다. 수익성 좋은 한국 곡물 시장에 진입하기 위한 캐나다와 호주의 노력에도 불구하고 한국은 밀과 옥수수에 대한 독점권을 미국에게 부여했다"고 나와 있다. 또한 1981년 2월 6일 전두환 대통령을 만난 헤이그 국무장관은 한국의 핵 발전 계획을 위한 연료 공급과 기술 문제는 미국에 의존해도 된다고 보장하고 한국이 핵 비확산 정책을 충실히 따르고 있는 데 대해 사의를 표했다.[17] 따라서 김대중 구명, 핵과 미사일 포기, 미국의 쌀 수출, 미국의 핵 수출,

---

14   James R. Lilley & Jeffrey Lilley, *China Hands*: *Nine Decades of Adventure*, *Espionage*, *and Diplomacy in Asia* (New York: PublicAffairs, 2004), p. 384; 제임스 R. 릴리, 김준길 역, 『아시아 비망록』(월간조선사, 2005).

15   Hyung-A Kim, *Korea's Development under Park Chung Hee*: *Rapid Industrialization*, *1961-1979* (London: RoutledgeCurzon, 2004), p. 201, 220.

16   이홍환 편, 『미국 비밀 문서로 본 한국 현대사 35장면』(삼인, 2003), 46~49쪽.

17   "ROK President Chun's Meeting with the Secretary in State Department," February 6, 1981, RG 59, US National Archives at College Park; 「6·10 항쟁 특집」2 하늘이 내리신 대통령」, 〈KBS 뉴스-미디어 포커스〉(2007.6.17).

미국산 무기(F-16 및 호크미사일 등) 구매 등이 복합적으로 결합된 것이 전두환의 방미 조건이었다고 보아야 한다.

이때 레이건 대통령은 전임 카터 행정부에서 제기됐던 주한 미군 철수 문제를 백지화하고 미군이 철수하지 않을 것임을 약속했다.[18] 2017년 간행된 전두환 회고록에 따르면 1981년 2월 2일 오전 10시 50분 상견례를 겸한 첫 번째 정상회담에서 전두환이 주한 미군의 역할을 중점적으로 설명해 나가자 레이건은 얼굴 가득 환한 웃음을 띠고 주한 미군 철수는 없을 것이니 안심하라고 말해 주었다는 것이다.[19]

전두환 대통령과 레이건 대통령의 정상회담을 결산하는 공동 성명은 레이건 대통령이 주최한 오찬 이후 3시에 발표되었다. 양국 정상이 합의한 내용은 크게 세 가지였다. 첫째, 안보 면에서 주한 미군 불철수를 공식 확인하고, 한국군 전력 증강에 대한 미국의 협력을 명시했다.[20] 둘째, 남북한 관계에서는 한국 정부의 입장을 전폭 지지하여 한국의 참석 없이는 북한과 접촉하지 않을 것을 분명히 했다.[21] 셋째,

---

18 Ronald Reagan, *The Reagan Diaries*, edited by Douglas Brinkley (New York: HarperCollins, 2007), p. 2.
19 「주한미군철수계획 백지화」, 『동아일보』 1981년 2월 3일, 1면; 「주한미군철수계획 백지화: 한미정상회담 14개항 공동성명」, 『경향신문』 1981년 2월 3일, 1면; 「주한미군 철수계획 백지화 선언」, 『매일경제신문』 1981년 2월 3일, 1면; 전두환 저, 민정기 책임정리(2017), 앞의 책, 305쪽.
20 정상회담에서 미국의 핵우산으로 한국의 안보를 보장할 것임도 확인했고, 1982년부터 시작되는 2차 전력 증강 5개년 계획을 적극 지원하기로 약속했다. 또한 대한 안보 공약의 준수, 국군 전력 증강을 위한 무기 및 장비와 방위산업 기술의 계속 제공 등 기본 정책을 재확인했다. 전두환 저, 민정기 책임정리(2017), 위의 책, 314쪽.
21 정상회담에서 레이건 대통령은 "만약 미·북이 접촉해야 할 경우가 있게 되면 한미 양국이 반드시 다 같이 나란히 갈 것"이라고 단호한 어조로 말했다는 것이다. 전두환 저, 민정기 책임정리

경제 협력 면에서 미국이 한국을 주요 교역국으로 재인식하고 있다는 점을 표명했다.[22]

2017년에 간행한 회고록에서 전두환은 핵 포기나 김대중 구명 등에 대해서는 언급하지 않으면서 주한 미군 철수 중지를 약속받기 위해 레이건 대통령 취임 후 첫 번째 '국빈'으로 방문했다고 자기중심적으로 서술했다.

> 세간에 알려진 것처럼 김대중 씨 문제가 정상회담 개최의 전제 조건이었던 것은 아니다. 사실 나는 한때 야당의 강력한 대통령 후보였던 김대중 씨를 처형한다는 생각은 하지 않고 있었기 때문에 그 문제로 양측이 밀고 당기고 하는 일은 없었다.[23]

그러나 전두환은 비공식적인 채널을 통해 김대중을 처형시킬 수밖에 없다는 의견을 개진하는 등 김대중 처형 문제로 카터와 밀고 당기는 신경전을 수없이 했으며 카터의 애간장을 태워 카터가 전두환 제거까지 고려하게 했다. 그의 증언대로 처음부터 김대중을 처형할 생각이 없었는지는 전두환 외에 어느 누구도 모를 일이다. 미국의 지속

(2017), 위의 책, 307쪽.

22 카터의 미군 철수에 큰 희망을 가진 김일성은 전두환 대통령의 외교 성과를 TV로 지켜보면서 분통을 터뜨렸다는 주장이 있다. 미군 철수의 희망이 사라지게 한 전두환에 대한 테러 공작으로 김정일이 음모를 꾸민 것이 1983년 10월 9일 발생한 미얀마 아웅산 테러였다는 것이다. 이법철,「暴君으로 매도당한 전두환, 재평가돼야: 카터의 주한미군 철군론을 백지화 만든 전두환 대통령」,〈올인코리아〉(2009.7.25).

23 전두환 저, 민정기 책임정리(2017), 위의 책, 299~300쪽.

적인 압력으로 인해 처형이 불가능한 일임을 알았을 가능성도 있다. 2017년의 회고담은 이미 김대중과의 화해가 이루어진 상태를 반영한 결과론적인 변명의 성격이 짙으며, 당시 전두환이 김대중 처형을 전혀 고려하지 않았다는 말은 믿기 어렵다.

 1981년 1월 23일 김대중 감형 이후에도 미국을 비롯한 해외 지식인들의 강한 항의가 이어졌고 급기야 레이건 미국 대통령으로부터 우회적인 압력이 들어오자 김대중 문제가 미국과의 외교 마찰로 이어질 것을 우려한 노신영 국가안전기획부장은 전두환 대통령에게 김대중의 석방을 건의했다. 이 와중에 전두환은 1982년 2월 선처를 요구하는 이희호 여사를 비밀리에 만났다.[24]

 김대중 석방 문제를 놓고 고민하던 전두환은 1982년 3월 3일 제5공화국 출범 1주년 기념 사면을 통해 김대중을 무기징역에서 20년형으로 감형시켰다.[25] 1982년 광복절 특사 명단에도 김대중을 포함시킬 예정이었지만 군 내부의 반발로 무산되었다.[26] 그러나 얼마 후 노신영 안기부장에게 김대중 석방을 추진하라고 지시했고, 노신영은 이희호를 통해 김대중에게 미국으로 출국하여 병을 치료하고 오라는 사실상의 망명 권유를 했다. 김대중은 처음에 이에 반대했으나, 미국으로 떠나기만 하면 주변 사람들을 더 이상 압박하지 않겠다는 노신영의 제안에 결국 이를 수락했다. 1982년 12월 16일 신병 치료를 명분으로

---

[24] 허용범, 「82년 2월 청와대에서 전두환과 비밀면담: 김대중 대통령 당선자 부인 이희호 여사의 증언」, 『월간조선』(1998.2), 96~107쪽.
[25] 「제5공화국 한돌 2863명 대사면」, 『경향신문』 1982년 3월 3일, 1면.
[26] 전두환 저, 민정기 책임정리(2017), 앞의 책, 645쪽.

서울대학교병원에 입원했다가[27] 23일 오후 형집행정지로 석방되어 미국으로 출국했다.[28] 광주민주화운동 관련자 등 47명도 24일을 기해 형집행정지로 석방되었다.[29] 전두환의 2017년 회고록에는 김대중 측이 신병 치료차 미국으로 보내 달라며 스스로 정치를 그만두겠다는 약속이 담긴 탄원서를 썼고 전두환은 주위의 반대를 피해 극비리에 병원으로 이송했다가 출국시켰다고 나온다.[30]

전두환은 김대중 사형 집행 문제를 두고 미국과 미묘한 줄다리기를 계속해 1980년 4월 14일 이래로 무기한 연기되었던 SCM을 1980년 12월 다시 개최했으며, 레이건 신행정부의 승인을 얻어내는 데 성공했다. 신군부 내 민족주의적 강경파들의 김대중 처형 요구를 공개해 활용함으로써 카터의 조급한 마음을 자극했으며, 결국 카터의 전두환 제거 계획을 폐기시키고 레이건의 승인까지 쟁취했다. 당시 한미 간의 신경전은 광복 이후 미국의 압도적 규정력에 대해 힘을 키운 대한민국이 세부적 이슈에서는 이를 제어하고 균형에 이룰 수 있음을 보여 준 사례였다. 물론 종합적으로 미국이 제3세계에 미칠 수 있는

---

27 「김대중 내주도미: 정부, 신병치료 위해 인도적 허용, 오늘아침 서울대병원입원, 전대통령 각별배려」, 『경향신문』 1981년 12월 16일 1면; 「김대중 내주 도미치료: 오늘아침 서울대병원 이감, 지병악화아닌 인도적조치의 영단」, 『동아일보』 1981년 12월 16일, 1면.

28 「어제 저녁 김대중씨 출국 부인·두아들도: 형집행정지 석방–향미」, 『동아일보』 1981년 12월 24일, 1면.

29 「광주사태 관련 등 47명석방: 이문영·문익환·이신범씨등 김대중 사건관련 7명 포함 형집행정지, 인혁당7·전민련6·계엄법15명 모범수 1천백58명도」, 『동아일보』 1981년 12월 24일, 1면. 이 사건에 연루돼 중형을 선고받았던 고은 시인 등 20명은 2003년 재심을 통해 무죄 판결을 받았다. 김대중 전 대통령은 퇴임 뒤인 2004년 1월 재심에서 무죄를 선고받았다.

30 전두환 저, 민정기 책임정리(2017), 앞의 책, 645쪽.

영향력은 여전히 막강했지만 지엽적이고 국지적인 문제에서는 전두환이 민족주의적 감정을 활용해 적절히 대처했으므로 미국의 양보를 얻어낼 수 있었던 것이다. 김대중 문제는 결국 전두환 정권에게 미국의 지원을 얻을 수 있는 유용한 카드가 되었고 미국으로서는 남한의 반미 정서 출현을 1983년 이후로 연기시킬 수 있는 상징으로 작용했다고 할 수 있다.[31]

김대중 문제에 대한 미국의 압력은 내정간섭적인 것이었다. 신군부 내 소장파들은 이를 부당한 개입으로 여겨 항의하자는 주장을 제기했다. 그러나 전두환 정부는 민주적 절차를 거치지 않고 수립된 정부였고 미국의 승인을 갈망했으므로 이러한 항의를 정면으로 제기하지는 않았다. 대신 전두환은 김대중을 처형해야 한다는 여론이 있다고 미국 측에 간접 인용하면서 반미주의의 발호를 우려했던 미국을 견인하는 카드로 활용했다. 즉 미국의 강경한 태도를 완화시킬 수 있는 외교적인 카드로 활용해 카터를 긴장시켜 결국 전두환 제거 공작의 실행을 막고 나아가 레이건의 승인을 얻어냈다.

1981년 2월 25일 민주정의당 전두환 대통령 후보가 제5공화국 헌법에 따라 대통령 선거인단에 의해 제12대 대통령으로 당선되어 제5공화국이 시작되었다. 미국은 상황 변화에 따라 전두환 정권을 승인했지만 무조건 인정한 것은 아니었다. 미국은 민주주의 증진 프로그램을 한국에 적용하려 했다.[32] 전두환은 만약 김대중을 사형시킬 경우

---

31 장준갑(2013), 앞의 글, 240쪽; 장준갑·김건(2013), 앞의 글, 202쪽.
32 정일준, 「미국 개입의 선택성과 한계: 전두환·노태우-레이건·부시 정부 시기」, 『역사비평』 편집

자신이 미국으로부터 제거될 가능성이 있다는 사실을 잘 알고 있었으므로 김대중을 죽이지 않았다. 결국 미국의 압력이 김대중을 살렸다고 할 수 있다.

위원회 편, 『갈등하는 동맹: 한미관계60년』(역사비평사, 2010), 109~110쪽.

5장

카터가 전두환 체제를 묵인한 국제적 배경

1. 미국이 유도한 소련의 아프가니스탄 침공

1970년대 후반 소련은 앙골라, 모잠비크, 에티오피아 등 아프리카 여러 나라에서 공산혁명 지원을 통해 세력을 확대하려 했다. 아프리카에서 소련의 대리전쟁을 수행하고 있던 쿠바군의 수가 4~5만 명에 달했다고 하며, 시리아 등 강경 아랍 국가들과의 제휴와 남예멘에 대한 지원 등을 통해 중동 지역에서도 세력 팽창을 강력히 추진했다. 급기야 니카라과에서 1979년 7월 19일 출범한 산디니스타 정권을 지원하면서 미국의 뒷마당인 중남미 지역에까지 세력을 확장했다.

1979년 12월 24일 소련은 제40군을 배치하여 아프가니스탄 작전을 개시했다. 12월 27일 소련군은 공군과 육군 양면으로 5개 사단 10만여 명을 아프가니스탄에 파병해 하피줄라 아민(Hafizullah Amin) 정부군을 제압하고 아민 정권의 체코슬로바키아 주재 대사였던 바브

락 카르말(Babrak Karmal)[1]로 하여금 친소 정부를 수립하게 함으로써 아프가니스탄을 소련의 위성국으로 만들었다. 소련은 아프가니스탄 인민민주당 내에서 보다 친소적인 것으로 간주되던 온건 파르참파를 지원하기 위해 1978년 양국이 맺은 '우호 협력 및 선린 조약'을 명분으로 아프가니스탄에 개입했다.[2] 카르말이 소련에 개입을 요청한 것이다.

소련은 친소파 정권에 저항하는 이슬람 원리주의(근본주의) 무장세력 무자헤딘(전사들)을 진압한다는 명분으로 아프가니스탄을 침공했다고 간주되었다. 그러나 1990년대에 비밀 해제되기 시작한 소련 문서를 보면 소련은 아프간 친소 좌파정권이 이슬람 세력에 의해 와해될 것을 우려해 개입한 것이 아니라 하피줄라 아민이 지도하는 인민민주당 정권이 소련이 아닌 미국으로 넘어갈 것을 우려해 침공을 감행했다고 확인된다.[3] 소련의 시각에서 보면 상대적으로 급진적이며 즉각적인 소비에트화를 지향하는 칼크파의 지도자 아민보다 상대적으로 온건한 파르참파의 지도자 카르말이 보다 더 친소적이라고 생각했을 수 있다. 체코슬로바키아 대사로 나가 있던 카르말을 통제

---

[1] 인민민주당 내에서 칼크파와 경쟁하는 파르참파의 리더로 아프가니스탄이 프롤레타리아 혁명을 수행할 정도로 산업화되지 않았다며, 사회주의로의 점진적 이행을 주장했다.
[2] 이웅현, 『소련의 아프간 전쟁: 출병의 정책결정과정』(고려대학교출판부, 2001).
[3] Tom Blanton and Svetlana Savranskaya, eds., "The Soviet Invasion of Afghanistan, 1979: Not Trump's Terrorists, Nor Zbig's Warm Water Ports," *National Security Archive Electronic Briefing Book* #657, Published: Jan 29, 2019, https://nsarchive.gwu.edu/briefing-book/afghanistan-russia-programs/2019-01-29/soviet-invasion-afghanistan-1979-not-trumps-terrorists-nor-zbigs-warm-water-ports (검색일: 2019.1.29).

하기가 보다 수월했고, 기존 정부의 지도자 아민은 소련의 영향력이 커지면 미국에 기울 수 있다고 생각해 정권 교체를 시도했던 것이다. 노선 문제가 아니라 인물의 성향이 문제가 된 것이라고 할 수 있다.

소련의 침공에 대해 카터부터 호메이니에 이르기까지 거의 모든 외부 세력들은 약소국 내정에 개입하는 '러시아 제국주의'라며 비난했다.[4] 이에 미국은 소련 점령군에 맞서 봉기한 아프가니스탄의 무자헤딘을 지원했다. 미국의 지원은 카터 행정부 때 시작되었으나 레이건 행정부에 이르러 크게 늘어나 당시 아프가니스탄을 비롯해 앙골라, 니카라과 등의 반공 저항운동을 지원하도록 규정한 이른바 '레이건 독트린'의 핵심 사항이 되었다. 반소 무자헤딘 이슬람교 근본주의자들은 미국의 지원과 더불어 파키스탄, 사우디아라비아 등 인접국의 지원도 받았다.

소련의 점령으로 6만~200만 명의 아프가니스탄 주민이 살상당했으며, 5백만여 명이 넘는 아프가니스탄 사람이 조국을 등지고 파키스탄, 이란 등지로 떠났다. 이로 인해 소련은 국제사회의 압력을 받은 데다 사상자가 크게 늘면서 레이건 행정부 시절인 1988년 5월 15일부터 1989년 2월 15일 사이에 철군했다.[5] 소련은 1979년 12월부터 10년

---

4 "The Diary of Anatoly S Chernyaev, 1979," December 30, 1979, Donated by A. S. Chernyaev to The National Security Archive, Translated by Anna Melyakova, https://nsarchive2.gwu.edu/dc.html?doc=6025721-The-Diary-of-Anatoly-S-Chernyaev-1979 (검색일: 2019.5.25). 체르냐에프는 1979년 당시 소련공산당중앙위원회의 국제부 차장으로서 국제공산주의운동과 친선을 담당했다.

5 Svetlana Savranskaya and Tom Blanton, "The Soviet Withdrawal from Afghanistan 1989," Published: Feb 27, 2019, *National Security Archive Electronic Briefing Book* #665, https://nsarchive.gwu.edu/briefing-book/afghanistan-russia-programs/2019-02-27/

간 전쟁 비용으로 840억 달러를 쏟아붓고 1988년 스위스 제네바에서 평화조약을 체결할 때까지 병력 5만 명을 잃었다.

소련의 아프간 침공 직후인 1979년 12월 26일 브레진스키는 소련의 아프간 침략 동기가 영국에 맞서 인도양으로의 출구를 마련하려는 오랜 꿈을 실현하기 위한 것이라고 카터에게 보고했다.[6] 브레진스키는 19~20세기 초반에 벌어진 영국과 러시아의 '그레이트 게임(The Great Game)'[7]을 연상했을 것으로 추정된다. 브레진스키는 소련의 군사행동을 방관할 경우 "소련은 곧장 아라비아만과 오만만까지 진출할 것"이라고 주장했다. 아프간은 그 자신이 유도한 소련의 파병으로 "중립적 완충지대에서 공격을 위한 교두보"로 전환됐으며, 아프간 장악 후 소련의 다음 행보는 "파키스탄과 이란의 해체"가 될 것이라고 강조했다. 이에 카터 대통령은 1980년 1월 20일 언론과의 인터뷰에서 소련의 아프간 파병은 "전례 없는 행동"이며 "2차 대전 이후 세계 평화에 대한 가장 중대한 위협," 즉 베를린 봉쇄나 한국전쟁, 쿠바 미

---

soviet-withdrawal-afghanistan-1989 (검색일: 2019.2.28).

6 "Memorandum for The President from Zbigniew Brzezinski: Reflections on Soviet Intervention in Afghanistan," December 26, 1979, p. 1, https://nsarchive2.gwu.edu// dc.html?doc=5696260-Document-8-Georgy-Kornienko-was-the-top-deputy (검색일: 2019.1.29); https://nsarchive2.gwu.edu/NSAEBB/NSAEBB396/docs/1979-12-26%20Brzezinski%20to%20Carter%20on%20Afghanistan.pdf (검색일: 2020.12.2).

7 그레이트 게임은 1813년 러시아-페르시아 조약부터 1907년 영러협상까지 대영제국과 러시아 제국 사이에 유라시아 지역 패권을 두고 벌어진 전략적 경쟁을 지칭한다. 보다 구체적으로 1~3차 아프가니스탄 전쟁을 연상했을 것이다. 아프가니스탄은 제국주의 경연장이자 '제국들의 무덤'이었다. 부동항을 찾아 남하하는 러시아 제국과 자신들의 세력권인 인도(인도양)를 지키기 위해 이 지역으로부터 북상하려는 대영제국이 충돌한 지점이었다. 러시아의 남하를 미리 견제하려 한 영국은 아프가니스탄으로 들어가 수만 명의 사망자를 내고 완전 정복에는 실패했다.

사일 위기보다도 위협적인 군사행동이라고 규정하면서 브레진스키의 현실 인식에 전폭적으로 동조했다.[8]

브레진스키는 위 1979년 12월 26일자 문건에서 미국이 베트남전에서 고전했던 것처럼 소련도 아프가니스탄에서 고전하도록 만들기 위해 미국이 주도하여 아프가니스탄의 반정부군을 지원해야 한다는 의견을 피력했다. 브레진스키는 "소련에도 베트남전을 안겨주기 위해 아프간 침공을 우리가 유도한 측면이 있다"고 인정하기도 했다. 미국이 소련을 전쟁에 끌어들였다는 것이다. 미국은 이미 1978년부터 이슬람주의 세력을 앞세워 소련에 타격을 가한다는 속셈을 갖고 있었는데 소련이 이 덫에 걸려든 것이다. 브레진스키는 북아프리카에서 남아시아에 걸쳐 있는 이슬람주의 세력이 소련 안보에 위협이 될 수 있다면서 자서전에서 다음과 같이 말했다.

> 1978년 말경부터 나는 '위기의 호(弧)' 테제를 밀어붙이기 시작했다. 중동 지역에 대한 미국의 힘과 영향력을 확대하기 위해서는 '새로운 안보 프레임워크'가 필요했다.

또한 브레진스키는 카터 대통령에게 1979년 1월 이란혁명으로 소련의 군사 공격에 대한 걸프 지역의 방어막이 무너졌고, 따라서 이제 대안은 '아프간 자유의 전사'들을 지원함으로써 소련을 아프간에 묶어

---

[8] 박인규, 「"이제 미국은 소련에게 '베트남 전쟁'을 선사할 수 있게 됐습니다"」, 〈프레시안〉(2021. 9. 15).

놓는 것이라고 보고했다. 이미 1973년부터 이슬람 세력을 지원했던 미 중앙정보국(CIA)은 아민의 집권으로 아프간 정부에 대한 이슬람교도의 지지가 약화되기 시작한 1979년 3월 이후 아프간 반군에 대한 비밀 지원을 강화했다. 소련의 아프간 파병이 미국의 군사 개입을 초래한 것이 아니라 미국의 비밀 개입이 소련의 파병을 이끌어낸 셈이다.[9]

브레진스키는 1998년 1월 프랑스 언론 『누벨 옵세르바퇴르』와의 인터뷰에서 아프간 반군에 대한 미국의 지원은 소련의 파병 6개월 전에 이미 시작됐다고 밝혔다. 그는 "알려지지 않은 진실 하나는 1979년 7월 3일, 카터 대통령이 아프간 반군을 비밀 지원하는 최초의 문서에 승인한 것"이라면서 "나는 이 원조가 소련의 군사 개입을 초래할 것이라고 대통령에 설명했다"고 말했다. 그의 말에 기자가 놀란 표정을 짓자 브레진스키는 소련에 대해 전쟁을 도발한 것은 아니며 "러시아에게 군사 개입 하라고 등 떠민 것이 아니라, 그들이 그렇게 할 가능성을 의도적으로 높인 것"이라고 변명했다. 이어 그는 "이 비밀 작전은 뛰어난 아이디어였다. 그 결과 소련이 '아프간이라는 덫'에 걸려들었다. 당신은 내가 후회하기를 바라는가?"라고 반문했다. 소련 군대가 아프간 국경 안에 들어온 1979년 12월 23일, 브레진스키는 카터에게 "이제 우리는 소련에게 그들의 베트남전쟁을 선사할 수 있게 됐습니다."라고 보고했다. 소련을 '베트남전과 같은 수렁'에 끌어넣는다는 발상은 1979년 3월 백악관에서 열린 아프간 대책회의에서 국방부의 한 중간 관리가 제안한 것이다.

9   박인규(2021), 위의 글.

이렇듯 소련이 아직 아프가니스탄을 침공하지 않았을 때 미국은 이미 그곳 반군들에게 비밀리에 무기를 지원하고 있었다. 그 세력들이 훗날 탈레반의 씨앗이 됐다.[10] 미국이 베트남전으로 엄청난 국력 손실을 겪었듯이 소련도 아프간이라는 '진창'에 발을 들였다가 막대한 피해를 입었다. 소련의 아프간 점령군 출신 전역병들은 귀향한 뒤 후유증과 알콜 중독, 폭력범죄 등으로 사회문제가 됐고, 재정에 악영향을 끼쳤다. '소련의 베트남전쟁'이었던 아프간 침공에서 소련은 패배했고, 그 패배가 1991년 소연방 붕괴의 결정적 계기가 되었다는 평가도 나온다.[11]

이 전쟁은 미 중앙정보국(CIA)이 주도한 비밀전쟁이자 대리전쟁이었다. CIA 역사상 최대의 비밀공작(Covert Action)으로 불릴 수도 있는 이 전쟁으로 미국은 소련 붕괴라는 역사적 승리를 거머쥐었다. 그러나 냉전 승리 이후 10만~15만 명으로 추산되는 무슬림 전사들을 방치함으로써 중동 지역 전체의 혼란을 초래했다. 10년간의 전투로 단련된 무슬림 전사들은 1990년대 이후 보스니아, 코소보, 체첸, 리비아, 시리아, 예멘 내전 등에 참여했으며, 미국에도 테러를 가했다. 그 정점이 알카에다 지도자 오사마 빈 라덴이 일으킨 것으로 여겨지는 9·11 테러였다.[12]

미국은 1979년 12월 25일 소련의 아프간 침공을 계기로 전 세계의

---

10 다나카 사카이(田中宇), 이웅현 역, 『탈레반과 아프가니스탄』(전략과문화, 2007).
11 구정은, 「'아프간 에미리트'? 18년 전쟁 뒤 결국 탈레반과 손잡는 미국」, 〈경향신문〉(2019.9.3).
12 박인규, 「아프간, 美CIA 역사상 최대 비밀공작으로 시작해 '역풍'으로 끝나다」, 〈프레시안〉(2021.9.9).

이슬람 근본주의 세력을 끌어모아 돈을 대고, 무기를 주고, 훈련을 시켜 소련과의 전쟁에 나서게 했다. 보다 구체적으로 미국은 아프간 친소 공산 세력에 맞설 무자헤딘의 양성을 물밑에서 후원했으며 사우디아라비아와 걸프 산유국들은 자금을 댔다. 이들 저항 세력은 아프간 내 파슈툰, 타지크, 우즈벡, 하자라족뿐만 아니라 사회주의 무신론자에 맞서 싸우기 위해 사우디, 이집트, 파키스탄 등 이웃 무슬림 국가에서 건너온 전사들이었다. 지하드(Jihād, 이슬람 성전)를 자국이 아닌 곳에서 행하는 국제 지하디스트 1세대가 탄생한 것이다. 오사마 빈 라덴도 이때 성장했다.

  미국의 대중동전쟁은 2001년 9·11 테러 이후가 아니라 1979년 12월에 시작됐다. 1980년대에 미국은 이슬람 세력과의 전폭적인 공조로 소련을 패퇴시켰고, 1990년대에는 양자 간의 협조와 대결이 공존했다. 2001년 9·11 테러를 계기로 이슬람 무장 세력의 반미 실체가 드러났으나 부시 행정부가 테러 세력 퇴치보다는 대중동 지역의 패권 장악을 위해 이라크전쟁을 시도했다가 참담한 실패를 겪었다. 9·11 테러는 대중동전쟁의 출발점이 아니라 전환점이었을 뿐이며, 미국의 대중동전쟁은 1979년 시작돼 2021년까지 이어졌다.

2. 데탕트 종결, 미소 냉전의 새로운 시작

미국의 냉전기 대외 정책에서 주목할 수 있는 것은 이슬람 세력을 냉전 수행의 주요 동맹 세력으로 활용해 왔다는 점이다. 이는 영국의 대외 정책에서 배운 것으로 영국은 1920년대 최초의 이슬람주의 조직인 무슬림형제단이 설립된 이후 사회주의나 민족주의 등 진보 세력을 억압하는 데 이슬람주의 세력을 활용해 왔다. 미국 또한 신을 부정하는 소련과의 대결에서 기독교와 이슬람이 손을 잡을 수 있다고 믿어 왔다. 이미 아이젠하워 대통령이 백악관에서 세계무슬림연맹 사무총장을 접견하는 등 1950년대부터 이슬람 세력과 긴밀한 관계를 유지해 왔다. 이런 배경에서 1979년 소련의 아프간 침공은 미국이 42년간의 대중동전쟁에 뛰어들게 하는 기폭제가 되었다.[13]

1979년 아프가니스탄 침공으로 소련의 공세가 절정에 오르자 미국은 아프간 침공을 제국주의적 침략이라 비난했으며 이후 소련과의 대결 구도를 심화시키고 공산주의에 대한 봉쇄를 강화했다. 또한 서방 진영의 모스크바 올림픽 보이콧도 주도했다. 1980년 1월 23일 소위 '카터 독트린'을 발표해 걸프 지역에서 미국의 이해를 지키기 위해서는 무력 사용도 불사하겠다는 의지를 밝혔다. 카터는 "중동 지역은 미국의 핵심 국익이 걸린 지역이며 이 지역에 대한 어떤 침략도 군

---

13 박인규, 「아프간, 美CIA 역사상 최대 비밀공작으로 시작해 '역풍'으로 끝나다」, 〈프레시안〉 (2021.9.9).

사력을 포함한 모든 수단을 동원해 격퇴할 것"이라고 천명했다. 중동 지역의 군사적 방어를 위한 신속기동군 창설도 지시했다.(1983년 중부사령부로 개편) 이로써 중동 지역은 2차 대전 이후 처음으로 미군의 직접 군사행동 지역이 됐다. 이로써 1970년대 이후 지속됐던 소련과의 데탕트에 확실한 종지부를 찍게 됐다.

  2차 미소 냉전(신냉전)이 출현하고 있다는 평가도 나왔다. 베트남전쟁 패배에 직면한 미국은 1972년 5월 26일 모스크바에서 소련과 전략무기제한협정(SALT, Strategic Arms Limitation Talks)을 맺은 데 이어 1979년 6월 18일 오스트리아 빈에서 카터와 브레즈네프가 전략무기감축협정(SALT II)에 서명했으나 아프간전쟁으로 인해 휴지조각이 되고 말았다. 한국과 베트남 등 30년간의 동아시아전쟁 시대(1945~1975년) 이후 평화로 복귀했던 미국은 중동 지역에 대한 새로운 군사 개입에 돌입했다. 42년간 진행된 대중동전쟁은 30년간 진행된 동아시아전쟁보다 더 길었다.[14]

  소련이 무너진 후인 1995년 9월 노르웨이 오슬로에서 '아프가니스탄과 냉전의 붕괴'를 주제로 아프간전쟁 당시 미국과 러시아의 고위 정책 결정자들(외교관, 군인, 정보기관 담당자)이 회의를 가졌다. 미국 브라운대학교 왓슨연구소가 조직한 이 회의는 소련의 아프간 파병과 이에 대한 미국의 대응이 어떤 과정을 거쳐 이루어졌는지, 그 정책 결정 과정을 검토하는 네 번째이자 마지막 회합이었다. 미국 측에서는

---

14 박인규, 「"이제 미국은 소련에게 '베트남 전쟁'을 선사할 수 있게 됐습니다"」, 〈프레시안〉(2021. 9.15).

브레진스키 당시 안보보좌관과 스탠스필드 터너 당시 CIA 국장, 윌리엄 오덤 당시 국가안보회의(NSC) 소련 담당 국장, 마셜 슐만 당시 국무장관 특별보좌역 등이 참석했다. 러시아 측에서는 아나톨리 도브리닌 당시 주미대사와 아프간 주둔 소련군 사령관을 역임한 발렌틴 바레니코프 국방차관 등이 참석했다.

이 회의를 통해 당시 미국 내에서 아프간 사태 대응 방향에 대해 이견이 있었다는 것과 소련 측이 심각한 안보 불안에 직면했었다는 사실이 드러났다. 밴스 국무장관 대신 참석한 슐만 특별보좌역은 당시 국무부는 국방부와 브레진스키 등 NSC의 강경 대응 방침에 반대했다고 밝혔다. 브레진스키 등은 소련의 아프간 파병이 걸프 지역의 석유 자원을 노린 것으로 미국에 대한 전략적 위협이므로 강력 대응해야 한다고 주장했다. 밴스 국무장관은 이에 동의하지 않았다. 카터 행정부 당시 밴스와 브레진스키는 여러 차례 대립했는데, 최종 승자는 브레진스키였다.

오슬로 회의에서 바레니코프는 1979년 당시 소련 지도부가, 미국이 이란혁명을 저지하기 위해 이란을 침공해 호메이니를 축출하고 이후에는 아프간도 공격할 것으로 예상했다고 회고했다. 만일 아프간이 미국과 파키스탄의 공격에 무너지면 미국은 아프간에 단거리 미사일을 배치해 카자흐스탄의 ICBM 등 소련의 전략미사일 기지를 위협할 것으로 보았다. 이 때문에 1979년 가을 바레니코프 장군은 이란과 인접한 투르크메니스탄에 머물면서 미국의 이란 침공에 대비했다고 했다. 그는 아프간은 "우리의 세력권"이고 "우리 국경이지, 당신네 국경이 아니다."라면서 "물론 그렇다고 해서 아프간 파병이라는 어리석은 결정을 하게 된 이유를 설명할 수는 없겠지만, 어째서 우리가 카불 정권의 붕괴를 결코 원치 않았는지를 설명할 수는 있을 것"이라고 말했다.

바레니코프가 아프간 파병을 '어리석은 결정'이라고 말한 이유는 군부의 반대에도 불구하고 수뇌부가 파병 결정을 내렸기 때문이다. 1979년 12월 12일 브레즈네프 총서기는 그로미코 국가주석, 코시긴 총리, 안드로포프 KGB 국장, 우스티노프 국방장관 등 일부 정치국원들과 약식회의를 갖고, 12월 25일 오후 3시부터 작전 개시, 12월 27일 완료 예정의 파병 계획을 승인했다. 단 사흘로 예정됐던 파병은 예상치 못한 미국의 강력한 대응으로 10년으로 늘어났다.

아프간의 혼란이 소련 안보에 미치는 위협에 대한 소련 수뇌부의 불안은 그로미코의 비밀 서한에서도 드러났다. 그로미코는 1989년 사망 직전 아프간 파병 결정의 배경을 정치국에 설명하는 서한을 아들 아나톨리에게 구술했는데 이 서한은 1997년 공개됐다. 이 서한에서 그는 아프간 파병의 객관적 이유로 "소련 남부 국경의 안정을 저해하고 소련 안보에 위협을 조성하려는 미국의 노력"을 꼽으면서 이란 혁명의 결과 "미국인들은 이란에 있던 반소 군사기지를 파키스탄 또는 가능하면 아프간에 옮기려 했다"고 주장했다.[15]

미국은 소련이 아프간 침공의 여세를 몰아 최고 전략자원인 석유가 묻힌 이란, 사우디 등 페르시아만까지 영향력을 확장해 이 지역에

---

15 박인규, 「"이제 미국은 소련에게 '베트남 전쟁'을 선사할 수 있게 됐습니다"」, 〈프레시안〉(2021. 9.15).

대한 군사 정복까지도 노린다고 우려해 소련의 공세를 강조했다. 그러나 소련은 미국이 아프가니스탄을 넘어서 자신들의 중앙아시아 내 이슬람계 자치공화국을 묶어서 현대판 오스만터키 제국 결성을 사주한다고 오판했다.[16] 이에 소련은 장차 이루어질 미국의 공세를 예견해 완충지대를 확보하려는 자위적 조치의 일환으로 아프간에 파병했다고 책임을 전가했다.

소련의 최초 아프간 침공은 1978년 4월 공산혁명 이후 과격한 개혁 조치를 일방적으로 밀어붙인 아프간 인민민주당 정부와 이에 저항하는 이슬람 세력 간의 대립으로 불안해진 아프간 정세를 안정시키기 위한 불가피한 방어적 조치라는 명분으로 합리화되었다. 소련 지도부는 카불 점령을 1968년 체코의 자유화 개혁(프라하의 봄)에 군대를 보내 진압했던 것과 같은 자위적 조치로 간주했을 수 있다. 이슬람 세력의 저항으로 아프간이 불안해지면 소련 내 이슬람 지역인 중앙아시아도 불안해질 수 있기 때문이었다.

그러나 소련 지도부의 침공 결정은 미국의 과잉 대응을 초래함으로써 소련의 존망을 가르는 치명적 실수로 귀착되었다. 미국의 냉전 세력은 소련의 군사행동을 방어적인 것이 아니라 이란과 사우디 등 주요 산유국들을 무력으로 점령하기 위한 공세적 행동으로 간주하고 적극 대응에 나섰다.[17] 쌍방의 의도적인 오인에 오도된 최고 지도자가

---

16 정의길, 「아프가니스탄, 패권의 경연장이자 무덤」, 〈한겨레〉(2013.9.12).
17 박인규, 「아프간, 美CIA 역사상 최대 비밀공작으로 시작해 '역풍'으로 끝나다」, 〈프레시안〉(2021.9.9).

강경 노선을 추구해 갈등을 유발했다고 할 수 있다.

국제정치학자들은 1970년대 미중 화해 그리고 이와 연동한 미소 데탕트 분위기가 1979년 12월 소련의 아프가니스탄 침공을 시작으로 일변해 신냉전이 출현했다고 평가한다. 카터가 1980년 1월 페르시아만 지역에서 미국 이익을 선언한 '카터 독트린'을 발표하고, 대소(對蘇) 곡물 수출 금지를 비롯한 경제 제재 조치와 더불어 그해 여름으로 예정되어 있던 모스크바 올림픽에 불참을 선언하면서 새로운 냉전의 대립 구도가 더욱 선명해졌다.[18]

'신냉전' 대신 '제2차 냉전(Cold War II)'이라는 용어를 사용한 수정주의자 프레드 할리데이는 1978년 이래 서방 국가들이 국제 관계에서 힘 사용의 정당성을 부각시키고 군사적 지출의 확대 필요성을 강조하면서 새로운 군비증강을 주장해 왔다고 평가했다. 특히 1976년 당선된 카터가 당장 1978년의 군사비 지출을 3% 증액하겠다는 공약을 내걸었던 점에 주목했다. 냉전적 대치 상황이라 하더라도 경제적·군사적인 면에서 상대적으로 더 위협을 느낀 쪽은 소련과 동유럽의 '탈자본주의 국가들'이었다는 주장이다.[19] ('공산주의 국가'라는 반공주의적 표현 대신 맑스주의적 용어를 사용함) 결국 수세에 몰린 공산권이 1980년대 말 이후 몰락했으므로 이러한 자본주의 진영의 위협론이 전혀 근거 없는 것은 아니다.

좀 더 중립적으로 '신'냉전의 출발점을 분석한 레치(David W.

---

18 이웅현, 「신냉전과 한반도」, 박정진 외, 『한반도 국제관계사 강의』(한울아카데미, 2019).
19 Fred Halliday, *The Making of the Second Cold War* (London: Verso, 1983), pp. 11, 39, 57.

Lesch)에 따르면, 소련은 (미일동맹이 엄존하는 가운데) 1979년 1월 중국의 실권자 덩샤오핑 상무부총리의 워싱턴 방문으로 절정에 이른 미중 관계의 개선을 바라보면서 데탕트(미소 화해)는 환상이라고 느낄 수밖에 없었다는 것이다. 소련은 환상에서 깨어나 결국 미·일·중 세 나라의 대소 포위망이 좁혀진다고 느꼈고, 1979년 2월 발생한 이란혁명으로 소련의 중앙아시아 이슬람 공화국들의 이탈 가능성까지 고민해야 하는 상황으로 내몰렸다고 보았다. 그런데 1979년 11월에 이르러 혁명 세력의 테헤란 주재 미 대사관 점거 사건이 발생하자, 거꾸로 미국이 궁지에 몰린 이 시점이 소련에게는 포위망 돌파 정책(아프가니스탄 침공)을 결정할 수 있는 절호의 타이밍이었다는 것이다.[20]

그런데 이러한 레치의 해석은 소련과 아프가니스탄 관계의 독자성 및 소련과 아프가니스탄의 국내적 상황을 간과한 것이다.[21] 그러나 국가들 사이의 '안보 딜레마(security dilemma)' 상황을 강조한 견해로 평가받을 만하다.[22] 레치는 새로운 냉전의 시작점으로서 1979년의 역사적 의미를 강조했다는 점에서 주목받았다.

20　David W. Lesch, *1979: The Year That Shaped the Modern Middle East* (Boulder, CO: Westview, 2001), p. 123.
21　1979년 소련의 아프가니스탄 침공을 소련·아프가니스탄 관계의 독자성과 아프가니스탄과 소련의 국내적 요인을 중심으로 분석한 연구로는 이웅현(2001), 앞의 책.
22　안보 딜레마는 독일 출신으로 하버드대 교수를 지낸 국제정치학자 존 허먼 허즈가 만든 조어이다. 이 용어는 한 국가가 방위를 위해 군사력을 강화하면 상대국의 안전에 위험 요소로 작용해 상대국의 군사력 증강을 부르며, 이것이 거꾸로 자국에 대한 군사적 위협으로 비쳐져 더욱 군비를 강화해야 하는 모순적 상황을 지칭한다. John H. Herz, "Idealist Internationalism and the Security Dilemma," *World Politics*, Vol. 2, No. 2 (January, 1950), pp. 157-180; Nicholas Wheeler and Ken Booth, *Security Dilemma: Fear, Cooperation, and Trust in World Politics* (New York: Palgrave Macmillan, 2007).

3. 카터의 인권 정책과
   이상적 현실주의

카터 행정부의 대외 정책을 부정적으로 평가해 오던 기존의 전통적 경향과는 달리 이를 긍정적으로 재평가하려는 '카터 수정주의자'들은 대체로 카터 정부의 대외 정책이 기존의 '반공'과 '군사적 봉쇄'라는 냉전 노선에서 탈피해 비군사적이고 국제적 협조를 추구하려 시도한 것으로 평가한다. 이런 점에서 최초의 '탈냉전적'인 대외 정책이었다는 것이다. 그러나 이러한 수정론은 카터 정부의 대외 정책이 결국 임기 후반에 완전히 반대 방향으로 나가 제2차 냉전을 가져오게 된 이유를 설명하지 못한다는 점에서 한계가 있다. 박인숙 교수는 카터 정부의 개혁 의지가 좌절되고 카터의 대외 정책이 '방향 전환'을 하게 된 이유를 미국 국내 정치적 흐름, 대외 정책 개혁 세력과 보수적 군사주의 세력 사이의 대립에서 찾고자 했다.

지미 카터는 1975년 남베트남 패망(1976년 베트남 통일)으로 끝난 베트남전쟁 이래 미국 기성 정치권이 분열된 상황에서 기존 대외 정책과 정치권의 비도덕성에 대한 대안으로 부상해 집권했다. 반전주의자들의 영향 아래 있던 카터는 1976년과 1977년 전반기까지 수차례의 연설과 발언을 통해 미국이 기존에 추구한 군사적 봉쇄정책에 대한 반대를 분명히 했고 '수정주의자'들의 주장처럼 국제적 협조를 기초로 한 세계 공동체를 추구하면서 미국의 대외 정책을 개혁하려 했다. 또한 인권 문제를 제기하고 주한 미군 철수를 공약했다.

그러나 카터 정부가 집권하던 시점에 미국 내 정치 환경은 그러한 개혁을 어렵게 만들고 있었다. 즉 군사적 봉쇄노선을 신봉하던 기성 주도 세력들이 베트남 패배의 충격에서 벗어나 빠르게 힘을 회복하면서 강력한 반대 세력으로 결집하고 있었다. 이들은 '현재위험위원회(committee on the present danger)'나 '민주당다수파연합' 같은 단체들을 통해 미국이 소련에 군사적으로 뒤처지고 있다는 불안감을 조장하면서 대대적인 군비 증강과 소련에 대한 군사적 대립을 추구하려 함으로써 카터의 탈냉전적 대외 정책에 맞섰다.

카터는 이러한 보수파들의 공세에 맞서 적극적으로 투쟁하고 일관된 논리로 국민들에게 개혁의 필요성을 설득하기보다는, 반대자들을 정부의 대외 정책 형성 과정에 끌어들여 비판을 잠재우는 타협적 자세를 취했다. 보수파들의 대대적인 공세와 그들에 대한 카터의 달래기 전략은 보수파 논리를 받아들인 여론의 보수화와 더불어 결국 카터 정부로 하여금 대외 정책 개혁에서 조금씩 후퇴하게 만들었고 이는 다시 소련과 미국의 관계를 악화시켰다. 보수파의 비판과 공격은 카터 정부가 초기에 추구한 새로운 탈냉전적 대외 정책의 의미와 정체성을 차츰 훼손했고 결국 임기 후반 카터 정부는 임기 초에 주장한 개혁과는 정반대 방향인 소련과의 대립, 미국의 군사적 증강으로 나가게 되었다.[23]

인권에 대한 문제 제기는 약화되었고 적국인 소련으로부터 분리해 친구로 만들어야 하는 국가(루마니아, 유고슬라비아)나 자본주의 세계 체제 유지에 필요한 국가 등에서 벌어지는 인권 유린을 눈감아 주는

---

23   박인숙, 「카터행정부와 '봉쇄군사주의'의 승리」, 『미국사연구』 27(2008), 145~186쪽.

모순적인 형태를 보였다. 영국의 대처 정부에 이어 출범한 레이건 행정부 등으로 인해 신보수주의가 세계를 휩쓸자 보수주의자들이 카터의 인권외교를 비판한 것은 당연했다.

그런데 진보 진영도 이러한 비판에 가세한 점은 의외였다. 미국 정치의 기득권적 질서에 비판적인 촘스키 등 학자들은 베트남전쟁 이후 더욱 급속하게 팽창하는 미국 자본주의의 세계화를 인권이라는 허울로 포장하려 했을 뿐이라고 비판했다. 카터가 일본과 서독을 끌어들여 미국과의 3자체제(trilateral, 민간단체 삼변회의 의제와도 연결됨)에 의거해서 자본주의체제를 유지·확대하려고 시도했다는 것이다. 인권 정책은 말뿐이고 실제로 자본주의체제 유지에 필요한 국가들에게는 인권 침탈에도 아랑곳하지 않고 미국의 군사 및 경제원조를 계속 제공했다는 것이다.[24] 좌파 진영 학자들은 1980년 카터 집권기에 인권 유린도 눈감아 주고 원조를 지속적으로 제공한 대표적 사례로 한국을 들었다.

다시 박인숙 교수의 '카터 수정주의'를 인용하면 주한 미군 철수가 무산된 배경에는 반공주의적 봉쇄군사주의를 신봉하는 기성 대외 정책 주도 세력의 부활이 있었다고 할 수 있다. 이들 기득권 세력의 배후에는 역시 군산복합체가 있었다. 물론 주한 미군 철수 연기는 어느

---

24 Noam Chomsky and Edward S. Herman, *The Political Economy of Human Rights* (Boston: South End Press, 1979); Michael T. Klare and Cynthia Arnson, *Supplying Repression* (Washington, DC: Institute for Policy Studies, 1981); Michael T. Klare, *American Arms Supermarket* (Austin, TX: University of Texas Press, 1984); Jenny Pearce, *Under the Eagle* (London: Latin America Bureau, 1982); Holly Sklar, ed., *Trilateralism* (Boston: South End Press, 1980); 김봉중, 「카터 인권외교에 대한 재조명」, 『미국사연구』 10(1999.11), 183쪽.

하나의 단일 요인이 결정적으로 작용한 결과가 아니라 여러 복합적 요인들이 상호 작용을 일으킨 총체적·유기적 결과였다. 박인숙 교수는 카터가 초기에 탈냉전적 조류를 추구하다가 후기에 신냉전적 대립 조장으로 표변한 이유가 보수 진영의 부활 때문이었다고 주장하지만 이러한 상황적 요인 외에도 카터 자신의 주체적 결단이 보다 결정적 요인이었다고 할 수 있다. 카터의 초기 이상주의가 후기에 현실주의로 변화한 것이다. 국제 질서의 변화에 순응한 면도 있지만 애초부터 반소·반공주의에서 자유로울 수 없는 기독교 사상을 기저에 깔고 있었으므로 당시 등장하고 있던 신보수주의에 영합했다고 할 수 있다. 따라서 카터의 노선 전환은 외적인 변화, 즉 소련의 아프가니스탄 침공 등 2차 냉전 출현 조짐에 순응한 카터 자신의 주체적 결단의 산물이라고 보아야 한다.

그런데 1979년에 격화되기 시작한 새로운 냉전이 한반도에서도 긴장 상태를 야기했을까? 즉 냉전의 전 기간 동안 한반도의 정세는 세계적인 냉전 상태 및 양극체제와 연동하는 것으로 간주되어 왔는데, 과연 '신'냉전 기간 동안도 이와 연동했는지가 중요하다.[25] 미소 신냉전은 1985년 소련 고르바초프의 등장으로 와해되기 시작했다는 평가가 일반적이다. 그런데 1979년부터 1984년까지의 신냉전체제가 한반도 분단체제와 맞물려 돌아가지는 않았다. 더구나 1980년대 후반에 시작된 냉전체제 해체가 한반도에 미친 영향은 냉전체제 형성기(미소의 압도적 규정력 속에 놓여 있던 1945~1950년)와는 비교할 수 없

---

25 이웅현, 「신냉전과 한반도」, 박정진 외, 『한반도 국제관계사 강의』(한울아카데미, 2019).

을 정도로 미약했다. 한반도는 여전히 냉전체제가 존재하는 세계 유일의 '냉전의 섬'으로 남아 있었다. 냉전 형성기에는 어느 지역보다도 찬바람이 부는 냉전의 첨병이었고 열전으로까지 비화되었던 한반도였지만 냉전체제 와해기에는 해동의 분위기를 느끼지 못하는 섬이었다. 냉전의 최첨단에 있던 첨병이었기에 해빙도 가장 늦게 온 것이 아닌가 한다.

주한 미군 철수 추진 과정에서 카터는 냉전기 상대 진영(소련)에게 상응하는 대가도 요구하지 않고 지극히 일방적으로 병력과 군비의 감축을 시도한다는 비판을 받았다. 카터가 중성자탄 배치를 취소하는 과정에서 소련으로부터 그에 상응하는 양보를 얻어내려는 노력을 하지 않은 점도 비판의 대상이 되었다. 미국 내에서는 점차 봉쇄정책의 수정이 가져온 폐해를 지적하는 목소리가 높아 가고 있었고 카터 독트린은 이러한 여론을 반영한 것이었다.

미국은 1980년으로 예정된 모스크바 올림픽 불참과 이란 제재 동참을 한국으로부터 얻어내야 했기에[26] 한국 국내 문제를 강하게 압박할 상황이 아니었다. 미국은 한국에 대해 다소 리버럴한 인권·민주주의 이슈를 제기하기보다는 안정과 안보라는 현실적이고 보수주의적인 과제를 추구해 전두환의 철권 통치를 인정할 수밖에 없었다. 대소

---

26   1980년 4월 워싱턴을 방문한 박동진 외무장관은 소련과 이란에 대한 미국의 제재 요구에 즉각적으로 대응하지 않아 미국의 조바심을 유발했다. 「한미 외상 회담자료」(1980.4), 대한민국 외교부 공개 외교문서(5587US, 724.31); 박원곤, 「5.18 광주 민주화 항쟁과 미국의 대응」, 『한국정치학회보』 45-5(2011), 132쪽. 특히 아프가니스탄 문제에 대해 한국은 북한의 대소 경각심을 유발하고 남북대화의 가능성을 높일 수 있으므로 반드시 부정적으로 보지 않았으며 소련 및 동구권과의 관계 개선을 고려해 망설였다. 이란의 경우는 석유 확보를 위해 머뭇거리기도 했다.

봉쇄를 위해서는 동맹국 및 우호국과의 군사 유대 강화가 시급한 현안이었으므로 한국의 안정을 우선시했다.

1980년 가을 대통령 선거전에서 레이건의 공화당 및 보수주의자들은 카터 행정부가 동맹을 우선시하지 않는 모호한 도덕외교를 표방한 결과 소련의 아프가니스탄 침공과 이란 인질 사태 등의 위기에서 동맹국의 적절한 지원을 받지 못했다고 비판했다. 이에 카터 행정부는 동맹국인 한국과의 관계 악화가 대통령 선거전에서 공화당의 동맹 정책에 대한 비판의 호재로 기능할 수 있음을 우려했다.[27] 따라서 전두환 체제를 묵인할 수밖에 없었다. 그러나 블루칼라 민주당원들은 루스벨트식의 연립을 거부해 레이건을 지지했으며 남부의 보수적인 민주당원들까지 레이건 지지에 가세해 레이건 행정부가 출범할 수 있었던 것이다.[28]

카터 초기의 인권외교는 우방국들과의 동맹에 균열을 가져왔다는 평가를 받는다. 또한 카터의 인권정치는 국제 데탕트의 외면적 균형을 흔들어 오히려 평화정치와 배치되는 모순적 상황에 봉착했다. 베트남전쟁 이후 미국의 수세적 지위에 대한 강박으로 카터 집권 말기에는 소련의 위협을 과대 해석하여 반소 공세에 나서는 아이러니컬한 상황이 등장했다.[29] 인권외교의 이상주의를 내걸고 데탕트-냉전

---

27 박원곤(2011), 위의 글, 141쪽.
28 앨런 와인스타인·데이비드 루벨, 이은선 역, 『사진과 그림으로 보는 미국사』(시공사, 2004), 639쪽.
29 Nancy Michelle, "The Cold War and Jimmy Carter," in Melvyn P. Leffler and Odd Arne Westad eds., *Cambridge History of the Cold War* (New York: Cambridge University Press, 2010), vol. 3: Endings, pp. 66–87; 이동기, 「유럽 냉전의 개요: '탈냉전'의 관점에서」, 신욱

대결 구도 약화-평화체제 구축을 추구했으나 현실주의적 세력 균형에 입각한 신냉전 출현이라는 정반대의 결과를 산출했다. 카터는 초기의 이상적 정치철학을 점차 현실에 순응시켰으며, 현실주의에 기반을 두고 이상주의를 동시에 추구하려고 노력했으며, 두 가치가 배치되는 경우에는 현실주의를 취했다. 즉 카터는 이상주의적 외피를 가진 현실주의자, '이상적 현실주의자'로 간주될 수 있을 것이다.

카터가 세계 모든 국가에 보편적으로 인권 문제를 제기한 것은 아니었다. 남아메리카, 소련 등 핵심적 국가이익이 걸린 지역이나 인권 개선 구호를 통해 변화시킬 유인이 있는 지역에만 치중했다. 소련권으로부터 이탈시켜 미국 편으로 유인하기 위해 루마니아, 유고슬라비아의 인권은 눈감아 주는 이중 잣대를 구사하기도 했다.[30] 또한 카터는 박정희 시대 동맹국 남한의 인권은 비판하면서도 관계 개선의 대상인 북한의 인권에 대해서는 시종일관 관대한 편이었다. 상황에 맞추어 인권 개선 압박이 변화했다는 평가도 가능하다.

결국 국가이익 우선이라는 관점에서 미국의 외교 정책이 집행되었다고 보면 대체로 설명이 가능하다. 미국의 대통령이 이상주의를 표방하며 대통령에 당선되었다고 하더라도 국가이익을 우선시하는 현실

희·마상윤 공편, 『글로벌 냉전의 지역적 특성』(사회평론, 2015), 43쪽.

30 카터는 1978년 4월 워싱턴을 방문한 루마니아의 악명 높은 독재자 차우셰스쿠에게 "우리는 신념과 목표를 공유한다. 정치와 경제의 공정한 체제를 갖고, 개인적 자유를 누리고 …"라는 내용의 환영사를 했다. 그러나 차우셰스쿠의 사례는 인권외교의 이중성이라는 차원보다는 소련 견제 전략이 인권외교 정책에 우선한 것으로 보는 것이 타당하다. 차우셰스쿠는 내치에서는 분명한 독재자였지만 국제관계에서 보면 중국의 마오쩌둥, 유고의 티토와 함께 동부 유럽에서 소련의 패권주의를 비난하면서 독자적 개인숭배 노선을 걸었다. 소련을 견제하기 위해 동구권 내의 반소 국가들과 관계 증진을 시도한 것은 닉슨 때부터 있었던 일이다.

주의의 틀을 벗어나기는 매우 어려웠다. 카터도 초기에는 이상을 표방했으나 점차적으로는 현실주의자로서의 본질을 드러냈던 것이다.

브레진스키는 후일 회고록에서 "그때 미국 정부가 이란에서 인질 구축 작전에 실패한 것 등으로 국내외에서 곤경에 처해 있지 않았다면 한국의 버릇없는 군부에 보다 강력한 조치를 취했을 것"이라고 술회했다.[31] 만약 이란 사태가 발생하지 않았다면 전두환 제거에 더 적극적으로 나섰을 것임을 시사한 대목이다. 그런데 한국이 이란과 비슷한 무질서한 상황이라고 간주되었지만 당시 한국 시위대는 이란과는 다르게 아직 반미주의자가 아니었다. 따라서 한국 신군부의 강경 진압을 묵인하지 않고 좀 더 적극적으로 경고를 보냈더라도 이란과 같은 반미적 소요 사태가 발생하지 않았을 것이다. 따라서 '제2의 이란'이 되는 것을 막기 위해 보다 적극적 행동을 하지 않았던 것은 실책이었다.[32] 이란과 니카라과에서 기존의 친미정권이 거의 같은 시기에 몰락하고 반미정권이 수립된 데다가 독재정권이 출현해 민주주의마저 후퇴했으므로 한국에서는 민주주의보다 안보와 안정을 추구하게 되었다고 할 수 있다.[33]

---

31 이윤섭, 『박정희 정권의 역사』(필맥, 2011), 408쪽; 노가원, 『264일의 쿠데타 2: 12.12 군사반란』(시아, 2017), 472쪽.
32 스테판 해거드, 「1980년 광주 물줄기 바꾼 미 '체로키 작전'」, 『중앙일보』 2017년 10월 13일, 33면.
33 「사설: 한국을 보는 미국의 눈, 한국의 현실과 전두환장군지지의 배경」, 『동아일보』 1980년 8월 11일, 2면.

4. 안보에 밀린 민주주의

12·12에 직면했던 미국의 카터 행정부는 다른 미 행정부들과 마찬가지로 "진정한 안정과 안보는 오직 국민의 광범한 지지를 받는 정부에 의해서만 이룩될 수 있다"고 한결같이 주장했다고 변명했다.[34] 그러나 반공이 최고의 목표이고, 민주화는 그다음 목표로 반공정권을 유지하기 위한 하나의 수단에 불과했으므로 반공이라는 목표가 위협받게 될 경우에는 친공·민주정권보다 반공·독재정권을 지지했다.

인권과 제3세계의 민주화를 중시했던 카터 행정부였지만 1980년 5월 광주민주화운동이 일어났을 때 민주화운동을 적극적으로 지지하기보다는 오히려 무력 진압을 군사적으로 저지하지 않아 실제로는 쿠데타군을 지원한 셈이 되었다. 이는 역시 1980년 5월 광주를 비롯한 대한민국의 상황이 공산화를 가져올지도 모른다는 미국의 상황 인식 때문이었다. 미국은 이렇게 독재와 민주화 사이에서 교묘한 줄타기를 하면서 조정자임을 자임했지만 실제로는 조정자의 역할을 넘어서는 노골적 압력 행사를 통해 직접적으로 개입하기도 했던 것이다.

---

[34] "Appendix to the United States Government Statement on the Event in Kwangju, Republic of Korea, in May 1980," June 19, 1989, Vertical File, Box 71, Presidential Papers of Jimmy Carter, Jimmy Carter Library; John Adams Wickham, Jr., *Korea on the Brink, 1979-1980: From the '12/12' Incident to the Kwangju Uprising* (Washington, DC: National Defense University Press, 1999), p. 227; 존 위컴, 김영희 감수, 유은영 외 공역, 『12·12와 미국의 딜레마: 전 한미연합사령관 위컴 회고록』(중앙 M&B, 1999), 349쪽; 손상원, 「"美 5.18 비상계엄 2시간 전에 통보 받았다"」, 〈연합뉴스〉(2010.5.11).

카터는 다른 어떤 행정부보다 더 강하게 한국의 민주화를 권유했지만 사회혁명을 방지하는 목적에 부합하는 경우에 한에서만 그렇게 했으며 민주화가 사회혁명으로 연결될 경우에는 공산화를 방지하기 위해 독재를 지지하는 모순된 행태를 보였다. 그렇지만 민주화 권유와 독재 지지가 모두 공산화 방지에 복무하는 수단이라는 맥락에서 보면 전혀 모순된 것이 아니었다. 미국은 공산주의에 맞선다는 목적을 위해서는 '독재의 수호자' 역할을 하면서도 독재 권력에게 민주 질서의 유지와 인권 보장을 촉구하는 압력을 행사하는 '민주주주의 후원자'이기도 했다. 그런데 양자의 비중을 놓고 볼 때 반공은 목적이고 민주주의는 이를 실현하는 수단으로 존재할 뿐이었으므로 민주주의는 무시될 수 있는 변수였다.

그런데 인권과 민주주의가 급격히 무너지면 혁명이 발생해 안보도 위협받을 수 있다. 1960년 4월 26일 즈음, 1986년 신군부에 의한 친위쿠데타 움직임과 1987년 6월항쟁 당시가 그랬다. 이 경우 미국은 눈앞의 단기적 안보보다 상층부 민주주의를 옹호하는 태도를 취해 아래로부터의 혁명을 방지하고 장기적인 차원의 안보를 취했음이 확인된다.

카터의 인권외교·도덕주의 정책이 한국에서 전반적으로 실패했다는 비판에 대해 변호하는 입장도 가능하다. 그의 인권에 대한 강조는 남아메리카 친화적인 정책이며, 카터는 미국의 가용한 힘의 한계를 잘 알고 인접 지역인 남미에 초점을 맞추어 인권 정책을 입안했다는 것이다. 당시 남아메리카는 인권이 매우 열악했다. 심지어 유신체제 아래 있던 한국보다 더 나빴다. 남미에는 정부에 의한 납치와 살해가 공공연히 일어나는 국가가 많았다. 이런 현실에 맞게 카터의 인권외교 정책은 남미 독재정권을 제재하는 방향으로 설계되었고 임기 말까지 그 일관된 틀은 변하지 않았다. 따라서 실제 남아메리카에서는 카터의 정책들이 빛을 본 경우가 있었다. 그의 인권 정책 참모였던 패트리샤 데리안(Patricia Murphy Derian) 당시 미 국무부 인권 담당 차관보는 지금도 남아메리카에서 칭송받고 있다.

1980년대로 진입하면서 국제 이슈화된 한국의 민주주의 유린 사태는 남미에 비하면 양호했으며 한국은 미국으로부터 비교적 멀리 떨어진 지역이어서 카터의 외교 정책의 주된 타깃에서 벗어나 있었다. 광주민주화운동 등은 카터가 인권 정책을 설계한 후에 벌어진 예측 불가능한 일이기도 했다.

1980년은 카터가 재선을 위해 파격적인 무리수를 두는 것을 최대한 자제해야 했던 임기 말이었으므로 주된 타깃에서 벗어나 있는 민주화 도정 국가를 대상으로 새로운 인권 정책을 입안하거나 기존의 철군-인권 연계 정책을 수정하기에는 타이밍상으로 너무 늦은 시기였다. 그런 열악한 상황에서 카터는 현실적 한계를 절감하면서도 한국 민주주의 지도자를 보호한다는 이상을 포기하지 않고 최선을 다해 추구했다. 카터는 김대중이라는 개인을 비록 한 번도 만나지 못했으나 독재자 전두환에게 전방위적인 압력을 가해 김대중 구명에 성공했다. 사회구조적 민주화보다는 개인의 정치적 자유를 중시하는 카터의 세계관이 반영된 카터식 인권외교의 결과물이었다.

김대중 구명은 당시 카터에게 직접 보고된 중대한 사안이었다. 매우 비중이 큰 정치적 수감자이면서 박정희의 정적이고 '민주투사', 한국 민주주의의 상징적 인물들 중의 하나로 간주되는 김대중은 카터 인권 정책의 목표에 정확히 부합하는 대상이었으므로 카터는 끝까지 김대중 구명에 온 힘을 다했던 것이다.

김대중 구명은 어찌 보면 낭만적이고 감정적인 비현실적인 동기에서 출발한 것으로 보이지만 지극히 현실적인 성과를 도출해냈다. 그러나 12·12 군사반란이나 광주민주화운동을 방관한 카터 정권은 부정적인 평가를 받는다. 친미적 보수주의자들(한미동맹 수호파)은 김일성에게 3자 정상회담 등을 제안하고 친북파 김대중을 살린 카터를 깎아내리고 독재자인 전두환을 지지한 레이건의 노선을 오히려 칭송한다. 한국에서는 카터식 이상주의가 냉혹한 외교 현실에 접하면서 산출된 변용에 주목하지 않는다. 또한 카터의 임기 말에 일어났던 이란 대사관 인질 사건과 이를 해결하기 위한 '독수리 발톱 작전'이 실패해 한국 민주화에 집중할 수 없었던 국제 정세와 복잡하고 구조적인 상황이 무시되기도 한다.

카터는 이상주의적 목적을 현실적 한계에 맞게 설계했음에도 불구하고 그의 도덕주의와 인권에 대한 강조는 너무 이상주의적이었다는 비판적 평가를 받는다. 또한 인간의 동정심에 호소하는 인도주의적 주장들은 국제사회의 엄격한 힘의 논리에는 낄 자리가 없다는 현실주의적 비판도 가능하다. 카터도 결국 이상을 버리고 현실주의자로 전향할 수밖에 없었다는 것이다. 그런데 이는 인권의 개념 자체와 인권 관계 법률이 추상적이라는 사실을 이해하지 못하는 박한 평가일 수 있다. 세계 모든 사람들의 보편적 인권을 지켜주고 상향시키지 못했으므로 실패했다는 식의 결론도 오히려 지나치게 이상적이다.[35] 전술한 바와 같이 카터는 국제정치의 냉혹한 현실에 직면해 이상을 병행 추구하려 했던 이상적 현실주의자였던 것이다.

35 「지미 카터」, 〈우만위키〉; 「지미 카터」, 〈나무위키〉.

November 25, 1980

THE SECRETARY OF STATE
WASHINGTON

7부

6월민주항쟁 이후
한미 관계

SECRET

MEMORANDUM FOR: THE PRESIDENT

FROM: Edmund S. Muskie

GDS 11/25/86

DECLASSIFIED
E.O.12958, Sec.3.6

◀
제13대 대통령 선거 – 김영삼 후보 유세(1987.11.24).
문화체육관광부 정부기록사진집, 공공누리 제4유형

1장

미국의 전두환 친위쿠데타 견제

1. 호언 지지 요구를 거절한 미국

1982년 12월 형집행정지 상태에서 치료를 명목으로 미국에 망명했던 김대중이 1985년 2월 총선 직전에 귀국을 선언하자 한국 정부는 귀국 연기를 종용하기 위해 미국과 긴밀히 협의했다. 전두환 정권은 김대중의 조기 귀국을 막기 위해 그가 총선 전 귀국하면 재수감하겠다는 입장을 미국에 밝혔다.[1] 미국 정부는 이에 반대하면서도 김대중 측에 선거 이후로 귀국을 연기하도록 제안하는 한편 한국 정부에도 사면이나 유럽 방문 허가 등 상응하는 조치를 요청했다.

리처드 워커(Richard Louis Walker) 주한 미 대사는 노신영 안기부

---

1 유신모, 「반기문, 5공 때 김대중 전 대통령 미국 동향보고…미, 전두환 정부 '호헌 지지' 요청에도 끝내 거절」, 〈경향신문〉(2016.4.18).

장과 이 문제에 관해 이전부터 협의했으며, 1985년 1월 17일에는 1시간 30분 동안 그 협의를 이어 갔다. 워커와 노신영은 미국이 김대중의 귀국 연기를 설득하고 한국은 사면 조치를 취하는 방안을 논의했다. 워커는 1월 19일에 이원경 외무장관과도 협의했다. 그러나 워커 대사가 1월 22일 전두환 대통령을 면담한 이후 양국은 파열음을 냈다. 당시 클리블랜드 주한 미국대사관 공사는 전두환과 워커의 면담 다음 날인 1월 23일 한국 외무부 미주국장과의 조찬에서 "국무성(국무부)의 1차적 반응은 한마디로 대단히 실망"이라고 말했다. 이어 클리블랜드 공사는 외무차관과의 면담에서 "워싱턴의 반응이 매우 강경하다"며 "내일로 예정된 '태평양 계획'(전 대통령 방미 계획)의 발표를 다소 연기하는 문제도 검토되고 있는 것으로 보인다"고 말했다. 클리블랜드는 레이건 대통령이 전두환 대통령에게 친서를 보내는 방안을 검토하고 있다고 전했다.

당시 한미 양국은 1985년 4월 중으로 계획된 전두환 대통령의 방미를 1월 24일 발표하기로 계획했었다. 한국 정부는 김대중의 귀국 문제가 전 대통령의 방미에 영향을 줄 것을 극도로 우려했다.[2] 이런 상황에서도 전두환 대통령은 '김대중이 방미 후 귀국한다면 재수감을 하지 않겠다. 그러나 방미 전 귀국한다면 재수감은 불가피한 일'이라며 귀국 연기를 원하는 뜻을 굽히지 않았다. 그러나 다음 날인 1월 24일 이원경 외무장관은 워커 대사를 만나 입장을 바꿨다. 한국은 결국 전두환 방미 발표를 연기할 수도 있다는 미국 측의 압박에 굴복할

---

2 「전두환, 美에 '護憲지지' 요구하다 퇴짜…25만쪽 외교문서 공개」, 〈연합뉴스〉(2016.4.17).

수밖에 없었다. 김대중의 귀국 시점이 언제이든 받아들이겠다며 "그의 귀국과 관련해 레이건 행정부의 입장을 난처하게 하는 일은 없을 것"이라고 미측에 통보했다.³ 이에 워커 대사는 "재수감을 하지 않고, 가택연금 같은 것을 하겠다는 뜻으로 해석되는데"라며 "이런 기쁜 소식을 주셨으니 빨리 본국 정부에 보고 드리겠다"고 답했다.⁴ 결국 전두환의 4월 방미는 한국 시간으로 2월 2일이 되어서야 청와대와 백악관에서 동시에 발표될 수 있었다.⁵

김대중은 전두환의 압력에 굴하지 않고 1985년 2월 8일 귀국했다. 1985년 2·12 총선으로 야당이 약진하자 안필준 보안사령관은 2월 13일 친위쿠데타 계획을 수립했다. 안 사령관은 전두환 대통령 방미 기간 중에 친위쿠데타를 일으키면 이를 무마한다는 명목으로 국회를 해산하고 전두환 정부를 재창출(집권 연장)할 수 있다고 판단했던 것이다.⁶ 그러나 한용원 보안사 감찰실장이 국회를 해산시킬 수 있는 다른 대안을 제시하자 정호용·장세동과 상의해 결국 계획을 접었고,⁷ 2월 18일 개각 시에 장세동 경호실장이 안전기획부장을 맡아 야당에

---

3   「1985년 김대중 귀국 관련 한미 막후 협의과정 외교문서 공개」, 〈KBS News〉(2016.4.17).

4   송용창, 「참사관 반기문, 미 연수 중 DJ 동정 주미대사관에 보고」, 『한국일보』 2016년 4월 18일, 8면.

5   「전대통령 4월 방미: 서울·워싱턴 동시발표, 양국 정상회담」, 『동아일보』 1985년 2월 2일, 1면.

6   당시 육본 정보참모부 차장이었던 민병돈은 친위 쿠데타가 실행됐더라도 따르는 병력이 없어서 실패했을 것이라고 단언했다. 만약 실행했다고 해도 안필준 사령관은 자신의 총에 맞아 죽었을 것이라고도 했다. 김성동, 「『국군은 헌법의 수호자이다』」, 『월간조선』(2004.9).

7   하종대·김홍중, 「'85년 전시 방미기간 중 친위쿠데타 계획수립: 비사 12·12, 5·18, 검찰수사기록 단독입수」, 『동아일보』 1996년 5월 16일, 1면.

대한 정치공작을 추진하는 것으로 결론 내렸다.[8]

1985년 4월 24~29일 전두환 대통령의 방미를 앞두고 4월 초 양국 정상 간 언론 발표문 교섭에 들어간 우리 정부는 레이건 대통령이 발표할 문안에 전두환 대통령의 '헌정 수호 결의'를 지지한다는 내용을 담을 것을 요구했다. 또한 전 대통령은 4월 12일 주한 미국대사 워커와의 오찬에서 "헌법 수호를 통한 평화와 안정을 위한 노력에 대해 레이건 대통령이 확고하게 지지하는 성명을 해 주기 바란다"는 뜻을 직접 밝혔다. 이 같은 한국 정부의 요청은 같은 해 '2·12 총선'에서 제1야당으로 급부상한 신민당 돌풍을 계기로 대통령 직선제 개헌을 요구하는 사회적 목소리가 거세진 시점에 나온 것이었다.

정상회담을 하루 앞둔 4월 25일 저녁 미국 현지에서 열린 한미 외무장관 회동에서도 줄다리기는 계속됐다. 이원경 외무장관은 전 대통령이 헌정 질서 유지에 '각별한 관심'을 갖고 있다며 거듭 지지를 요구했다. 그러나 폴 월포위츠 국무부 동아시아·태평양 담당 차관보는 "한국 내에서 헌법 개정 문제가 정치 문제화되고 있는 것으로 아는데, 미국이 이 문제를 언급하면 한국의 국내 정치에 간섭한다는 인상을 줄 우려가 있다"고 맞섰다. 결국 최종 발표문은 레이건 대통령이 헌법 문제에 대한 언급 없이 한국의 정치발전을 위한 제반 조치를 지지하고, "전 대통령이 임기 말에 하겠다는 평화적 정권 교체 공약에

---

8   한용원, 『한용원 회고록: 1980년 바보들의 행진』(선인, 2012), 123쪽. 실제로 정치공작이 어느 정도 주효해 3김이 분열하자 신군부는 장기 집권 수단의 일환이던 간선제를 고수하기 위해 1987년 4·13 호헌조치를 단행했다. 한용원(2012), 위의 책, 167쪽.

대한 미국의 지지를 재차 강조"하는 선에서 타결됐다.[9]

1985년 4월 26일 오전 11시 40분부터 진행된 1시간 50분간의 정상회담(단독회담은 45분) 및 오찬회의 이후 레이건은 신문 발표문을 통해 "전 대통령은 한국 정부가 자유와 민주주의를 신장시키기 위하여 취해 온 점진적인 제반 자유화 조치를 설명했습니다. 본인은 한국 정부가 이미 성취한 괄목할 만한 진전을 환영하고 정치발전을 이룩하는 데 기여하고 있는 그와 같은 조치에 대하여 지속적인 지지를 표명했습니다. 본인은 전 대통령이 그의 임기 말에 하겠다는 평화적 정권 교체 공약에 대한 미국의 지지를 재차 강조했습니다."라고만 밝히고,[10] 호헌에 대한 지지는 역시 하지 않았다.

한국의 민주화(인권 개선) 문제는 이 시기 한미 간 논의에서 단골 주제로 거론되었다. 노신영 국무총리가 1985년 10월 유엔 총회 참석차 미국을 방문한 상황에서 이뤄진 미국 하원 외교위원회 간담회에서 에드워드 페이건 의원은 한국의 인권 상황 개선 전망, 언론 자유와 김대중의 정치 활동 재개 전망 등을 따져 물었다. 노신영 총리는 "김치와 콩나물국을 먹는 한국인에게 매일 치즈와 버터, 우유를 먹도록 강요한다면 소화를 시킬 수 없다"고 비유하며 "미국의 (인권) 수준에 따라가기 위해 최선을 다하고 있으나 이런 과정은 서서히, 꾸준히 이룩돼야 할 것"이라고 답했다.[11]

9 이귀원·임은진·김효정, 「전두환, 美에 '護憲지지' 요구하다 퇴짜…25만쪽 외교문서 공개」, 〈연합뉴스〉(2016.4.17).
10 「레이건대통령 신문발표문〈全文〉」, 『동아일보』 1985년 4월 27일, 2면.
11 김효정, 「〈외교문서〉 전두환, 美에 '5공헌법 수호 지지' 요청했다 거절당해」, 〈연합뉴스〉(2016.4.17).

2. 1986년 11월
   전두환의 친위쿠데타 계획

1986년에도 친위쿠데타 계획이 이어졌다. 리처드 워커 주한 미국대사는 1986년 4월 25일에 쓴 「슐츠 장관 방한 직전 한국 내부 정치 상황 평가」라는 제목의 문서에서 "정부와 야당 간 교착 상태는 국민이 양쪽 진영에 대해 신뢰를 잃게 만드는 원인"이라며 "이러한 현상은 불행하게도 급진 세력에 광범위한 활동 영역을 제공해 줄 것"이라고 전망했다. 미국은 군부의 동향도 면밀히 살폈다. 워커 대사는 "질서가 붕괴된 것처럼 보이면 군부의 개입을 불러올 것"이라며 "군부 개입은 전두환의 명령을 통해 이뤄질 수 있으며, 장군들이 전두환을 제거하기 위해 움직일 수도 있다"고 강조했다.

'전두환 제거'까지도 언급했지만 일말의 가능성에 불과했으며 실제로는 전두환이 통제하고 있는 신군부의 친위쿠데타를 주목했던 것이다. 미국은 급진·폭력 세력의 득세와 군부의 개입을 동시에 우려하는 등 좌우 양극단을 경계했다. 그러면서도 워커는 "전두환이 군부 등 효율적인 지배 수단을 장악하고 있다"고 평가했다. 미국은 필리핀과 달리 군부와 경찰을 철저하게 통제했던 전두환 정부에 힘을 실어 주면 혼란을 수습할 수 있을 것이라는 기대감을 가졌던 것으로 분석된다.

미국은 야권 지도자 김대중에 대한 의심의 시선도 거두지 않았다. 워커 대사는 "전두환이 대통령 자리를 고수하거나 계엄령을 선포하는 경우, 1987년 대선을 부정선거로 치르는 경우, 쿠데타의 움직임이 있는 경우, 김대중이 폭력적인 결말을 결심하는 경우 등 상황이 급격히 부정적으로 전환되면 우리는 보다 적극적인 스탠스를 준비해야 한다"고 본국에 보고했다.[12] 이런 상황이 도래하면 미국이 적극적으로 개입해야 한다는 주문이었다.

1986년 2월 25일 필리핀에서 '피플파워'가 들고 일어나 페르디난도 마르코스 대통령의 독재권력을 몰아냈다. 피플파워는 대통령 선거가 부정선거로 치러지자 이에 분노한 필리핀 국민이 일부 군부 세력과 힘을 모아 이뤄낸 시민혁명으로, 21년 동안 장기 집권했던 마르코스 대통령이 하와이로 망명하며 막을 내렸다.[13] 필리핀의 피플파워는 한국의 민주화운동에 큰 영향을 미쳤다. 워커 대사는 필리핀 피플파워에 대한 당시 야권의 지나친 낙관론을 아래와 같이 묘사했다.

> 오래 이어지는 '포스트 마닐라' 희열 속에서 김대중은 전두환이 1988년 선거(실제로는 1987년 선거) 이전에 (대통령 직선제) 헌법 개정을 강요받을 것이라고 믿고 있다. 김대중과 다른 신민당 지도자들은 1986년 2월 12일 시작된 (1000만) 대통령 직선제 개헌 서명운동을 통해 정부의 탄압 조치를 촉발할 거대한 대중적 지지를 기대하고 있다. 이는 결과적으로 국민적 불만을 불러일으켜 피플파워가 전두환을 쓸어버릴 것이라고 그들은 계산했다.[14]

---

12 하윤해, 「[단독] 美, 전두환정권과 민주화 사이 '곡예외교'」, 〈국민일보〉(2016.6.1).
13 하윤해(2016), 위의 글.
14 하윤해, 「[단독] "한국과 필리핀은 다르다" 피플파워 확산 경계」, 〈국민일보〉(2016.6.1).

1986년 4월 27일 미국의 『워싱턴포스트』는 최근 한국 방문을 마치고 귀국한 스티븐 솔라즈 의원(민주당, 뉴욕주, 하원 아시아·태평양 소위원장)의 「마닐라 다음은 서울인가」라는 기고문을 게재했다.[15] 한국이 제2의 필리핀이 되는 것을 우려한 미국은 조지 슐츠 국무장관을 통해 "한국과 필리핀은 다르다"고 역설했다. 전두환 체제의 방패막이 역할을 자처한 것이었다.[16] 슐츠는 한국에서 대통령 직선제 요구가 불붙기 시작한 1986년 5월 7~8일 한국을 찾았다. 그는 "미국과 영국, 일본도 대통령 직선제를 하지 않고 있다"면서 "직선제만이 민주화를 위한 방안이라고 보지 않는다"고 주장했다. "미국에서도 인권 문제가 있다"면서 전두환 정부의 인권 탄압에 면죄부를 주기도 했다. 이렇듯 전두환 정부를 노골적으로 옹호하면서 반미 감정을 자초했다.[17] 당시 민주화운동을 이끌었던 김대중·김영삼은 "슐츠의 방한은 한국의 민주화에 도움이 되지 못했다"고 비판했다.

　1986년 4월 30일 개헌 가능성을 열어 두었던 전두환은 5·3 인천사태와 10·28 건국대 항쟁 등을 보며 개헌 요구가 심해지자 11월 계엄령 선포를 준비했다. 박철언 전 의원은 "지난 1986년 11월 8일 전두환 당시 대통령은 친위쿠데타를 도모했다"고 회고록에서 주장했다.[18] 1986년 11월 전두환 대통령이 실제로 '비상선진계획'으로 명명된 친위쿠데타 계획을 세웠으며 11월 8일 자정을 기해 비상계엄을 선포

15 「美國이 보는 韓國의 民主化」, 『월간조선』(1986.6), 327~330쪽.
16 하윤해, 「[단독] "한국과 필리핀은 다르다" 피플파워 확산 경계」, 〈국민일보〉(2016.6.1).
17 하윤해, 「[단독] 美, 전두환정권과 민주화 사이 '곡예외교'」, 〈국민일보〉(2016.6.1).
18 박철언, 『바른 역사를 위한 증언: 5공, 6공, 3김 시대의 정치 비사 1』(랜덤하우스코리아, 2005).

하고 정권 연장을 꾀하려 했으나 이러한 움직임을 포착하고 있던 미 CIA에 의해 좌절됐다는 것이다.[19] 박철언의 회고록에 친위쿠데타 발발 직전 전두환 정부의 움직임과 이를 저지하려는 CIA의 대응 등 긴박했던 7일간의 막후 비화가 나온다.

    1986년 9월 26일 오후 6시 전 대통령과 장세동 안기부장, 박희도 육참총장, 고명승 보안사령관, 안현태 경호실장 그리고 나(박철언 당시 안기부장 특별보좌관) 여섯이 자리를 함께했다. 이 자리에서 전 대통령은 비장한 어투로 다음과 같이 말했다.
    "학원 데모 현상이 점점 좌경화되고 있다. 이런 상황에서 국가 원수직을 물러난다면 민주주의가 정착되는 것이 아니라 국민이 도탄에 빠진다. […] 나라의 장래를 위해 누군가가 정리하여 안정을 이룩한 후에 인계해야 할 것 같다."

    이어 전 대통령은 "헌법을 위반하는 것이 아니라 헌법하에 단시간에 처리할 수 있는 것은 계엄령이다. 전국적 사태가 시끄러우면 국방부가 안기부에 제출한 북한의 군사 상황 등에서 명분을 찾아라. 사회 혼란 극복을 위해, 평화적 정권 교체를 위해, 88 서울 올림픽의 성공을 위해 계엄 조치를 한다. […] 학생운동이 도시 게릴라화되고 있다. 모든 것이 야당과 무능한 정치인의 책임이다. […] 대학을 너무 풀어놓았다. 너무 풀어놓았으니 때릴 때는 때려야 한다."라고 강경하게

---

19 이정표, 「D-3일전 물거품된 정권연장 쿠데타」, 『일요서울』(2005.8.21).

주문한 뒤 아래와 같은 구체적인 지시를 내림으로써 말을 맺었다.

> 계엄령은 국회의 동의가 필요하니 헌법과 국회를 살려두고 할 것인가를 결정하라. 불순한 국회의원을 검거하여 군법회의에 회부하고 […] 계엄분소 설치는 인천에는 17사단에 계엄지부를 설치하라. 전국적으로 위력 시위를 하라. […] 20사단이 서울로 들어올 필요는 없다. 태릉의 육군사관학교에 대기토록 하라. 계엄령은 6개월 정도는 해야 한다.[20]

이날 이후 친위쿠데타 계획은 전두환 대통령의 특명에 의해 장세동 안기부장의 주도로 치밀하게 진행되었다. 청와대 지하 벙커에 계엄상황실을 설치하는 것을 필두로 구체적인 타임 스케줄을 실행한다는 것이었다. 잇달아 터져 나온 정치권 및 학원의 사태도 쿠데타 계획에 불을 붙였다. 1986년 10월 14일에 터진 신민당 유성환 의원의 '국시 발언'과 1986년 10월 28일 발생한 건국대 사태가 그것이었다. 당시 유성환 야당 의원은 국회 본회의에서 "통일은 자본주의나 공산주의보다 상위 개념이다."라고 발언해 전격 체포되었다.[21] 또한 건국대 사태는 전국 27개 대학에서 모인 농성 학생 1,219명 전원이 연행된 일이었다. 이런 일련의 일들은 전두환 정부에 호재로 작용했다. 극심한 사회 혼란상을 이유로 친위쿠데타는 모의를 거쳐 실행 단계로 옮

---

20 박철언(2005), 앞의 책.
21 북한 『로동신문』 1986년 10월 17일자는 이러한 견해가 소수가 아닌 다수의 주장이라고 평가했다. [북한] 사회과학원 력사연구소, 『조선전사』 34(과학백과사전종합출판사, 1992), 370쪽.

겨 가고 있었다.

이와 관련해 당시 전두환 정부의 외교·안보 라인에 깊숙이 관련돼 있던 한 인사는 다음과 같이 회고했다.[22]

> 그 무렵 그런 모의가 있었던 것은 사실이다. 전두환 대통령을 추종하는 군과 안기부의 실력자들은 사전에 치밀한 논의를 거쳐 실행 날짜까지 잡았다. 1986년 10월 중순경 청와대 인근 안가에서 처음 그 계획을 들었을 때 나는 '군에서 또 나오는구나'하고 내심 우려되었다. 의장이 돌아가며 의견을 물었다. 다들 동조했다. 어떤 이는 "내친김에 정계 개편까지 하자. 걸레 같은 정치인들 때문에 나라가 엉망이다."라고 강경 조치를 요구했다. 내 차례가 와서 말했다. "비상계엄 같은 조치는 다른 나라는 몰라도 주요 우방국엔 사전 설명이 필요하다"고. 참석자 중 일부는 내 견해에 공감을 표했으나 군 실력자들은 "그까짓 것…" 하며 밀어붙였다. 이후 정국은 예기치 못한 일들이 잇달아 터져 나왔다. 김대중 씨가 '대선 불출마 선언'을 했고, 여권 분위기가 변하기 시작했다. 하지만 내가 알기로 김대중 씨가 불출마 선언을 했기 때문에 쿠데타 계획이 바뀐 것은 아니었다. 그 이면에는 미 CIA와 전두환 정권 실력자 사이에 눈에 보이지 않는 고도의 전략이 오갔다.

이 인사에 따르면 CIA 한국지부는 전두환 대통령의 친위쿠데타 계획을 사전에 인지하고 있었다는 것이다. 이에 앞서 CIA 정치공작의

---

22 이정표(2005), 앞의 글.

명수였던 제임스 릴리가 한국대사로 임명되었다. 그는 1986년 9월 16일 열린 상원 인사청문회에서 미국의 대한 정책 우선순위를 안보, 민주화, 무역자유화로 꼽았다. 릴리 대사와 CIA 간에 긴밀한 협조체제가 구축되었다고 할 수 있다.

CIA는 전두환 정부가 1986년 11월 8일 비상국무회의를 소집한 뒤 자정을 기해 국회 해산과 동시에 계엄을 선포하고 11월 16일에는 '민주정치발전국민회의'를 발족한 다음 국민투표를 통해 새 헌법을 통과시킬 계획이고, 1987년 2월에 계엄은 해제하되 비상조치는 계속할 예정이라는 세부 일정까지 모두 파악하고 있었다. 또한 CIA는 친위쿠데타 직후 김영삼과 김종필을 연행해 안기부에서 수사하고 김대중은 군에서 죽이든가 외국행을 택하도록 강요한다는 계획도 입수했다.

이 인사는 "김대중의 대선 불출마 선언이 나온 배경과 특히 날짜를 주목해 보라"고 말했다. 다시 말해 김대중이 독자적 판단으로 불출마 선언을 한 것이 아니라는 것이다. 쿠데타 계획을 입수한 미국 정부가 김대중에게 정보를 흘렸고, 위기감을 느낀 김대중이 고심 끝에 불출마 선언을 했는데 그때가 쿠데타 디데이 3일 전이었다. 김대중은 군이 자신을 죽일 것이라고 예측해 결국 불출마를 선언했다는 것이다. 여기서도 미국의 압력이 작용하고 있음을 확인할 수 있다. 2017년에 간행한 회고록에서 전두환은 "비상조치를 준비하는 낌새를 알고 한 걸음 물러서는 제스처를 보인 것인지 몰라도" 1986년 11월 직선제를 수용하면 김대중이 대통령에 출마하지 않겠다고 선언했다고 언급했다.[23]

---

23   전두환 저, 민정기 책임정리, 『전두환 회고록 2: 청와대 시절, 1980-1988』(자작나무숲, 2017), 649쪽.

1986년 11월 6일부터 8일까지 미 국무부 차관보 시거(Gaston J. Sigur, Jr.)는 일본과 중국 방문길에 2박 3일 일정으로 방한해 전두환 대통령, 노신영 총리, 최광수 외무장관, 노태우 민정당(민주정의당) 대표위원, 이민우 신민당 총재 등 야당 지도자들을 만났다.[24] 그는 "한국군이 병영으로 돌아가야 할 것"이라며 경고했다고 전해졌다.[25]

미국 정부는 긴장의 끈을 놓지 않았다. 1979년 12·12 쿠데타로 전두환의 신군부에게 당했던 전례를 거울삼아 미국은 쿠데타 차단에 총력을 기울였다. 그로부터 7개월 후인 1987년 6월항쟁 당시 전두환 정부는 탱크를 동원해 강경 진압하려 했으나 미 정부가 강하게 압박하자 포기하고 말았는데, 이 역시 1986년 11월의 전두환 친위쿠데타 계획에 미국이 개입했을 가능성을 짙게 암시하는 대목이다.[26] 12·12와 광주 유혈의 교훈으로 미국은 물론 신군부도 무력 동원을 자제했다고 할 수 있다. 그렇다면 친위쿠데타를 막은 근본적인 힘은 국민이라고 할 것이다.

전두환은 위관장교 시절인 1963년 7월 6일 박정희 군사정권(군정기, 10월 대통령 선거 출마 전) 아래서 박정희 최고회의 의장의 대통령

---

24 김충식, 「시거 '서울 2박 3일'이 남긴 것」, 『동아일보』 1986년 11월 10일, 3면; Gaston J. Sigur, "Korean Politics in Transition," *Current Policy*, No. 917, US Department of State, 1987; 한승주, 「한국의 국내정치와 한미관계」, 한승주 편, 『전환기의 한미관계』(서울국제포럼, 1988), 212~213쪽; 개스턴 J. 시거, 「전환기의 한국정치」, 민족문제연구소 편, 『민주화와 한미관계』(아침문화원, 1987), 252~260쪽; 「개스틴 시거 미 국무성 동아시아-태평양 담당 차관보의 연설」, http://blog.naver.com/yslee1789?Redirect=Log&logNo=140053731101 (검색일: 2012.5.21).

25 강준식, 「6·29선언은 미국 공작품이다」, 『월간 다리』(1990.5), 154, 159쪽.

26 이정표(2005), 앞의 글.

선거 참여가 불투명한 가운데 군정을 연장하기 위해 노태우, 손영길 등 육사 11기 동기생들과 함께 김재춘 중앙정보부장의 후원으로 반 김종필 친위쿠데타 음모를 꾸민 전력이 있었다.[27] 손영길은 전두환과 노태우가 반혁명 사건에 연루되어 위험한 지경에 빠졌을 때 적극적으로 그들을 구명해 주었다고 한다.[28] 이렇게 1963년 거사를 음모하다 구속되어 조사를 받은 과거가 있는 인물들이 1973년 윤필용(·손영길) 장군 사건, 1979년 12·12 사태, 1980년 5·18 사건을 일으켰다는 사실에서 한번 일을 저지른 경험이 있는 자는 같은 일을 반복할 수 있다는 교훈을 얻게 된다.[29]

3. 공개외교를 통한 집권 연장 저지 노력

1981년부터 1986년까지 미국의 대한 정책은, 1988년 2월에 임기를 마치고 정권을 평화적으로 이양하겠다는 전두환 대통령의 약속 이행을 고무하는 것뿐이었다.[30] 그러나 1986년 말 집권 연장을 위한 전두

---

27 김문, 『장군의 비망록: 격동의 현대사를 주도한 장군들의 이야기 Ⅰ』(별방, 1998), 125쪽. 이 일로 인해 김재춘 중앙정보부장은 취임 5개월 만인 7월 13일에 물러났다.
28 한홍구, 「박정희 죽음의 전조 '윤필용 사건'」, 〈한겨레〉(2012.5.18).
29 김충립, 「라이벌 제거 실패하자 8년 뒤 주군(主君) 시해」, 〈신동아〉(2016.2.15).
30 돈 오버도퍼, 「1987년 위기에 있어서 미국의 대한정책」, 한승주 편, 『전환기의 한미관계』(서울국제포럼, 1988), 226쪽.

환의 친위쿠데타 계획을 확인한 미국은 임기 1년이 남은 전두환을 공개적으로 압박하기 시작했다. 1987년 2월 6일 미 국무성 개스턴 시거 차관보는 '과도기의 한국 정치'를 주제로 공개 연설을 했다. 그는 "한국은 사회 여러 분야에 걸쳐 대화와 타협을 통해 국민적 합의를 이룰 수 있는 정치체제를 필요로 하는 새로운 긴장에 직면해 있다"고 전제하며 아래와 같은 내용을 이어갔다.

지금까지의 한국 정치 관행은 단순하고 변화의 속도가 느린 과거에는 적합했을지 모르지만 복잡해진 한국의 현재와 미래에 대응하는 데는 분명히 부적합하다는 국민적인 합의가 다양한 정치적인 견해를 가진 국민들 사이에 형성되고 있습니다.

시거 차관보는 권위주의 체제를 민주화하고자 하는 국민들의 욕구를 지적하면서 군부 지배를 문민화해야 한다고 역설했다.

우선 한 지도자로부터 다음 지도자에게로 권력을 평화적으로 이양하는 문제가 있습니다. 전두환 대통령도 한국이 폭력과 대립 속에 막을 내린 1인 지배체제를 오랫동안 가지고 있을 형편이 아니라고 지적하고 있습니다. 한국인들은 그들의 정치를 영구히 문민화 (civilianizing)해야 하는 도전, 다시 말해서 보다 복잡한 경제와 사회를 이끌기 위해 그들의 다양한 재능을 결집해야 하는 도전에 직면해 있습니다. […] 전 대통령은 이러한 추세를 인식하고 다음 세기의 요구에 부응할 수 있도록 한국의 정치 제도 개혁에 나섰습니다. 그는 1988년

2월 자신의 임기가 끝나면 평화적으로 권력을 넘겨줌으로써 고질적인 혼란과 불안의 악순환을 타파하겠다고 약속했습니다. 전 대통령은 한국의 위대한 민주화를 위한 위대한 역사적인 약속을 해 왔는데, 그것은 그가 앞으로의 한국 지도자들에게 선례를 남기기 위해 집무실을 평화적으로 떠나는 최초의 한국 대통령이 될 것이라고 공언해 온 것을 말합니다. […] 이 약속을 지키면서 그는 국민들에게 폭력이 없는 평화적인 정권이양 과정을 지지해 줄 것과, 권력을 쥐고 있던 은퇴한 대통령이 탄생하는 새로운 현상에 책임 있게 대처해 줄 것을 강조하고 있습니다.

시거는 전두환의 7년 단임제 공약 실천[31]을 압박하면서 다음과 같이 개헌의 필요성을 지적했다.

전 대통령과 민정당 및 신민당이 개헌의 필요성을 인식하고 그 작업에 착수한 점도 다 같이 칭송받을 만한 일입니다. 그러나 비록 정치적 이견이 충분히 표명되어야 하겠지만 대부분의 국외 관찰자들은 지금까지 실제적인 토의보다는 다툼이, 또 성과보다는 말의 수사만 있어 왔다고 우려하고 있습니다. 그 어떤 신헌법과 대의정치를 지지하는 법률들도 보다 개방적이고 합법적인 정치체제를 창출해야 한다는 것이,

---

31   전두환은 7년 임기를 채운 뒤 물러날 수밖에 없는 헌정 질서 속에 있었다. 정일준, 「미국 개입의 선택성과 한계: 전두환·노태우 – 레이건·부시 정부 시기」, 『역사비평』 편집위원회 편, 『갈등하는 동맹: 한미관계60년』(역사비평사, 2010), 110쪽. 그러나 전두환은 이러한 헌정 질서를 친위쿠데타로 파괴하려 했다. 그러자 미국이 그 실천을 압박했다.

대한민국의 장래를 위해, 한미 양국 관계의 장래를 위해 필수적인 요소라는 점이 중요합니다. 치밀하게 구성된 헌법이 오래간다는 사실은 역사가 증명하고 있습니다. 그러한 헌법은 폭력이나 물리적인 힘의 남용, 또는 대결에서가 아니라 주요한 정치 집단 간의 타협과 합의로부터 얻어집니다. 오래가는 헌법은 공개적인 분위기에서의 자유롭고 공정한 선거 같은 많은 원칙들을 담고 있습니다. 이러한 헌법 제정을 위해서는 개인적 야망이나 과거의 죄나 불만 등을 접어두고 모든 사람들이 미래를 위해 함께 노력해야 합니다. […] 오로지 국민적 합의를 통한 개헌만이 한국의 정치체제가 활기를 띠고 다음 세기까지 번영을 지속하게 해 줄 것입니다. 이 길만이 한국 국민들의 확고한 지지를 받는 길입니다. […] 그 과업이 쉬운 일은 아닙니다. 하지만 한국인들은 시작할 때가 왔다는 것을 알고 있습니다. […] 한국의 정치 지도자들도 새로운 변화를 약속했습니다. 전 대통령은 평화적인 정부 이양과 개헌을 약속했습니다. 여야의 주요 지도자들은 이번 기회를 잃을 경우 닥칠 결과를 과거의 경험을 통해 잘 알고 있습니다. […] 현재의 개헌정국에서 어떤 정부 형태가 나오든지 새 헌법은 반드시 개방적이고 공정하며 합법적인 내용을 담고 있어야 할 것입니다. 우리는 이 과정에 참여하는 사람들의 현실적인 견해, 또 다수당과 소수당의 정치인들이 타협을 위해 마음을 열고 의논한 견해가 수용되기를 바랍니다.

시거 차관보는 개헌 작업이 미국의 간섭 없이 이루어져야 하겠지만 미국도 아래와 같은 방법으로 지원할 것임을 명백히 했다.

한국은 독자적인 노력으로 한 걸음 한 걸음 경제개발을 이룩했듯이 새로운 정치 제도도 같은 방식으로 이룩할 것입니다. 미국은 한국의 국내 문제에 간여하지는 않을 것이지만 한국의 노력을 몇 가지 방법으로 지원할 것입니다.

첫째, 미국은 한국군과의 협력을 계속하며 행정부나 의회가 바뀌더라도 미국의 공약을 굳게 지킬 것입니다. 아울러 미국은 한국의 대북 긴장 완화 노력을 지원할 것입니다.

둘째로 미국은 한국의 미래 번영이 걸려 있는 자유무역체제를 지지할 것입니다. 그러나 미국은 우방들로부터 도움이 필요합니다.

마지막으로 미국은 모든 관련 당사자들에게 새로운 정치체제 창출을 위해 노력을 해 줄 것을 당부합니다. 이 과정에서 미국은 적극적으로 지원은 하되 간섭은 하지 않을 것입니다. 우리는 어느 특정한 정당의 특정한 안(案)을 지지하지는 않지만 타협과 합의를 촉구합니다. 어떤 제도가 한국 실정에 맞느냐 하는 결정은 외국인이 아닌 바로 한국인이 하는 것입니다.

한국 국민들은 자신의 손으로 새로운 정치 제도를 만들 수 있는 역사적인 기회를 갖게 됐습니다. 새로운 제도를 만들기 위해서는 이 책임을 맡고 있는 정치인들의 용기와 자기희생이 요구됩니다. 우리 미국인들은 새로운 정치체제를 창출해야 하는 한국인들을 확고하게 지원, 한국인들이 그들의 국가를 성공적으로 다음 세기로 이끌고 갈 수 있도록 뒷받침해 줄 것입니다.

시거는 한국 정치에서 문민화의 필요성을 명백하게 강조하며 개헌에 여야 타협이 필요하다고 주장했다. 당시 미국의 가장 큰 관심사는 전두환 대통령의 7년 단임을 실현시키는 데 있었으므로 이를 공개적으로 압박했다. 시거는 이 자리에서 1987년 3월에 슐츠 국무장관과 중국을 방문한 직후 서울에 잠시 들를 예정임을 밝혔다.[32]

릴리 대사는 1987년 2월 9일 이민우 신민당 총재와 만났으며, 10일에는 김영삼 신민당 고문을 만나서 정치 현안을 논의했다. 그런데 1987년 3월 3일 경찰이 박종철 49재(1월 14일 사망)와 '고문추방 민주화 국민평화대행진'을 원천 봉쇄하고 전국적으로 439명을 연행하자 3월 4일 미 국무부는 3·3 평화대행진을 저지한 한국 정부의 처사에 유감을 표명했다. 1987년 3월 13일 이민우 총재는 릴리 대사와 개헌 정국 문제를 논의했고, 3월 24일 머카우스키(Frank Murkowski) 미 상원의원은 '한국 민주화 촉구 결의안'을 미 의회에 제출해 공개적인 압박을 이어 갔다. 시거 국무차관보는 1987년 3월 25일 상원 청문회에 출석해 "미국은 국민의 지지를 받는 민주주의 정부 수립을 위한 한국민의 노력을 전폭적으로 지지한다"고 말했다.

---

[32] Gaston J. Sigur, Jr., "Korean Politics in Transition," *Current Policy*, No. 917, US Department of State, 1987; US Department of State, *Bulletin* (April 1987); 한승주, 「한국의 국내정치와 한미관계」, 한승주 편, 『전환기의 한미관계』(서울국제포럼, 1988), 212~213쪽; 개스턴 J. 시거, 「전환기의 한국정치」, 민족문제연구소 편, 『민주화와 한미관계』(아침문화원, 1987), 252~260쪽; 「개스틴 시거 미 국무성 동아시아-태평양 담당 차관보의 연설」, http://blog.naver.com/yslee1789?Redirect=Log&logNo=140053731101 (검색일: 2012.5.21).

✦✦✦
참고
안보와 민주주의 사이에서
줄타기하는 미국

2017년 4월에 공개된 1986년의 대한민국 외교문서에 의하면 전두환은 1986년 5월 8일 방한한 조지 슐츠 국무장관과의 면담에서 "지금 와서 생각하면 나는 정치인으로서 경험이 없어 실수한 것이 하나 있다. 현 헌법이 규정하고 있는 단임 약속을 하지 않았어야"[33] 했다고 말했다. 그러나 2017년에 간행한 회고록에서 전두환은 대통령 취임 초부터 되풀이한 단임 약속을 파기하는 정권 연장을 꾀하지 않았다고 주장했다. 다만 주위 사람들의 의구심과 권유가 있었다고 했다. 예를 들면 사마란치 IOC 위원장이 최소한 올림픽을 성공시켜 놓고 물러나야 한다는 권유를 했다고도 회고했다.[34] 전두환은 많은 국민들이 자신의 단임 공약을 그다지 신뢰하지 않았다고 인정하기도 했다. 민주정치의 종주국 영국에서도 대헌장(Magna Carta) 이후 413년이 지난 후에야 비로소 평화적 정권 교체가 이루어졌다고도 했다.[35]

그런데 전두환은 왜 이 시점에 미국 정부에 단임 약속을 후회한

---

33 「전두환 "단임약속은 실수"…외교문서로 드러난 재임 야심」, 〈헤럴드 경제〉(2017.4.11); 「정부, 80년대 對中접근 '모란 구상' 추진…외교문서 공개」, 〈연합뉴스〉(2017.4.11).

34 전두환 저, 민정기 책임정리, 『전두환 회고록 2: 청와대 시절, 1980-1988』(자작나무숲, 2017), 625~626쪽.

35 전두환 저, 민정기 책임정리(2017), 위의 책, 654쪽.

다고 말했을까? 1986년 5월 방한한 슐츠는 민주화의 진전을 압박했으므로 전두환은 위와 같은 말로 단임제 공약을 파기하고 싶은 속내를 드러내며 미국의 반응을 떠보았을 뿐 임기 연장을 공표하는 다른 조치를 실행하지는 못했다. 또한 9개월 후인 1987년 2월 시거 차관보의 연설에서 확인할 수 있듯이 군부정권 연장에 반대하는 미국의 기조가 유지되었으므로 전두환은 역시 추가 조치를 단행하지 못했다. 그러나 1987년 3월에 다시 방한한 슐츠는 10개월 전과는 달리 군부정권 연장에 반대하지 않는 듯한 뉘앙스의 발언을 했고, 전두환은 4·13 호헌조치를 발표했다. 그러나 한국 국민들의 저항에 직면한 미국은 곧바로 정책을 뒤집었다. 미국은 한국의 안보와 민주주의 사이에서 교묘한 줄타기를 하고 있었다.

※ ※ ※

2장

6월민주항쟁과
직선제 개헌

1. 6월민주항쟁의 배경

6월민주항쟁은 1987년 6월 10일부터 7월 9일까지 전국적으로 일어난 일련의 반독재 민주화 요구 시위이다. 유월항쟁·유월봉기·유월민중항쟁·유월민주화운동·육십민주항쟁이라고도 한다. 총인원 500만여 명이 참가하여 4·13 호헌조치 철폐, 민주헌법 쟁취, 독재정권 타도 등을 요구했다.

  1979년 12·12 예비 쿠데타로 집권의 교두보를 마련한 신군부 세력은 1980년 5·17 쿠데타로 권력을 장악한 후 강압을 일삼았다. 1980년부터 1983년까지 학생 시위와 관련하여 구속되고 제적된 학생이 1,400여 명에 달했다. 1985년 2·12 총선 이후 야당과 재야 세력은 간선제로 선출된 제5공화국 대통령 전두환의 도덕성과 정통성 결여 등 비민주성을 비판하면서 줄기차게 직선제 개헌을 주장했다. 이 기간에 미국은 한국을 민주화시키기 위해 전두환에게 압력을 가했는데 1982년 12월 김대중의 미국 망명을 허용하게 했고 1985년 2월 국회의원 선거 직전에 김대중이 귀국하는 것도 막지 않았다.[1]

1986년 2월 25일 필리핀에서 '피플파워'에 의한 시민혁명이 일어난 후 미국에서는 한국이 제2의 필리핀이 될 수 있다는 우려가 제기되었다. 이에 미국이 한국의 민주화를 압박하자 1986년 4월 30일 전두환 대통령은 여야 간에 합의가 이루어진다면 직선제 개헌이 가능하다고 발표했다. 한편 5공화국 정부는 신민당 내 유화적인 그룹을 통해 '이민우 구상'이라는 것을 만들어내는 데 성공했다. 1986년 12월 24일 연말 기자회견에서 발표된 신한민주당 이민우 총재의 소위 '이민우 구상'의 핵심은 7개항의 민주화 조치[2]를 전두환 정권에서 수용해 주면 의원내각제 개헌에 응할 용의가 있다는 것이었다.

한국인들의 직선제 개헌 열망을 과소평가했던 미국은 '이민우 구상'을 적극 지지해 양김과 대립했다.[3] 당시 미국은 급진 세력들이 여야의 첨예한 갈등 상황을 이용할 것을 우려했다. 따라서 여야 격돌보

---

[1] William H. Gleysteen, Jr., *Massive Entanglement, Marginal Influence*: Carter and Korea in Crisis (Washington, DC: Brookings Institution Press, 1999), p. 191 ; 윌리엄 H. 글라이스틴, 황정일 역, 『알려지지 않은 역사: 전 주한미국대사 글라이스틴 회고록』(중앙 M&B, 1999), 268쪽.

[2] 공정한 국회의원선거법, 집회·결사 등 국민의 기본권 보장, 언론 자유 보장 및 언론기본법 폐지, 공무원의 정치적 중립, 용공분자를 제외한 양심수 석방과 사면복권, 2개 이상의 정당 제도 확립, 지방자치제 실시 등이다.

[3] 하윤해, 「[단독] 美 '이민우 구상' 지원… 격분한 YS·DJ , 野 전면 등장」, 〈국민일보〉(2016.6.15); 하윤해, 「[단독] '바지사장 쿠데타' 격하… 본래 의도와 달리 민주화 과정 촉매제 역할」, 〈국민일보〉(2016.6.15).

다는 여야 합의를 선호했다. 혁명보다 안정을 선호하는 것이 미국의 기본 입장이었으므로 민주화는 안정(반공정부의 유지)보다 후순위의 과제였다. 이는 혁명적 분위기를 개량화시켜 발산시키려는 미국의 반공주의적 공작이었다. 민주화 추구는 반공정부 유지라는 미국 외교 정책의 지상목표와 어긋나지 않는 한도에서 추구되는 목표였다.

타협적인 이민우 구상이 나오자 신민당 내 선명파들은 1987년 4월 탈당해 같은 해 5월 1일 통일민주당을 창당했다. 이 과정에서 제5공화국 정부는 폭력을 동원하여 통일민주당 지구당 대회를 방해하는 한편 통일정강을 문제 삼아 통일민주당을 견제하는 등 국민의 민주화 열망을 억압했다.

6월민주항쟁은 1987년 5월 18일 천주교 정의구현전국사제단이 전두환 정부의 폭력적 탄압을 상징하는 사건을 폭로하면서 촉발되었다. 사제단은 서울대학교 언어학과 학생 박종철 고문치사사건(1987년 1월 14일 사망)의 은폐·조작에 대한 진실을 폭로했는데 이는 국민의 분노를 사기에 충분했다. 재야와 통일민주당이 연대하여 전국적 민주화 투쟁의 구심체로서 '민주헌법쟁취국민운동본부'를 결성함으로써 정국의 대결이 심화되기 시작했다. 국민운동본부는 6월 10일 '박종철 고문살인 은폐조작 규탄 및 호헌철폐 민주헌법쟁취 범국민대회'(약칭 6·10 대회)를 개최하여 6월항쟁의 기폭제를 조성했다. 6월 10일 전국 22개 지역에서 40만 명이 참가한 가운데 민주헌법쟁취국민운동본부가 주최하는 대규모 가두집회가 열리고, 학생과 시민들의 시위가 연일 계속되었다. 6·10 대회에서 시위를 저지하던 경찰력의 한계가 노출되는 양상까지 벌어졌다. 같은 날 민주정의당 대표위원

노태우가 대통령 후보로 선출되자 전두환 정부의 간선제 호헌에 대한 국민 저항이 더욱 확산되었다. 1987년 6월 10일부터 15일까지 명동성당 농성투쟁이 지속되었으며 전국 16개 도시 247개소에서 6월 18일에 열린 최루탄추방대회에는 50만여 명이 참가했으며 부산에서만 30만 명이 참여하여 경찰이 진압을 포기하는 사태가 발생했다.

2. 4·13 호헌조치에 반대하지 않은 미국

미국 측의 압력과 국내외 정치 환경 변화로 1986년 11월 친위쿠데타 계획을 접은 전두환 정부는 이듬해인 1987년 6월 민주화운동이 전국적으로 확산되자 또다시 친위쿠데타 계획을 세웠다. 당시 국민들은 전두환 정권의 도덕성과 정통성 결여 등을 성토하며 대통령 직선제 개헌을 요구했다. 이에 대해 전두환은 1987년 4월 13일 일체의 개헌 논의를 금지하는 '4·13 호헌조치'를 선포했다. 현행 헌법으로 연내에 대통령 선거를 실시하고 1988년 2월 정부를 이양하는 방안이었다. 야당은 곧바로 장기 집권 음모라고 비난했다.

이 과정에서 한국 정부는 1987년 4월 11일 노신영 국무총리를 통해 미국에 통보했으나 통보만 받고 호헌을 막지 못했으므로 미국의 영향력은 적어도 표면적으로는 한계를 보였다고 할 수 있다. 미국은 당시 소위 '이민우 구상'을 통해 여야 간 권력을 공유하게 하려고 은밀한 조정자 역할을 했다. 신민당이 직선제를 포기하며, 반미 재야 세력과 단절하고, 군부 세력을 포함하는 보수대연합을 통해 여야 합의의 내각제 개헌을 추진하는 이민우 구상은 바로 미국의 구상이었다. 김대중, 김영삼 양김의 배제를 의미하는 이 구상은 적과의 동침이라면서 양김이 단호히 반대하자 결국 무산될 수밖에 없었다. 재야 세력들도 이 구상을 거부했다. 신민당은 김영삼을 총재로 추대하려 했고, 1987년 4월 8일 김대중과 김영삼이 신당 창당을 선언하자 신민당 의원 73명이 탈당해 이민우 구상을 무산시키는 데 결정타를 날렸다. 이에 민정당은 신당 창당은 합의 개헌을 포기한 것이라고 비난했으며, 결국 개헌 논의를 유보하겠다는 4·13 특별담화가 나오게 됐다. 미국의 구상은 이렇게 무산됐다.[4]

이 와중에 미 대사관은 "이민우 구상이 어디가 나쁜가? 우리는 좋은 안이라고 생각했다."라면서 각 방면에 문의한 것으로 알려졌다. 전술한 바와 같이 1987년 2·7 박종철추모대회 전날인 2월 6일에 시거 국무부차관보는 여야 간의 합의 개헌을 촉구하면서 "정치적 이행이 안정을 해쳐서는 안 된다"며 민중운동을 견제했다. 미국이 원하던 내각제 합의 개헌이 무산되자 "미국은 보다 개방적인 정치체제를 원하지만 그것이 안정을 해쳐서는 안 된다"며 군부정권의 안정적 개편을 모색했다. 즉 현행 헌법에 의한 '평화적 정권 교체'를 이루는 군부의 권력 세습이 대안일 수 있음을 암시했다. 1987년 3월 6일 한국을 방문한 슐츠 국무장관도 한국은 향후 '평화적 정권 교체'를 두세 번 경험하고 나서 자유로운 선거로 나아가는 것이 좋겠다는 의견을 피력했

---

[4] 남찬순, 「미국의 대한시각 4-30에서 4·13까지」, 『신동아』(1987.7), 176~177쪽.

다.⁵ 전두환으로서는 이를 군부정권 연장에 대한 미국의 분명한 수용으로 받아들였기 때문에 곧바로 4·13 호헌조치를 선포했던 것이다.

리처드 워커 대사의 표현처럼 한국의 민주화운동 시기 동안 미국은 '아슬아슬한 곡예'를 했다.⁶ 무게중심이 전두환 정부로 기울었을 때 서슴없이 그쪽 편을 들었다가 전두환이 궁지에 몰리자 발을 뺐다. 미국은 전두환 정부를 지원하다가 민주화 파고가 전국을 뒤덮자 기계적 중립으로 입장을 선회했다. 한국 정치 상황의 변화로 전략 수정이 불가피했던 것이다. 미국은 한국의 민주화보다는 예측 가능한 정치체제를 더 선호했다.

현실주의자들은 각국의 정책 담당자들이 외교 정책을 결정할 때 가장 먼저 고려하는 것이 자국의 현실적인 국가이익과 안보라고 주장한다. 이상주의자들은 정책 결정의 이면에 인도주의적 원칙과 명분이 어느 정도 고려된다고 본다. 이상과 현실이라는 국제정치학의 오래된 논쟁을 굳이 끄집어 내지 않더라도 현실주의적 국익과 이상주의적 도덕률 두 요소를 모두 고려해 균형을 추구하려는 것이 이상적인 정책 결정자의 모습이다. 그러나 국제정치의 현실은 그러한 이상적 모습과 일치하지 않는 경우가 더 많다.

그런데 미국의 외교 정책 결정자는 국가이익과 국민적인 여론의 관심이 덜한 지역에서는 현실적 이익보다 인도주의적 원칙과 명분을 중요시했다. 반면에 미국의 막대한 이익이 걸려 있고 국민적 관심도

---

5 강준식, 「6·29선언은 미국 공작품이다」, 『다리』(1990.5), 164쪽.
6 하윤해, 「[단독] 美, 전두환정권과 민주화 사이 '곡예외교'」, 〈국민일보〉(2016.6.1).

높은 핵심 지역에 대해서는 이 두 가지 요소를 신중하게 고려한다. 그런데 이익은 상당한데 미국 국민의 관심이 덜한 주변부 지역에서는 현실적 이익 앞에서 이상주의적 요소가 후순위로 밀려나는 경향을 보인다. 남한이 그런 경우가 아닌가 한다.[7]

1981년 11월 미국 주재 한국대사관이 갤럽에 의뢰하여 조사한 미국인들의 한국 인식 조사에 의하면 미국인들의 한국에 대한 인지도는 매우 낮고, 알고 있더라도 매우 부정확하거나 6·25 전쟁 당시의 수준으로 알고 있는 것으로 나타났다.[8] 현실적인 요소인 동북아의 안보와 이상주의적 요소인 한국의 민주화가 경합할 때 미국의 정책 결정자들은 이상을 차순위로 밀어내고 현실적인 접근을 했다. 한미 관계는 전통적으로 반공·안보동맹에 기반한 관계였다. 이상주의에 기댄 정도가 상대적으로 높았던 카터 행정부는 안보동맹보다 가치동맹을 우선시하는 인권외교를 구현하려 했으나 큰 성과를 내지 못하고 결국 국제정치의 철칙인 현실주의로 안착할 수밖에 없었다. 레이건 행정부는 카터 행정부의 인권외교를 다시 반공·안보외교로 전환해 미국 외교 정책의 기조를 명실상부 현실주의로 회귀시켰다.[9]

미국은 4·13 호헌조치에 대해서 견제하기 시작했다. 릴리 주한 미대사는 4·13 직후 상부의 지시에 따라 "대화와 협상이라는 우리의 기

---

[7] 장준갑, 「제5공화국 출범과 한미관계」, 『서양사학연구』 28(2013), 245~246쪽; 장준갑·김건, 「1980년대 초반(1980-1981) 한미관계 읽기」, 『미국사연구』 38(2013), 209쪽.

[8] 「Gallup (Potomac Associates) 여론조사 결과」(1981.6.4), 『한·미국 정무일반, 1981』(북미, 1981 생산), 76~77쪽, 대한민국 외교부 공개 외교문서(2012); 장준갑(2013), 앞의 글, 246쪽; 장준갑·김건(2013), 앞의 글, 209쪽.

[9] 장준갑(2013), 위의 글, 245쪽; 장준갑·김건(2013), 위의 글, 208쪽.

본 입장에 비추어 볼 때 전 대통령의 개헌 협상 중단 조치는 좋은 방법이 아니라고 본다"는 메시지를 노신영 국무총리에게 전달했다. 미국 관리들은 후일 이 메시지가 그렇게 강력하지는 않았다고 평가했다. 왜냐하면 이후 4·13 조치를 인정하는 듯한 미국의 발언들이 이어졌기 때문이다. 그렇지만 릴리 대사의 이 메시지는 전두환 대통령을 주춤하게 만들었을 것이다.

1987년 5월 6일 시거는 하원 청문회에서 "4·13 조치를 인정할 수밖에 없고 부분적인 민주화를 위해 여야 타협이 필요하다"고 강조했으며, 1987년 5월 14일 슐츠 국무장관은 한국의 여야에 대화를 촉구하되, 일방적으로 전두환만 비난하지는 않았다. 게다가 1987년 6월 1일 미 국무부 필리스 오클리(Phyllis Oakley) 부대변인은 "미국은 현행 헌법에 따른 권력 재창출에 적극적으로 개입하고 싶지 않다"면서 호헌조치에 대한 불간섭을 천명했다. 이러한 불개입 표명은 전두환에게 묵인으로 받아들여질 여지가 있었다.

3. 6·10 대회와 명동성당 농성

호헌정국의 와중에 1987년 5월 18일 서울대학교 재학생 박종철 고문치사사건이 조작되었다는 사실이 뒤늦게 밝혀지면서 정국이 요동쳤다. 1987년 5월 27일 통일민주당과 재야단체는 직선제 개헌 관철을 위한 '민주헌법쟁취국민운동본부'를 결성했다. 1987년 6월 10일

민주헌법쟁취국민운동본부가 주최하는 대규모 가두집회인 '박종철 군 고문살인 은폐조작 규탄 및 호헌철폐 민주헌법쟁취를 위한 범국민대회'(6·10 대회)가 열릴 예정이었다. 하루 전인 1987년 6월 9일 열린 출정식에서 연세대생 이한열이 경찰이 쏜 최루탄에 맞아 쓰러지면서 국민들의 분노는 극에 달했다. 경찰의 원천 봉쇄 속에 전국 20개 도시에서 6·10 대회가 개최되어 시민과 경찰 등 768명이 부상당하고 3,831명이 경찰에 연행되었다. 이른바 6월항쟁이 전국적으로 확산되었던 것이다. 위기감을 느낀 전두환 정부는 유혈 진압 등 제2의 광주 참상까지도 불사하겠다는 의지를 다졌다. 두 번째 친위쿠데타를 결의한 것이다.

1987년 6·10 대회에 대규모 인파가 집결하자 오클리 미 국무부 부대변인은 "경찰과 시위자들 간의 폭력 행위를 혐오한다"면서 양측 모두 타협이 필요하다고 언급해[10] 정부와 시위 세력들을 싸잡아 비판했다.

미국은 같은 날 잠실체육관에서 열린 민주정의당 제4차 전당대회 및 대통령 후보 지명대회에 릴리 대사를 출석시켰다.(노태우는 이 대회에서 민정당의 제13대 대통령 후보로 선출됐다.) 당시 미국은 현행 헌법에 의한 군부 내 정권 재창출까지도 용인하는 전략을 취했다. 전술한 오클리의 논평에서 드러나는 바와 같이 1987년 6월 10일에도 여전히 양측의 대화와 타협을 촉구하는 원칙적 스탠스를 유지했고, 6월 11일에는 "미국은 시위자들이 명동성당에서 바리케이드를 치고 있다는 보도에 주목하고 있다"면서 "정부와 반대자들이 다 같이 폭력 사용에

---

10 정종문, 「압제보다 대화 폭력보다 타협을: 미 국무성 논평」, 『동아일보』 1987년 6월 11일, 1면.

호소하지 말고 이견을 해결할 수 있도록 모든 가능한 방법을 다하도록 우리는 계속해서 촉구한다"고 말했다. 또한 "폭력적인 대립은 민주주의를 향한 발전을 저해할 뿐"이라며 "명동성당사건이 평화적으로 해결되기를 기대한다"는 희망을 덧붙였다.[11]

명동성당 시위대들은 경찰의 봉쇄 속에 오도 가도 못했으며, 성직자들은 이들을 보호해 주었고, 시민들은 명동에서의 시위와 농성에 호응했다. 6월 11일 정오에 청와대에서 열린 우수학회 초청 오찬에서 전두환 대통령은 "공산당식 게릴라식 데모"에 대해 "비상계엄을 하든가 위수령을 하면 싹 쓸 수 있다"고 언급했다. 저녁 6시 30분에 전두환은 청와대 수석비서관 부부들과의 저녁 식사 자리에서 명동성당 농성을 장기화하도록 봉쇄하는 방안을 제시했다. "방금 나오면서 뉴스를 들으니 명동성당에 1천여 명이 들어가 있다고 하는데, 건국대 사태 때도 그랬지만, 포위해서 가둬 놓고 성당 측에서 데려가라고 할 때까지 아주 장기적으로 놓아두는 것도 좋겠어. [...] 이승만 대통령이 나쁜 전통을 만든 게 하나 있어. 학생 데모로 정권이 넘어가는 선례를 남긴 거야."[12]

『워싱턴포스트』 1987년 6월 17일자 보도에 의하면 릴리 대사는 최광수 외무장관을 통해 전두환 대통령에게 명동성당 점거 농성을 평화적으로 해결할 것을 권고하는 강력한 메시지를 6월 13일에 전달했

11 정종문, 「명동성당시위 평화적 해결 기대: 미 국무성 논평」, 『동아일보』 1987년 6월 12일, 1면.
12 김규원, 「[전문] 명동성당안 1천명…경찰이 해산 막아, 전두환 "군 동원" 엄포에도 국본 "6·26 강행"」, 〈한겨레〉(2007.6.10). 전두환은 자신이 4·19 때와 같이 국민의 힘에 밀려나지 않을까 염려했음을 알 수 있다.

다고 한다. 이에 의하면 진압 경찰이 학생들의 연좌데모 장소인 명동성당 안으로 난입하지 말도록 촉구했다고 한다. 미국은 양측에 자제를 호소하는 공개적인 논평을 하면서도 전두환을 비밀리에 직접적으로 압박하는 양동작전을 구사하기 시작했다.

군 출동 준비와 명동성당 봉쇄 해제라는 강온 양면 전술을 대안으로 가지고 있던 전두환은 조종석 치안본부 시경국장을 통해 6월 14일 오후 2시 봉쇄 해제와 안전 귀가 보장을 명동성당 함세웅 신부에게 통보했다. 명동성당에서 농성 중인 시위대들은 시위를 지속할 것이냐 해산할 것이냐의 선택을 놓고 저녁 6시부터 격론을 벌이다가 다음 날 함세웅 신부 등의 설득으로 해산을 결의해 6일 만에 평화적으로 해산했다.[13] 6월 15일 필리스 오클리 부대변인은 "명동성당 사태가 토의와 협상 합의의 유익함과 필요성을 잘 보여 준 것"이라고 평하며 "미국은 조용하고 이성적인 토의를 통한 진정한 발전을 계속 지지한다"고 말했다.[14] 1987년 6월 18일 미 하원 외교위원회 아시아·태평양소위원회(위원장 솔라즈)는 여야 대화 재개를 촉구하는 한국 결의안을 채택해 공식적으로는 방관자적 입장을 유지했다.[15]

---

13 김규원(2007), 위의 글.
14 정종문, 「미 정부, 한국사태 주시: 백악관 대변인 '평화적 정부교체 기대'」, 『동아일보』 1987년 6월 16일, 1면.
15 정종문, 「한국대화재개 결의안 하원아태소위 내주채택: 솔라즈 밝혀」, 『동아일보』 1987년 6월 11일, 1면.

4. 군부 개입을 강력히 반대한 미국

1987년 6월 11일 오후 2시 명동성당에서 집회 중이던 학생들이 전두환·노태우·레이건의 이름을 쓴 허수아비를 불태우며 "호헌철폐 독재타도"의 구호를 외쳤다.[16] 6월 18일에는 '군부독재 지원하는 미국놈들 몰아내자'라는 구호까지 등장했다. 6월 18일 최루탄추방대회가 끝나고 군부 지배에 저항하는 분위기가 확산되면서 시위대 속에서 "자주 없이 민주 없다 미국 놈들 몰아내자"라는 구호가 나오기도 했다.[17] 미국은 군부독재정권을 지지하다가 반미주의가 더 확산될지도 모른다고 판단했다. 따라서 공산화를 막기 위해 1960년 4·19 때와 같이 '민주주의 수호자'로 입장을 선회했다. 안보보다 민주주의를 선호한 듯이 평가할 수 있지만 궁극적으로는 공산주의에 대한 안보를 확보하기 위한 고육지책이었다고 할 수 있다. 군부가 군 동원령을 내리고 진보 세력이 결집해 전면에 등장할 위험성이 제기되자 슐츠 미 국무장관 등이 적극적으로 나섰다.

6월 17일에 슐츠 미 국무장관은 한국 정부에 민주화를 요구했다. 미국은 여야 간의 대화를 촉구하며 이것만이 폭발 직전의 한국 사태

---

16 김규원, 「[전문] 명동성당안 1천명…경찰이 해산 막아, 전두환 "군 동원" 엄포에도 국본 "6·26 강행"」, 〈한겨레〉(2007.6.10).

17 정지환, 「6.29 전날 슐츠 미국장관의 발언 "우리 제안 받아들여 한국 정부 입장 변경할 것"」, 〈민중의 소리〉(2007.6.8).

에 대한 최선의 수습책이라고 주장했다.[18] 이한열 사건 이후 야당과 재야 민주 세력이 연대하여 6·10 범국민대회가 6월항쟁으로 격화되자, 위협을 느낀 미국은 현행 헌법에 의한 군부 세력 내부의 권력 이양보다는 개헌을 통해 평화적인 정권 교체가 가능한 직선제를 추구하는 쪽으로 전략을 수정했다. 직선제 개헌이 국민의 지지를 받고 있다고 판단한 미국은 전두환에게 야당과의 협상을 종용했다. 그러나 전두환이 호헌을 고수하고 정국이 요동치자 야당의 개헌 투쟁에 더 힘을 실어주려 했다.

1987년 6월 솔라즈 미 하원의원은 아태소위 청문회에서 미국이 군부정권의 편을 들고 있다는 인식이 한국인들 사이에 확산되어 반미 감정이 퍼지고 있다고 우려했다. 야당과의 협상을 종용하기 위해 미 하원 결의안을 준비했던 민주당 소속 페이건(Feighan) 의원은 미국이 민주주의의 편에 있다는 것을 보여 줄 필요가 있다고 주장했다.[19]

제임스 릴리 주한 미 대사는 레이건 대통령의 친서를 들고 전 대통령 면담을 요청했다. 그러나 계엄령을 지시한 전 대통령은 릴리 대사와의 면담을 피했다. 6·18 최루탄추방대회를 계기로 계엄령 논의가 구체화되자 릴리 대사는 우여곡절 끝에 1987년 6월 19일 오후 2시경 전 대통령을 만나 계엄령에 반대하는 뜻을 강력히 밝힌 레이건 대통

---

18 정지환(2007), 위의 글.
19 House of Representatives, Committee on Foreign Affairs, Subcommittee on Asia and Pacific Affairs, *Assessing the Prospects for Democratization in Korea* (Washington, DC: USGPO, June, 1987); 정일준, 「미국 개입의 선택성과 한계: 전두환·노태우-레이건·부시 정부 시기」, 『역사비평』 편집위원회 편, 『갈등하는 동맹: 한미관계60년』 (역사비평사, 2010), 297쪽, 미주 51.

령의 친서를 전달하며 군부 개입 반대를 명백히 했다. 릴리 대사는 회고록에서, 90분 동안 이루어진 면담에서 전두환에게 상황의 심각성을 말하고 계엄 선포에 반대하는 미국의 입장을 확고하고 분명하게 전달했다면서 "만일 총리가 계엄 선포가 임박했음을 발표한다면 그는 한미동맹을 훼손할 위험을 감수해야 할 것"이라 경고했다고 했다. 또한 "1980년 광주의 재난적 사건의 재발을 자초하게 될 것"이라고 말했다고 했다.[20]

전임자 카터의 고압적인 분위기와는 달리 레이건은 친서에서 친구로서 편지를 보낸다며 매우 외교적인 분위기로 일관했다. "내년 대통령의 권한을 평화적으로 이양하겠다는 각하의 역사적 결단을 민주정부를 세우기 위한 중요한 조치라고 평가하며 적극 지지합니다. 대화와 타협을 도모하기 위해 각하가 추진하는 모든 조치를 적극적으로 지지하리라는 사실을 다시 한 번 다짐합니다."라고 적었다. 릴리는 전두환에게 퇴임 후 미국 방문을 주선하겠다는 약속도 했다.[21] 릴리는 회고록에서, 레이건의 친서에는 "한국의 계속적인 정치발전을 위해

---

20 James R. Lilley & Jeffrey Lilley, *China Hands: Nine Decades of Adventure, Espionage, and Diplomacy in Asia* (New York: PublicAffairs, 2004), p. 384; 제임스 R. 릴리, 김준길 역, 『아시아 비망록』(월간조선사, 2005).

21 Don Oberdorfer and Robert Carlin, The Two Koreas: A Contemporary History, revised and updated third ed. (New York: Basic Books, 2014); 돈 오버도퍼·로버트 칼린, 이종길·양은미 공역, 『두개의 한국』(길산, 2014), 267~268쪽; Don Oberdorfer, *The Two Koreas: A Contemporary History*, revised and updated (Basic Books, 2001), pp. 168-169; 돈 오버더퍼, 이종길 역, 『두개의 한국』(길산, 2002), 263~264쪽; Don Oberdorfer, *The Two Koreas: A Contemporary History* (Reading, Mass.: Addison-Wesley, 1997), pp. 168-169; 돈 오버도퍼, 뉴스위크 한국판 취재팀 역, 『북한국과 남조선: 두개의 코리아』(중앙일보, 1998), 165~166쪽. 실제로 전두환은 퇴임 2개월 후인 1988년 4월 미국을 방문해 원로 정치인으로 환대를 받았다.

정치범을 석방하고, 권력을 남용하여 정치 탄압을 한 관리를 처벌하여 자유 언론을 신장하라고 권하는 내용이 적혀 있었다"고 언급했다. 그러나 릴리는 행간에 담긴 뜻이 정치적 위기를 군병력이 아닌 대화와 타협을 통해 풀어 가라는 것이었다고 해석했다.[22]

릴리 대사는 당시 한국인 4성 장군이 다시는 광주 때처럼 해서는 안 된다면서 군 동원에 반대했다고 회고했다.[23] 시위 진압을 위한 대대적인 출동 준비 태세에 놀란 장성 및 영관급 장교들이 내무장관에서 물러나 있던 정호용을 찾아와 군대 동원 진압은 재앙을 초래할 것이라고 주장해 이를 노태우에게 전달했다는 것이다. 노태우는 몇 시간 후 전두환을 직접 만나 군병력 동원 철회를 강력히 건의했다는 것이다. 노태우는 오버도퍼와의 인터뷰에서 군 내부의 병력 동원 반대 분위기가 자신의 건의에 영향을 미쳤다고 회고했다. 당시 상황을 가까이에서 지켜본 인사는 이러한 군부 내부의 반발[24]과 레이건의 친서가 전두환의 마음을 돌렸다고 증언했다.[25] 전두환은 1987년 6월 19일

---

22 James R. Lilley & Jeffrey Lilley(2004), 앞의 책, 384쪽; 제임스 R. 릴리, 김준길 역(2005), 앞의 책.

23 「스티븐스 22일 부임- 주한 미대사는 어떤 자리?: 독재정권땐 '정치적 파워맨' 최근엔 한미동맹의 '메신저'」, 『동아일보』 2008년 9월 20일, A6면.

24 서중석·강덕련, 『서중석의 현대사 이야기 20: 도도한 민주화 물결, 전두환·노태우의 항복 선언, 그후』(오월의 봄, 2020)에서는 전두환과 노태우가 군 출동을 두려워한 이유를 한 측근의 조언에서 찾는다. 즉 만약 시위 진압을 위해 탱크와 군대를 거리로 내보낸다면 1979년 12월에 전두환 자신이 그랬던 것처럼 일부 지휘관들이 다른 마음을 먹고 병력을 이용할지도 모른다는 것이었다.

25 Don Oberdorfer and Robert Carlin(2014), 앞의 책; 돈 오버도퍼·로버트 칼린, 이종길·양은미 공역(2014), 앞의 책, 270~271쪽; Don Oberdorfer(2001), 앞의 책, 170~171쪽; 돈 오버더퍼, 이종길 역(2002), 앞의 책, 266~267쪽; Don Oberdorfer(1997), 앞의 책, 170~171쪽; 돈 오버도퍼, 뉴스위크 한국판 취재팀 역(1998), 앞의 책, 167쪽.

오전 10시 국방장관을 비롯한 군부 관계자들과 안기부장을 청와대로 불러 "병력 투입이 불가피하니 한미연합사에 부대 이동을 통보하고 20일 4시까지 목표에 진입하라고 지시했었다. 이렇게 이미 군 동원령을 내린 상태에서 미국의 강력한 반대 의사를 전해 들은 전 대통령은 또다시 고민에 빠졌다.

전두환 대통령은 오후 2시 릴리 대사와 면담한 직후인 4시 30분에 부대 이동을 철회했다.[26] 면담 직후 최광수 외무장관이 릴리 대사에게 전화해서 "전 대통령이 계엄을 선포하지 않기로 결정했다"고 전했다고 한다.[27] 그런데 당시 『동아일보』 1987년 6월 20일자 1면 정종문 워싱턴 특파원의 기사에는 레이건 대통령이 19일 "한국 사태에 대해 크게 우려하고 있다"고 말했다는 사실만이 적시되어 있으며, 미국 행정부가 한국 정부의 자제를 촉구하기 위해 어떤 조치들을 취했는지는 언급을 피했다고 나와 있다. 레이건 대통령이 전두환 대통령에게 친서를 보낼 것을 검토하고 있다는 보도가 같은 신문 6월 18일자와 19일자 1면에 나와 있으므로 미국의 조치를 추측할 수 있다.

조지 슐츠 국무장관은 1987년 6월 19일 "미국은 한국의 계엄령 선포에 반대한다"고 미리 경고하고 나섰다.[28] 1987년 6월 20일 더윈스키(Edward Joseph Derwinski) 국무차관이 6월 사태가 올림픽에 미치는 영향을 조사한다며 방한해 "군부가 개입하면 한국의 국익을 크게

---

26 한용원, 『한용원 회고록: 1980년 바보들의 행진』(선인, 2012), 141쪽.
27 James R. Lilley & Jeffrey Lilley, *China Hands: Nine Decades of Adventure, Espionage, and Diplomacy in Asia* (New York: PublicAffairs, 2004), p. 384.
28 하윤해, 「[단독] 韓 혼란 우려한 美 "No!"… 軍 내부도 반발 기류」, 〈국민일보〉(2016.6.29).

해친다"고 발언했다.²⁹ 1987년 6월 22일 필리스 오클리 부대변인은 "군의 간여가 한국의 국익에 심각하게 해를 끼칠 것"이라고 경고했다. 말린 피츠워터 백악관 대변인도 같은 날 "미국은 계엄령의 사용을 반대한다"고 명확히 했다.³⁰ 이렇듯 미국은 한국군의 친위쿠데타 시도와 계엄령 선포 등을 직접 제어했다. 1979년 12·12와 1980년 5월 광주 등에서 미국이 영향력을 행사하지 못해 반미 감정이 싹텄다고 평가한 미국은 1987년에는 반미 감정이 더 확산되는 사태를 방지하기 위해 보다 적극적으로 군부의 발호를 견제했다.

그런데 전두환이 1987년 6월 19일 오전 10시 30분에 발령했던 비상조치 계획과 군 출동 지시 명령(위수령이 아닌 계엄 준비 명령³¹)인 '육군참모총장발 작전명령 제87-4호'³²는 반체제 세력에게 가한 일종의

---

29 정지환, 「6.29 전날 슐츠 미국장관의 발언 "우리 제안 받아들여 한국 정부 입장 변경할 것"」, 〈민중의 소리〉(2007.6.8).
30 정종문, 「군 간여 가능성에 사전 대응」, 『동아일보』 1987년 6월 24일, 3면.
31 김성동, 「1987년 6월19일 軍에 내려진 명령은 계엄령 준비명령이었다」, 『월간조선』(2004.9). 김남중의 기사 「위수령의 증언」, 『중앙일보』 2018년 7월 6일, 31면에는 '군출동준비령'이라면서 1987년 당시의 '위수령 발동 소문'을 연상시켰다. 위수령은 일정 지역에서 경찰력만으로 치안 유지가 어렵게 됐을 때 시도지사의 요청으로 군부대가 출동, 단순한 치안 유지 활동을 벌이는 명령이다. 이에 비해 계엄령은 헌법에 근거해 계엄이 선포된 지역 내에서 군이 사법, 행정 등을 완전 장악, 통제하는 명령이다. 계엄이 발령되면 군은 언론·출판·집회 및 결사·신체의 자유를 제한할 수 있다.
32 '작전명령 제87-4호' 내용은 다음과 같다.
  - 전군, 87.6.○일, ○시부로 소요 진압작전 실시
  - 4개 사단, 6개 특전여단, 4개 군단 특공연대, 해병 2개 연대는 수도권 및 후방에 배속
  - 부산·경남과 충남·북지구, 계엄사 운용
  - 육군 예비: 특전사, 수기사, 항공여단
  - 발포 명령은 선(先) 육본 건의 후, 승인하 조치…
  「함영준의 사람과 세상」 6·29 직전 軍 출동, 쿠데타 각오하고 막후서 저지」, 〈중앙선데이〉(2014.7.20).

위협이며 호언일 뿐 실제 추진하려 했던 것은 아니라는 증언도 있다. 당시 청와대 공보비서관이었던 김성익은 전두환이 군부 동원은 할 수도 없고 해서도 안 되는 것임을 확실히 알고 있었다고 증언했다. 또한 박철언 안기부장 특보도 군 투입 발언이나 지시는 야당이나 재야, 학생들을 자제시켜 최악의 상황을 막으려 했던 전두환의 고도의 통치술이었다고 평가했다.[33] 그러나 이러한 사후 증언은 결과론적 합리화일 가능성이 높다.

5. 시거 국무차관보 특사 파견

미국은 1987년 6월 17일까지는 특사 파견의 필요성을 인정하지 않다가[34] 시위가 확산되고 군부가 동요하는 등 사태가 심각하게 돌아가자 6월 19일 전두환 대통령에게 비밀리에 직접 압력을 가해 계엄령 발동을 무산시켰다. 그 직후인 6월 20일부터 본격적으로 '한국대책특별반'을 편성·운영하고[35] 6월 23일에는 개스턴 시거 국무차관보를 파견했다.

---

[33] 김성익, 『전두환 육성증언』(조선일보사, 1992); 김규원, 「명동성당안 1천명…경찰이 해산 막아, 전두환 "군 동원" 엄포에도 국본 "6·26 강행"」, 〈한겨레〉(2007.6.10).

[34] 정종문, 「레이건 전대통령에 친서 보낼 듯 시국관련 특사파견은 안하기로: WP지」, 『동아일보』 1987년 6월 18일, 1면.

[35] 한용원, 『한용원 회고록: 1980년 바보들의 행진』(선인, 2012), 141쪽.

1980년 6월 21일 슐츠 국무장관과 함께 오스트레일리아를 방문 중이던 시거는 한국 정세가 급박하게 돌아가자 슐츠의 요청에 따라 1986년 11월에 이어 1987년 6월 23일 재차 방한한 것이다. 시거는 1987년 6월 21일 미국 NBC TV의 대담 프로인 '언론과의 대화(Meet to the Press)'에 출연해 군부 개입이나 계엄령은 적절한 해결책이 아니라고 말했다.[36] 전두환에게 우회적인 압력을 가했던 것이다. 미국은 공식적으로는 시거가 특사가 아니라고 말했지만 이는 조용한 압력을 가하려는 의중 때문이었다. 미국은 조용한 외교로 진전이 없으면 공개 성명을 내려고 검토했다고 한다.[37]

　1987년 6월 22일 오후(미국 시간) 플로리다주 멜버른을 순시 중이던 레이건 대통령은, 시거가 한국의 야당 지도자들을 만날 것이냐는 질문에 그가 한국의 정치 불안을 진정시킬 여야 합의를 지원하기 위해 '가능한 모든 일을 할 것'이라고 답했다. 이와 함께 다음과 같은 급변하는 한국 정세에 대한 미국 정부 관리의 논평이 한국 언론을 통해 보도되었다.

> 필리스 오클리 미 국무부 대변인은 6월 22일 정오 브리핑에서 한국 사태의 군부 개입은 한국의 이익에 심각한 장애가 될 것이라고 지적하고 한국군 지휘관들은 방위에만 전념하도록 촉구했다.

36　정종문, 「한국사태 군부개입은 적절한 해결책 아니다: 시거, 내일 방한 앞서 밝혀」, 『동아일보』 1987년 6월 22일, 1면.
37　정종문, 「'미국의 의중' 전달과 현장 진단: 시거의 방한 보따리」, 『동아일보』 1987년 6월 22일, 2면.

이에 앞서 말린 프츠워터 백악관 대변인은 "우리는 계엄령 발동에 반대한다"고 말하고 현 시위 사태를 해결하기 위한 여야 간의 대화와 자제를 촉구했다.

한편 호주를 방문 중인 조지 슐츠 미 국무부 장관은 22일 최근의 한국 상황을 언급, 전두환 대통령은 현 국내 소요 사태를 종식시키는 이상의 조치를 취하고 정치적 개혁에 관해 야당 지도자들과 회담을 가질 것을 촉구했다.

슐츠 장관은 이어 "우리가 기대하는 것은 단지 최근의 국내 소요 사태에 관한 회담뿐만 아니라 한국민의 의사를 민주적으로 반영할 수 있는 방법으로 권력 이양이 이뤄질 수 있도록 정치 과정에 관해 협상하기를 바라고 있다"고 밝혔다.[38]

이렇듯 미국은 논평정치를 통해 계엄령과 군부 개입을 명백히 반대했으며 영수회담 개최 등을 요구했다. 이러한 요구를 직접 담판을 통해 요구하는 작전도 병행하며 신군부를 압박했다. 따라서 이후 이어지는 영수회담 개최와 김대중 가택연금 해제 등은 미국의 힘이 직접 작용한 결과로 볼 수 있다.

시거는 방한을 통해 군부가 개입하기 전에 정부와 야당이 신속히 타협하도록 촉구했다. 3일간 체류하면서 시거는 이한기 국무총리서리, 최광수 외무장관(이상 1987년 6월 23일), 노태우 민정당 대표위원

---

38   윤구, 「여야합의 지원에 가능한 모든역할: 레이건, 시거방한에 밝혀」, 『경향신문』 1987년 6월 23일, 1면.

(24일 아침), 전두환 대통령(24일 하오[39]), 김수환 추기경(24일), 김대중 민추협 공동의장(24일 밤 9시), 김영삼 민주당 총재, 이만섭 국민당 총재(이상 6월 25일) 등과 만났으며[40] 실무적인 문제까지 심도 있게 구체적으로 조율했다.

당시 전두환 정부는 만약 시거가 김대중 민추협 공동의장을 만난다면 가택연금 중인 김대중을 다시 연행할 것이라고 위협했다. 최광수 외무장관은 1987년 6월 24일 정오에 릴리 대사를 급히 불렀다. 제임스 릴리 당시 주한 미국대사가 1987년 6월 24일 미 국무부에 보고했던「시거 차관보와 KDJ(김대중) 회동: 현재 상황」이라는 기밀 해제 문서에 의하면 시거는 이날 오후 5시 전두환 대통령과 면담이 잡혀 있었다. 미국은 이에 앞선 오후 3시 시거와 DJ 회동을 추진했었다. 한국 측이 시거가 대통령 회동 전에 DJ를 만나는 것에 강력히 항의하자 미국 측은 DJ와의 회동을 오후 6시 30분으로 늦췄다.

최 장관은 릴리 대사를 만나자마자 "시거가 DJ를 만나기를 희망한다는 보고를 받고 깜짝 놀랐다"고 말문을 열었다. 이어 전 대통령의 강력한 요구라면서 "시거가 DJ와의 회동을 강행하지 않았으면 좋겠다"는 뜻을 전했다. 최 장관은 이어 "한국 정부는 DJ에게 관대한 조치를 취하는 쪽으로 기울어져 있다"면서 "시거가 전 대통령과 여야 지도자들을 만나는 것만으로도 현 상황을 충분히 평가할 수 있을 것"이

---

39 「시거 차관보 접견」,『경향신문』1987년 6월 25일, 1면.
40 「시국 평화적 해결 기대: 시거, 노대표와 요담」,『동아일보』1987년 6월 24일, 1면;「미국은 군부 개입 반대: 시거 이한 회견 민주적으로 선출된 정부바라」,『동아일보』1987년 6월 25일, 1면.

라고 설득했다. 또 "한국 정부는 미국 고위 관료가 DJ를 만나는 것을 반대하지 않지만 지금은 잘못된 타이밍"이라며 "작은 실수가 심각한 악영향을 초래할 수 있다"고 만류했다.

릴리 대사는 미국 상황을 핑계로 댔다. "미국 내에서 우리의 정책이 약하고 전두환 정권에 너무 동조적이라는 이유로 집중포화를 맞고 있다"고 그는 주장했다. 이어 "회동이 성사되지 않는다면 시거의 신뢰성은 도전받을 것이며 미국 내 비판론자들은 우리를 공격하기 위한 새로운 무기를 갖게 될 것"이라고 우려했다. 또 "미국은 한국 정부의 뜻에 따라 DJ와의 만남을 연기해 왔다"면서 "지금은 상황이 달라졌다"고 압박했다. 릴리 대사는 "시거가 DJ를 만나 어떠한 형태의 정치적 폭력도 미국은 반대한다는 뜻을 전할 것"이라며 "DJ에게 이 메시지가 전달되는 것은 한국 정부에도 유익한 일"이라고 다독였다.

최 장관은 "전 대통령과 시거의 회동을 권했다는 이유로 나도 한국 정부 내 강경파로부터 강한 비판을 받고 있다"면서 "전 대통령이 앞으로 내놓을 유화적인 조치가 미국의 압력 때문이라는 주장이 전 대통령의 입지를 약화시킬 것"이라고 하소연했다. 또 "DJ는 야당 총재도 아니기 때문에 한국 국민에게 시거와의 회동을 이해시키기에 어려움이 따른다"면서 "이 회동이 성사되면 전 대통령이 미국 정부로부터 압력을 받고 있다는 인식을 심어 줄 것"이라고 강변했다.

그러나 릴리 대사는 물러서지 않았다. 그는 "시거는 DJ와의 만남으로 미국 내 비판 세력에 답해야 한다고 느끼고 있다"면서 "회동이 성사되지 않는다면 비판론자들은 이 이슈를 가지고 시거를 갈기갈기 찢어 놓을 것"이라고 맞받아쳤다.

최 장관은 최후의 카드를 꺼내들었다. 그는 "많은 한국 국민은 회동을 미국의 내정간섭으로 보고 깊게 분노할 것"이라고 경고했다. 이어 "이런 이유들로 시거가 DJ 자택에 가려고 시도할 경우 십중팔구 경찰에 의해 강제 연행될 것"이라고 협박했다. 최 장관은 타협안을 내놓기도 했다. "그럼에도 불구하고 DJ를 만나고 싶다면 시거를 대신해 데밍(시거의 특별보좌관)이 DJ를 만나는 것은 가능하다"면서 "이는 시거가 김대중을 만나서 발생할 수 있는 상징적인 피해를 피하면서 김대중에 대해 의견을 교환할 수 있는 방법이 될 것"이라고 제안했다. 릴리 대사는 격분했다. 그는 "만약 시거가 경찰에 의해 제지당한다면 우리 관계에 미칠 피해는 재앙이 될 것"이라고 목소리를 높였다. 또 "시거는 레이건 대통령으로부터 임무를 받고 왔기 때문에 DJ와의 만남에 물러설 수 없으며 만약 만나지 못한다면 레이건 대통령에 대한 모욕으로 여길 것"이라고 강경하게 나갔다. 릴리 대사는 "DJ가 시거와의 회동 결과를 자신의 이익을 위해 왜곡하려고 시도하는 것을 막기 위해 회동 직후 공개적으로 회동 내용을 발표할 준비를 하고 있다"면서 한국 정부를 설득하는 말도 빼놓지 않았다.

미국은 한국 정부의 필사적인 반대에도 불구하고 DJ와의 회동을 강행했다. 시거는 회동 시간을 여러 차례 옮기다가 24일 오후 9시 DJ를 만나는 데 성공했다. 그러나 당시 언론을 장악했던 전두환 정부는 시거와 DJ 회동 사실이 알려지는 것을 막기 위해 백방으로 뛰었다.[41] 『매

---

41 하윤해, 「[단독] 6월항쟁 벼랑끝 전두환 정권 "시거, DJ 회동 땐 연행," 릴리 前 주한美대사 '시거-KDJ 회동' 문서로 본 당시 상황」, 〈국민일보〉(2016.6.22).

일경제신문』, 1987년 6월 25일자 2면 「시거차관보 이한」 기사에는 아래와 같이 김대중과의 만남 사실만 마지막에 짧게 부기했다.

> 개스턴 시거 미 국무성 동아태담당차관보가 25일 낮 2박 3일 동안의 방한 일정을 마치고 이한했다.
> 시거 차관보는 이날 상오 김영삼 민주당 총재를 만났으며 이에 앞서 24일 하오 청와대로 전두환 대통령을 예방, 최근의 정국에 관한 미국의 의견을 전달했다.
> 시거 차관보는 또 방한 기간 중 노태우 민정당 대표위원, 김수환 추기경, 김대중 씨 등 정부·정계·종교계 인사들을 잇달아 만나 시국에 관한 의견을 나눴다.

이렇듯 시거와 전두환 정부는 김대중 면담 문제와 같은 상징적인 문제를 두고 극한 대립을 했으나 결국 미국의 압력에 전두환 정부가 물러섰다고 할 수 있다.

시거는 1987년 6월 24일 오전에 노태우 민정당 대표와 만났다. 제임스 릴리 대사는 이 회동 내용을 소상히 기록해 미국 국무부에 보고했다. 시거는 노 대표를 만난 자리에서 "미국은 한국 상황에 개입할 의사가 없다"면서도 "권력 이양은 반드시 평화적이어야 하며 한국 정부는 보다 광범위한 지지를 얻어야 한다"고 촉구했다. 노 대표는 "민정당은 야당이 과격 세력과 단절한다면 언제라도 대화할 용의가 있다"고 강조했다. 이어 비꼬듯 "야당 지도자들을 만나면 민정당의 이 같은 굳은 결의를 전해 달라"고 말했다. 릴리 대사는 문서에 "노 대표는 시거가 김영삼과 김대중을 만날 예정이라는 사실을 알고 있었다"고 썼다. 노 대표는 "매우 자주 바둑에서 훈수를 자청한 사람들이 큰 위기에 부닥친다"며 "미국이 조언 이상의 일을 준비하고 있으며 한국 정부에 압력을 가할 것이라는 인식이 있다"고 면전에서 경고했다. 이어 "한국 국민들은 미국이 정치적 변화를 달성할 유일한 세력이라는 과도한 기대를 가질 수도 있으며 이는 역효과를 낼 것"이라고 주장했다. 시거는 "노 대표가 바둑을 잘 둔다는 사실을 알고 있으며 하는 일에 행운이 따르기를 기원한다"면서 말싸움을 피했다. 회동을 지켜본 릴리 대사는 "노 대표가 시거와의 회동에서 평상시 자신을 절제하는 스타일에서 어느 정도 벗어나 있었다"고 지적했다.[42]

6. 빗발치는 직선제 개헌 요구

1987년 6월 24일 오전에 전두환 대통령은 김영삼 총재를 제5공화국 출범 이후 처음으로 청와대로 불러 10시 30분부터 1시 반까지 예정에도 없던 오찬까지 베풀며 3시간의 긴 영수회담을 가졌다.[43] 『동아일보』 1987년 6월 24일자는 이 만남을 1면에 대서특필해 4·13 호헌

---

42 하윤해, 「[단독] 개스틴 시거 차관보는 한국 민주화 큰 역할… 노태우 "바둑 훈수 두다 위기" 면전서 경고」, 〈국민일보〉 (2016.6.22).

43 「'개헌논의 전면재개': 전대통령 김영삼총재와 회담, 연금해제-구속자석방등 긍정검토, 여야협상진행하며 다시 만날 수도, '선택적 국민투표를' 김총재」, 『경향신문』 1987년 6월 24일, 1면.

조치가 사실상 철회되었다고 적었지만 그 옆에 전두환 대통령이 김영삼 총재의 4·13 철회 주장에 합의하지 않았으므로 4·13 조치는 철회되지 않았다는 김영삼의 사후 회견이 엇갈리게 인용되어 있다. 호헌조치가 완전히 철회된 것은 아니었고 사실상 철회되었다는 평가만 가능할 뿐 김영삼이 요구한 선택적 국민투표와 직선제 개헌이 분명하게 수용되지 않아 영수회담의 성과는 제한적이었다. 그렇지만 김영삼 총재의 김대중 가택연금 해제 요구에 대해 전두환 대통령은 "합의 개헌을 도출하기 위한 긍정적인 분위기 조성과 국민화합 촉진이라는 차원에서 긍정적으로 수용할 의사를 비쳤으며" 결국 6월 25일 김대중의 가택연금이 해제되는 성과를 거두기도 했다.[44]

김대중은 통일민주당 창당과 관련해 1987년 4월 8일 이래 단행된 가택연금이 1987년 6월 24일 밤 9시 시거 차관보를 만난 후인 6월 25일 0시를 기해 해제된다는 통보를 받았으며 실제로는 27일 0시에 해제되었다.[45] 따라서 김대중 연금 해제는 시거를 의식한 조치로 볼 수 있다. 여기에다가 김영삼의 김대중에 대한 연금 해제 및 사면 복권 요구도 작용한 복합적인 결과가 아닌가 한다. 경쟁자 김대중을 의식했던 김영삼은 전두환과의 회담에서 "특히 김대중 씨 연금 해제는 몇 차례 얘기해도 완강해 밥먹으면서 다시 했더니 오늘 중 풀겠다고 하더라."라고 증언했다. 이에 더하여 "김대중 씨 사면 복권 문제는 1시간도 더 얘

---

44   위의 기사; 「김대중씨 연금해제」, 『경향신문』 1987년 6월 25일, 1면.
45   「김대중씨 연금 풀려: 2월까지 거국내각 운영, 직선제-국민투표 택일을」, 『동아일보』 1987년 6월 25일, 1면; 「김대중씨 연금해제」, 『동아일보』 1987년 6월 27일, 1면.

기했다"고 김대중 씨 문제에 성의를 다했음을 애써 강조했다.⁴⁶

김영삼 민주당 총재는 1987년 6월 24일 전두환 대통령과의 영수회담에 앞서 김대중 민추협 공동의장을 아침에 만났으며⁴⁷ 영수회담 다음 날인 25일 오전에 김대중의 자택에서 다시 회담을 갖고 6월 24일 청와대 회담이 결렬된 것이라는 데 의견을 같이했다. 민주당은 청와대가 전두환·김영삼 영수회담 후 4·13 호헌조치가 철회되었다고 발표한 데 대해 그 조치의 철회는 정부·여당이 대통령 직선제 개헌을 하는 것이 최선이나 직선제 실시가 어렵다면 직선제와 내각제에 대한 선택적 국민투표를 해야 취소되는 것이라는 입장 아래 이의 관철을 위한 장외 투쟁을 계속하기로 방침을 정했다. 민주당 김태룡 대변인은 4·13 철회 논란에 대해 6월 25일 상오 기자회견을 갖고, "4·13 철회 부분에 대한 대화록을 작성하는 과정에서 청와대 측이 4·13 조치가 사실상 철회된 것이라고 해석하길래 우리 측은 4·13 조치의 핵심이 호헌인 만큼 최소한 임기 내에 개헌한다는 언질이 없는 한 4·13의 뿌리가 뽑히지 않은 것이라고 주장했다"고 엇갈린 해석을 하게 된 경위를 소개했다.⁴⁸

김대중은 양김 회담 결과를 기자들에게 발표하면서 개헌 논의 재개만으로는 4·13 호헌조치를 철회했다고 보기 어렵다고 평가하고 전두환 대통령의 각계인사 연쇄 접촉(김영삼 민주당 총재와의 24일 오찬

---

46 「새암초 결렬선언에 우려와 실망」, 『경향신문』 1987년 6월 25일, 4면.
47 「'개헌논의 전면재개': 전대통령 김영삼총재와 회담, 연금해제−구속자석방등 긍정검토, 여야협상진행하며 다시 만날 수도, '선택적 국민투표를' 김총재」, 『경향신문』 1987년 6월 24일, 1면.
48 「새암초 결렬선언에 우려와 실망」, 『경향신문』 1987년 6월 25일, 4면.

회동 이후 이민우 신민당 총재, 이만섭 국민당 총재와도 회동했으며,[49] 25일에는 김수환 추기경과 만났다)이 시간을 천연시켜 장기 집권을 하기 위한 술책으로 본다고 말했다.[50] 양 김씨는 직선제 수용을 전두환 대통령에게 압박했던 것이다. 경색 정국의 가장 중심적인 인물이며 한국 민주주의 수난사의 상징이라고 자처했던 김대중은 자신을 배제한 영수회담 추진은 시간 끌기에 불과하다고 자기중심적으로 평가했다.

1987년 6월 24일 오후 전두환 대통령은 청와대에서 개스턴 시거 미 국무부 차관보를 90분 동안 만났다. 회동에 배석했던 제임스 릴리 대사가 전 대통령의 발언 내용을 국무부에 보고한 「시거 차관보와 전두환 대통령의 회동」이라는 제목의 문서에 의하면 전두환은 "공공안전이 완전히 사라지고 무정부 상태가 발생할 경우 정부는 시민들의 안전을 보호하기 위해 필수적인 무력을 동원해야 한다"고 말했다. 전 대통령은 또 내전으로 치닫는 최악의 시나리오를 거론하며 "이런 상황에서 미국은 국가를 파괴하려는 반란 세력의 편을 들어서는 안 된다"고 강조했다. 전 대통령은 군대 동원이 불가피하다는 것을 강조하기 위해 '공공안전의 완전한 소멸,' '무정부 상태,' '내전으로 치닫는 최악의 시나리오' 등의 표현을 사용했다. 전 대통령은 반정부 세력에 대해 강한 불만을 숨기지 않았으며 자신의 업적을 과대평가했다. 또한 자신이 경제 같은 이슈들에 대해 매우 잘 대처해 왔기 때문에 반대 세

---

49 「'개헌논의 전면재개': 전대통령 김영삼총재와 회담, 연금해제-구속자석방등 긍정검토, 여야협상진행하며 다시 만날 수도, '선택적 국민투표를' 김총재」, 『경향신문』 1987년 6월 24일, 1면.
50 「'개헌협의 정치회담 열자'" 민정 대야 제의 각당 대표자들 참여, 노-김회담은 별도로, 민주선 시국 수습 결렬간주, 대행진 참가 장외 투쟁 두김씨 회동」, 『경향신문』 1987년 6월 25일, 1면.

력이 개헌에 초점을 맞추는 것이라고 말했다. 이어 "87년을 격동의 해라고 판단했지만 최근 몇 주간 폭력은 예상보다 심했다"고 토로했다. 전 대통령은 또 "최악의 시나리오가 발생하면 미국은 한국 정부를 지지할 것이라는 메시지를 전달해 달라"고 부탁하며 "손쓸 수 없는 상황으로 가는 것은 한국이나 미국 정부에 위험 부담이 크다"고 미국을 압박했다. 전 대통령이 군대 투입과 관련된 민감한 내용을 시거 차관보에게 꺼낸 것은 군대를 동원하더라도 미국의 지지를 잃지 않으려는 사전 포석으로 보인다. 그러면서도 "엄청난 상황이 전개되지 않는다면 군대 동원에 의지하지 않을 것"이라고 말했다. 이어 자신의 영구 집권을 위해서도 군대를 동원하는 일은 없을 것이라고 강조했다.[51]

전두환은 김영삼 총재와의 회담 내용을 시거 차관보에게 설명하며 "김 총재가 민주화에 대한 개념 정의 없이 민주화만 계속 요구했다"고 비꼬았다. "전임 대통령들이 영구 집권하려고 노력했으나 나는 1948년 대한민국이 건국된 이후 날짜를 정해 퇴임하는 첫 대통령"이

---

51 그런데 2017년 회고록에서 전두환은 시거 차관보가 "최근 사태에 대해 각하께서 군의 무력으로 사태를 처리해야 한다는 건의를 받아들이지 않으시고 의연하게 경찰력으로 치안을 유지하는 노력을 계속하고 계심에 대해서 찬사를 드린다"고 말했다고 주장했다. 전두환은 "나의 임기 중에는 군의 힘을 빌며 질서를 회복해야 하는 사태가 없기를 간절히 바란다"면서 "부득이 그런 조치를 취하지 않으면 선량한 시민의 권리가 짓밟힐 수밖에 없다는 판단이 설 때에는 필요한 강경한 조치를 할 수밖에 없는 것이 정부의 책임이므로 그러한 경우에는 그것이 나의 집권 연장을 위해서 하는 것이 아니며 나라와 국민을 보호하기 위한 것이니 귀국 정부는 한국 정부의 조치를 지지해야 한다. 만일에 지지할 수 없다면 중립적 입장을 고수해야 할 것"이라고 강조했다는 것이다. 전두환 저, 민정기 책임정리, 『전두환 회고록 2: 청와대 시절, 1980-1988』(자작나무숲, 2017), 637~638쪽. 회고록이나 당시 문건에서 시거가 전두환의 정권 연장을 우려하고 있음을 공통적으로 확인할 수 있다. 다만 당시 문건에서는 군대 동원이 없을 것이라고 약속했음에 비해 회고록에서는 그 가능성을 열어 둔 것처럼 나온다. 당시 문건이 회고록보다 사실에 근접해 있다는 상식을 확인시켜 주며, 회고록에는 군대 동원 가능성을 검토한 것을 국민 보호라는 명분으로 합리화하려는 의도가 개재되어 있다.

라고 자화자찬한 뒤 "법이 정한 임기를 지키려고 하자 반대 세력이 '레임덕'으로 몰고 가고 있다"고 비난했다. 전두환은 "여야의 합의 개헌 노력을 지지한다"면서 "합의 개헌이 내 임기가 끝나기 전에 이뤄져도 좋고, 나는 시한을 두지 않을 것"이라고 말했다. 그는 또 "88년 2월까지 새로운 헌법이 등장한다면 새 헌법에 따라 권력을 이양할 것"이라면서 "그렇지 않다면 현행 헌법에 따를 것"이라고 강조했다.

전 대통령이 말한 현행 헌법의 핵심은 대통령 간선제였다. 그는 군부 동원 가능성을 언급하며 미국의 지지를 요청한 데 이어 "현행 헌법에 따라 권력을 이양할 것"이라는 기존 입장을 재차 강조했다. 여기에는 대통령 직선제 수용을 내용으로 하는 6·29 선언이라는 극적인 상황 변화를 감지할 수 있는 어떤 조짐도 없었다. 이런 상황을 종합해 보면 6월 24일까지만 해도 6·29 선언에 대해 전 대통령이 심각하게 고민하지 않고 있었다는 주장에 힘이 실린다.[52]

또한 전두환은 반정부 세력을 정치인, 공산주의자, 성직자 등 세 가지 그룹으로 분류했다. 특히 "미국의 성직자들은 낙태를 반대하지만 한국 교회에 있는 반정부 성직자들은 정부 전복을 이야기한다"고 주장했다. 만약 전두환 정권이 군대를 투입했다면 '5·18 민주화운동'을 초월하는 유혈 참극이 벌어질 수도 있었으나 정권 내부의 이견, 군 내부의 반발, 미국의 반대 등으로 최악의 비극을 피할 수 있었다.[53] 5·18

---

52   하윤해, 「[단독] 전두환 "YS·DJ의 민주화, 자신들이 대통령 되는 것"」, 〈국민일보〉(2016.6.29).
53   하윤해, 「[단독] 전두환 '6월 민주항쟁 진압' 軍 투입 검토했다」, 〈국민일보〉(2016.6.29); 「'6월 민주항쟁'이 반란?…전두환, 민주항쟁 진압 軍 투입 검토했다」, 〈서울신문〉(2016.6.29).

민주화운동의 교훈이 군부의 또 다른 모험을 자제시켰다고 할 수 있다. 따라서 1980년대 민주화에 있어 5·18의 영향력은 압도적이었다고 할 것이다. 압도적인 민중의 힘에 비추어 보면 미국의 영향력은 부차적이었다고 할 수 있다.

이 와중에 민정당 이춘구 사무총장은 1987년 6월 25일 청와대 영수회담(24일)으로 현행법에 따른 정치 일정이 중단되었으며 4·13 조치도 분명히 철회되었다고 명확히 했다.[54] 레이건 미국 대통령은 1987년 6월 24일자 일기에서 전두환 대통령이 야당 지도자들과 만났지만 아무런 합의가 없었다는 보고서를 인용했다.[55] 이렇게 미국은 한국의 6월 정치적 상황에 주목하고 있었다.

시거 차관보는 1987년 6월 25일 한국을 떠나기에 앞서 김포공항에서 가진 기자회견에서 어떤 종류의 군부 개입도 미국은 반대하며 그런 개입이 있을 것으로 보지도 않는다는 입장을 분명히 하면서[56] 군부에 재차 경고했다. 미국 정부는 "한국 내에서의 계엄령 선포 등 군부 개입을 명백히 반대하며 군부 개입 가능성이 있다고도 믿지 않는다"[57]고 말해 군부 일각의 친위쿠데타 움직임을 확실하게 제어했던 것이다. 민주당이 6월 24일 전두환과의 영수회담을 결렬이라고 선언

---

54 「현행법 따른 정치일정 중단: 민정 이총장 '4·13조치 철회분명, 여야 대표회담 공식제의」, 『동아일보』 1987년 6월 25일, 1면.

55 Ronald Reagan, *The Reagan Diaries*, edited by Douglas Brinkley (New York: HarperCollins, 2007), p. 510.

56 「미국은 군부개입 반대: 시거 이한 회견 민주적으로 선출된 정부바라」, 『동아일보』 1987년 6월 25일, 1면.

57 「시국관련 군개입가능성 없다: 시거차관보 이한회견」, 『경향신문』 1987년 6월 25일, 1면.

한 데 대해 시거는 "여야 지도자들 간에 대화가 이미 시작됐다"고 전제한 후 "대화가 계속되는 한편 민주화를 위한 진전이 이뤄져 평화적인 방법으로 문제가 해결되리라 믿는다"[58]고 말해 여야 쌍방이 자제할 것을 우회적으로 촉구했다. 결렬 선언을 했던 민주당과 신군부 측 사이의 대립을 막후 조정해 대화에 나서게 했음을 암시하는 것이었다.[59] 시거는 영수회담이 열리기 전후로 이 회담이 타협의 계기가 되기를 희망한다고도 했다.[60]

1987년 6월 25일 오전 전두환 대통령은 청와대에서 김수환 추기경과 만났다. 김 추기경이 직선제를 받아들이라고 요구하자 전두환 대통령은 모든 요구를 한꺼번에 수용하는 것은 곤란하다며 직선제 수용을 우회적으로 거부했다.[61] 이 시점에 전두환에게 직선제 수용은 한 구석으로 밀쳐놓은 최후의 대안이었을 뿐이다. 1987년 6월 25일까지 직선제는 폐기하고 싶은 대안이었다. 그러나 6월 26일 대규모 시위가 일어나자 분위기는 하루 만에 바뀌었다.

그런데 전두환은 이미 오래전부터 직선제 개헌 수용을 내부적으로 결정했다고 주장한다. 2017년에 간행한 회고록에서 전두환은 국민들의 직선제 개헌 요구가 거센 상황에서 이를 받아들이기로 결단한 후

---

58 위의 기사.
59 위의 기사. 한국을 떠나는 시거에 관한 위 보도문은 『매일경제신문』, 『동아일보』와는 대조적으로 시거가 김대중과 만났다는 사실을 보도하지 않았다.
60 정지환, 「6.29 전날 슐츠 미국장관의 발언 "우리 제안 받아들여 한국 정부 입장 변경할 것"」, 〈민중의 소리〉(2007.6.8).
61 「전 대통령 김추기경 시국요담: 전대통령 모든 요구 한꺼번에 수용은 곤란, 김추경 현상황에선 직선제 받아들여야」, 『동아일보』 1987년 6월 25일, 1면.

6월 17일 오전 10시 노태우 민정당 대표를 만나 "국민의 뜻을 받아들일 수밖에 없다면서 직선제 수용을 전제로 한 대책을 마련하라고 지시했다"고 증언했다. 이에 대해 노태우는 일언지하에 반대했다고 한다.[62]

김용갑 청와대 정무수석은 1987년 6월 18일 오전 9시 20분에 전두환에게 민심이 바닥에 떨어졌다면서 직선제 수용을 설득했고 전두환의 지시에 따라 노태우 후보를 만나 설명했다고 한다. 노태우의 측근이었던 박철언은 김용갑의 증언이 과장되었다고 주장했다. 다른 사람들도 직선제를 많이 얘기했고 노태우 캠프의 시나리오에도 직선제 수용이라는 마지막 카드가 검토되고 있었다는 것이다.[63] 만약 전두환의 회고록이 사실이라면 (박철언의 주장에 따른) 노태우의 직선제 고려는 6월 18일 이후로 추정된다.

전두환은 1987년 6월 19일 오후 2시 레이건 대통령의 친서를 가져온 릴리 대사를 만났으며 릴리는 군부대를 출동하는 일이 없기를 바란다고 했다.[64] 릴리 대사를 만난 직후 오후 5시에 청와대 별관에서 이루어진 비밀 독대에서 전두환은 노태우를 압박했다. 노태우는 직선제 수용 지시를 따르겠다면서 "직선제 수용을 포함한 민주화 조치를 건의 드리면 각하께서는 크게 노해서 호통을 치는 모습을 보여 주면 더욱 효과가 있겠습니다."라고 말했다고 한다.[65] 노태우 자신이 직선

62   전두환 저, 민정기 책임정리(2017), 앞의 책, 629쪽.
63   김규원, 「명동성당안 1천명…경찰이 해산 막아, 전두환 "군 동원" 엄포에도 국본 "6·26 강행"」, 〈한겨레〉(2007.6.10).
64   전두환 저, 민정기 책임정리(2017), 앞의 책, 636쪽.
65   전두환 저, 민정기 책임정리(2017), 위의 책, 629~633쪽.

제 수용을 주도하는 모습을 보여 정국의 주도권을 장악하겠다는 의도에서 나온 승부수이자 꼼수였다. 전두환은 자신이 민주화 조치를 끝까지 반대한 사람으로 낙인찍히는 등 권력 집착에서 헤어나오지 못하는 인물로 각인될 것을 우려하여 받아들이지 않았다. 노태우는 며칠간의 고민 끝에 호헌이나 내각제(김종필의 내각책임제, 221쪽 참고)와 같은 정치적 카드로는 국민들이 거리로 나선 현 상황을 돌파하거나 뒤집기 어렵다고 판단했던 것이다.

1987년 6월 22일 오전에 노태우를 호출한 전두환은 "국민을 속이는 연극을 해서는 국민의 용서를 받지 못할 것이니 더 이상 쓸데없는 생각 말고 사실대로 발표하자." "직선제 수용 건의를 거부하면 모든 공직과 후보를 사퇴하겠다는 말을 붙이면" 19일 오후 노태우가 제안한 방안과 효과나 호응 면에서 별반 다르지 않을 것이라고 말했다고 회고했다. 실제로 노태우는 6·29 선언에 이러한 표현을 넣었으나 6월 22일의 대화에서는 아무런 반응을 보이지 않았다고 회고했다.[66] 노태우는 김대중 사면 복권과 시위 관련 구속자 석방도 함께 하겠다고 말했다고 한다.[67]

집권 세력 내부적으로는 직선제 수용에 합의했으나 노태우 당선을 위한 전략·전술을 마련하는 중이라 아직 확답을 주지 않은 상황이었다. 따라서 1987년 6월 24일의 연쇄 단독 영수회담에서 전두환 대통령은 직선제를 요구하는 김영삼 민주당 총재에게 남은 문제는 노태

---

66 전두환 저, 민정기 책임정리(2017), 위의 책, 635,637쪽.
67 김규원(2007), 위의 글.

우 민정당 대표와 논의하라고[68] 여유를 부릴 수 있었으며 회담 성과를 거두지 못한 김영삼은 쫓기는 쪽이 되어 오찬까지 연장할 것을 제안했다고 한다. 결국 김영삼 측은 영수회담 결렬을 선언했지만 조급한 김영삼 총재와는 달리 4·13 호헌을 철회했다고 발표할 수 있었다는 것이다.[69] 김영삼은 나머지 것들은 노태우와 대화하라는 전두환의 말에 대해 격이 맞지 않는다고 생각해 "모든 책임을 지고 있는 대통령이 결심을 해야지 누구에게 미룰 성질이 아니"라고 논평했지만[70] 결렬 선언이 초래할 여론의 역풍[71]도 의식해야 했으므로 노태우와의 대화를 배제하는 것은 아니라고 여운을 주어 말해야 했다.[72]

양김의 결렬 선언에 직면한 미국은 야당을 달래서 계속 대화의 끈을 놓지 않게 했으며, 전두환 측에는 양김이 요구하는 직선제 개헌을 보다 확실하게 추진할 것을 요구해 파국을 면하게 하려고 끝까지 노력했다. "6·10 구속자 200여 명이 29일 석방될 예정"이라는 보도도 6월 25일 나왔는데[73] 이도 역시 미국의 요구에 반응한 측면이 있다. 미

---

68 「전대통령-김민주총재 대화내용: 개헌에 정치력 발휘해 보십시오」, 『경향신문』 1987년 6월 25일, 3면.
69 김규원(2007), 앞의 글.
70 「새암초 결렬선언에 우려와 실망」, 『경향신문』 1987년 6월 25일, 4면.
71 「영수회담서 정부 큰 양보」, 『경향신문』 1987년 6월 25일 5면. 정부가 큰 양보를 했다는 것은 당시 어용 신문인 『경향신문』이 과대평가한 측면이 강하다. 「모든 문제 대화통해 타협은: 6·24청와대회동 각계의 환영과 당부: 국민염원등 합의점 찾아 상호 혼란방지에 힘써야」, 『경향신문』 1987년 6월 25일, 7면.
72 「새암초 결렬선언에 우려와 실망」, 『경향신문』 1987년 6월 25일, 4면.
73 「6·10구속자 2백여명 29일석방: 검찰 나머지는 조사뒤 단계적 처리」, 『경향신문』 1987년 6월 25일, 7면.

국의 중재로 이제 민주화의 열차가 거의 출발할 조짐을 보였다고 할 수 있다.

1987년 6월 24일 오후 시거와 만나 압력을 받은 전두환은 이날 저녁 노태우를 청와대 별관으로 불러 비밀 만찬을 함께했다. 전두환은 자신에게 직선제에 반대해 달라고 노태우가 건의한 사실은 없었던 일로 하자면서도 노태우가 책임지고 발표문을 작성하면 모두 받아주겠다고 약속했다.[74] 전두환은 반대했으나 노태우가 찬성해 직선제가 추진되었다는, 일종의 짜고 치는 꼼수를 전두환은 일단 받아들이지 않았다. 노태우가 전두환을 이용해 직선제 개헌을 추진한 주도자로 부각하려는 꼼수를 전두환이 거부했던 것이다. 그렇지만 떠오르는 태양 노태우가 정국을 주도하는 구도를 마련해 주어야 미국의 강력한 단임 실현(임기 후 퇴진) 압박 속에서 노태우가 차기 리더로 부각되어 김영삼·김대중의 당선을 막을 수 있고 전두환도 같이 살 수 있다는 판단에 이른 것이 아닌가 한다. 이에 6월 25일 오전 8시 20분 노태우는 연희동 자택에서 박철언에게 직선제 수용 선언의 초안을 이미 준비시켰다는 것이다.[75]

이렇듯 전두환 회고록에는 1987년 6월 17일이라는 이른 시점에 직선제를 수용했다고 나와 있다. 그러나 직선제 수용을 결심한 이후 이어졌다는 노태우와의 결정적 만남인 19일 오후 5시와 24일 저녁 모임은 모두 보안을 고려한 비밀 모임이었다고 회고록에 기술했다. 그런

---

74 전두환 저, 민정기 책임정리(2017), 앞의 책, 639~640쪽.
75 김규원(2007), 앞의 글.

데 통상적인 청와대 모임과 달리 별관에서 가진 비밀 회합은 증거가 남아 있지 않을 가능성이 많다. 더구나 당사자인 노태우는 2017년 전두환의 회고록 출판 당시 와병 중이어서 반박 증언을 할 수 없었다. 따라서 있지도 않은 회합을 만들었다는 의심을 제기할 수도 있다. 고의적으로 날조하려 하지는 않았다고 하더라도 전두환 자신의 주도권[76]을 확대하려는 과장의 혐의는 여전히 남아 있다. 2017년 회고록에서도 6월 27일 오후 2시 6·29 선언 초안이 전재국(전두환 장남)이 배석한 전두환·노태우 3자 면담에서 극비리에 확정되었음을 인정했으므로,[77] 6월 26일이 반전의 결정적 계기였음을 간접적으로 시인했다. 전두환·박철언 등의 회고담은 자기중심적이고 결과론적인 사후 증언으로서 물증은 없으므로 결정적 증거는 위 6월 25일자 신문기사이다. 설령 직선제 수용이 검토되었다고 하더라도 아직 수용 쪽으로 방향을 튼 것은 아니었으므로, 결정적 계기는 6월 26일 시위의 확산이다.

---

76 1987년 6월 28일 아침 김성익 청와대 공보비서관은 직선제 수용 선언의 주체가 전두환이 되어 국민들 가슴속에 남아 있는 앙금들을 말끔히 씻어버릴 수 있는 기회를 잡아야 한다고 주장했다. 그러나 전두환은 다가올 선거에 도움을 주기 위해 노태우 대표를 부각시키려고 한다고 대답했다. 전두환 저, 민정기 책임정리(2017), 앞의 책, 642~643쪽.

77 전두환 저, 민정기 책임정리(2017), 위의 책, 641~642쪽. 6·29 선언 발표에 앞서 노태우 대표가 주요 내용을 정리한 보고서를 가져왔다며 회고록에 사진 자료를 공개했다.

✦✦✦
참고
김종필의 내각책임제

한국 정치에서 내각책임제는 김종필의 트레이드마크처럼 알려져 있다. 1988년 이후 김종필은 내각제를 "타협과 합의의 정치를 가능케 하는 제도"라며 좋게 평가했다.

제헌헌법을 기초하던 당시에는 내각책임제가 주조였으나 이승만에 의해 대통령중심제적 요소가 들어갔으며 이후 제2공화국에서 내각책임제가 부활했으나 김종필은 장면 내각의 무능을 이유로 이를 타도하는 데 앞장섰다. 김종필이 타도한 것은 내각제가 아니라 장면 개인이며, 당시에는 권력이 분산되어 효율성이 떨어질 수 있는 내각제보다 권력을 집중할 수 있는 대통령중심제를 선호했다. 군사정변을 주도한 김종필 세력은 몰라도 그가 제거된 후 권력을 틀어쥔 박정희 친위 세력은 권력이 분산되는 내각책임제보다는 권력이 박정희 개인에게 집중될 수 있는 미국식 대통령중심제에 기울어 있었다. 10·26 직후인 1980년 1월 김종필은 『주간한국』과의 인터뷰에서 "정부 조직은 대통령중심제가 좋다"고 밝혔고, 같은 해 3월 기자간담회에서도 "대통령은 언제라도 총리를 경질할 수 있어야 하며, 이원집정부제는 반대한다"고 밝혔다. 김종필로서는 박정희 시대 강력한 대통령 아래에서 2인자의 특혜를 누려 왔고 차기 대통령이 눈앞에 보이는 상황에서 자연스런 발언이다.

그러나 13대 대선이 끝나고 대통령 당선 가능성이 희박해지자 김종필은 1988년 1월 기자간담회에서 내각제를 주장하기 시작했다.[78] 내각제를 채택하고 있는 나라에서는 대통령이 상징적으로 국가를 대표하고 실권은 총리가 가져가는 이원집정부제를 채택하는 경우가 많으며 장면 총리-윤보선 대통령이 존재했던 대한민국 제2공화국도 대통령의 권한이 상징적인 것에 그쳤지만 총리와 양립했으므로 변형된 이원집정부제였다. 따라서 김종필의 내각제 추진도 자신의 일관된 철학이라기보다는 상황에 따라 변화하는 정치가의 공약 정도에 불과한 것이었다고 할 수 있다.

※ ※ ※

7. 6·29 선언으로 직선제 개헌 수용

1987년 6월 26일 직선제 개헌을 요구하면서 전국 37개 지역에서 시작된 '6·26 민주헌법쟁취국민평화대행진'이 27일 자정을 넘겨 계속되었다. 사상 최대 인원인 140만여 명의 학생과 시민들이 시위에 참여했다. 이날의 시위는 이제까지의 범국민적인 저항을 총결산하는 것이었다. 20여 일간 전국적으로 500만여 명의 국민이 4·13 호헌조치 철폐, 직선제 개헌 쟁취, 독재정권 타도 등 반독재 민주화를 요구했다. 국민들의 직선제 요구 시위로 경찰력이 마비되자 한국 정부는

---

[78] 장슬기, 『김종필 증언록이 말하지 않은 것들: 박정희의 2인자 JP의 역사왜곡』(미디어오늘, 2016), 54쪽.

군 투입(계엄령 선포)과 전면적인 양보 둘 중 하나를 선택해야 하는 기로에 서게 되었다.

실제로 군부는 계엄령 발동에 의한 시위의 강경 진압, 친위쿠데타에 의한 정권 연장이라는 조치를 준비해 시위대를 협박하기도 했으나 전술한 바와 같이 레이건 대통령이 직접 전두환 대통령에게 친서를 보내고 시거 차관보를 파견해 압력을 행사해 군 개입을 무산시켰다. 계엄령과 군부 개입에 대해서는 광주에서의 희생과 같은 불상사를 되풀이해서는 안 된다는 공감대가 군부 내부에도 있었다.(따라서 6·29 선언은 군의 작품이라는 주장도 있다.) 결국 직선제 수용만이 대안으로 남게 되었다.

1987년 6월 26일 시위가 더욱 확산되면서 전두환에게 직선제 개헌 외에는 대안이 없다고 판단한 시위대가 6월 27일 이후 집중적으로 직선제 개헌을 받아들일 것을 압박했다. 미국도 전두환에게 직선제 수용을 더 거세게 압박했다. 국민의 민주화 요구와 미국의 압력을 받아들이지 않을 수 없게 된 전두환은 27일 출동 대기 부대를 정상 근무로 전환하도록 지시하고,[79] 민주정의당 대표이자 대통령 후보였던 노태우를 전면에 내세웠다.

시거 국무차관보는 워싱턴에서 1987년 6월 26일(미국 시간)에 가진 기자회견에서 군부의 정치 개입은 미국이 용인할 수 없으며 전두환 대통령은 1988년 2월에 임기를 마치고 나갈 것임을 명확히 했다고 말

---

[79] 한용원, 『한용원 회고록: 1980년 바보들의 행진』(선인, 2012), 142쪽.

했다.[80] 6·29 바로 전날인 28일(미국 시간으로 27일)에는 "대한민국 민주주의 발전에 대한 상원의 지지를 확인한다"는 내용의 한국 민주화 결의안이 미국 상원 본회의에서 통과되었고,[81] 이어 슐츠 미 국무장관이 "한국 정부가 우리의 제안을 받아들여 몇 가지 중요한 사안에 관한 입장이 변경될 것"이라고 말했다.[82] 이렇게 미국은 머뭇거리는 신군부 세력에게 직선제 수용을 압박하는 결정타를 가했다.

결국 노태우는 1987년 6월 29일 직선제 개헌안에 의한 대통령 선거와 1988년 2월 평화적 정부 이양, 대통령선거법 개정, 김대중 사면 복권 및 시국 관련 사범 석방, 국민기본권 신장, 언론 자유 창달, 지방자치제 실시와 대학 자율화, 정당의 자유로운 활동 보장, 과감한 사회정화 조치 등을 포함하는 시국 수습 방안 8개항을 발표했다.[83] 이 6·29 선언('국민화합과 위대한 국가로의 전진을 위한 특별선언')은 위기에 처한 제5공화국의 마지막 선택이었으며, 이는 단순한 타협이 아니라 시민사회의 요구와 미국의 압력에 따른 불가피한 선택이었다.

1987년 7월 1일 전두환 대통령은 특별담화에서 노태우 민정당 대

---

80 「한국은 지금 역사적 분기점에 군부개입 반대 분명히 전했다: 시거 일문일답」, 『동아일보』 1987년 6월 27일, 2면.

81 이에 앞서 시거는 1987년 3월 25일 상원 청문회에서 "미국은 국민의 지지를 받는 민주주의 정부 수립을 위한 한국 국민의 노력을 전폭적으로 지지한다"는 다소 원칙론적인 '민주화 고무' 언사를 구사할 수밖에 없었다. 전두환 집권 연장 기도에 대한 미 행정부의 정책은 안보우선주의에 입각해 변화를 보였지만 의회는 비교적 일관적으로 한국 민주화를 지지했다.

82 정지환, 「6.29 전날 슐츠 미국장관의 발언 "우리 제안 받아들여 한국 정부 입장 변경할 것"」, 〈민중의 소리〉(2007.6.8).

83 「직선제 연내 개헌: 김대중씨 사면복권 구속자 석방, 노 민정대표 선언 청와대 건의, '수락안되면 후보-대표직 사퇴,' 연내 대통령선거 내년 2월 정부이양, 언기법 개폐 지방의회 구성 예정대로, 대학자율성 보장 교육자치 모두 실현」, 『동아일보』 1987년 6월 29일, 1면.

표의 6·29 제안을 전폭적으로 수용한다고 말했다.[84] 전두환 대통령의 강경 억압 전략이 민주화 타협 전략으로 선회한 것이다. 이 과정에서 1988년에 개최될 올림픽의 중요성이 고려되었다. 후안 안토니오 사마란치 IOC 위원장이 서울에서 대규모 소요가 일어나면 올림픽 개최지를 변경할 수 있다고 으름장을 놓았으므로 남한 정부는 극단적이고 무자비한 시위 진압을 자제할 수밖에 없었다는 평가도 있다.[85]

6·29 직후 양 김씨 등 야당은 후보 단일화를 통해 선거혁명을 이룰 수 있다며 6·29를 받아들이자고 주장했으나 재야 세력들은 헌법을 짓밟고 등장한 전두환 정권이 물러날 때까지 투쟁해야 한다는 군부정권 우선 퇴진론을 개진해 대립했다. 그러나 적전 분열을 우려한 재야 지도부가 단일화를 조건으로 야당의 선거혁명론을 받아들이자고 결의해 6·29를 수용했다.[86]

그런데 전두환은 야당의 대통령 후보 단일화가 무산되고, 노태우가 당선될 가능성이 높다는 정보기관의 예측을 믿고 직선제를 수용하라고 노태우에게 말했다고 한다. 만약 단일화 가능성이 높았다면

---

84 「노선언 실천 조치 지시: 전대통령 8개항 전폭수용 특별담화, 직선개헌 내년2월 정부이양, 대폭 사면복권·구속자도 석방」, 『동아일보』 1987년 7월 1일, 1면.

85 Don Oberdorfer and Robert Carlin, The Two Koreas: A Contemporary History, revised and updated third ed. (New York: Basic Books, 2014); 돈 오버도퍼·로버트 칼린, 이종길·양은미 공역, 『두개의 한국』(길산, 2014), 261쪽; Don Oberdorfer, The Two Koreas: A Contemporary History, revised and updated (Basic Books, 2001), p. 164; 돈 오버더퍼, 이종길 역, 『두개의 한국』(길산, 2002), 257쪽; Don Oberdorfer, The Two Koreas: A Contemporary History (Reading, Mass.: Addison-Wesley, 1997), p. 164; 돈 오버도퍼, 뉴스위크 한국판 취재팀 역, 『북한국과 남조선: 두개의 코리아』(중앙일보, 1998), 162쪽.

86 김규원, 「명동성당안 1천명…경찰이 해산 막아, 전두환 "군 동원" 엄포에도 국본 "6·26 강행"」, 〈한겨레〉(2007.6.10).

직선제를 받아들이지 않았을 것이고 6월항쟁은 더 많은 희생을 결과하면서 계속되었을 것이다.[87] 따라서 국민의 직선제 요구에 항복한 것으로 포장된 6·29 선언은 사실 국민의 요구에 부응한 것이 아니라 나름대로의 치밀한 계산과 공작의 결과였다. 일종의 공작정치였다고 할 것이다. 민주화 세력의 분열을 통해 자신들이 승리할 수 있다고 판단해 내어놓은 계산된 사기극이라는 것이다. 양김을 분열시키기 위한 정보기관의 공작은 선거 캠페인 기간 중 계속되어 단일화가 안 되어도 승리할 수 있다는 조작된 여론조사 결과를 제공하며 야당의 후보 단일화를 가로막았다. 당시에 양김의 분열은 매우 부정적인 것이었지만 결과적으로 이 때문에 직선제 정국으로 전환되었고, 이후 문민정부와 국민의 정부로 정권 교체가 이어져 군부의 장기 집권을 막고 군정을 종식시키는 데 간접적으로 기여했다고 할 수 있다. 인위적·정치공학적 단일화는 국민의 다양한 견해를 대변할 수 있는 다원주의·민주주의 원칙과 어울리지 않는 면도 있다.

  미국은 6월항쟁이라는 변혁적 상황에 직면해 한국의 제도권 야당을 재야 세력, 사회운동권과의 연대로부터 떼어내기 위해 애썼다. 즉 혁명을 개량화시키기 위해 여야 간의 상호 양보에 의한 대화와 타협을 신군부와 야당 양측에 동시에 주문했던 것이다. 또한 야당과 사회운동권에 폭력 사용의 위험성을 경고해 사회운동권의 폭력혁명 전략을 견제했다. 이는 사회운동 세력들이 정국을 주도하게 되면 혁명이

---

87 민동용, 「토요판 커버스토리」 '문제적 인간' 전두환: "盧, 3金 단일화 안될거라 판단… 직선제 수용하라 해", 『동아일보』 2013년 6월 29일, A4면.

발생해 공산화가 될지 모른다고 우려한 미국의 전략이었다. 야당의 선거혁명론에 사회운동권이 마지못해 동의하였으므로 미국의 혁명 개량화 전략이 결국 성공을 거둔 셈이다.

1987년 6월 9일 경찰의 최루탄에 맞아 중상을 입고 7월 5일 사망한 연세대 경영학과 이한열 학생의 장례식이 7월 9일 민주국민장으로 거행되었다. 시청 앞에 모인 1백만 명가량의 인파는 제5공화국의 즉각 퇴진과 민주정부의 수립을 요구했으며 이는 결국 7~9월의 노동자 대투쟁으로 연결되었다.

1987년 6·29 선언이 발표되자 미 하원은 노태우의 6·29 시국 수습 방안을 지지하는 한국 결의안을 통과시켰다. 솔라즈 미 하원 의원은 "적극 환영한다. 이번의 찬사는 한국민, 노태우 씨, 김영삼 씨, 김대중 씨에게 돌아가야 한다. 끝으로 미 행정부와 의회 간의 협조에 돌아가야 한다"면서 "이번 일의 주역인 시거에게 노벨평화상을 주어야 한다"[88]고 말해 시거 차관보가 배후에서 큰 노력을 했음을 암시했다. 후일 미 하원 청문회에서 아시아태평양소위 위원장 솔라즈는 한국의 6·29 선언이 미국 외교사의 커다란 업적이라고 자평했다.[89]

시거는 1987년 6월 29일 아침(미국 시간) ABC TV '굿모닝 아메리카' 프로그램에 나가 노 대표의 직선제 수락 방침을 "지극히 고무적이며 일종의 돌파구로 생각한다"고 말하고 "대통령 직선이 아마 12월에 있을 것으로 안다"고 예단했다. 시거는 다소 상기된 표정으로 "민정

---

88   정지환(2007), 앞의 글.
89   유시춘 지음, 정호기 해설, 『6월민주항쟁』(개정판)(민주화운동기념사업회, 2015), 113쪽.

당의 발표와 이에 대한 야당 정치인들의 반응으로 대단히 고무돼 있다"고 거듭 말하고 "7월 중 사태가 진전되면 한국은 매우 광범위한 지지 기반을 가진 정치체제를 갖게 될 것이며 한국말로 '민주주의의 만개'가 있을 것"이라고 언급했다. 또한 노태우 대표가 전두환 대통령과 사전에 상의하지 않았다고 주장했지만 대화와 협의가 있었을 것이라고 추측했다.[90] 이렇듯 시거의 흥분된 표정과 자신만만한 예단에서 한국의 민주화(직선제 개헌)가 그의 아이디어대로 추진되었음을 짐작해 볼 수 있다.

당시 전두환은 동기생이며 경쟁자였던 노태우가 대통령직을 승계했을 때 자신과의 차별화를 위해 전임자를 폄하할 수도 있다고 우려했다. 따라서 노태우보다는 노신영 등 자신의 부하가 대통령직을 승계하기를 바랐으나 무리수라고 생각해 친위쿠데타에 의한 집권 연장을 기도했다. 그러나 이는 더 큰 무리수였고 장기 집권의 불행한 역사를 끝장내고 7년 단임제를 구현하겠다는 자신의 공언을 파기하는 것이었다. 게다가 미국의 압력도 있고 해서 결국 자리에서 물러났다고 할 수 있다. 전두환은 11대와 12대 두 번에 걸쳐 대통령을 지냈지만 결과적으로는 5공화국 이후 (7년) 단임제를 실천했으며 자발적으로 물러난 최초의 대통령이 되었다.

전두환 전 대통령은 2012년 3월 14일 연희동 사저에서 열린 미국 예일대 경영대학원 학생들과의 간담회에서 대통령 임기 7년을 한 번

---

90 「한국의 민주주의만개 확신 대통령 선거 12월에 있을 듯 시거」, 『동아일보』 1987년 6월 30일, 1면; 「한국내 모든 '상황' 전폭지지, 여 선언과 야 반응에 크게 고무받아: 시거 차관보 ABC 대담 요지」, 『동아일보』 1987년 6월 30일, 5면.

더 연장하려 했다고 말했다.[91] 이에 대해 허화평 전 보안사령부 비서실장은 2012년 3월 27일에 방송된 종합편성채널 『TV 조선』과의 인터뷰에서 농담이라고 단정 지었다.[92] 당시 거의 모든 정부 관계자들은 전두환 대통령이 5공화국 출범부터 물러나는 날까지 7년 단임제 공약을 준수해야 한다는 신념을 가지고 이를 실천했다고 증언했다. 그러나 이들은 증언 당시 친위쿠데타 사실을 기억하지 못했을 가능성이 크며 결과론적 사후 증언의 왜곡일 가능성이 높다.

한편 1984년 정구호 경향신문 사장의 지휘 아래 윤상철(주필)·양동안(비상임논설위원)·장연호(정경연구소기획위원) 3인이 '88년 평화적 정권 교체를 위한 준비연구'라는 제목으로 '전두환 장기 집권 시나리오'를 구상했다고 한다. 이 시나리오는 정구호 사장이 청와대에 보고한 것으로, 1988년 11월 국회의 5공비리조사특위의 정구호 사장 조사 과정에서 드러났다. 이 문서에 의하면 2000년까지 민정당의 집권을 도모했다.[93]

이렇듯 다른 사료와 증언들을 교차 비교할 때 임기 연장 기도는 사실일 가능성이 더 높아진다. 전두환은 실제로 1987년에 "나는 다음다음 선거에서 다른 정당이 잡는 것은 무방하다고 봐요. 그러나 1991년

---

91 「[특별방송] 전두환 전 대통령 첫 육성 증언」, 〈JTBC 뉴스〉(2012.3.15).
92 「최-박의 시사토크 '판' 67회: 허화평 미래한국재단 이사장」, 〈TV조선〉(2012.3.27).
93 「장기집권시나리오 '88연구' 정구호씨 주도 84년 작성」, 『동아일보』 1988년 11월 12일, 1~2면; 「전두환 '장기집권시나리오'는 이렇다」, 『한겨레신문』 1988년 11월 13일, 5면; 「전두환 '장기집권시나리오'는 이렇다」, 『한겨레신문』 1988년 11월 13일, 5면; 「장영호씨가 밝히는 '전두환 장기집권 시나리오' 점모: "정구호씨 단독 청와대 보고했다"」, 『한겨레신문』 1988년 11월 17일, 5면; 고나무, 『아직 살아있는 자 전두환』(북콤마, 2013), 23~25쪽.

까지는 그대로 가야 돼요."라고 말했다.[94] 실제로 1노3김의 구도하에 1987년 12월 16일 제13대 대통령 선거가 치러짐으로써 전두환의 희망이 실현되었다. 2000년까지의 집권 도모도 1990년 1월 22일 이루어진 3당 합당을 통해 거의 구현되었다.(1998년 2월까지 집권 달성)

8. 6월민주항쟁의 성공 요인 분석

1987년 6월 중순부터 시위가 과격화되자 미국은 한국 정치에 적극적으로 개입했는데 크게 세 가지 방식으로 개입을 시도했던 것으로 분석된다. 첫째로 6월 13일 명동성당 사태에 대해 릴리 대사가 전두환에게 직접 평화적으로 해결할 것을 권고했고, 둘째로 6월 19일 릴리 대사가 전 대통령에게 레이건 대통령의 친서를 전달했는데, 이 친서는 일반적인 성격의 편지였으나 군사 개입보다 정치적 해결을 요구한다는 내용이었다. 마지막으로 6월 23일부터 25일까지 미국 고위급 특사 시거가 서울에 파견돼 한국의 당국자와 직접 협의했다.

미국 언론들은 1987년 6월의 위기 상황을 연일 대서특필했으며 미 상·하원 공히 한국의 민주화를 요구하는 결의안을 만장일치로 통과시켰다. 그 결과 1987년 6·29 선언이 도출됐고, 결국 한국 정치를 민주화하는 데 미국이 일정한 역할을 했다고 할 수 있다. 대부분의 미국

---

94 김성익, 『전두환 육성증언』(조선일보사, 1992), 468쪽.

관리들은 군부의 개입을 강력하게 반대하기는 했지만 구체적인 정책적 조치를 한국 정부에 주문하지는 않았다. 단순히 대화와 타협을 종용했던 것이다. 따라서 노태우의 6·29 선언에 대해 대부분의 미국 관리들도 놀랐다고 한다.[95] 그러나 고위층들은 심사숙고 끝에 작성된 확고한 목표에 따라 매우 효율적으로 압력을 가했으며 결국 집권 연장을 위한 친위쿠데타를 무산시키는 데 성공했다. 오버도퍼는 필리핀의 마르코스의 마지막 통치 기간과 비교하면 한국은 미국이 훨씬 덜 개입했던 예라고 평가한다.

제임스 릴리 주한 미국대사는 1989년 1월 3일 임기를 마치고 한국을 떠나면서 김포공항에서 가진 기자회견을 통해 "미국은 한국에 대한 정책에 있어서 이제까지 많은 실수를 저질러 왔다"고 시인하고 "그러나 미국의 정책이 선의를 가지고 긍정적인 역할을 해 왔다는 것을 평가해야 한다"고 말했다.

그런데 한국의 주요 신문에서는 릴리 대사가 '광주에서의 실수 인정'이나 '선의를 가지고 추진된 미국 정책에 대한 긍정적 평가 요망' 등을 말한 사실이 제대로 보도되지 않았으며 미군의 계속 주둔에만 초점을 맞추었다.[96] 다만 『동아일보』 1989년 1월 4일 기사에 비교적 자세한 보도가 이루어졌다. 반미 감정에 대해 묻는 기자의 질문에 릴

---

95 돈 오버도퍼, 「1987년 위기에 있어서 미국의 대한정책」, 한승주 편, 『전환기의 한미관계』(서울국제포럼, 1988), 230쪽.
96 「북측 위협있는 한 미군 주둔: 릴리 미대사 이한 회견」, 『동아일보』 1989년 1월 4일, 2면; 「한국민 원하면 미군 계속주둔: 릴리대사 이한 회견」, 『경향신문』 1989년 1월 4일, 1면; 「한국민 원하면 미군 계속주둔: 릴리대사 이한 회견」, 『매일경제신문』 1989년 1월 4일, 1면.

리는 "소외는 한국만의 특수한 현상은 아니다. 소외감이 반미 감정으로 도는 것은 아마 미국이 가장 덩치가 크기 때문일 것이다. 미국은 한국전쟁 때 청진까지 올라가서 수많은 생명을 잃었다. 그런데도 일부에서 통일을 이루지 못한 데 대한 책임이 미국에만 있다고 주장하는 것은 맞지 않는다." "분단과 한국전쟁, 1948년의 제주사태 그리고 광주사태에 이르기까지 역사를 객관적 사실에 기초해서 봐야 한다. 역사에 대해 정통한 논의가 중요하다"고 대답했다. 반미 감정과 광주 문제에 대해 언급했음을 확인할 수 있다.

한편 『한겨레신문』 1989년 1월 5일자 기사에서는 릴리 전 대사가 "미국은 한국에 대한 정책에 있어 이제까지 많은 실수를 저질러 왔다"고 시인하고 "그러나 미국의 정책은 선의를 가지고 긍정적인 역할을 해 왔다는 것을 평가해야 한다"고 말했다고 비교적 사실에 충실한 보도를 하고 있다. 그다음 부분에서 "북한 전력이 남한보다 강한 상황에서 군축이니 주한 미군 철수 문제를 거론하는 것은 아직 이르다."라고 매듭을 지었다.

릴리 대사는 미국의 태도에 실수가 있었음을 일부 시인하면서도 1987년 이후 한국의 자유화에 미국이 긍정적인 역할을 했다고 평가해, 미국이 과거의 일부 실수를 시정하고 올바른 방향을 취했다고 자평했다. 미국 학계에서도 미국 정부의 공식 입장을 따라 미국이 의도적으로 독재정권을 지지한 것이 아니라 단지 실수한 것이라는 평가가 지배적이다.[97] 1987년 한국 정치의 전환기에 행한 미국의 적극적

---

97 예를 들어 다음 글에서는 '미국의 실수'라는 소제목하에 서술하고 있다. Sam Jameson,

개입은 1979~1980년의 실책을 만회하려는 시도였다. 이렇게 레이건 대통령 등 미국의 압력이 대규모 유혈사태를 막았다고 할 수 있다.[98]

그런데 후계자였던 노태우로 대표되는 군부 내 온건파(이기백 국방장관과 오자복 합참의장, 당시 강경파 장세동을 퇴진시키려고 동반해서 퇴진했던 정호용, 육사 15기 민병돈 특전사령관,[99] 육사 20기 준장급 장군 등)가 광주에서의 경험을 되풀이하지 않으려고 적극적으로 반대했던 것이 더 크게 작용했다는 평가가 있다. 내부적 동력을 외세의 압력보다 중시하는 역사학자 서중석 교수는 박정희와 같이 되어서는 안 된다고 생각한 전두환이 스스로 군 동원이라는 무리수를 철회했으며 릴리

"Reflections on Kwangju," Henry Scott-Stokes and Lee Jai Eui, eds., *The Kwangju Uprising: Eyewitness Press Account of Korean's Tiananmen* (Armonk, NY: M. E. Sharpe, 2000), pp. 79-81. 같은 책의 한국인이 서술한 부분에서는 '미국의 책임'이라는 소제목하에 서술되고 있다. Lee Jai Eui, "Operation "Fascinating Vacations," Henry Scott-Stokes and Lee Jai Eui, eds., *The Kwangju Uprising: Eyewitness Press Account of Korean's Tiananmen*, pp. 33-37.

98 홍성철, 「두 번째 친위쿠데타도 미국이 막았다: 전두환 정권 6·10항쟁 때도 쿠데타 계획」, 『일요서울』(2005.8.21).

99 1987년 6월 19일자로 준비된 '작전 명령 제87-4호' 철회를 민병돈 특전사령관이 고명승 보안사령관을 통해 전두환 대통령에게 건의하는 등 반대했다고 한다. 김성동, 「[金成東의 인간탐험] 거리의 투사로 나선 前 육사 교장 閔丙敦 장군: "국군은 헌법의 수호자이다"」, 『월간조선』(2004.9). 민병돈은 만약 대통령이 건의를 무시한다면 즉시 휘하 707대대로 청와대를 점령하는 쿠데타를 감행할 계획이었다. 이미 도상 연습도 마쳤고, 방송용 대국민 성명서도 작성한 상태였다. 당시 가까운 후배들로 이뤄진 수도권 부대 지휘관들의 동조도 자신했다는 것이다. 「함영준의 사람과 세상」 6·29 직전 軍 출동, 쿠데타 각오하고 막후서 저지」, 〈중앙선데이〉(2014.7.20); 함영준, 『내려올 때 보인다』(쌤앤파커스, 2015), 21쪽. 당시 전두환 대통령은 고명승 보안사령관에게 군 동원에 대한 의견을 물었다. 그는 연대장 급이 반대하고 있다고 군심을 전했다. 전두환이 민병돈 특전사령관에게 개인적인 생각을 묻자 그도 반대했다. 믿었던 민병돈의 답에 전두환은 "특전사령관이 반대한다면 할 수 없지"라고 했다고 한다. 이들의 의견이 전두환의 뜻을 꺾는 데 일조했다고 한다. 김국헌, 「민병돈, 원칙주의자 '민따로' 1987년 6월 전두환 계엄선포 반대」, 〈The AsiaN〉(2020.11.22).

등 미국은 뒷북쳤을 뿐이라고 평가 절하했다.[100]

그런데 군부 동원 등 강경책 철회는 미국의 힘과 노태우 그룹의 영향력, 전두환의 결단[101]에다가 민중의 요구 등이 복합적으로 작용한 결과였다는 것이 필자가 내세우는 '복합사관'의 주장이다. 민중사관에서는 민중이 가장 큰 동력이며, 군부 입장에서는 자신들의 결단이 가장 큰 힘을 발휘했다고 주장한다. 같은 군부 내에서도 전두환, 노태우는 각각 자신의 영향력을 강조한다. 미국은 한국 민주화를 자국이 견인했다고 평가할 것이다. 종합적으로 보면 국민(민중)의 힘이 주요 동력이었고 미국의 압력이 다음 부차적 요인, 그리고 이 두 가지에 요인에 압도당한 집권 세력의 결단이 그다음 부차적 요인이었다고 할 수 있다.

미국은 1980년 광주에서의 실패를 교훈 삼아 이번에는 비교적 성공했다고 할 수 있다. 보수주의자였던 레이건 대통령은 카터 대통령보다 훨씬 적극적인 민주화 정책을 구사했다.[102] 여기에는 레이건 집권 말기인 1987~1988년 국제정세의 최대 쟁점인 소련(1985년 소련 공산당 서기장으로 취임한 고르바초프)의 개혁·개방(페레스트로이카·글

---

100 서중석, 『6월항쟁: 1987년 민중운동의 장엄한 파노라마』(돌베개, 2011), 554~568쪽.
101 박철언은 "6·29선언은 전두환 대통령이 먼저 제의했고 노태우 민정당 대표위원은 그것을 수용했지만 노태우 대표가 기득권을 포기하고 과감하게 그것을 수용했다는 점에서 노 대표가 주역임은 분명하다"고 회고했다. 「구술: 박철언」, 연세대학교 국가관리연구원 편, 『한국대통령 통치구술사료집 3: 노태우 대통령』(선인, 2013). 한편 신현확은 자신의 권고를 받아들여 노태우가 주도적으로 결정했다고 증언했다. 신현확·신철식, 『신현확의 증언: 아버지가 말하고 아들이 기록한 현대사의 결정적 순간들』(메디치미디어, 2017), 363~368쪽.
102 스테판 해거드, 「1980년 광주 물줄기 바꾼 미 '체로키 작전'」, 『중앙일보』 2017년 10월 13일, 33면.

라스노스트) 제창과 동구의 자유화운동 시작에 따라 레이건 집권 전기의 주류 이념인 보수주의가 자유주의와 연대하여 미세하게 좌클릭한 것이 배경으로 작용했다고 할 수 있다. 레이건 집권 1기에는 대소(對蘇) 관계 면에서 강경 보수 반공정책을 펼쳤지만 2기에는 대소 유화정책으로 수정해 동유럽에 자유의 바람을 불게 만들었고 냉전 해체의 초석을 놓았으며 결국 후임자인 조지 부시 행정부 시절 소연방의 몰락을 유발했던 것이다.

안정과 민주화가 충돌할 때 보수주의자들은 일반적으로 진보주의자들보다 안정을 더 선호한다. 그런데 1987년 레이건은 민주화를 추구했고 1980년 카터는 안정을 추구하는 다소 모순적인 상황이 벌어졌다.[103] 상대적으로 다소 진보적이었던 카터 행정부 때에는 전두환이 미국에 맞서 저항하려는 경향이 있었으나 보수적인 레이건 행정부와는 비교적 코드가 잘 맞아 오히려 틈이 보이지 않았기 때문에 전두환 측이 양보하는 것 외에 별다른 대안이 없었다. 레이건 행정부 때에는 양측이 마지노선까지 솔직하게 보여 주는 '갈 데까지 가 보자'는 식의 신경전을 벌일 여지가 없었던 것이다.

---

103 물론 1987년에 레이건은 한국이 민주화가 되지 않으면 안정을 해칠 수 있다고 판단했으므로 궁극적으로는 안정 추구를 위해 민주화 세력의 편에 섰다고 할 수 있다. 반면에 1979년 12·12 사태와 1980년 5월 광주민주화운동 당시 카터는 북한의 남한 소요 상황 이용을 우려해 안정을 추구했다. 전두환 제거를 검토만 하고 실행하지 않으면서 독재를 묵인했던 것이다. 이런 점에서 미국은 보수나 진보 모두 미국의 안보이익 즉 안정(국가이익)이 최고의 목표라고 할 수 있다. 그런데 1980년 5월 한국은 특수한 긴급 상황이었으므로 미국 정계의 보수·진보를 불문하고 진압을 묵인했다. 따라서 당시 카터의 묵인이 어울리지 않는다고 볼 수만은 없다. 카터가 직면한 상황은 미국의 입장에서 너무 큰 위기였으므로 인권을 고려할 수 없었으며 만약 레이건이 당시 집권했다면 더 적극적으로 안정을 택했을 것이다. 광주민주화운동은 미국 대통령의 개인적 성향에 관계없이 이를 압도적으로 규정할 수밖에 없는 큰 구조적인 사건이었다.

글라이스틴은 회고록에서 레이건 행정부가 침묵을 깨고 시의적절하게 공식 입장을 밝혀 전두환 정부에 대해 민주개혁을 요구했으며, 그중 하나가 공명선거 달성을 위해 인내와 타협을 촉구한 레이건 대통령의 정중하면서도 분명한 의지가 담긴 친서였다고 긍정 평가했다. 그런데 미국의 행동이 도움이 되긴 했지만 한계도 있었다. 역시 정치 변혁의 원천은 한국 내부에서 나왔다. 그중에서 국민(민중)이 제1주체이며 집권 세력은 국민의 의지에 따라갈 수밖에 없는 그다음 2주체였다. 1987년의 정치 쟁점은 '전두환의 후임자를 직접선거로 뽑느냐 아니면 군부 통치를 지속할 것이냐'였다. 1980년과는 달리 급격히 확장된 중산층이 7년간의 권위주의 통치를 혐오했고 필리핀의 마르코스 몰락을 상기해 학생들을 전폭적으로 지지하면서 시위에 함께 참여한 것(소위 넥타이 부대 - 인용자)이 더 중요한 성공 요인이었다고 글라이스틴은 주장했다.[104]

6월민주항쟁은 대학생과 지식인, 노동자, 도시빈민을 중심으로 하는 기존의 사회운동 세력에다가 그전까지만 해도 방관자의 위치에 있던 중산층이 참여해 그 역량이 합해져 전두환 정부의 권위주의적 권력 유지를 저지시켰다는 점에서 그 의의가 크다. 해외 많은 언론들은 6월항쟁을 '한국 중산층의 반란'이라고 표현했다. 1987년 6월 한 달 동안 시간이 가면 갈수록 야당과 재야 세력의 저항과 시위가 더욱

---

104 William H. Gleysteen, Jr., *Massive Entanglement, Marginal Influence: Carter and Korea in Crisis* (Washington, DC: Brookings Institution Press, 1999), p. 192, 196; 윌리엄 H. 글라이스틴, 황정일 역, 『알려지지 않은 역사: 전 주한미국대사 글라이스틴 회고록』(중앙 M&B, 1999), 269, 276쪽.

격렬해지고 일반 국민들의 체제에 대한 냉소는 급속히 증가되었다.

1980년 80만 시민이 거주했던 광주는 지역적인 한계를 가졌으나, 1987년 6월에는 서울을 중심으로 한 수도권과 전국에서 동시다발적으로 퍼져나갔으며 중산층까지 포함한 시위대는 계엄령을 두려워하지 않았다. 1,000만 수도권의 저항을 진압하기 위해 동원해야 하는 병력은 신군부가 보유하고 있는 힘을 넘어서는 것이었다. 따라서 전두환은 계엄령 발표 등 무력 진압 계획을 검토했으나 스스로 접었으므로 국민들의 힘에 밀렸다고 할 수 있다.[105] 6월민주항쟁은 결국 직선제를 관철시켜 1980년대 정치사의 한 획을 긋는 큰 사건으로 평가되지만 군부 지배의 종식을 가져오지는 못했으며 민주개혁의 전망을 확실하게 얻어내지는 못했으므로 시민운동의 한계가 지적되기도 한다.

미국의 전두환 제거 구상은 1980년 카터 행정부에서 논의된 여러 옵션 중의 하나였으며 도상작전에 그쳤다. 이후 레이건 행정부에서 이 구상을 이어받지 않았으므로 1987년 전두환의 집권 연장을 무산시키려는 미국의 공작은 카터 행정부의 전두환 제거 구상의 직접적인 연장선에 있지는 않다. 보수주의자인 레이건 대통령은 카터와는 달리 전두환을 직접 제거하려 하지 않았으며 민주화를 요구하는 한국인들의 목소리에 귀를 기울이려고 하지도 않았다. 한국 민주화나 인권 개선이 레이건 행정부의 중점 과제가 아니었던 것이다. 그렇지만 민주화 추구를 통해 냉전의 최전방 한국을 지키려는 미국의 전략적 구상은 레이건 행정부에서도 일관되어 있었다. 반공과 안전 보장

---

[105] 유시춘 지음, 정호기 해설, 『6월민주항쟁』(개정판)(민주화운동기념사업회, 2015), 114~115쪽.

이라는 외교 정책의 최고 목표 달성을 위해 한국 정치의 민주화라는 수단을 선택했다는 면에서 미국의 외교 정책은 일관적이다. 이러한 일관성에 입각해 레이건 행정부는 전두환의 집권 연장을 막고 정치 민주화를 요구하는 한국인들의 손을 들어 소련에 맞서는 반공정권을 유지하려 했던 것이다. 따라서 1987년 레이건 행정부의 전두환 집권 연장 저지는 카터의 전두환 제거 구상의 직접적 결실이 아니라 우회적 간접 결실이라고 할 것이다. 카터의 전두환 제거 구상이 시차를 두고 레이건에 의해 결실을 맺었던 것이다.

그런데 집권 연장이 무산된 이후 마지막 순간까지 전두환은 그 집착을 버리지 않았다. 집권 전 자신은 결코 중임하지 않겠다고 단언했었지만, 막상 임기 말이 되자 퇴임 후에도 국가원로자문회의의 의장으로서 노태우 위에서 상왕처럼 군림하는 것을 구상했다. 이를 위해 퇴임 직전인 1987년 12월 전두환은 군부 핵심 요직들에 자신의 직계 충복들을 깔아 두었으며, 버마 아웅산묘소 폭파사건(1983년 10월 9일)으로 순직한 수행원 유족들을 지원하기 위해 국민 성금으로 설립한 일해재단의 영빈관 건물(1985년 건립)을 퇴임 후 자신의 거처로 활용하려고 했다. 정권을 이양하는 시기임에도 노골적으로 자신의 세력을 다지는 군 인사를 행하며 의도를 내비친 것이었다. 자신의 충복 육군참모총장 박희도의 임기가 끝났음에도 1년 더 유임시키는 것을 시작으로 합참의장에 최세창, 3군 사령관에 고명승, 기무사령관에 최평욱, 수방사령관에 김진영 등 자신이 키워 온 하나회 내 전두환 직계들을 군부 핵심 요직에 중용했다. 수도권 군사령관인 3군 사령관, 군을 감시하는 기무사령관, 수도를 지키는 수방사령관은 정권의 안전과 직결된 핵심 요직들이다. 전두환, 노태우 정권에서 이 세 보직만은 절대적으로 하나회가 독점했다. 쿠데타 시 병력 동원에서 유리한 위치에 있던 특전사령관도 전두환계인 민병돈이 유임되었으므로, 마음만 먹으면 또다시 쿠데타를 일으킬 수 있는 상황이었다. 정권을 넘겨주긴 하지만 언제든지 다시 개입할 수 있다는 의도를 드러낸 군 인사 배치였다.

+++
참고
하나회의 분열과 몰락

1988년 6월, 노태우는 취임 후 첫 번째 군 장성 인사에서 5공 청산에 대한 국민 여론을 명분으로 박희도 참모총장을 경질하고 전두환계 군맥 제거 작업을 시작했다. 그 후 1년 안에 합참의장 최세창, 특전사령관 민병돈, 기무사령관 최평욱, 수방사령관 김진영, 참모차장 권병식, 5군단장 정만길 등을 차례차례 한직으로 좌천하거나 예편시키고, 자리가 빈 요직들에 그동안 소외되었던 자신의 직계 장교들을 배치해 군을 장악했다. 군 외에서도 노태우는 국민 여론을 핑계로 전두환을 백담사로 귀양 보냈고, 5공 청문회 등을 활용하여 장세동, 이학봉 등 전두환의 충복들을 구속시켰다. 전두환계는 반발했지만 국민 여론을 등에 업은 노태우에게 당할 수밖에 없었다.

17기 선두주자이자 자타가 공인하던 차기 육군참모총장 후보였던 김진영은 불만을 드러내다 수방사령관이라는 실세 자리에서 한

직인 교육사령관으로 쫓겨났다. 특전사령관에서 쫓겨나 육사 교장으로 갔던 민병돈은 육사 졸업식에서 임석해 있던 노태우의 북방정책을 강하게 비난하고 경례조차 하지 않아 그 후 예편당했다. 15기 선두주자 고명승은 3군 사령관 임기가 끝나자마자 영전 없이 전역해야 했다. 16기 선두주자 최평욱 역시 좌천 후 예편당했다. 빈자리는 노태우의 직계 군맥, 이른바 '9·9 인맥'들이 차지했다. 전두환 정권에서 노태우를 견제하느라 밀어냈던 그들이 급부상하여 승승장구했다.

9·9 인맥에는 비하나회, 비육사 출신도 더러 포함되어 있었지만 역시 주류는 하나회 내 노태우계 장교들이었다. 대장 4차 진급자임에도 참모총장을 차지한 15기 이진삼, 합참의장 16기 이필섭, 특전사령관과 1군 사령관을 역임한 17기 이문석, 수방·기무·3군 사령관을 모두 역임한 18기 구창회, 기무사령관을 거쳐 1군 사령관이 된 18기 조남풍, 수방사령관을 역임한 19기 김진선과 20기 안병호가 대표적인 9·9 인맥 내 하나회 장교들로 전두환계를 제치고 승승장구했다.

살아남은 전두환계와 노태우계 사이에 암투가 벌어졌고, 대표적으로 노태우 직계 김진선이 지나치게 전두환계 하나회를 공격하다가 금족령까지 받았다. 또한 전두환계 국방장관 이종구와 노태우계 수장인 참모총장 이진삼은 인사권 문제를 두고 서로를 비난하며 극렬하게 대립했다. 하나로 똘똘 뭉쳐 대한민국을 장악했던 하나회도 권력 때문에 분열했다. 자신들은 '구국의 결단'으로 12·12 군사반란을 일으켰다고 하지만 그들이 무엇을 위해서 반란을 일으켰는지, 왜 하나회를 조직했는지 이것으로 잘 알 수 있다.

노태우는 임기 말이 되자 전두환계에 유화적인 스탠스를 취해 하나회를 단결시키려 했다. 자신이 좌천시킨 전두환계 핵심 김진영을 복권시켜 참모총장에 발탁했고, 기무사령관에도 전두환계 서완수를 임명했다. 3당 합당 이후 노태우와 민정계는 김영삼 외에는 김대중에 대항할 만한 마땅한 후계자를 찾을 수 없었다. 어쩔 수 없이 김영삼을 대선 후보로 선택했고 그가 대통령으로 당선되었다. 노태우 임기 말에도 여전히 하나회가 군내 핵심 요직들을 장악해 놓은 상태였다. 하나회 조직으로 군부를 장악한 노태우는 쿠데타 가능성 때문에 김영삼이 자신을 치지 못하리라 생각했고, 세간에서도 김영삼이 하나회 세력과 불편한 동거를 지속할 수밖에 없다는 예상이 지배적이었다. 그러나 김영삼은 취임하자마자 전두환계와 노태우계를 가리지 않고 하나회 전체를 제거했다.

※ ※ ※

9. 야권 분열로 인한 군정 종식 실패

1987년 7월 2일 노태우는 김영삼 야당 총재와의 첫 공식 회동에서 개헌 협상 재개 방향 등 의견을 교환했다. 1987년 7월 8일 법무부는 김대중 등 2,335명을 사면 복권하고, 시국 관련 사범 357명을 가석방 또는 형집행정지로 석방했다. 1987년 10월 27일 대통령 직선제의 내용을 담은 여야 합의의 새 헌법 개정안이 국민투표에서 93.1%로 확정되었다. 김대중은 4자 대결에서 승리할 수 있다고 자의적으로 예측해 자신의 출마를 바라는 것이 여론이라고 오인했으며 민주통일민중운동연합(약칭 민통련) 등 재야의 비판적 지지론에 기댔고, 김영삼은 자신의 지지율이 더 높다고 판단해 김대중이 불출마 약속을 지키지 않는다고 비판하면서 결국 두 사람은 후보 단일화를 이루지 못하고 나란히 대선에 출마했다.

1987년 11월 29일 오후 2시 승객 115명을 태우고 이라크의 바그다드에서 서울로 오던 대한항공 여객기(KAL 858)가 버마 안다만해 상공에서 폭발해 추락했다. 정부는 대한항공기 폭파 혐의자 김현희를 1987년 12월 14일 밤 9시 40분 바레인 국제공항에서 서울로 이송해 대통령 선거 전날인 1987년 12월 15일 오후 2시 5분 김포공항에 도착하게 만들었다. 북한 공작원에 의해 저질러진 이 사건으로 북풍이 불자 민심은 불안해했으며 안보를 강조하던 군 출신 후보 노태우에게 유리하게 작용했다.

2019년 3월 31일 제26차로 공개된 대한민국 외교문서[106]에 의하면 당시 바레인에 급파되어 대통령 선거 전날인 1987년 12월 15일까지 김현희(일본명 하치야 마유미)를 인수하는 임무를 부여받았던 박수길 외무부 1차관보는 바레인에서 12월 7일 첫 전문을 보냈다. 국가안전기획부 수사팀이 김현희 압송 일정으로 10일 밤 출발, 11일 밤 출발, 12일 가능한 시간에 출발 등 세 가지 안을 마련해 바레인 측에 비

---

[106] 「제26차 외교문서공개목록(1988)」, 〈외교부 외교사료관〉(2019년 3월 31일 공개).

공식적으로 제시하고 있다는 보고 내용을 담았다. 그러나 12월 10일이 되도록 바레인 정부는 확답을 주지 않았다. 박수길 1차관보는 12월 10일 외무장관(박상용 차관 친전)에게 다음과 같은 전문을 보냈다.(12월 10일 22시 12분 외무부 수령)

  1. 금일 본직은 MOHAMED BIN KHALIFAAL KHALIFA 내무장관과 1시간 동안 면담한바, 면담 중 동인은 본직에게 한국이 대통령 선거로 인하여 극히 바쁜 중에 바레인을 방문했으므로 조속 귀국하여야 할 것으로 이해한다 운운하면서 선거를 의식한 발언을 한 바 있음.(동 면담 상세 내역은 추후 별도 보고 예정임)

  2. 한편 일측 소식통은 금일 실종 칼기 기체 발견 전에는 주재국 정부가 마유미를 한국 측에 인도치 않을 가능성이 많다고 제보한 바 있음.

  3. 당지에서 감촉되는 바로는 마유미의 인도에 관한 미국의 입장이 DELICATE한 것으로 생각되는바, 야당이 정부가 KAL기 사건을 정치적으로 이용한다고 비난하고 있음에 비추어 경우에 따라서는 주한 미국대사관의 의견에 따라 마유미의 인도가 선거 이후로 되도록 미국이 바레인 측에 작용했을 가능성도 완전히는 배제할 수 없으니, 마유미의 인도 문제와 관련하여 미국 측에 너무 소상한 INFORMATION을 주지 않는 것이 좋을 것으로 사료되오니 참고하시기 바람. 끝.[107]

[107] 「박수길 외무부 1차관보가 외무장관에게 보낸 전문」(바레인, 1987.12.10),『대한항공(KAL) 858기 폭파사건: 사고조사 및 원인규명, 1987-1988, 전6권』(동남아과/서남아과/동북아1과/중근동과, 1987~1988 생산), V.4(김현희 인도 관련 한·바레인간 교섭), 대한민국 외교부 공개 외교문서(2019); 김성수,「"대선 전에 김현희 압송"…비밀 외교문서로 본 '무지개 공작'」,〈뉴스타파〉(2019.3.31).

박수길 차관보는 대통령 선거 이전 김현희의 송환이 노태우 당선에 유리하게 작용할 것을 우려한 미국이 대통령 선거일 이후로 송환을 늦추려 공작한다고 판단했던 것이다. 박 차관보는 미국이 군부 출신 노태우가 아니라 민간인 후보의 당선을 원해서 인도 지연 공작을 했을 가능성을 우려했다. 미국의 이러한 공작이 사실일까? 이에 대해서는 사료 비판이 필요하다. 만약 사실이라면 전두환 제거 작전의 연장선상에 있는 일종의 '노태우 후보 제거 작전'인 셈이다.

미국의 정보기관이 마음만 먹으면 김현희의 인도를 선거 이후로 미루는 것은 그렇게 어렵지 않았을 것이다. 그러나 그렇게 하지 않았던 것이 팩트이며 박수길 차관보는 그렇게 할 것을 우려했을 뿐이다. 결과적으로 미국은 김현희의 조기 송환을 막지 않았고, 작전이 있었다고 하더라도 그렇게 강력하지는 않았으므로 영향력을 행사하지 않았던 것으로 추정된다. 다만 한국 집권 세력 내부에서는 미국이 영향력을 행사할까 봐 의식했다고 할 수 있다. 미국 정보기관은 한국 정부의 조기 송환 총공세를 대체로 방관했으나 오히려 한국 정부가 실체가 불분명한 미국의 조기 송환 지연 공작을 과민하게 의식한 것으로 해석할 수 있다.

한국 정부는 미국이 막판에 불어 닥친 '김영삼 바람'이 북풍 때문에 잠잠해질 것을 우려해 송환을 미루려고 마음 먹을 것을 우려했으나 미국은 한국 정부의 적극적 공세를 알고 실행하지 않았을 가능성이 있다. 또한 안정과 안보를 강조하는 미국 정보기관의 보수주의자들이 민주화를 선호하는 국무부 내의 리버럴과는 달리 노태우의 당선을 원해 송환을 적극적으로 막지 않았을 가능성이 높다. 다만 미국의 바레인 주재 정보요원들은 본국 정부에 확인하기 위해서 송환을 연기시켰을 가능성이 있다. 1987년 12월 12일 바레인 측은 김현희를 내주기로 결정했다. 그런데 12월 13일 바레인 정부가 돌연 김현희의 신병 인도를 안전상의 이유로 24시간 연기하겠다고 통보해 왔다. 박 차관보의 보고 전문에 따르면, 바레인 내무장관은 뚜렷한 이유를 밝히지 않은 채 보류를 통보한 것이다.[108] 만약 14일 오후까지 바레인 정부가 신병 인도를 최종 결정하지 않는다면 김현희를 대선 전날인 15일까지 서울로 데려오는 것은 불가능해지는 상황이었다. 그러나 결국 바레인 정부는 14일 저녁 6시 35분 김현희의 신병 인도 결정을 최종 통보했다.[109]

결국 1987년 12월 16일 제13대 대통령 선거에서 828만 표를 얻은 노태우 민정당 후보가 633만 표의 김영삼과 611만 표의 김대중, 182만 표의 김종필을 꺾고 당선되었다. 다음 날 통일민주당과 평화민주당 양당은 선거가 무효라며 투쟁에 나서기로 결정했다. 12월 19일 레이건 대통령은 한국의 야당에게 국민 화합과 정치 안정을 위해 노태우 후보의 당선을 받아들이라고 촉구했다.[110] 1987년 12월 10일 시거 차관보는 한국 대통령 선거를 일주일 앞두고 "결과를 무시하면 비난받을 것이고 누가 되든 국민의 대통령이다."라고 말했다. 또한 12월

---

108 「박수길 외무부 1차관보가 외무장관에게 보낸 전문: 칼기사고」(바레인, 1987.12.13), 위의 문서철; 김성수(2019), 위의 글.
109 「박수길 외무부 1차관보가 외무장관에게 보낸 전문: 특별기」(바레인, 1987.12.14), 위의 문서철; 김성수(2019), 위의 글.
110 정일준, 「미국 개입의 선택성과 한계: 전두환·노태우-레이건·부시 정부 시기」, 『역사비평』 편집위원회 편, 『갈등하는 동맹: 한미관계60년』(역사비평사, 2010), 119쪽.

17일 백악관은 "한국 선거가 비교적 공정했다. 뚜렷한 부정선거도 없었다. 노태우 당선을 적극 환영한다."라고 논평했다.[111]

국민들은 양김 분열로 후보 단일화에 실패한 것이 야당이 선거에 패배한 가장 큰 원인이라고 느꼈으므로 야당의 선거 무효화 투쟁은 큰 지지를 얻지 못했고 결국 양당은 투쟁을 거두어들였다.

선거 국면인 1987년 11월 9일 김영삼 후보는 민주당 전당대회에서 정승화의 입당을 전격적으로 발표해 군정 종식 바람을 일으켜 자신이이 유리해질 것을 기대했으며 성공하는 듯 보이기도 했다. 김영삼 후보가 정승화를 내세워 12·12 문제를 제기하며 노태우를 '반란의 주모자'로 지목한 이후 3위 김영삼이 2위 김대중의 자리를 탈환했으나 1위를 따라잡지는 못했다.(표 1)[112] 정승화의 영입으로 부동표가 몰리면서 김영삼이 노태우를 제치고 40%의 지지율로 1위에 올라섰다는 이야기도 있었다. 『워싱턴포스트』나 미국의 시사 주간지 『타임』 등은 국무부 관계자의 말을 빌려 "김영삼이 앞서고 있다."고 보도했다.[113] 위 보도에 의거한다면 김영삼이 대선 직전까지 노태우와의 격차를 좁히고 있었으나 북풍으로 꺼졌다는 설명이 가능하다. 그런데 〈표 1〉에서 보는 바와 같이 김현희 소환 전인 12월 14일 여론조사에서 이미 김영삼의 상승세가 둔화되었으므로 북풍의 영향력보다 김영삼 지지표의 확장성에 한계가 있어 1위를 쟁취하지 못한 것으로 보인

---

111 정지환, 「6.29 전날 슐츠 미국장관의 발언 "우리 제안 받아들여 한국 정부 입장 변경할 것」, 〈민중의 소리〉(2007.6.8).
112 「제13대 대통령 선거 - 지역감정에 밀린 정권교체(2)」, 〈조갑제닷컴〉(2003.7.3).
113 「제13대 대통령 선거」, 〈나무위키〉(검색일: 2019.4.3).

표 1. 제13대 대통령 선거 후보자들의 날짜별 지지율(단위: %)

후보자 \ 날짜	10/20	11/15	11/29	12/4	12/7	12/14
노태우	39.8	38.2	35.7	33.7	35.2	34.4
김영삼	20.9	27.7	28.9	29.2	27.9	28.7
김대중	23.7	24.0	24.6	25.5	26.6	28.0
김종필	16.6	10.1	10.8	11.7	10.3	8.4

출처: 조갑제, 「제13대 대통령 선거」, 『월간조선』(1988.1).

다. 물론 11월 29일 대한항공기 폭파 사건이 발생했으므로 12월 15일의 극적인 김현희 송환이 없었더라도 이미 북풍이 충분히 반영되어 '북풍 때문에 노태우가 승리했다'는 해석도 가능하다. 그런데 김영삼 후보는 당시 '김영삼이 1등'이라는 보도를 믿고 있었으므로 최후까지 후보 단일화의 필요성을 느끼지 못했던 것으로 보인다.

노태우는 회고록을 통해 김영삼의 군정 종식 구호가 처음에는 신선했지만 다른 이슈로 전화하지 못하고 계속 군정 종식에만 집착했으므로 국민들이 식상했다고 평가했다. 만약 선거 막판에 김영삼이 정승화를 동원했으면 자신들의 상황이 어려워졌을 것이라고 노태우 진영은 자체 평가했다.[114]

김대중이 정승화야말로 10·26 이후 계엄사령관 시절 군의 비토권을 제일 먼저 얘기한 '정치군인'이라고 비난하면서[115] 정승화 입당 비

---

114 노태우, 『노태우 회고록 상:국가 민주화 나의 운명』(조선뉴스프레스, 2011).
115 전두환 저, 민정기 책임정리, 『전두환 회고록 1: 혼돈의 시대, 1979-1980』(자작나무숲, 2017),

난에 노태우와 한목소리를 냈던 것도 미미하나마 영향을 미쳤을 것이다. 그러나 김영삼에게는 야권 분열이라는 치명적 한계가 있었다. 양김이 분열되어 고정표를 갖고 있는 노태우를 이길 수 없다는 것이 가장 중요한 변수였다. 정승화 가세 등으로 2위로 부상한 김영삼은 노태우와 양강 구도를 형성하는 듯했으나 역시 단일화를 이루어내지 못해 1위로 도약하지는 못했다. 강자로 부상하려는 김영삼에 대해 김대중·노태우는 물론 김종필까지 김영삼 반대 공동 전선을 펴자 김영삼의 표는 확장되지 못했다.

김영삼의 막판 바람이 오히려 후보 단일화를 어렵게 만든 측면이 있었다. 공식 선거운동 기간이 시작되기 한 달 전인 1987년 10월 16~23일 조선일보와 갤럽이 공동 조사한 전국 3단층 표집에 의한 여론조사에서 "다음 번 대통령으로 누가 당선되는 것이 가장 좋다고 생각하느냐"는 질문에 대해 30.8%는 노태우, 16%가 김대중, 14.7%가 김영삼, 8.3%가 김종필이라고 대답했고 '말할 수 없다'가 16.7%, '모름/무응답'이 13.5%로 나타났다. 두 미정표를 사회인구적 표 성향에 따라 네 후보의 것으로 배분한 뒤 지지도를 계산·추정하면 〈표 1〉의 10월 20일자 지지율처럼 노태우 38.8%, 김대중 23.7%, 김영삼 20.9%, 김종필 16.6%이다.[116] 이처럼 노태우 후보의 압도적 우세가

164쪽에서 전두환은 정승화의 김영삼 진영 합류를 통렬히 비난했다. 1979년 11월 김대중이 대통령이 되어서는 안 된다면서 "쿠데타를 일으켜서라도" 김대중의 집권을 막아야 한다고 말해 정치에 개입했던 정승화 당시 계엄사령관이 "훗날 '역사바로세우기'라는 정치 보복극을 연출한 김영삼 정권의 도구를 자임하고 나서 거꾸로 12·12를 반란으로 몰고, 그 대가로 재심을 통해 '무죄'를 받아낸 처사는 우리 현대 정치사의 가장 수치스러운 장면이라"는 것이다.

116 조갑제, 「제13대 대통령 선거」, 『월간조선』(1988.1); 조갑제, 「제13대 대통령 선거-지역감정에

지속되었다면 단일화 압력이 계속되었을 텐데, 김영삼 바람으로 인해 단일화를 안 해도 정권 교체가 가능할 것 같은 분위기가 깔리기 시작했다.

김영삼 바람이 분 11월 중순 이후 민정당 정부는 노태우·김영삼 양강 구도가 공개되어 야권 지지자 중 다수가 김영삼에게 자발적으로 쏠리는 '실질적 후보 단일화'가 실현될 것을 우려해 (당시 법으로도 금지된) 선거 직전 여론조사 공표를 엄격히 통제해 '깜깜이 선거'를 치르게 했다. 한편 정보기관은 숨은 지지자들을 규합한다면 김대중이 김영삼은 물론 노태우도 이길 수 있다는 잘못된 정보를 김대중 측에 의도적으로 흘려 김대중의 사퇴를 막으려고 노력했다. 김대중 자신도 연고지인 호남 지역의 독식을 기반으로, 인구가 많은 수도권(서울/경기권)에서 승부수를 던지면 충분히 승산이 있다고 보고, '네 사람이 모두 나와도 결국 김대중이 이기는 선거' 즉 '4자 필승론'을 믿고 끝까지 완주했다.[117] 이러한 4파전 필승 논리와 김대중이 출마하지 않으면 국민적 저항에 부딪힐 것이라는 여론 조성은 야권 분열을 통해 노태우를 당선시키기 위한 정부 여당의 전략과 정보기관의 공작이었을 가능성이 있다.

진보 진영의 일부는 김대중의 '상대적 진보성'에 주목해 김대중에게 표를 몰아주자는 '비판적 지지론'을 암암리에 확산시켰다. 이는 결

밀린 정권교체(2)」, 〈조갑제닷컴〉(2003.7.3).

117 Kim Dae Jung, "America Must Help Restrain the Korean Military," *The Los Angeles Times*, November 6, 1987; 이태호, 『영웅의 최후』(한뜻, 1992), 324쪽.

국 2위 후보 김영삼과 3위 후보 김대중의 격차를 좁히는 등 야권 분열을 조장하는 부작용을 낳았으므로 1위 후보 노태우의 당선을 도운 격이었다.

그런데 10·26 직후 김대중에 대한 군의 비토 분위기는 이후에도 불식되지 않았다. 1987년 9월 13일 『월스트리트저널』은 "야당 지도자 김대중이 출마한다면 군의 적대감을 불러일으켜 쿠데타 가능성이 있고 나라가 분열될 것이다."라는 한국 내의 주장을 인용하기도 했다.

또한 선거 유세 기간 동안 상대방의 출신 지역에서 폭력 사태가 난무하자 연고지에서 표가 결집하는 현상이 벌어졌다. 노태우는 1987년 11월 29일 광주에 갔다가 군중들의 투석에 경호원 여럿이 부상당하고 돌아왔다. 선거 국면 초반 대구 경북에서 김영삼과 노태우의 지지도는 비슷했으나 이 사건 이후 노태우에게 지지가 집중되었다. 12월 10일 노태우의 전주 유세에도 군중들이 던진 돌이 비 오듯 쏟아졌다. 그러나 다음 날 노태우는 연고지인 대구 유세에서 열광적인 환영을 받았다. 지역감정에 기반한 배타적 지역주의가 정치권에 본격 침투해 공명선거 분위기를 망친 최초의 선거였으며 이후에도 반복되어 한국 정치의 고질적인 문제점으로 자리 잡게 되었다.

투표율은 89.2%였으며 노태우 후보는 36.6% 득표로 당선되었다. 대한민국 헌정사상 국민 직선을 통해 당선된 대통령 중 가장 낮은 득표율이다. 노태우 후보가 당선됨에 따라 사실상 군사정부가 5년간 연장되었다. 야권의 김영삼 후보는 28.0%, 김대중 후보는 27.0%를 얻었다. 김종필은 8.1%에 그쳤다. 〈표 1〉의 12월 14일 조사 결과와 거의 일치한다.

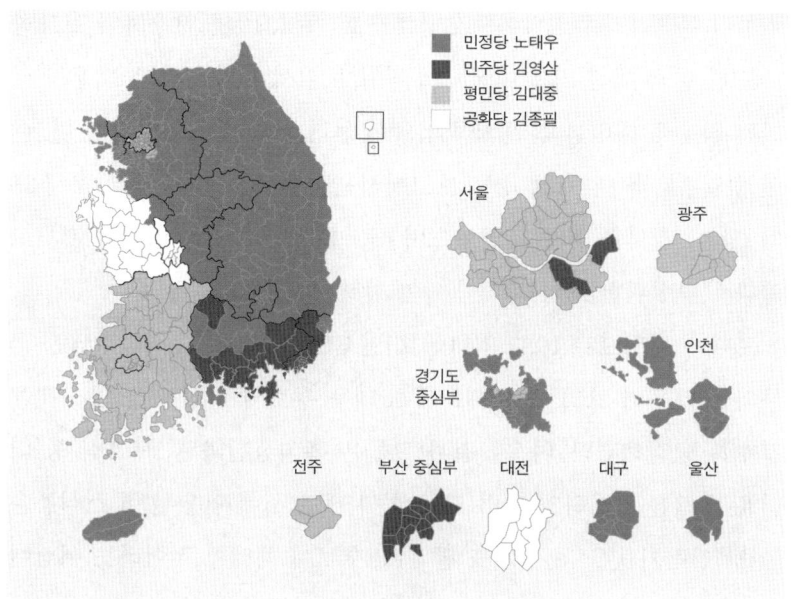

그림 11. 1987년 12월 16일 제13대 대통령선거 지역별 1등 후보자
출전: 「대한민국 제13대 대통령 선거」, 〈위키백과〉(검색일: 2019.4.3)

　노태우 후보는 양김의 분열과 정보기관을 통제하고 김현희를 선거 직전 송환하게 만드는 등 정국을 주도할 수 있었던 '집권당 프리미엄'이 복합적으로 작용하여 승리했다고 할 것이다. 여기에다가 〈그림 11〉에서 보는 바와 같이 지역주의가 배경 요인이자 상수로서 본격 등장했다. 미국의 레이건 행정부는 군부 집권을 끝내고 민주화를 지원하고 싶었지만, 내정 개입이라는 반발에 따른 반미주의의 등장을 우려해 개입을 최소화하면서 관찰자에 머물렀다. 이제 미국의 한국 정치에 대한 명시적인 개입은 과거지사가 되었고 역사의 무대로 사라지고 있었던 것이다.

한편 홍콩 『사우스차이나모닝포스트』가 2019년 입수하여 보도한 1987년 한국 대선 직전 미국 CIA 정보 보고서에 따르면, 노태우가 낙선될 경우에 대비한 집권 세력의 부정선거 모의가 있었다고 한다. 대선 수일 전 작성된 CIA 정보 보고에서는 "여당 간부들은 노태우 후보의 (당선) 전망을 놓고 분열했으며 선거를 조작하려는 압력이 커지고 있다." "광범위한 조작 계획이 이미 시행되고 있다"고 밝혔다.

보다 구체적으로 1987년 11월 23일 CIA 정보 보고는 "민정당은 군부와 노태우 후보의 관계 때문에 노태우 후보의 당선 가능성에 대해 갈수록 민감해졌다"며 "그 결과 그들은 흑색선전과 투표 조작 등 더러운 술책을 고려하고 있다"고 밝혔다. 보고서에 인용된 한 소식통은 "여당 전략가들은 초기 개표 결과 노 후보가 패배할 것이라는 예상이 나올 경우 조작의 증거를 날조해 전두환 대통령이 선거 무효를 선언할 기회를 제공하는 것을 검토했다"고 전했다. 12월 11일 정보 보고는 "정부 당국자들이 노태우 후보가 승리한 뒤 광범위한 불만이 발생할 경우 계엄령이나 제한된 긴급조치를 발동해 이를 조기에 진압하는 방안을 논의했다"고 전했다. 한 정보 보고는 "김대중 후보가 선거 결과에 대한 대중의 저항을 선동할 경우 그를 체포하라는 명령도 준비됐다"고 밝혔다. 대선이 끝난 뒤 일부에서 선거가 조작됐다는 주장이 나왔으나, 야권 분열로 노 후보가 당선됐다는 여론으로 인해 호응을 얻지 못했으며 CIA도 이러한 시각을 공유했다. CIA는 선거 후 정보 보고에서 "노태우 후보의 당선에 대한 절제된 여론 반응은 한국인들이 (대선) 결과에 이의를 제기하지 않으려고 한다는 것을 시사한다"

고 밝혔다.[118]

　노태우 대통령은 전두환 정부에서 유치한 1988년 서울올림픽을 성공적으로 개최함으로써 공산권 국가에 대한민국의 발전상을 알렸다. 또한 1989~1991년 세계적 냉전체제가 해체될 때 이에 편승해 공산권 국가와의 관계 개선 정책인 북방 정책을 추구했다. 물론 소련의 몰락 등 냉전체제의 해체는 미국 공작의 결과인 면이 있었으며 자유 진영의 승리였다. 그런데 노태우 정부는 자유 진영의 승리에 도취하기보다는 공산권 국가와의 관계 증진을 통해 국가이익을 확보하려고 했다. 미국의 보수주의자들은 한국 정부가 공산권 국가와 새로운 친구 만들기 정책(대미 일변도 외교를 지양하고 외교 다변화를 지향함)을 추구하자 노태우 정부를 좋게 보지만은 않았다. 따라서 노태우 정부가 추진하는 공산권과의 관계 개선을 통한 실용주의적이며 탈이념적인 성향을 견제하고 반공주의를 복원하려는 미국의 시도가 있었다. 공산권의 공산주의자들과 합작하려는 노태우에 대한 일종의 제거 공작이 입안되었던 것이다. 그러나 노태우 대통령이 공산권과의 수교를 추진하면서도 냉전의 승리자인 자유 진영 편에서 크게 이탈하지 않았으므로 노태우 제거 공작이 구체화되지는 않았다.

---

118 *South China Morning Post*, Ju;y 20, 2019; 안승섭, 「홍콩 언론 "1987년 한국 대선 전 여당 부정선거 모의"」, 〈연합뉴스〉(2019.7.20); 이길성, 「1987년 대선때 한국 여당 부정선거 모의」, 『조선일보』 2019년 7월 22일, A6면.

3장

실행되지 못한 전두환 제거 구상

1. 30년이 지나서야 확인된 미국의 전두환 제거 구상

미국은 1980년 서울의 봄과 광주의 5월 당시 한국 신군부의 무력 시위 진압에 대해 공모자, 선동자, 적극적 지원자, 간접적 조장자, 방조자, 묵인자, 수수방관자, 관망자, 혹은 신군부의 정치 개입과 강경 진압에 반대하는 경고자, 쿠데타에 대한 적극적 진압자 중 어느 위치에서 대응했을까? 필자는 이러한 다양한 위상 규정을 앞에 놓고 변화무쌍한 국면마다 상황 변화에 따라 미국의 대응 양식도 변화되었다는 유동적·가변적인 시각을 제시했다. 즉 1979년 12·12 발생 후 1980년 1~2월에는 미국이 한국군의 역쿠데타 모의에 대해 지원할 것을 검토하는 등 신군부의 정치 간여를 적극적으로 진압하려 했으나, 3월 이후로는 군부의 개입을 경고하는 데 그쳤으며, 5월 이후 광주에서 소요가 일자 미국은 신군부를 방관하고, 결국 묵인했다. 그러나 신군부가 김대중을 사형시킬 것으로 예견되자 카터는 최후의 대안으로 전두환 제거를 고려하다가 김대중이 감형되자 제거 공작을 철회했고 결국 레이건 행정부에 의해 신군부의 집권이 승인되었다.

위컴 주한 미군 사령관은 5·16 당시 박정희 소장을 상대했던 매그루더 사령관의 운명을 답습할 수 없다고 생각하여[1] 전두환에 대해 비교적 강경하게 대응하고자 했으며, 역쿠데타 후원을 통한 전두환 제거 계획까지도 검토했다. 그렇지만 5·16과 12·12에서 미국의 대응은 결과 면에서 비슷한 양상을 보였다. 글라이스틴 주한 미 대사가 역쿠데타에 소극적이었다는 점도 위컴의 역쿠데타 후원 구상이 실현되지 못한 한 원인으로 작용했다. 5·16 사후 조치에서 미국이 헌법 제정과 민정이양에 적극적으로 개입한 반면에, 12·12 사후 조치에서는 전두환 제거 작전을 내부적으로만 검토했을 뿐, 이후 5·18과 제5공화국 수립 과정에서는 겉으로 드러나는 별다른 조치가 없었다.

그런데 전두환 제거 구상이라는 사실 발굴을 통해 미국이 전두환의 권력 장악을 그렇게 호의적으로 보지 않았음을 확인할 수 있었다. 지금까지의 통설은 안정을 선호하는 미국이 12·12와 1980년 서울의 봄 이후 광주 문제 등에도 불구하고 비교적 일관되게 전두환 정부를 지지했으며 전두환 제거 공작 같은 무리수는 검토하지 않았다는 것이었다. 미국 정부도 전두환 정부 출현 과정에서 한국의 내정에 간섭

---

1 박보균, 『청와대비서실 3』(중앙일보사, 1994), 206쪽. 장면 지지를 위한 무력행사를 하지 않아 결국 박정희 쿠데타를 인정할 수밖에 없었다.

하지 않았고² 그럴 힘도 없었다고 변명했다. 그러나 전두환 제거 계획에 대한 사실 확인으로 이러한 정설을 수정할 수 있었다. 앞 시대보다 보안에 더 많이 신경 썼던 1980년 당시 비밀공작의 자료는 25년이 지나서야 발굴되었고, 30년이 지나서야 사실 규명이 이루어졌다.

12·12를 자행하고 광주민주화운동을 무력 진압한 전두환에 대해 미국은 결코 긍정적으로 보지 않았으므로 그를 제거하기 위한 방안을 모색했다. 그렇지만 북한의 악용과 소련의 영향력 확대 등을 우려해 도상작전에 그쳤다. 결국 전두환의 집권을 막으려는 시도는 밖으로 표출되지 않았다. 다만 미국은 신군부의 약점을 지렛대로 삼아 자국의 이익을 극대화하려 했을 뿐이다. 전두환은 미국의 이런 '자제된 영향력'을 적절히 제어하고 이용해 집권에 성공했다. 전두환은 미국과 많은 갈등을 겪었지만 마침내 최후의 승리자가 되었던 것이다.

미국은 결과적으로 전두환 정부를 묵인했지만 시종일관 묵인만 했던 것은 아니라는 점을 1차 자료를 통해 확인했으므로 새로운 사

---

2   워싱턴의 고위 정책 차원에서는 미국이 한국의 내정에 간섭하지 않은 것이 맞지만 주한 미군 차원에서는 맞지 않는다는 주장이 있다. 브루스 커밍스, 「한국 '반미주의'의 구조적 기반」, 『역사비평』 62(2003년 봄), 60쪽. 전두환이 12·12와 광주 진압 당시 한미연합사의 명령 체제를 위반했을 때 이와 같은 항명 행위를 미군은 진압하지 않았다. 전두환은 베트남전 복무와 군 정보 계통의 지휘 덕분에 미국 상대역들과 두터운 인맥을 갖고 있었다. 전두환의 지인이었던 미국 장성들이 신군부의 항명 행위를 묵인 내지는 방조했다는 것이다. 그런데 전술한 바와 같이 광주 진압 작전에 동원된 부대의 경우 1979년 10월 27일에 이미 한국군 작전통제권이 한국 측에 이양되었으므로 부대 이동을 승인하거나 통보받을 권리가 미군에게 있지 않았으므로 미국의 한국 군부에 대한 제어력은 한계가 있었다. 물론 마음만 먹으면 진압하는 것이 불가능하지는 않았겠지만 그러한 무리수를 동원해 내정에 개입하여 반미 감정을 조성시킨다면 한국이 공산화될지도 모른다고 우려했을 것이다. 미국에게 민주주의 옹호는 안정(공산화 방지)이라는 목표가 달성된 후에 추구할 가치였다. 그런데 위컴 사령관과 같은 인사는 전두환의 지인은 아니었으며, 전두환에게 비판적이었다. 카터 대통령 등 워싱턴과 주한 미군은 공히 전두환 제거 공작을 검토했으므로 워싱턴이 방관만 했다는 커밍스의 주장은 피상적이고 결과론적이다.

실 규명에 근접했다고 믿는다. 즉 민주주의의 발전이라는 맥락에서 전두환 정부의 출현이 바람직스럽지 않다는 점을 미국도 충분히 인지했으며 다만 내정간섭이라고 비난받을 수 있는 점을 의식해 한국군 인사를 동원해 배후에서 움직이려 했으나 여의치 않았던 것이다. 1980년 1월 말부터 2월에 미국은 전두환 제거를 위한 역쿠데타를 모의하는 장군들과 직접 접촉해 그들을 후원하는 방안을 검토했으나 그 위험성이 크며 무엇보다도 대안이 그다지 매력적이지 않아서 후원을 포기했다. 1980년 6월 말에도 한국군 내부의 제2차 역쿠데타 모의가 미국에 의해 포착되었으나 이번에는 후원 자체를 논의하지 않고 방관만 했다. 1980년 7월과 9월, 그리고 11월에는 카터 대통령이 집착했던 김대중 구명의 차원에서 전두환 제거 공작이 다시 강력하게 논의되었으나 전두환이 김대중 사형 집행을 철회하면서 이 역시 도상작전에 그쳤다.

이렇게 전두환 제거 구상이 도상작전에 그친 것은 미국 정부가 가지고 있는 힘의 한계 때문이라고 여겨지기도 한다. 1980년 당시 미국은 한국 국내 정치를 좌우하기에는 버거웠다는 평가도 가능하다. 1948년 대한민국 정부 수립 때와 달리 한국 국내 정치도 상대적으로 자율성을 획득했다고 볼 수 있다. 그러나 미국은 1987년에 전두환의 집권 연장을 제어하는 데 적극적으로 개입하여 1980년 전두환 제거 공작의 우회적 결실을 맺었다. 1980년 광주에서의 시위가 큰 희생을 낳았지만 국지적인 차원에서 진압된 반면에 1987년 6월항쟁은 광주와 같은 큰 희생은 없었지만 전국적인 범위에서 훨씬 대규모로 시위가 벌어졌으므로 미국은 시위의 전국적인 확산 (및 수도 서울에서의 시위 발생)이 공산화를 가져올 우려가 있다고 판단해 적극 개입했다.

미국은 12·12 사건과 5·18 민주화운동 당시 신군부의 쿠데타 및 유혈 진압에 대해 침묵한 사실로 인해 반미 감정이 거세게 일어난 상황에 부담을 느끼고 있었으므로 1987년 6월항쟁이 일어났을 때에는 전두환 정권이 무력 진압을 못하도록 압박했다. 1987년 당시 신군부의 힘은 1980년보다 더욱 신장되어 보다 안정화되었지만 국민들의 힘이 신군부의 힘을 압도하는 상황이었다. 광주학살을 저지른 신군부에 대한 비판이 6월항쟁으로 폭발했다고 할 수 있다.

냉전 시대에 미국이 한국에 대해 가졌던 힘의 한계선은 상황에 따라 그리고 한국 국민과 최고 지도자의 역학 관계에 따라 가변적으로 정해졌다. 1953년 한미동맹조약 체결 당시 한국은 미국과 종속적이고 일방적인 비대칭의 동맹관계를 설정했다. 그런데 한국의 국력 신장에 따라 자연스럽게 대미 자율성이 증대되어 '연루(entrapment)'의 위협을 줄이며 과도한 내정간섭을 방지하려 했다. 한편 미국이 1960년대 말 중국과의 관계 개선 등을 추구하면서 주한 미군 철수 문제를 일방적으로 제기하자 박정희 정부는 '방기(abandonment)'의 위협을 느끼게 되었다. 이에 박정희 대통령은 자주국방을 추구하며 자율성을 신장시키려 했다. 결국 한미동맹에 내포된 약소국–강대국 간의 전형적인 비대칭성이 대칭적인 방향으로 서서히 변화했다.

전두환이 신군부의 중심인물로 등장한 1980년에도 미국이 전두환 제거 작전을 일방적으로 검토하는 등 한미동맹의 비대칭성이 급격하게 변화하지는 않았다. 그러나 대통령이 된 전두환은 김대중 사형 집행 문제를 둘러싼 한미 간의 줄다리기를 통해 카터 대통령을 애타게 만들었고, 이어 1981년 2월 레이건 대통령의 승인을 이끌어내는 등 김대중 문제를 지렛대로 이용하는 외교적 노련함으로 미국을 견인하기도 했다. 따라서 미국이 가지고 있는 힘의 한계 때문에 전두환 제거 계획이 실현되지 못했던 것이 아니라 전두환 측의 힘이 상대적으로 상승해 균형을 이루면서 미국의 계획을 무마시켰다고 할 수 있다. 이런 면에서 양국 간의 권력투쟁에서 힘의 균형이 이루어졌다고 할 수 있다. 김대중 문제만 놓고 보면 미국의 한국 길들이기와 한국의 미국 제어가 교묘하게 상호 작용하여 기존의 의존적이고 종속적이며 한국이 일방적으로 미국에 편승했던 관계에서 대등한 관계로, 경우에 따라서는 상호 의존적인 관계로 나아갔다고 해석할 수 있다.

그러나 전두환 정권이 미국의 승인을 얻어야 하는 정도의 비대칭성은 여전했다. 또한 1986~1987년 정권 교체기에 전두환이 친위쿠데타 등을 통해 집권 연장을 도모하려 하자 미국은 공개적인 반대 의사를 표명하고 전두환을 견제하여 한미 관계의 비대칭성을 재확인하게 했다.

2. 1980년 미국의 불개입이 광주 비극의 원인인가?

1988년 여름 대한민국 국회는 사회 일각에 퍼진 반미 감정을 의식해 5·18 광주민주화운동 진상조사 특별위원회(약칭 광주특위)를 광주항쟁이 일어난 지 8년이나 지난 뒤에야 뒤늦게 설치하면서 글라이스틴 주한 미 대사와 위컴 장군에게 광주특위에 출석해 증언해 줄 것을 요청했다. 그러나 미국 정부가 이를 거절하자 다시 48개 항의 서면 질의서를 전달했고, 이에 미국 정부가 '성명서'라는 이름으로 미국의 입장을 전달했다. 1989년 6월 19일 미 국무부가 작성한 「1980년 5월 광주에서 일어난 사건에 대한 미국 정부의 성명서」가 바로 그것인데, 작성 당일 한국에 전달해 언론에 소개되었다.[3] 이 요약문의 마지막 부분에서 "미국은 많은 노력에도 불구하고 문민정부의 권위를 회복시키고 민주화 일정을 정하도록 전두환 장군을 설득하는 데 실패했다. 그러나 김대중 씨에게 씌운 혐의에 대해 국제적으로 주의를 환기시키고 그에게 내린 사형 선고를 감형시키는 데는 성공했다"고 자평했다.[4] 미국이 한국 민주주의 복원에는 성공하지 못했지만 김대중 구명에는 성공했다는 의미이다. 미국의 영향력은 전두환에게 '강압'하는 차원이 아니라 '설득'에 그칠 정도로 한계가 있었지만 그래도 성과가 있었다는 자평이었다.

'많은 노력'이라는 표현 속에 전두환 제거 작전 검토도 내포되어 있다고 보아야 한다. 김대중 구명은 마지노선이었고 만약 신군부가 김

---

[3] William H. Gleysteen, Jr., *Massive Entanglement, Marginal Influence: Carter and Korea in Crisis* (Washington, DC: Brookings Institution Press, 1999), p. 5; 윌리엄 H. 글라이스틴, 황정일 역, 『알려지지 않은 역사: 전 주한미국대사 글라이스틴 회고록』(중앙 M&B, 1999), 30쪽.

[4] "United States Government Statement on the Event in Kwangju, Republic of Korea, in May 1980," June 19, 1989, Vertical File, Box 71, Presidential Papers of Jimmy Carter, Jimmy Carter Library; John Adams Wickham, Jr., *Korea on the Brink, 1979–1980: From the '12/12' Incident to the Kwangju Uprising* (Washington, DC: National Defense University Press, 1999), p. 195; 존 위컴, 김영희 감수, 유은영 외 공역, 『12·12와 미국의 딜레마: 전 한미연합사령관 위컴 회고록』(중앙 M&B, 1999), 290쪽.

대중을 처형했다면 한미 갈등은 더 심화되었을 가능성이 있었다. 물론 레이건 행정부하에서 주한 미군 철수가 다시 논의되었을 가능성은 없지만 임기 말의 카터가 북한과의 직접 대화와 관계 개선 도모를 통해 대남 민주화 압력을 가했을 가능성이 없다고는 할 수 없다. 그렇게 되었다면 카터의 전두환 제거 계획이 우회적으로 결실을 맺었을지도 모른다.

카터 행정부는 임기 말까지 김대중 구명에 총력을 기울이면서 국제적 동조 세력까지 규합했고 차기 행정부인 레이건 행정부에도 협조를 구했다. 이러한 미국의 전방위적 압력에 전두환이 양보해 결국 자신의 정권을 지키는 데는 성공했다고 볼 수 있다. 또한 김대중 처형을 강력하게 주장하던 전두환 정부 내 소장 강경파들도 미국의 '제국주의적 압력'에 직면해 '자주적 힘'의 한계를 절감했을 것이다. 그러나 그들의 민족주의적 감정 표출은 어디까지나 미국의 강경한 입장을 완화시키기 위한 전략적 대응책이었지 반미주의자들의 목소리는 아니었다. 따라서 청년 장교들(허화평, 허삼수 등)의 목소리는 소기의 성과를 거두었다고 할 수 있다.

미국이 남한 사람들의 반미 감정을 누그러뜨리기 위해 김대중 구명에 나섰다는 주장도 있다.[5] 만약 김대중을 처형했다면 광주를 중심으로 반미주의 저항이 발생했을 가능성이 없지는 않으나 이는 반사실적 가정에 불과하다. 반미가 대중 속에 뿌리내리기 시작한 것은

---

5 장준갑, 「제5공화국 출범과 한미관계」, 『서양사학연구』 28(2013), 233쪽; 장준갑·김건, 「1980년대 초반(1980-1981) 한미관계 읽기」, 『미국사연구』 38(2013), 197쪽.

1983년이며,[6] 1980~1981년에 반미적 분위기는 아직 맹아 수준에 머물러 있었다. 따라서 1980~1981년 미국의 김대중 구명 문제 집착을 반미주의 방지라는 차원에서 해석하는 것은 이후의 역사적 상황을 역으로 연장·확대시켜 바라보는 반역사적인 태도라고 할 것이다.

한편 글라이스틴은 "정치적으로 약했던 한국의 지도자(최규하)를 설득해 국민들의 여망에 부응하는 과감한 조치를 취하도록 하는 데는 실패했다"고 회고했다.[7] 글라이스틴이 국무장관에게 보낸 1980년 5월 29일(광주가 평온을 되찾은 지 2일 후) 보고서에서도 글라이스틴은 "우리는 이들 독단적인 지도자(전두환과 그들 일행)의 권력을 향한 행진을 저지하거나 지연시키기 위한 기도에서 명백히 실패했다"고 실패를 인정했다.[8] 한편 복잡하게 뒤얽힌 한미 관계 속에서 미국이 한국 내정에 대한 영향력 행사를 자제함으로써 생긴 한계(제한된 영향력)를 잘 활용한 신군부는 12·12 이후 1년여의 끊임없는 신경전에서 끝내 승리할 수 있었다. 미국과 세력 균형을 이루기 위해 노력한 신군부가 그 결실을 거두었다고 할 수 있다.

---

[6] 허은, 「한국 학생운동의 '주권' 인식 변화와 반미자주화 운동」, 『기억과전망』 15(2006년 가을), 267쪽. 1983년 말 학원 자율화 조치 시행과도 연관이 있다. 1980년대 후반 반미주의가 학원을 휩쓸고 간 직후인 1990년 6월에 실시한 조사에서 반미운동에 대한 지지는 '20대'가 56.5%, '대학생'이 63.4%, '교육받은 사람'이 45.3%, '신중산층'이 42.9%, '노동자'가 45.1%, '전라도 지역'이 46.3%로 높게 나타났다. 신기욱, 이진준 역, 『한국 민족주의의 계보와 정치』(창비 2009), 257~259쪽. 그러나 21세기 한국 사회에서는 친미가 반미를 앞섰다.

[7] William H. Gleysteen, Jr.(1999), 앞의 책, 190쪽; 윌리엄 H. 글라이스틴, 황정일 역(1999), 앞의 책, 267쪽.

[8] William H. Gleysteen, Jr.(1999), 위의 책, 142~143쪽; 윌리엄 H. 글라이스틴, 황정일 역(1999), 위의 책, 202~203쪽.

글라이스틴은 김대중을 미끼로 미국 방문을 성사시킨 전두환을 비난하면서 미국의 한국 민주화 정책이 전반적으로 실패했다는 비판적 평가를 내놓았다. 전두환은 김대중을 매개로 노련한 외교술을 구사해 결국 미국으로부터 승인을 얻어냈다. 그렇지만 전두환만 일방적으로 승리한 것은 아니었다. 제임스 릴리는 김대중 구명 사건을 통해 미국이 정책을 현명하게 조정하면 민주화를 유도할 수 있다는 교훈을 얻었다고 진술했다.[9] 글라이스틴도 인정했듯이 미국은 명예로운 협상을 타결 지었으므로[10] 김대중 구명에 끝까지 집착했던 카터 대통령은 결국 김대중을 살리고 장기적으로는 한국 혁명을 개량화시키며 안정 속에 민주화를 유도했으므로 완전히 실패한 것은 아니었다.

12·12와 5·17 쿠데타에 대해 미국은 초기에는 강하게 비난했지만, 미국 정부가 국지적인 차원에서 신군부를 다스리는 데 한계가 있음을 깨닫고 결국 묵인할 수밖에 없었다. 5·18 광주민주화운동 초기에도 미국은 신군부에게 평화적인 해결을 촉구했지만 신군부를 적극적으로 제지하지는 않았다. 이는 당시 이란 문제로 국제 정세가 어지러웠고 쿠데타를 주도한 신군부 세력을 진압할 경우 대한민국 군부의 혼란이 야기되어 북한에 의한 남침 가능성이 높아질 것을 우려했기 때문이다. 재선을 추구했던 카터는 이란 문제에 더하여 한국까지

---

9 James R. Lilley & Jeffrey Lilley, *China Hands: Nine Decades of Adventure, Espionage, and Diplomacy in Asia* (New York: PublicAffairs, 2004), p. 384; 제임스 R. 릴리, 김준길 역, 『아시아 비망록』(월간조선사, 2005).

10 William H. Gleysteen, Jr.(1999), 앞의 책, 190쪽; 윌리엄 H. 글라이스틴, 황정일 역(1999), 앞의 책, 266쪽.

혼란스럽게 되는 것을 원치 않았다.

1980년 초 전두환 제거 작전이 논의되던 때는 그해 5월 광주에서 일어날 갈등을 방지할 수 있는 중요한 시기였지만 미국은 이 기회를 놓쳐 버렸다. 민주화와 안정, 두 선택지 중에서 안정을 추구하고자 했던 미국은 결국 독재자를 인정하는 길을 선택했다. 한국에서 민주화를 과도하게 추구하다가 북한에 이용당해 한반도가 공산화될 수 있다고 우려했던 것이다. 냉전 시대에 미국은 공산화 방지라는 목표가 흔들릴 우려가 조금이라도 제기될 경우 독재자 제거 작전(민주화 추진 전략)을 철회하고 독재자를 인정했던 것이다.

1980년 전두환 제거 계획은 구체적 추진 과정에서 그다지 힘을 받지 못했다. 글라이스틴 당시 주한 미 대사가 평가했던 대로 1952년 이승만 제거 계획 때와 같은 내정간섭 논란을 우려해 도상작전으로 끝났다. 1961년 5·16이 일어났을 당시에도 매그루더 유엔군 사령관은 내정간섭을 우려해 쿠데타 진압을 자제했다. 그러나 이는 모두 미국이 한국 정치에 영향력을 행사하려고 지속적으로 시도하고 있었음을 보여 주는 사례이기도 하다. 1952년과 1961년, 1980년에 각각 일어난 비슷한 유형의 '제거 공작'은 장기적으로는 30년 가까이 시간적 격차를 두고 있다. 시간적 격차가 있었음에도 불구하고 미국의 대응이 비슷하게 반복되는 등 놀라울 정도로 일관성이 있었다. 도상작전에 그쳤다는 점에서 공통적이며 비슷한 행태를 보였다지만 차이점도 많았다.

1980년 전두환 제거 계획은 1950년대 미국의 이승만 제거 계획과 비교할 때 그 구체성과 정책 수행 의지의 강도 면에서는 떨어졌다고 평가된다. 왜 그렇게 되었을까? 한국 국내 정치 세력들의 힘이 강해졌기 때문일 것이다. 따라서 '전두환 제거 작전'이라고 하기는 미흡한 점도 있다. 그렇지만 이승만 제거 작전도 폐기되었다는 면에서 공통점이 없지 않으며 미국의 두 도상작전은 제거 구상이라는 점에서 일관되었으므로 제거 계획의 틀 안에서 규정하고자 했다. 전두환에 대한 미국의 구상을 제거 작전이라고 보기에는 직접 증거(물증) 면에서 아직 미흡하지만 주변 증거에 의해 추정할 수 있는 방증은 충분히 가능하다. 따라서 제거 구상이라고 규정하는 데 큰 무리는 없어 보인다. 정권 전복 공작이라고도 할 수 있다. 1980년 초 전두환 암살 작전과 1980년 1월과 2월에 걸쳐 구상된 한국 군부의 역쿠데타, 1980년 7월 미 CIA의 공작은 모두 제거 작전이라고 보기에 충분하므로 전두환 제거 구상이 제거 작전으로 구체화된 적이 없지는 않았다고 할 수 있다.

3. 대한민국 최고 지도자 제거 구상

한국의 과거 다른 최고 지도자에 대한 미국의 구상과 연결시킨다면 이승만에 대해서는 제거 계획(실제 입안된 Plan Everready가 있으므로), 박정희에 대해서는 제거 공작(높지 않은 수준의 비밀공작일 가능성이 높으므로), 전두환에 대해서는 구체성이 작전에 비해 다소 떨어지는 제거 구상이라고 규정하고자 한다.[11] 그 강도가 약한 것부터 나열할 때

---

11 작전은 operation, 공작은 maneuvering, covert operation(비밀작전은 clandestine

제거 구상 < 제거 검토 < 제거 공작 < 제거 계획 < 제거 작전의 순서로 배열할 수 있을 것이다. 구체성이 보다 강화되는 순서이다. 그렇지만 이러한 구분의 경계는 모호하며, 구상이라는 포괄적인 용어에 작전, 공작, 계획이 포함될 수 있지 않을까 한다. 영어로 번역할 때는 모든 것을 플랜(plan)이라고 포괄할 수 있을 것이다.

따라서 위와 같이 전두환 제거안은 보다 포괄적인 구상이라고 규정하고, 박정희 제거안은 공작이라고 할 수 있다. 이범석, 장면, 김종필 각각에 대한 제거안도 모두 공작적 차원에서 이루어진 것으로 보았다. 이승만 제거안은 구체성이 가장 높아 작전이라고 할 수 있지만 '에버레디 계획(Plan Everready)'에 의거해 제거 계획으로 부르는 것이 적당하다고 본다.

또한 제거라고 했을 때 암살하는 것인지 아니면 다른 지도자를 옹립하는 정권 전복 혹은 정권 교체인지도 문제가 될 수 있다. 1980년 초에 전두환은 자신에 대한 암살 작전으로 받아들였으며, 1980년 1~2월 미국과 한국 군부 일각에서 전두환에 대한 역쿠데타를 고려할 때는 정권 실세(신군부 실세)에 대한 교체 공작이었고, 1981년 김대중 사형 문제를 둘러싼 줄다리기 과정에서 카터가 고려한 것은 정권 교체 공작이었다고 할 수 있다. 제거라는 말은 암살과 정권 교체 등을 포괄할 수 있는 가장 추상적인 용어가 아닌가 생각한다. 또한 정권 교체의 구체적인 방법으로 암살과 역쿠데타를 고려할 수 있으므로 제거 대신 정권 교체라는 용어도 사용 가능하다.

operations), 구상은 좀더 포괄적인 개념으로 plan, conception, idea, plot 등이다.

1980년에 미국은 1950년대나 1961년보다 방관자적 입장을 더 심화시켜 미국의 영향력이 점점 더 약화되는 추세를 보였다고 평가할 수 있다. 만약 1952년, 1961년, 1980년 도상작전만을 검토했던 상황을 일괄해서 본다면 1960년 4·19 직후 미국의 개입은 다소 강하게 전개되었다는 점에서 예외적이라고 할 수 있다. 1960년 4·19가 발생한 후 관망하던 미국은 유혈 사태가 확산되면 북한이 사태를 이용할 수도 있다고 우려해 4월 26일 비교적 강력하게 이승만의 하야를 비밀리에 강권했으므로 이때가 피크였다.

냉전 시대에 만약 남한에서 혼란이 조성되어 북한의 개입이 우려된다고 판단했다면 1980년에도 개입했을 것이다. 또한 1986년과 1987년 전두환의 집권 연장용 친위쿠데타를 미국이 비밀리에 제어해서 무산시키고 6·29 선언을 유도한 것도 역시 실제적인 압력 행사였다. 이 경우도 사회운동권의 대규모 시위가 촉발할 것을 우려한 미국이 공산화 방지에 나선 것이었다.

정권 교체기인 1952년, 1960년, 1961년, 1980년, 1987년 중 1960년과 1987년에는 미국이 상대적으로 강력하게 한국의 내정에 간섭한 듯이 보이고 나머지는 도상작전에 그친 것으로 보이지만, 도상작전에 그친 경우에도 한국이 공산화될 가능성이 보였다면 보다 강력하게 압력을 행사했을 것이다. 미국은 냉전 시대 대한(對韓) 정책에서 공산화 방지라는 목표를 일관되게 가지고 있었다고 할 수 있다.

10·26도 같은 관점에서 해석할 수 있다. 1979년 10월 부마사태가 발생한 지 얼마 되지 않아 10·26이 일어났다. 공개된 자료만 보면 10·26은 미국의 박정희 정권 퇴진 압력이 우회적으로 구현된 것

이다. 김재규의 배후에 미국이 직접 자리하고 있었다는 해석은 물증이 없어 현재로서는 검증될 수 없지만 미국 일각에서는 부마사태 등으로 표출된 박정희 장기 집권에 대한 국민 저항이 4·19 때와 같이 전국적으로 확산되어 냉전의 최후 보루인 대한민국이 북한에 넘어갈지도 모른다고 우려했다. 이러한 우려를 공유했던 친미파 한국 중앙정보부장 김재규가 미국과의 친선 관계를 의식해 박정희를 제거했을 수 있다. 따라서 10·26의 배후에도 미국의 공산화 우려가 배경으로 작용했다고 본다. 즉 10·26이 미국의 박정희 제거 공작의 우회적 구현이었다고 본다.

미국의 한국 지도자 제거 구상은 이것 외에도 1950년대 이범석 제거 공작, 1960년 말 이후 장면 총리 제거 공작(5·16으로 우회적 결실을 맺음), 1960년대 초 김종필 제거 공작(두 차례의 외유로 반미적 태도를 순화시킴) 등이 있다. 이 중에서 이범석 제거 공작은 그의 민족주의적 성격을 비판했던 미국의 공작이었으며, 장면 시기에는 정치적 혼란이 공산화를 불러올까 봐 기획되었고, 김종필의 경우는 그의 반미적인 정향(定向)이 용공적 결과를 낳을까 우려해서 제어했던 것이다. 따라서 이범석을 제외한 다른 두 경우는 공산화 방지라는 속셈이 가장 중요하게 작용하고 있는 케이스이다. 역시 냉전 시대 미국의 대한 정책 목표 중에서 공산화 방지가 가장 중요했다고 할 수 있다.

그런데 비록 국지적 냉전은 한반도 등에 잔존했지만 국제적 냉전이 종식된 이후 미국의 개입 양상은 다소 달라졌다. 대립의 상대방이 사라진 탈냉전 이후 한국에서 대소(對蘇) 봉쇄라는 미국의 글로벌한 목표도 사라졌다. 따라서 미국의 영향력은 전반적으로 완연한 하향

추세를 보였다. 1997년 한국의 외환위기 당시 미국이 영향력을 행사하지 않은 것도 그러한 양상을 반영하고 있는 것이다. 미국의 영향력 하향세가 지속된 반면에 한국의 자율성은 상대적으로 계속 증대되어 한미 관계는 균형 상태에 거의 도달했다. 경제적으로도 일방적인 종속 관계에서 벗어나 상호 의존 관계로 변화했다고 할 수 있다. 따라서 미국의 개입은 계속 약화되는 과정에 있다고 평가할 수 있으며 미국의 한국 국내 정치에 대한 영향력 정도는 현저히 약화되어 현재까지 유지되고 있다고 할 수 있다. 따라서 미래의 한미 관계는 견실한 동반자적 관계를 지향할 것으로 예측된다.

4. 탈냉전 이후 달라진 한미 관계

1980년대 한국 민주화 주도 세력들은 민주주의와 체제 안정을 서로 배치되는 과제로 여겼으며, 미국이 민주주의보다 안정을 선호해 독재를 옹호한다고 비판했다. 미국은 민주주의와 체제 안정의 동시 달성을 이상으로 생각했지만[12] 둘 중 하나를 선택해야 할 때는 대개 안

---

12 최장집 교수는 분단국가의 최소한의 안정이라는 하한선과 민주주의의 최소한의 유지라는 상한선 사이에서 미국이 역할을 했다는 미국의 한계선(America's boundary)이라는 개념을 제시했다. 최장집, 『한국민주주의의 조건과 전망』(나남, 1996). 그러나 미국이 한국의 민주주의를 희생하면서 안정을 추구했던 이승만과 박정희의 권위주의 시절에는 민주주의 최소한의 유지라는 상한선이 큰 의미를 갖지 못했으므로 이 개념의 설득력은 제한적이다.

정을 선택하고 민주주의를 유보해 제2의 과제로 돌렸다. 미국은 안정 때문에 1961년 이후 군사 쿠데타 세력의 집권을 용인했으며 1980년 이후에도 신군부의 등장을 묵인했다. 격동기에는 안정를 위해 민주화 대신 권위주의를 지지했다. 그러나 장기적으로는 제2의 과제로 미뤄 둔 민주주의를 우선시하기도 했다. 한국의 제1공화국과 제3·4공화국 당시 미국은 이승만 제거 작전과 박정희 제거 공작이라는 권위주의 정권 견제책을 구상했으며, 정권 교체기에는 그때까지 육성했던 반대 세력을 배후에서 은근히 후원했고, 4·19와 10·26으로 우회적 결실을 맺었다. 1987년 전두환의 친위쿠데타에 대한 미국의 견제와 뒤이은 6·29 선언 유도도 1980년 1월 말~2월 초 이래로 구상된 전두환 제거 작전의 우회적 간접 결실이었다.

  1960년대 5·16 군부 세력과 1980년대 신군부 세력에 대한 미국의 지지는 안정 우선주의의 결과인 반면에, 4·19에 대한 직접 개입과 10·26의 우회적 결실, 6·29 선언 유도는 민주화에 대한 지지였다. 5·16 군부와 신군부 지지는 소련의 팽창에 맞서 공산주의에 대한 방벽을 쌓는다는 미국의 정책 목표 구현을 위한 수단이었음이 확실하다. 한미 관계는 친미주의자들이 주장하는 것처럼 미국의 일방적 시혜나 반미주의자들이 바라보는 것처럼 제국주의적 침략에 따라 전개된 것은 아니다. 현실주의적 관점에서 보면 상호 국가이익이 일치하는 지점에서 전개되어 왔다고 할 것이다.

  피상적으로 보면 민주주의를 옹호하고 독재정권을 버린 것으로 볼 수 있는 미국의 4·19와 6·29 선언 직접 개입, 10·26 간접 개입에도 공산화 방지라는 목적이 숨어 있으며, 장기적으로 안정을 추구하는 전략이었다. 만약 4·19와 6월항쟁이 격화되어 혼란이 지속된다면 공산화될 가능성이 없지 않다고 판단한 미국이 독재를 버리고 과도한 민주화 욕구를 개량적으로 발산시키기 위해 민주적인 개혁을 유도했던 것이다. 따라서 당시 독재정권 견제에서 민주화 세력 옹호로의 노선 전환은 안정(반공)을 위한 조치였다. 이렇게 볼 때 냉전 시대 미국의 한국에 대한 개입은 안정과 반공 체제 구축이라는 면에서 비교적 일관적이었다는 결론을 내릴 수 있다.[13] 민주화 역시 안정과 반공을 위한 수단이었던 것이다.

　미국은 인권과 민주주의가 급격히 무너지면 혁명이 발생해 안보도 위협받을 수 있다고 판단했다. 1960년 4월 26일 즈음, 1979년 10월, 1986년 신군부에 의한 친위쿠데타 움직임과 1987년 6월항쟁 당시가 그랬다. 이 당시 미국은 단기적 안보보다 상층부 민주주의를 옹호하는 태도를 취해 아래로부터의 혁명을 방지하고 보다 장기적인 차원의 안보를 취했다. 이는 미국 외교 정책의 반혁명·개량화 전략을 표출한 전형적 방식이었다. 그런데 이때 미국의 행동이 구체적인 작전이나 공작으로 규정될 수 있는 차원까지 발전되지는 않았고 비중이 크게 실리지 않은 도상작전에 그쳤다고 할 수 있다. 작전이나 공작이라기보다는 여러 옵션 중 하나에 불과한 구상 수준이었다. 따라서 미

13　예외가 있다면 1963년 박정희의 군정 연장 기도를 제어하고 위장된 형태였지만 민정을 추구했던 경우이다. 당시는 안정적 군부 지배를 버리고 민주화를 선택했다. 그러나 이도 역시 장기적으로는 민주적 개혁을 통해 장면 정부 시절에 만연했던 용공적 사회 분위기를 잠재우려는 조치였다고 할 수 있다. 따라서 1963년 미국의 민주화 요구도 본질적으로는 혁명을 개량화시키는 일종의 안정 추구책이고 반공의 방벽을 쌓으려는 반공적 전략의 일환이었다고 할 수 있다.

국의 제거 구상이 구체적으로 실천된 문서나 물증은 없다.

그렇다면 왜 '도상 연습'에 그쳤을까? 1948년 한국 정부를 구성했던 미국이 1950년 전쟁의 와중에 이승만 제거 작전을 도상작전으로 그쳐야 했고, 1980년 전두환 제거 구상도 역시 도상작전으로 그쳐야 했다. 미국이 한국의 정치 지도자를 직접 제거하지 못한 이유는 미국의 내정간섭에 대한 역풍을 의식했고, 한국 정치의 힘이 커졌으며, 결정적으로는 뚜렷한 대안 세력이 부재했기 때문이다. 또한 북한의 위협에 직면한 '냉전의 최전선'이라는 한국의 전략적 위치 때문에 위기를 조성할지도 모르는 제거 작전을 현지 미국인 관리들이 부정적으로 보았기 때문이다. 결국 워싱턴도 독재자를 몰아내는 현상 타파적 작전보다는 현상 유지에 귀착할 수밖에 없었다. 따라서 한국 국내 정치와 그 외부적 요인들이 복합적으로 작용해 제거 작전 추진이 무산되었다고 할 수 있다.

두 번 이상의 수평적 정권 교체[14]가 달성되어 민주주의가 비교적 공고화된 한국 사회에서 안정과 민주주의는 더 이상 양립할 수 없는 가치가 아니다. 민주화 이후 한국에서는 오히려 민주주의를 실현해야 안정적 사회가 가능하므로 더 이상 민주주의가 안정을 위한 수단

---

14 정치학자 새뮤얼 헌팅턴은 '두 번의 정권 교체 테스트'를 "민주주의 공고화의 한 지표"라고 평했다. Samuel Huntington, *The Third Wave: Democratization in the Late Twentieth Century* (Norman, Oklahoma: University of Oklahoma Press, 1991), p. 266; 새뮤얼 헌팅턴, 강문구·이재영 역, 『제3의 물결: 20세기 후반의 민주화』(인간사랑, 2011), 369~370쪽. 헌팅턴은 신생 민주주의 국가에서 선거를 통한 수평적 정권 교체가 두 차례에 걸쳐 이뤄지면 민주주의적 정치 행태가 제도화되어 첫 정권 교체 이전의 권위주의 시대로 돌아가기 어려울 정도로 민주주의가 공고화된 것으로 간주했다. 이렇게 되면 절차적 민주주의가 완성되었다고 볼 수 있다.

이 아니라 그 자체로 목적이 되었다. 미국도 이 점을 알고 있었기에 탈냉전 이후 한국에서 한국 국민의 반발을 일으킬 인위적인 정권 교체나 지도자 제거 공작을 더 이상 계획하지 않았을 것이며 다만 친미적 정권 유지를 위해 간접적인 영향력을 비밀리에 행사하는 등 차원이 다른 새로운 공작을 모색했을 것이다. 최근에는 내정에 대한 '관여(engage)'를 대신한 격려(encourage)라는 용어가 등장하기도 했다.[15] 격려라는 온건한 포장은 내정 개입에 대한 한국인들의 비판적 인식을 의식한 용어이다. 한미 관계의 일방적인 불평등성·비대칭성이 다소나마 해소되고 평등하고 상호 의존적인 관계로 나아가고 있음을 증명하는 것이라고 할 것이다.

---

15 정효식·성지원, 「방한 스틸웰의 발언, engage(관여)와 encourage(격려)의 차이」, 『중앙일보』 2019년 7월 19일, 8면.

4장
김영삼 정부 이후
미국의 한국 정치 개입사

1. 한미 관계 변화와
   1997년 IMF 사태

1992년 12월 대통령 선거 유세 과정에서 민주자유당 김영삼 후보는 외세보다 민족을 강조했으므로 적어도 구호 면에서는 자주적인 한국 사회의 분위기를 어느 정도 대변했다. 그 때문인지 1992년 봄 민주자유당 대통령 후보 경선 과정에서 미국 정보기관은 김영삼 대표보다 박태준 후보가 국가를 위해 훨씬 좋을 것이라는 뜻을 박태준 후보에게 전달해 김영삼을 견제하려고 시도했다고 한다.[1] 당시 박태준 최고위원은 미 중앙정보국(CIA) 정보에 의하면 자기가 대통령 후보로 나가면 승리하는 것으로 돼 있다고 철석같이 믿었는데 이는 허위 정보

---

1 김창혁, 「"YS 대항마, 박태준은 안돼" 盧는 서류봉투를 탁탁 쳤다」, 〈동아일보〉(2015.2.28). 물론 이는 박태준 후보가 당시 주장했다고 이종찬이 회고한 것이므로 교차 비교가 필요한 부분이다.

였다고 이종찬은 회고했다.

1992년 12월 17일 대통령 선거 유세를 마치고 돌아오는 차 안에서 정주영 후보는 "정주영 후보 근소한 차로 당선 확실! 예측 정주영 32.5%, 김대중 31%, 김영삼 30%, 박찬종 5%"라고 쓰여 있는 쪽지를 이종찬에게 전달했다. 정주영 후보는 이것이 미 CIA에서 오전에 조사해서 극비리에 전해 준 것이라고 말했는데, 이종찬은 '누군가 또 정보장사를 했군!'이라고 판단했다고 한다.[2] 만약 정주영 후보를 끝까지 완주하게 하려는 것이 미 CIA의 공작이었다면 결과적으로 김영삼 후보를 도왔다고 할 수 있다. 그렇다면 미 CIA가 김영삼 후보를 견제한 것이 아니거나 위 정보가 거짓이거나 둘 중 하나일 것이다. 아니면 미 CIA는 김영삼을 밀었지만 미국 정부 일각에서는 김영삼을 견제하려 했을 수도 있다.

1992년 12월 선거에서 당선된 대통령 김영삼은 1993년 2월 25일 취임사에서 아래와 같이 언급했다.

> 김일성 주석에게 말합니다. 우리는 진심으로 서로 협력할 자세를 갖추지 않으면 안 됩니다. 세계는 대결이 아니라 평화와 협력의 시대로 나아가고 있습니다. 다른 민족과 국가 사이에도 다양한 협력이 이루어지고 있습니다. 그러나 어느 동맹국도 민족보다 더 나을 수는 없습니다. 어떤 이념이나 어떤 사상도 민족보다 더 큰 행복을 가져다주지 못합니다. 김 주석이 참으로 민족을 더 중요하게 생각한다면, 그리고 남

---

2 김창혁, 「정주영 "1.5%P차이로 내가 당선… CIA 자료랍니다"」, 〈동아일보〉(2015.3.28).

북한 동포의 진정한 화해와 통일을 원한다면 이를 논의하기 위해 우리는 언제 어디서라도 만날 수 있습니다. 따뜻한 봄날 한라산 기슭에서도 좋고, 여름날 백두산 천지 못가에서도 좋습니다. 거기서 가슴을 터놓고 민족의 장래를 의논해 봅시다. 그때 우리는 같은 민족이라는 원점에 서서 모든 문제를 풀어 나갈 수 있을 것입니다. 금세기 안에 조국은 통일되어, 자유와 평화의 고향 땅이 될 것입니다.

남북 사이의 민족 공조가 한미동맹보다 낫다는 이러한 원초적 민족주의적 인식은 미국을 의식한 발언이었다. 미국은 김영삼의 민족주의를 비판적으로 보았으므로 김영삼 정부 당시 한미 관계는 좋은 편이 아니었다.[3] 반면 북한 김일성은 이러한 인식을 반겼다고 한다.[4]

1970년대 근대화의 결실이 부분적으로나마 맺어지기 전까지 미국의 군사적·경제적 원조 없이는 국가가 존립할 수 없을 정도로 한국의 정치·경제는 미국에 종속되어 있었다. 그렇지만 어느 정도 근대화가 진전되자 한국은 정치적으로 상당한 대미 자율성을 획득할 수 있게 되었다. 1980년대에는 양국 관계에서 일방적 종속성이 아닌 상호 의존성이 운위되기 시작했고 탈냉전기 이후 1990년 미국은 일방적인 후원자의 위치에서 스스로 벗어나려고 했다. 따라서 한미 관계는 '상

---

[3] 급기야 1997년 IMF 사태가 일어나자 미국은 냉전 시대와는 달리 적극적으로 도와주지 않고 수수방관했다.
[4] 「차중잡담/내가 겪은 김대중 김영삼 김종필」, 〈YouTube-조갑제TV〉(검색일: 2019.3.2).

호 호혜적인 동맹'이라는 평가⁵도 가능했다.⁶

경제적으로도 한국이 미국 원조의 일방적 수혜자의 위치에서 성장하여 1980년대 이후 상호 의존 관계가 정착되어 가자 미국은 일방적 후원자에서 방관자로 위치를 전환시켰다. 1997년 대외 개방에 대한 대비가 미비한 상태에서 무차별적 외환 차입에 의해 한국에 외환위기 사태가 발생하자 미국은 냉전 시대와 같이 한국을 전폭적으로 지원하지 않았다. 미국은 적극적으로 나서서 문제를 해결하는 해결사의 위치에서 벗어났고 한국에게 IMF를 통해 자금 지원에 나서라는 수수방관적 태도를 취했다.

빌 클린턴 대통령 취임 직후에는 한미 관계가 좋은 편이었다. 클린턴은 김영삼을 '자유민주주의의 투사'로 존경한다며 1993년 7월 취임 후 첫 해외 방문지로 한국을 택할 정도로 우호적이었다. 그러나 북한과 미국이 남한을 배제하고 직접 핵 협상을 하면서 김영삼과 클린턴의 관계는 어긋나기 시작했다. 대북 포용정책을 주장했던 클린턴 행정부의 입장과 "핵을 가진 집단과는 대화할 수 없다"는 김영삼 정부의 대북 강경론이 충돌했던 것이다. 남한을 빼고 북미 간에 직접 대화가 진행되었으며 그 결과물인 제네바 합의가 1994년 10월 21일 이뤄졌을 때 미국은 클린턴 대통령 명의로 "북한이 합의를 위반하지 않으면 경수로 사업을 끝까지 보장한다"는 내용의 친서를 북한에 보냈다.

---

5 김진명, 「리처드 하스 美외교협회장 '수교훈장 광화장'」, 『조선일보』 2021년 5월 13일, A28면.
6 2021년 5월 11일 한미동맹에 기여한 공로로 대한민국 수교훈장 광화장을 받은 리처드 하스 미 외교협회장의 소감이다.

그러나 미국은 이 사실을 한국에 알리지 않았고, 나중에 알게 된 김영삼 대통령은 격분했다고 한다.

1996년 10월, 북한 무장 간첩단이 잠수함을 타고 강원도 강릉시에 침투했을 때, 간첩단의 일원인 이광수는 생포되고 나머지 조직원들은 자살하여 북한의 공작은 실패했다. 당시 미 해군정보국 컴퓨터분석관으로 근무하던 김채곤(로버트 김)은 주미 한국대사관 무관인 백동일 대령에게 강릉 지역 무장공비 침투사건 관련 군사 기밀을 유출한 혐의로 구속되어 미 연방교도소에서 9년간 수감 생활을 했다. 이와 같이 북한 잠수함 침투사건 처리 과정에서 클린턴과 김영삼의 갈등은 더욱 커졌다. 이 때문에 김영삼 임기 말 외환위기 때 미국의 신속한 도움을 받지 못한 것으로 알려졌다.[7] 1997년 말 IMF 구제금융사건 당시 클린턴 대통령의 최후통첩 전화가 일주일 전에 걸려 왔던 것이다.

금융시장 개방과 대북한 정책 문제로 클린턴 행정부와 심한 마찰을 빚었던 김영삼 정부는 1997년 가을 미국의 무차별 '달러 폭격'을 맞고 몰락했다. 이 융단 폭격에 수백억 달러의 외환 보유고는 아무것도 아니었다. 미국과의 불화가 정권에 어떻게 작용하는지 잘 보여 주는 하나의 본보기였다. 김영삼 정부는 미국은 물론 일본에도 지원을 요청했으나 거절당했다. 당시 부총리를 지낸 강경식의 회고록 내용이다.

---

7 최지영, 「대통령 따라 출렁거린 한·미 관계 30년: '햇볕정책'vs'북＝악의 축'갈등, DJ·노무현-부시, 2대째 삐걱」, 〈중앙일보〉(2008.11.7).

상환 능력에 대한 불안감이 확산되면서 평소에 90% 이상이던 단기 외채의 만기 갱신 비율(Roll Over Rate)이 60% 이하로 떨어지기 시작했다. 외환 보유고가 급격히 감소하기 시작했고 더 이상 견딜 수 없었다. 엄낙용 차관보가 외환시장 동향이 심상치 않다고 하면서 긴급자금 지원 요청을 위해 일본에 다녀오겠다고 했다.

일본에 자금 지원을 요청하는 것과 관련해 예상되는 문제를 제기했다. 우선 미국과 IMF가, 일본과 직접 해결하는 쌍방 방식을 별로 환영할 것 같지 않다는 것, 또 성사될 가능성도 의문시된다는 것 등의 우려를 말했다. 또 우리 국민들이 일본의 도움을 받을 경우 자존심 손상도 있을 수 있었다. 이렇게 볼 때 일본 정부에 지원 요청을 하기보다는 오히려 IMF에 지원 요청을 하는 것이 정도(正道)라는 나의 생각을 말했다.

따라서 일본에 갈 경우 정부 대 정부의 지원이 아닌, 일본 금융기관들이 만기 연장 등에 특별 배려를 해 주도록 '행정 지도'를 당부하는 쪽으로 교섭하도록 지시했다. 만기 연장만 순조롭게 이루어지면 큰 어려움이 없을 것이라 생각했고, 또 비공식적 영향력 행사는 8월 말 미쓰츠카 대장상이 방한했을 때의 예를 보더라도 기꺼이 협조해 줄 것으로 생각했기 때문이다.

엄 차관보는 1997년 11월 10일 방일해서 미스터 엔(Yen)으로 널리 알려진 일본 대장성 사카키바라 차관보를 만난 후 11일 귀국했다. 방일 성과는 아무것도 없었다. 양국 간 협력은 처음부터 기대하지 않았던 일이었지만 "일본은행이 한국은행에 대한 SWAP(통화스와프 - 인용자) 등 지원은 가능하지 않겠는가."라며 협력 가능성을 타진했으나 그것도 마찬가지로 안 된다고 했다는 보고였다. 즉 자금난 해소를 위한 지원은 IMF를 통해서만 하도록 이미 미국과 일본이 합의했기 때문에 아무것도 할 수 없는 입장이라고 했다.

일본 정부가 일본 시중은행에 대해 만기 연장 영향력을 행사하는 등의 협조 요청에 대해서는, 당시 일본의 경제 사정이 어려울 뿐 아니라 일본 검찰이 금융기관과 대장성의 유착 관계를 수사 중이어서 대장성의 위상이 약화된 터라 실현되기 어렵다는 대답이었다고 했다. 그러나 설사 당시 일본 정부가 나서서 만기 연장 협조를 요청했더라도 일본 금융업계는 별로 기대할 수 없는 사정에 있었다. 1997년 11월에는 일본도 금융위기에 몰려 엄청난 홍역을 치르고 있었기 때문이다. 일본의 은행들이 BIS 기준을 맞추기 위해 무자비한 자금 회수에 나섰고 그 결과 수많은 일본의 중소기업들이 흑자도산에 몰리고 있었다. 한국에 대한 배려를 할 여유가 없었다. 다만 일본은 외환 사정이 좋았기 때문에 금융위기가 우리나라와 같은 외환위기로 발전하지 않았을 따름이다.[8]

한일 관계가 좋았더라면, 한미 관계가 원만했더라면 일본과 미국은 수백억 달러의 지불 보증으로 한국이 IMF로 가지 않도록 도왔을 것이다. 일본의 한국 지배를 미화하는 역사 망언이 계속되던 상황에서 1995년 11월 14일 김영삼 대통령은 장쩌민(江澤民) 중국 국가주석과 정상회담 후 가진 공동 기자회견에서 "일본의 버르장머리를 기어

---

[8] 강경식, 『국가가 해야 할 일, 하지 말아야 할 일 – 강경식 전 경제부총리 한국경제와 함께한 30년』 (김영사, 2010).

이 고쳐 놓겠다"고 했다.⁹

한일 갈등은 더 심화되었다. 이후 한국의 외환 보유고가 너무 낮아 위기가 조성되는 상황에 직면하자 일본은 한국에 지원한 자금을 인출할 것을 고려했다. 일본이 경제보복을 검토한 것이다. 일본은 큰 규모의 자금을 한꺼번에 인출해 한국에 치명상을 입힐 계획이었다. 한국은 일본의 이런 행동을 자체적으로 막을 여력이 없었기에, 경제부총리를 일본에 보내 단기외채 만기 연장을 간청했다. 그러나 일본은 만나 주지도 않고, 전화 통화를 통해 자금 지원 조건으로 한국으로서는 받아들이기 어려운 독도 영유권을 제시했다. 당시 한국은 일본의 이런 행동을 제지할 힘이 없었다. 결국 일본 자금이 빠져나간 후 한국의 경제 상황은 급속히 악화되었다. 그리고 미국이 주도하는 IMF 체제에서 고난을 겪었다. 당시 김영삼 정부는 일본뿐 아니라 미국 클린턴 행정부와도 사이가 좋지 못했으므로[10] 냉전 시대와는 달리 미국과 일본의 지원을 받지 못했고, IMF의 조치는 매우 가혹했다.

한편 IMF 사태는 김대중의 대통령 출마와 당선 가능성이 커지자 김대중이 자신들을 손볼 것을 우려했던 재벌들이 외화를 단시일에 빼돌렸기 때문에 발생했다는 주장도 있다.[11] 박정희 시대의 개발 연대에 형성되고 고착화된 한국 경제의 외자 의존형 모델과 정경유착이

---

9 배인준, 「김대통령 버르장머리…발언 일 불쾌감 표시」, 『동아일보』 1995년 11월 18일, 7면. 당시 대통령 외교비서관인 유명환은 이 발언이 IMF를 불렀다고 말했다.
10 조갑제, 「"일본의 버르장머리 고치겠다"던 YS의 개망신!」, 〈뉴데일리〉(2012.8.17).
11 고정일, 「북한의 개방과 기득권 확보를 위한 노력」, 〈주간조선〉(2015.10.29), 크리스 리(ody****)의 댓글(2015.10.30. 03:03:47).

외환위기의 근본 원인이라는 평가도 가능하다. 따라서 한미 관계 이완은 1997년 IMF 신탁통치가 시작되는 주변적 요인을 제공했다고 할 수 있다.

2. 김대중 정부 시절 한미 밀월관계

1997년 12월 IMF 위기를 이용해 당선된 김대중 대통령은 상대적으로 진보적인 세력들의 지지에 힘입어 대통령에 당선되었지만 전임자들과 같이 대미 관계를 최우선시했으므로 한미 관계에 큰 균열이 생기지는 않았다. 특히 경제적으로 미국과 일본의 지원에 의존해야 했으므로 대미 의존이 심화되었다고 할 수 있다.

김대중은 1973년과 1981년에 두 번이나 미국의 도움으로 자신의 목숨을 건졌다고 판단했으므로 누구보다도 친미적 정책을 견지했다. 또한 그는 비교적 융통성 있는 정책을 구사해 미국과의 갈등을 최소화했으므로 미국의 강한 견제를 받지도 않았다. 다만 그의 참모들 중 일부는 과거 미국이 독재정권을 지지하고 연장시키는 데 결정적인 기여를 했다는 인식을 가지고 있었다. 이들 '자주파'들은 정책 결정 과정에서 기존의 주류였던 동맹파와의 긴장 관계 속에서 입지를 점점 키웠다. 이들은 김대중 정부에서는 큰 힘을 발휘하지 못하는 소수파였으나, 노무현 정부 들어서는 이른바 386 세력(1990~2000년대 초중반에 30대, 1980년대에 대학에 입학한 1960년대생)으로 집결했다. 이들은 주류인 한미동맹 우선론에 도전하면서 동맹보다 민족이 우선되어야 한다는 주장을 개진해 미국으로부터 '민족주의적 반미주의자'로 간주되기에 이르렀다. 문재인 정부 들어와서 이들은 정책 결정에서 영향력을 발휘하는 정부 내 다수파가 되었다.

김대중 대통령은 '평화·화해·협력을 통한 남북 관계의 개선'을 대북 포용정책의 목표로 설정하고 북한의 무력 도발 불용, 흡수통일 배제, 남북 간 화해 협력 적극 추진 등을 3대 원칙으로 제시했다. 이것은 기존의 대북 압박을 통한 흡수통일 방식이 남북 관계 개선에 도움이 되지 않는 동시에 북한으로 하여금 '벼랑 끝 전술'을 구사하도록 하는 원인을 제공했다는 비판 의식에서 출발한 것이다. 북한도 공산권 해체 조짐이 보이는 1980년대 말 이후 체제 위기를 체감하고 흡수통일에 대한 우려를 표출하던 계제였으므로 김대중 대통령의 흡수통일 배제 공언은 남북 관계 개선을 가져다줄 수 있는 추동력을 제공했다고 할 수 있다. 김대중은 적과 동지라는 냉전 시대 이분법적 사고방식으로는 북한의 대남 정책을 변화시키고 남북한 화해를 실현하는 것이 불가능하다는 입장을 견지하고 있었다. 그는 햇볕정책이 한반도 긴장 완화를 가져올 수 있는 유일한 대안이라고 주장했다.[12]

그런데 김대중 집권 초기의 대북 포용정책은 "어느 동맹국보다 민족이 우선한다"는 한국민의 민족주의적 정서를 유발했던 김영삼의 감정적 언사의 연장선상에서 나온 것이었다. 따라서 민족주의를 반미주의와 거의 동일한 것으로 보아 불온시했던 미국의 정책 결정자

---

12 이기완, 「1990년 이후 한국의 정치동학과 한미동맹」, 『국제관계연구』 16-1 (2011), 18쪽.

들의 비판적 정서를 자극하기도 했다. 그렇지만 레이건 행정부나 조지 H.W. 부시 행정부에 비해 리버럴이었던 클린턴 행정부는 포용정책을 지지했다. 그러한 배경 때문에 1998년 8월 30일 북한의 대포동 미사일 발사와 같은 벼랑 끝 전술에도 불구하고 김대중 정부는 대북 포용정책을 계속 추진할 수 있었고, 2000년 6월 역사상 최초인 남북정상회담을 이루어냈다.

그렇지만 미국은 김대중 정부의 햇볕정책에 의해 주한 미군의 장래가 불안정하게 될 수 있을 뿐만 아니라 중국과 러시아의 한반도 영향력이 확대될 것을 우려했다. 이러한 미국의 불안은 2000년 미국 대통령 선거에서 방어적 현실주의에 입각해서 외교·안보 정책을 추진할 것을 공약한 부시 후보의 당선으로 더욱 현실화되었다. 부시의 당선이 한미 간 갈등을 초래할 촉매제를 제공했다는 평가이다.[13]

2001년 부시 대통령은 클린턴 정부가 추진했던 대북 정책을 유화정책이라고 비판함과 동시에 북한의 '살라미 전술'에 현혹되어 북한의 대미 협상력을 높여 주는 실수를 범했다고 주장하면서 이를 시정하기 위해서는 핵과 미사일 문제 등을 포괄적으로 다루어야 한다는 입장을 명확히 했다. 이 와중에 9·11 테러가 발생해 미국이 '테러와의 전쟁'을 선포하자 북미 관계가 더욱 경색될 소지가 생겼다. 2002년 1월 미국은 북한, 이라크, 이란(리비아)을 악의 축으로 규정하고 이들 국가에 대해서 강경 대응할 것임을 시사했다. 미국은 핵·미사일과 같은 대량살상무기의 확산을 방지하기 위해 필요하다면 단독으로 악의

---

13 이기완(2011), 위의 글, 19쪽.

축 국가들에 대해 예방적인 차원에서 무력 공격도 불사하겠다는 '미국식 국제주의' 노선을 천명했다. 미국의 일방주의적 외교·안보 정책은 한국 정부의 민족주의적 대북 포용정책과도 갈등할 여지가 더 많아졌다. 또한 이전 정부의 대미 추종 외교[14]는 대미 자주노선으로 전환될 가능성이 커졌다.

  미국이 한미동맹에 이전 시기보다 큰 비중을 두지 않는 방향으로 변화하여 수직적이었던 한미 관계가 보다 수평적으로 변화한 것은 냉전의 해체라는 국제정치 상황에 조응하는 것으로도 볼 수 있다. 그러나 같은 시기에 북핵 문제에 직면해 미일동맹이 강화된 것에 비추어 본다면 한국 정부 내에서 이른바 '동맹파'의 대미 편승 외교 노선에 비판적이던 '자주파'들이 목소리를 내기 시작한 것에서 원인을 찾을 수도 있다.[15] 물론 미국이 한국보다 일본을 안보 문제에서 더 핵심으로 여겼기 때문이기도 하다. 그렇지만 미국은 냉전 시대 맹주인 소련 대신에 탈냉전기 새롭게 떠오르는 제국인 중국을 견제할 수 있는 최전방 전초기지라는 전략적 위치 때문에 여전히 한국을 무시할 수 없었다. 이 점을 고려한다면 한미동맹이 다소 이완된 것은 한국 정치 내에서 자주파의 약진에 따라 기존의 수직적인 한미동맹을 보다 수평적이고 호혜적인 것으로 진화시키려 했기 때문이 아닌가 한다.

  2002년 6월 미군 장갑차에 치여 한국 여중생이 사망하는 사건이 발생해 반미 감정이 유발되었고 2002년 10월 북한의 우라늄 농축 프로

---

14 이기완(2011), 위의 글, 6쪽.
15 이기완(2011), 위의 글, 6~8쪽.

그램 추진과 핵무기 보유 선언으로 제2차 북핵 위기가 발생해 한미 관계의 불안정성이 더 심화되었다. 위기 대응 방식을 둘러싸고 한미 간에 입장 차이가 표출되었던 것이다. 미국은 북한 핵개발 문제를 남북한 문제로 보기보다는 미국과 동맹국의 안보를 위협하는 국제 문제로 인식했다. 미국은 북한이 핵개발을 포기하지 않으면 경제적 혹은 군사적 제재 조치를 단행할 것임을 명확히 했다. 이에 대해 한국은 미국의 강경 대응이 북한으로 하여금 극단적인 선택을 하도록 강요하는 결과를 초래할 수 있다고 우려했다.[16]

제목부터 대단히 노골적인 총 40쪽짜리 북한 교과서 『미제와 일제의 조선침략죄행』(평양: 교육도서출판사, 2002) 34쪽에는 "미제의 유화 전략이란 우리를 회유, 기만하여 개혁과 개방에로 유도하기 위한 반사회주의적 와해 공세를 말한다."라고 나와 있다. 이어 "미제는 1990년대에 유화 전략에 따라 조미회담을 벌려 놓고 우리와의 관계 문제는 평화적으로 해결하는 듯이 가장해 나섰으며 경수로 건설과 식량 지원을 통하여 우리의 강경정책을 늦추어 보려고 책동했다. […] 그러나 미제는 여기에서 아무것도 얻을 것이 없었다"고 적었다.

37쪽 4항의 제목은 '문민, 국민독재 정권의 조작'이다. 남한의 모든 정권 교체가 미국에 의한 것이라고 적고 있다. 미국의 사주에 따라 한국 정치인들이 움직였다는 것이다. 구체적으로 "미제는 여당에서 분열을 일으키고 김대중과 김종필이 합동하게 함으로써 1998년 2월 국민의 이름을 단 국민의 정부를 출현시키였다"는 부분이 그것이다. 같

---

16 이기완(2011), 위의 글, 20쪽.

은 쪽에 "국민정권 역시 다 같이 사대매국정책을 그대로 답습했다"고 서술해 국민의 정부도 다른 정권과 마찬가지로 미국의 '괴뢰' 정부로 보고 있다. 2002년 교과서에서 국민의 정부까지 다루며, 국민의 정부 출범이 미국의 공작인 것으로 묘사한 부분이 특기할 만하다. 특히 한국 정치인들이 미국의 허수아비라는 날조된 인식이 북한 교과서에 인용되고 있다.

3. 노무현 정부 시기
   예상 밖의 한미동맹 강화

한국은 외환위기가 발생한 1997년부터 IMF 관리체제로 들어갔고, 2001년 8월 23일 IMF 구제금융 195억 달러 전액을 상환해 IMF 관리체제를 졸업했다. 이후 2000년대에 들어와서는 미국에 비판적인 흐름이 한국 정부 내부에서도 감지되었다. 급기야 2002년 6월 13일 주한미군 병사들에 의한 여중생 사망사건이 발생하자 한국인들의 탈미 의식은 그해 11~12월 촛불집회와 같은 대중운동으로 표출되었다. 불평등한 한미주둔군지위협정(SOFA)의 즉각적인 개정을 요구하는 촛불시위가 전국 각지에서 연일 계속되면서 탈미 감정이 확산되었던 것이다. 그 결과로 대통령이 되려면 먼저 미국에 다녀와야 했던 전례가 없어지고 미국에 가보지 않고도 대통령에 당선되는 이례적인 일이 일어났다. 2002년 12월 노무현 후보가 대통령에 당선되었는데 불편한 한미 관계가 오히려 진보적 정부를 유지하게 한 하나의 요인이 되었다.

노태우, 김영삼, 김대중 정부 출범 시에 미국은 특별한 영향력을 행사하지 않았다. 이들 지도자들이 친미적 입장(대미 편승 외교 노선)을 명확히 했기 때문에 그랬을 것이며 만약 미국에 비판적이었다면 마냥 방관하지는 않았을 것이다. 노무현 후보는 대통령 선거 기간 내내 김대중 정부의 대북 포용정책을 견지할 것임을 천명했으며 "미국에 사진 찍으러 가지 않겠다", "통일을 위해서는 어떤 세력과도 연대할 것이다."라고 말해 대미 자주노선과 대북 포용정책, 나아가 보다 대등한 한미 관계를 추진할 것임을 명확히 했다. 이러한 입장은 북한에 대해서는 동포의식을 느끼며 미국에 대해서는 비판적인 세력으로부터 지지를 이끌어내기 위한 선거 전략인 동시에 그의 소신이기도 했다.[17]

미국은 노무현 정부 출범 시기, 자국에 비판적인 분위기가 여론에 영향을 미치고 대미 관계가 선거에 중요한 이슈가 되자 매우 당혹했을 것이다. 미국은 노무현 후보와 선을 대기 위해 노력하면서 동시에 그의 입장을 순화시키려 했을 것이다. 또한 선거 전날까지 그의 당선을 견제하기 위해 승부수를 던졌을 것으로 추정된다.

노무현은 2002년 대한민국 정당정치사상 처음 도입된 국민경선제에서 이른바 '노풍(盧風)'을 일으키며 새천년민주당의 대통령 후보로 선출되었으며, 국민승리21의 정몽준 후보와의 야권 후보 단일화 경쟁에서도 승리했다. 선거 전날인 12월 18일 정몽준 의원이 노무현에 대한 지지를 철회해 위기를 맞기도 했으나 오히려 지지자의 결집과 동정표를 불러일으켜 제16대 대통령 선거에서 이회창 신한국당 후보

---

17 이기완, 「1990년 이후 한국의 정치동학과 한미동맹」, 『국제관계연구』 16-1(2011), 21쪽.

에 57만 표 차이로 승리했다.

노무현은 2010년 간행된 자서전에서 2002년 16대 대선에서 정몽준 후보와의 단일화가 최종 결렬된 배경을 "정부 인사권 절반을 약속하라는 정 후보 측 요구를 거절했기 때문"이라고 털어놨다.[18] 정몽준 의원은 2002년 12월 단일화 당시 "(노 후보가) 한미 관계 등 외교·안보 분야에 대해서도 무책임한 언동을 계속했다. 그래서" 지지를 철회했다고 2007년에 밝혔다.[19] 노무현의 대통령 당선을 막기 위해 친미파(미국)가 정몽준에게 노무현 지지를 철회하라고 압력을 가한 것이라고 판단된다. 당시 미국이 친미파 이홍구 등을 동원해 정몽준의 노무현 지지를 철회시키고 이회창 후보를 당선시키려는 공작을 진행했을 가능성이 있다.

당시 노무현이 당선될지도 모른다는 위기의식을 느낀 한나라당과 재벌들이 정몽준을 집요하게 설득했을 것이다. 이회창 후보가 당선되면 총리와 차기 대선 후보직을 주겠다고 약속해서 결국 노무현 지지를 철회한 것으로 추정된다. 정몽준 의원의 정당인 '통합 21'의 김행 대변인은 2002년 12월 19일 새벽 2시에 보도된 '지지 철회 발표문'에서 다음과 같이 지지 철회 이유를 밝혔다.

> 정 대표는 18일 명동 합동유세에 참석, 노 후보 연설을 들었다. 노 후보는 이 자리에서 "미국과 북한과 싸우면 우리가 말린다"는 표현을 썼

---

18 노무현, 『운명이다: 노무현자서전』(돌베개, 2010).
19 「정몽준, 5년전 '지지철회' 이유 공개」, 〈연합뉴스〉(2007.12.8).

다. 이 표현은 매우 부적절하고 양당 간 합의된 정책 공조 정신에 어긋나는 발언이라고 판단한다. 미국은 우리를 도와주는 우방이지, 미국이 북한과 싸울 이유가 하나도 없다는 것이 우리의 시각이다.

후보 단일화 원칙의 큰 정신은 정책 공조와 상호 존중이다. 이날 합동유세에서 이 같은 원칙이 지켜지지 않을 것이라는 사실을 확인했다. 통합 21은 끝까지 약속을 지켰다. 우리 정치에서 가장 나쁜 것은 배신과 변절이며 이런 현상이 더 이상 반복되면 안 된다. 각자 현명한 판단을 해 주기를 바란다.[20]

그런데 2002년 12월 18일 저녁 식사 자리에서 정몽준 의원 부부를 비롯해 가수 김흥국 등 '정몽준 사단'이 흥분했던 것은 노무현 후보의 종로 유세전 때문이었다는 해석도 있다. 노무현 후보가 '다음 대통령은 정몽준'이라고 쓴 한 지지자의 피켓을 보고 "너무 속도위반하지 마라. 차기에 정동영도 있고 추미애도 있다."라고 한 발언이 문제가 됐다. 명동 유세에서 노무현, 정몽준 두 사람만 오르게 되어 있던 단상에 정동영 의원을 끌어올렸다는 것이다.[21] 선거 전날 여론조사 결과를 입수한 노무현 캠프가 승리할 것이라고 예측해 그 도취감에 자만심에 빠지는 등 너무나 변했다는 것이다. 유력한 차기 대선 주자이자 공동 정권의 지분을 나눠야 할 정몽준을 의도적으로 견제하면서 무시했다는 이유로 결국 정몽준 캠프는 지지 철회를 검토하기 시작했고

20 「통합21 지지철회 발표문」, 〈연합뉴스〉(2002.12.19).
21 황정미, 「[세계타워] 안철수 정치 vs 친노의 정치」, 〈세계일보〉(2012.12.4).

결국 지지를 철회했다. 당시에는 정몽준 의원이 노무현 후보와의 약속을 파기한 것으로 받아들이는 분위기가 지배적이었다.

다른 주장도 있다. 노무현 후보와 정몽준 후보 간 야권 후보 단일화가 성사되어 여당의 이회창 후보가 밀리는 상황을 자체 여론조사를 통해 파악한 미국이 이러한 정보를 여권에 흘려주었다고 한다. 이를 접한 여권의 실력자가 박태준 전 포항제철 회장에게 정몽준을 만나 후보 단일화 약속을 파기하게 해 달라고 부탁했다. 박태준은 선거 전날쯤 정몽준을 만나서, 이회창 후보가 당선될 것인데 그렇게 되면 "정몽준 당신은 김영삼 대통령 당선자에게 큰 시련을 겪었던 정주영 회장과 같은 상황에 놓이게 될 것"이라고 말했다는 것이다. 이를 우려한 정몽준이 선거 전날 밤 후보 단일화를 파기했다고 한다.[22]

정몽준의 약속 파기는 오히려 노무현을 비판하던 진보 진영을 결속시켜 투표장으로 향하게 함으로써 정몽준과 보수파의 기대와는 다르게 노무현의 당선을 도왔다는 평가도 있다. 실제로 노무현 후보가 당선되자 권위주의 시대 대한민국의 유급 로비스트였으며 때로는 미 법무부에 대한민국 에이전트로 등록하기도 했던 리처드 앨런(Richard Allen)이 『뉴욕타임스』 기고문에서 노무현의 당선은 한미 관계에 "골치 아픈 전환(troubling shift)"을 초래했다고 쓰기도 했다.[23]

노무현 정부 출범 후 부시 행정부는 주한 미군 재배치와 감축 문제를 제기했다. 2003년 6월 미국은 주한 미군 1만 2,000명 감축 계

---

22 이완범, 「이병국 신한증권 부사장과의 인터뷰」(2012.8.26. 정오).
23 브루스 커밍스, 「한국 '반미주의'의 구조적 기반」, 『역사비평』 62(2003), 64쪽.

획을 발표했고, 2004년 5월에는 주한 미군 제2사단 1개 여단의 이라크 파병 결정을, 2004년 6월에는 2008년 12월 말까지 주한 미군 1만 2,500명의 감축 계획을 한국 정부에 일방적으로 통보했다. 이에 노무현 대통령은 주한 미군에 대한 역할분담론을 제기하고 자주국방의 필요성을 제기하면서 부시 정부와 대립각을 세웠다. 따라서 한미동맹은 균열의 조짐을 보였다고 할 것이다.[24] 그런데 부시가 이라크 파병을 요청하자 노무현은 2003년 3월 20일 지지 세력들의 반대 속에서도 이에 응하는 '전술적 친미론자'의 양상을 보였다.[25] 보다 큰 차원인 전략 면에서는 자주외교를 견지하면서도 북핵 문제의 평화적 해결 등을 위해 전술적으로는 이라크 파병이라는 친미적 의제에 편승해 기존 대미 추종적 외교에 순응하는 한계를 보였던 것이다. 이것이 탈냉전기에도 '미국의 (세력) 범위(American Boundary)'[26]에서 완전히

---

24 이기완(2011), 앞의 책, 21~22쪽.
25 이기완(2011), 위의 책, 22~24쪽.
26 박명림 교수는 미국이 받아들이는 한계의 상한과 하한을 설정해 '미국의 범위'라고 개념화했다. 미국의 대한 정책은 한국이 민중적·진보적 개혁 조치를 취하더라도 미국의 허용치를 넘어 한국의 좌파나 북한의 요구에 접근하는 수준은 아니었다. 반면 반공주의 또는 권위주의 통치를 수용하더라도 급진 저항을 유발해 체제 붕괴를 초래하거나 파시스트 독재로 제도화되는 정도까지는 아니었다는 것이다. 곧 미국은 좌파 공산체제와 우파 파시스트체제의 제도화를 모두 거부하는 정책을 전개했다. 따라서 남한의 집권 세력에게든 반대 세력에게든 '미국의 범위'는 냉전 시기 동안 넘을 수 없는 한계로 존재했다는 것이다. 박명림, 「미국의 범위와 한미관계」, 『한국전쟁의 발발과 기원 II』(나남, 1996), 509~510쪽; 박명림, 「순응과 도전, 적응과 저항: '미국의 범위'와 한미관계 총설」, 『역사비평』 86(2009), 225~226쪽; 박명림, 「순응과 도전, 적응과 저항: '미국의 범위'와 한미관계 총설」, 『역사비평』 편집위원회 편, 『갈등하는 동맹: 한미관계60년』(역사비평사, 2010). 필자가 보기에 그 범위를 넘으려는 시도가 존재했으며, 다소 벗어날 때도 있기는 했다. 예를 들면 우익의 전두환, 좌익의 조봉암, 남민전, 사노맹 등의 경우가 그러하다. 당시로서는 그 범위가 명확하지 않았으며 한국 정치 세력들이 거의 순응했지만 모두 다 이를 준수한 것은 아니었다. 보기에 따라서는 저항했다고 평가받을 만한 경우가 존재했다고 할 것이다.

벗어날 수 없었던 한국 외교의 한계 상황이었다.

민주화와 산업화의 동시 달성과 2002년 월드컵의 성공적 개최 등으로 국가적 자부심을 한창 높인 한국인들은 2002년 가을의 촛불집회에서 보듯 한미 관계의 새로운 정립을 열망하고 있었다. 노무현의 대통령 당선은 이런 분위기에 어느 정도 힘입었다. 그런데 후보 시절 "반미 감정 좀 가지면 어때."라는 발언으로 미국을 자극했던 노무현 대통령은 2003년 5월 미국에 가서는 "미국이 아니었으면 나는 지금쯤 북한의 정치범 수용소에 있을 것이다."라는 발언으로 지지자와 비판자 모두를 당황하게 했다. 노무현 스스로 '창피한 발언'이라고 회고했지만, 최고의 승부사 노무현이 고개를 숙여야 할 만큼 미국은 막강한 존재였다.

노무현 대통령의 재임 기간에 보수 언론은 한미 관계가 거의 파탄 지경인 것처럼 보도했지만, 사실 그의 재임 기간은 부시의 국가안전보장회의 선임보좌관 마이클 그린이 인정[27]한 것처럼 전두환, 노태우 시절이나 김대중 정권 시절보다 한미동맹이 훨씬 공고해진 시기였다. 그러나 이라크 파병, 평택 미군기지 문제, 한미 FTA 등이 미국의 입장에서는 대단히 만족스러운 것이었을지 몰라도, 노무현의 열성적 지지자 상당수에게는 상처로 남았다.[28]

문재인 대통령도 취임 50여 일 만에 미국 방문길에 올랐다. 문재인

---

27 「노 대통령, 부시 만난 정상 중 가장 예측 불가능」, 〈중앙일보〉(2008.2.15).
28 노무현 정부 시기 미국과의 갈등에 대해서는 김현, 「한미동맹의 안보딜레마: 노무현 정부의 대미 갈등사례의 분석」, 『사회이론』 31 (2007)에 나와 있다.

대통령은 '3·1운동에서 촛불로'라는 구호 아래 3·1운동과 임시정부 100주년 기념행사를 열심히 준비하고 있던 중이었는데, 트럼프의 호출에 날짜 조율도 못 하고 임시정부 100주년 기념일을 미국에서 보내야 했다. 국민들의 염원이 담긴 촛불로 선출된 대통령이었지만, "한국은 우리 승인 없이 아무것도 안 한다."라고 호언장담하는 트럼프[29] 앞에서 여전히 작아질 수밖에 없는 것이 한미 관계의 현실이었다.[30]

2008년 2월 노무현 대통령이 퇴임할 당시 버시바우(Alexander Vershbow) 주한 미국대사는 노무현의 정책이 중도좌파적이었다고 규정했다. 버시바우는 재임 기간 중 노무현에 대한 평가가 박했지만 시간이 흐른 후 역사는 후하게 평가할 것이라는 박선원 청와대 통일안보비서관의 예언을 인용했다. 이는 트루먼 대통령과 같은 경우라고도 했다. 한미 관계 면에서도, 미 제2보병사단의 이전 및 주한 미군 본부의 평택 이전, 이라크 파병 수용을 거명했다. 한미 FTA를 타결했으며, 전시작전권 한국 이양에 합의했고, 미군 주둔지 및 기지의 반환에 요구되는 환경 기준을 놓고 벌어진 장기간의 이견을 해결할 수 있었다고 버시바우는 긍정 평가했다.[31]

29 「트럼프 '미국 승인 없이 안 할 것' 5·24조치 해제 제동」, 〈경향신문〉(2018.10.12).
30 한홍구, 「김대중과 노무현: 한국 민주주의 역사에서의 위치와 역할」, 『사림』 71 (2020.1), 299쪽.
31 Alexander Vershbow, "ROH MOO-HYUN'S TURBULENT TERM: HISTORIANS MAY BE KINDER," (2008. 2. 25), 〈위키리크스한국〉(검색일: 2022.1.22).

4. 박근혜 제거 구상이 있었나?

2016년 가을 최순실 국정 농단 사태로 촉발된 촛불시위의 파장이 커지자 미국 정부는 박근혜 정부가 아닌 촛불을 든 국민들을 지지했다. 존 커비(John Kirby) 미 국무부 대변인은 2016년 11월 28일 정례브리핑에서 박근혜 대통령 퇴진을 요구하는 한국 국민들의 대규모 촛불집회에 대해 "시위와 집회의 권리를 지지한다"고 밝혔다. 그는 "국민들은 당연히 정부에 대한 그들의 우려를 나가서 말할 권리를 갖고 있어야 한다"고 강조했다. 그는 "이것이 한국, 한국 정부, 한국 국민에 대한 우리의 방위 약속을 조금도 변화시키지는 않을 것"이라면서 "미국은 우리의 모든 동맹 약속을 계속 확실하게 지켜나갈 것"이라고 강조했다. "한국은 미국의 확고한 동맹이자 친구, 파트너"라면서 "한미동맹에 대한 우리의 약속, 한반도 안보에 대한 우리의 약속과 관련해선 변할 게 없다"고 덧붙였다.[32]

미국은 국민에 의해 선출된 정부를 지지한다고 말해 왔다. 그런데 박근혜 정부를 지지하지 않는 방향으로 변화가 일어났다. 정통성 있는 정부라고 해도 국민 다수가 들고 일어나 타도시킨다면 혁명적 상황이 도래할 가능성이 있으며, 만에 하나 북한이 이를 이용한다면 동북아 안보가 위태로운 상황이 발생할 수 있다고 판단했을 것이다. 따

---

[32] 박영환, 「[박 대통령 3차 대국민담화]미 국무부 "한국 국민들의 촛불 집회할 권리지지"」, 〈경향신문〉(2016.11.29).

라서 촛불혁명을 개량화시켜 안착시키기 위해 촛불을 든 시민을 지지하는 방향으로 선회하면서 '국민의 뜻'이라고 합리화했다고 할 수 있다. 1960년 4월 26일 이승만 제거와 비견되는 일종의 '박근혜 제거 구상'인 셈이다. 물론 미국의 힘이 예전 같지는 않았으므로 일종의 결정타를 날렸던 1960년과는 달리 2016년에는 큰 영향력을 발휘하지 못했고, 국민의 힘이 주축이 되어 2017년 박근혜는 권좌에서 물러날 수밖에 없었다.

2016년 12월 9일 오후 4시 10분에 박근혜 대통령 탄핵소추안이 국회에서 가결되고, 같은 날 오후 7시 3분에 대통령 박근혜는 국회로부터 탄핵소추 의결서를 받는 동시에 헌법상 대통령 권한 행사가 정지되었다. 국민들의 촛불시위가 이어지는 상황에서 2017년 3월 10일, 헌법재판소에서 탄핵을 인용해 박근혜 대통령이 파면되고 2017년 3월 31일 구속되는 사상 초유의 일이 벌어졌다. 박근혜 대통령의 국정농단 의혹은 2021년 1월 14일 대법원에 의해 징역 20년의 확정판결을 받아 사실로 확인되었다.[33]

---

33 임현주, 「'국정농단' 박근혜 전 대통령 징역 20년 확정」, 〈MBC뉴스〉(2021.1.14).

부록 1

한국 현대사를 좌우한 미국의 정권 교체 공작

1. 미국의 상황 순응형 관여

1980년대에 유행한 신식민주의·종속론에 입각하여 평가하면 미국은 한반도에서 직접적 지배의 경직된 노선을 일관되게 추구했다고 볼 수 있다. 그러나 한국이 1960년대 이래의 압축적 경제성장과 1980년대 이래의 압축적 정치 민주화를 거의 동시에 진행한 결과, 무역 강국이면서 수많은 신생국이 가입을 열망하는 '민주주의 클럽'에도 가입하게 되었으므로(한국의 민주주의 지수 301쪽 참고) 종속이론의 적실성은 현저히 떨어졌다고 생각한다. 따라서 한미 관계에는 신식민주의론 대신 상호 의존(interdependency) 이론이 적용되어야 한다고 판단한다. 한국의 정치·경제 발전으로 한미 관계는 일방적인 의존 관계에서 상호 의존 관계로 변화했기 때문이다. 미국이 한국에 대해 경직되고 수직적인 관여(개입) 일변도의 노선을 일관되게 추구했다는 시각에 대해 필자는 '상황 순응형 관여(adaptive engagement)'라는 대안적 시각을 제시하고자 한다. 이는 미국이 한국의 상황 변동에 적응하면서 관여하는 노선을 추구했다는 주장이다. 미국이 상황 순응적 관여를 하는 동안 한국은 국력을 신장시키면서 미국과 상호 의존의 평등한 관계라고 언급할 수 있을 만한 수준의 협력자적 관계로 나아가기 위해 힘을 축적했다.

해방 직후부터 6·25 전쟁 기간 동안 미국은 대한민국 미래의 상당 부분을 결정했다.[1] 1960년대 이후로는 그 영향력이 점차 감소하는 추세였고, 1990년대 탈냉전기 이후로는 상호 의존적 관계라고 할 만큼 한국이 정치·경제적으로 성장했다. 1945년 한미 관계가 본격적으로 설정된 이래로 미국의 영향력은 감소하는 추세를 보였다고 할 수 있다. 광복 직후의 평론가들은 한국에 대한 미국의 압도적 규정성을 운위했지만[2] 대한민국 정부 수립 이후 한국의 국내 정치는 점차 미국에 대해 상대적 자율성을 확대해 나갔으며 이제 일방적으로 결정되거나 끌려가지 않는 단계에 도달했다고 평가할 수 있다.

---

[1] 브라진스키는 미국이 한국의 군대 육성, 교육 진흥, 관료제 발전 등 근대적 제도 발전에 기여함으로써 한국의 국가 건설 초기에 크게 기여했다고 주장한다. Gregg Brazinsky, *Nation Building in South Korea* (Chapel Hill, NC: University of North Carolina Press, 2007).

[2] 광복 직후 우익 이론가인 한민당 함상훈과 좌익의 온낙중은 해방의 규정성에 동의했다. 함상훈, 『조선독립과 국제관계: 일명 공산당과의 투쟁에 대하야』(생활사, 1948), 1쪽; 온낙중 편, 『조선해방의 국제적 경위와 미소공위사업』(현우사, 1947), 3쪽. 1945년 8월 15일 제2차 세계대전에서 연합국이 승리한 결과로 한반도는 일본 제국주의로부터 해방되었으므로 광복을 연합국이 부여한 선물로 보는 견해가 지배적이었다. 조선의 독립은 객관적 정세 변화의 결과로 주어진 것이며 싸워서 전취한 것이 아니었다는 것이다. 이는 광복 직후 좌우익 모두의 공통된 상황 인식이었다. 당시 조선공산당 이론가 이강국도 해방이 민족적 역량에 의해 이루어진 것이 아니라 연합국의 승리에 의해 이루어졌다는 해방의 규정성론을 개진해 미군정의 불가피성을 역설했고 향후 탁치안까지 받아들일 것을 주장하는 등 외세에 의존적인 태도를 보였다. 이강국, 「삼상회의결정을 엇지하야 지지하는가?」 『신천지』 1-7(1946.8), 64쪽.

그런데 20세기 후반 한미 관계에서 미국의 힘이 한국에 비해 강했던 것은 엄연한 현실이었다. 따라서 한국은 미국과의 국력 차이에서 기인한 비대칭적 관계를 감내해야 했다. 박정희의 저서인 『국가와 혁명과 나』(향문사, 1963) 35~36쪽에서 비판적으로 인식하듯이 총규모 6,088억 환인 1961년도 민주당 정부의 추가 경정 예산안 중 미국 대충자금의 규모가 3,169억 환으로 절반이 넘는 52%의 비율을 차지할 만큼 한국은 미국에 의존했었다. 박정희는 "한국에 대한 미국의 발언권은 52%를 차지하고 우리는 그만큼 의존되지 않을 수 없다는 의미도 된다"고 평가했다. 그렇지만 광복 직후부터 미국이 그들의 정책을 관철시켜 한국을 일방적으로 끌고 가는 종속적 관계가 설정된 것은 아니었다. 정부 수립 이후 한국은 대미 자율성을 가지고 미국의 대한 정책 집행에 일정한 영향력을 행사할 수 있는 위치에 서려고 노력했고[3] 그러한 자율성은 한국의 국력이 강해질수록 증대되었다.

한국의 대통령은 미국에 순응하기만 한 것이 아니라 순응과 저항을 병행했다. 20세기 후반 한국은 강대국 미국에 비해 상대적으로는 물론 절대적으로도 약소국이었으므로 미국의 주장과 요구에 순응하는 것이 자연스러웠다. 그럼에도 불구하고 한국은 중요한 국가 정책을 선택해야 하는 기로에 섰을 때 대미 자율성과 자주성을 갖추기 위해 저항했다. 이 국면에서 미국은 한국의 최고 지도자를 압박했고 때로는 제거 작전까지 입안했다. 그러나 미국은 비밀리에 수립된 제거

---

[3] 오재홍, 『미국의 주한미군철수정책과 한국정부의 대응 (1969-1972)』, 한국학중앙연구원 한국학대학원 박사학위논문(2010), 234~235쪽.

작전을 직접 실현하기에는 무리가 있다고 판단했다. 유사 이래로 독립국가를 유지했던 한국 정치의 높은 자율성 수준을 실감한 미국은 노골적·직접적으로 제거 작전을 실행하지 못했으며, 도상작전에 머물거나 우회적으로 목표를 달성하는 데 그쳤다.

영원한 적도 친구도 없는 것이 국제정치의 냉혹하고 비정한 현실이다. 영국의 헨리 존 템플(Henry John Temple) 외무장관은 1848년 3월 1일 하원 연설에서 "영원한 동맹국도 영원한 적국도 없다. 영원한 것은 이익이고 그것을 추구하는 것은 국가의 의무이다."라고 말했다.[4] 적과 동지를 분간할 수 없기에 영원한 맹방이 없고 오직 자기 이익의 영원한 추구만 있다는 것이다. 1871년 미국은 조선을 침략해 신미양요라는 전쟁을 치렀으며, 일본과 청나라의 중재로 한국과 우방이 되었다.(1882년 한미수호조약) 미일 간 가쓰라-태프트 메모랜덤(1905.7.29)[5]

---

4   Speech to the House of Commons, 1 March 1848, TREATY OF ADRIANOPLE—CHARGES AGAINST VISCOUNT PALMERSTON, HC Deb 01 March 1848 vol 97 cc66-123, https://api.parliament.uk/historic-hansard/commons/1848/mar/01/treaty-of-adrianople-charges-against (검색일: 2019.12.8); 전쟁기념관 편, 『동맹의 길에서 만나는 평화: 한미동맹 65주년 기념 특별기획전』(전쟁기념관, 2018), 13쪽. 동맹이란 두 개 이상의 국가가 외부의 안보 위협에 공동으로 대처하기 위해 공식적 또는 비공식적으로 맺는 군사 연대 관계이다. 국가 방위를 자국의 의지와 힘만으로 구현하는 것은 강대국일지라도 어렵다. 따라서 거의 모든 국가가 동맹을 통해 안보 위협에 대비하고 국가 간의 상호 관계를 증진시켜 왔다. 동맹은 보편적으로 구성국의 공동 이익을 기반으로 하고 있으므로 동맹국 사이의 자율성과 의존성이 서로 충돌할 수밖에 없다. 따라서 동맹은 정치·경제·문화적 가치를 공유하고 상호 간의 이해를 통해 갈등을 극복해 나갈 때 보다 공고한 관계가 유지될 수 있다.

5   러일전쟁 중이던 1905년 7월 27일 미국의 태프트와 일본의 가쓰라가 합의하여 7월 29일자로 문건화된 내용은 서명된 문서나 협정(agreement), 조약(treaty)의 형태가 아니라 서로의 합의를 기록한 각서(agreed memorandum of conversation)로만 존재한다. "Cable from William Howard Taft[Secretary of War] to Elihu Root[Secretary of State of the Theodore Roosevelt Administration]," July 29, 1905, https://www.icasinc.org/history/katsura.pdf (검색일; 2021.6.1) 따라서 흔히 알려진 바와 같이 '밀약(secret agreement)'은 아니며 '외교적

직후 넉 달도 안 된 시점에 을사늑약(1905.11.17)이 체결되자 외국 공관 중에서 제일 먼저 공사관을 철수시켰으며, 다시 구세주로 롤백하여 혈맹이 되었다.(1950) 한미 관계 그 자체가 영원한 적도 동지도 없고 자국 이익에 따라 움직이는 것이 외교라는 사실을 보여 준다.[6]

현재의 21세기 한미 관계도 국제 정치적 상황과 양국의 국가적 이해관계에 따라 좌우되는 '불안정한 동맹관계'로 간주할 수 있다. 이러한 불안정성 때문에 역대 한국 대통령들은 미국 의존적인 정책을 기조로 하면서도 한국의 자주성을 강조하는 정책을 병행하지 않았을까 한다.

✦✦✦
참고
한국의 민주주의 지수

영국 시사 주간지 『이코노미스트(Economist)』의 The Economist Intelligence Unit(EIU)이 2014년에 발표한 '민주주의 지수(Democracy Index)'에서 노르웨이·스웨덴·아이슬란드·뉴질랜드·덴마크·스위스·캐나다·핀란드·오스트레일리아·네덜란드·룩셈부르크·아일랜드·독일·오스트리아·몰타·영국·우루과이·모리셔스·미국·일본·한국·스페인·프랑스·코스타리카의 24개 국가를

주고받기 흥정(quid pro quo)'도 아니었다. 루스벨트 대통령은 일본의 한국 지배를 지지했지만 일본이 자국 영토인 필리핀에 대한 미국 지배를 양해하는 대가는 아니었다는 것이다.

6 이기환 기자는 어떤 나라를 상대하든 지나친 일변도 외교나 짝사랑 외교는 금물이라는 교훈을 얻게 된다고 했다. 「이기환의 흔적의 역사: 신미양요 때 빼앗긴 '수자기'…"반환 불가능한 미군의 전리품"」, 〈경향신문〉(2021.6.1).

'완전한 민주주의(full democracy)' 국가로 평가했다. 주로 유럽과 오세아니아, 북미 국가들이 여기에 속했는데, 아시아에서는 한국(21위)과 일본(20위)이 이 반열에 올라 있으며, 중남미에서는 코스타리카, 아프리카에서는 섬나라 모리셔스가 유일하다.

2015년에 한국의 민주주의 지수는 2014년 8.06점에서 7.97점으로 소폭 하락하면서 세계 22위의 '결함 있는 민주주의(flawed democracy) 국가'로 밀려났다. 일본은 한국보다 좀 더 하락하여 한국에게 0.01점 차이로 아시아 1위를 내주었고 결과적으로 2015년에 '완전한 민주주의'로 분류된 아시아 국가는 없었다.

2016년에 한국은 정부 기능이 약화되면서 민주주의 지수가 7.92점(24위)으로 더 낮아졌고 7.99점으로 0.03점 오른 일본에게 다시 아시아 1위를 내주었다. 미국도 트럼프 당선 등 선거 과정에서 난맥상이 드러남에 따라 민주주의 지수가 전년도 8.05점에서 7.98점으로 크게 하락해 '결함 있는 민주주의' 국가로 격하되었다. 따라서 한·미·일 3국 모두 완전한 민주주의 국가가 아니게 되었으며, 그 결과 '완전한 민주주의' 국가에 거주하는 인구는 세계 인구의 4.5%로 2015년 8.9%에 비해 반으로 줄었다.

2017년 한국의 민주주의 지수는 8.00(20위)으로 결함 있는 민주주의로 분류되었으나 아시아 국가 중에서는 가장 높은 점수를 얻었고, 이는 21위를 기록한 미국보다도 높은 수치이다.[7] 한국의 민주주의 지수 순위가 완전한 민주주의 그룹에 근접할 정도로 다시 오

---

[7] 「민주주의 지수」, 〈나무위키〉(검색일: 2018.5.30).

른 건 사실인데, 이에 대해 EIU는 "한국은 지난해 공금 횡령 등의 부정 혐의가 드러난 박근혜 전 대통령을 탄핵과 구속에 이르게 한 군중집회(촛불집회)에 힘입어 2016년보다는 순위가 상승했다"고 분석했다. 2018년 한국은 2017년과 같이 8.00을 받아 아시아 국가 중 가장 높은 점수를 기록했지만 순위는 1단계 하락한 21위를 기록해 0.01점 차이(8.01점부터 완전한 민주주의)로 결함 있는 민주주의로 분류됐다. 2019년 한국은 2018년과 같이 8.00을 받아 아시아 국가 중 가장 높은 점수를 기록했지만 순위는 2단계 하락한 23위를 기록해 결함 있는 민주주의 국가로 분류됐다.

※ ※ ※

2. 한국의 정권 교체기에 '불온한 민족주의'를 경계한 미국

이승만·박정희 대통령이 친미와 반미를 효과적으로 병행했기 때문에 균형을 통한 발전을 이룩할 수 있었다는 주장이 있다. 광복 후 한반도 남부에서 미국의 지배 질서를 수용한 것은 국가적 생존을 위한 불가피한 선택이었지만, 그 안에서 안전 보장과 경제발전, 민주화를 달성한 것은 한국 정부와 시민사회가 미국의 완전한 지배와 조종을 거부하고 미국과의 역동적 긴장 상태를 유지했기에 가능했다는 것이다.[8]

---

8   박명림, 「순응과 도전, 적응과 저항: '미국의 범위'와 한미관계 총설」, 『역사비평』 편집위원회 편,

1987년 이전까지 미국은 자주적(반미적이라고 간주된 경우도 있음) 정책을 견지하는 한국의 대통령을 제거하려는 계획을 수립해 한국 정치를 통제하려 했다. 1960년 4·19, 1961년 5·16, 1979년 10·26, 1987년 6월항쟁 등 한국 국내 정치의 변동을 가져온 사건을 통해 미국은 최고 지도자(각각 이승만, 장면, 박정희, 전두환) 제거 작전의 목표를 우회적으로나마 성취했다. 그렇게 수직적이고 불평등한 관계에서 벗어나지 못했던 한미 관계가 1990년대 이후 탈냉전기에는 보다 수평적인 방향으로, 균형의 도정으로 나아가고 있다. 그렇다고 1987년 이전에는 한국 최고 지도자 제거 작전이 상시적으로 수립되었던 것은 아니다. 미국의 대한 정책은 각 행정부마다 편차를 보였으며 한국 정부의 대미 정책도 각 대통령 별로 다양한 국면마다 상이한 양상을 보였다.

이 지점에서 한국 정부의 대미 정책에 스며든 민족주의적 요소에 주목할 필요가 있다. 유럽 중세의 교황청·신성로마제국(중부 유럽과 서유럽에 존재했던 다민족 국가체제)의 지배로부터 민족을 단위로 하는

『갈등하는 동맹: 한미관계60년』(역사비평사, 2010), 242~243쪽. 박명림 교수는 중화체제 아래서 중국을 대국으로 섬기면서도 정치·경제적 교환 관계(조공무역)를 활용해 상대적 안정과 자율을 누려 온 조선의 역사적 경험이 현대 한미 관계에도 재현되었다고 주장한다. 이는 약소국 한국의 살 길은 외세 의존적인 사대주의의 구현이었다는 식으로 해석되어 일제 식민사관을 신봉하는 학자들의 조선 민족 타율성론을 연상케 한다. 그러나 중화체제에서 조선의 위상은 중국의 일방적 주장처럼 속국이 아니었다. 외교에서 종속적인 면이 있었다고 하더라도 내치에서는 자주적인 자주국이었다. 또한 조공은 조선의 필요에 의해 지속된 일종의 무역이었다. 그렇지만 조선에게 사대주의는 전통이자 현실이었다는 것을 부인할 수는 없다. 한편 김정배 교수는 한국 정부가 박명림 교수가 주장하듯이 상당히 자주적인 정부이기는커녕 미국에 오로지 순응만 한 보기 드문 사례였다고 평가했다. 김정배,「박명림 교수의 "미국의 범위"에 대한 비판:「순응과 도전, 적응과 저항: '미국의 범위'와 한미관계 총설」, 박명림 저 〈書評〉」,『정치와 평론』 4(2009.5), 179~180쪽.

근대 국민국가로 이행하는 과정에서 민족주의는 성스러운 교회 권력으로부터 세속 권력의 정치적 독립을 위해서뿐만 아니라 국민들의 자유로운 권리 증진을 위한 이념으로 직간접적으로 작용했다.⁹ 그런데도 냉전 시대 미국 주류 사회의 구성원들은 제3세계 민족주의를 '가면을 쓴 사회주의'라고 규정해 사회주의와 거의 동일시하며 불온시하였다. 나아가 혁명을 기도하는 '혁명적 민족주의'를 연상해 반대하고 억압하며 심지어 금압할 방법을 강구하려고도 했다. 이에 대해 미국의 정책 결정자들은 반혁명적이며 점진적인 개량·진화를 유도하는 외교 정책을 구사하려 했다.

미국은 제3세계 민족주의가 세계 각 나라가 가질 수 있는 애국주의(애국심)의 차원을 넘어선다고 생각했다. 냉전 시대 미국은 '혁명은 위험하다'는 미국 외교 특유의 이념을 암암리에 전파하면서 한국을 비롯한 제3세계 국가들에 대해 자유·인권을 강권하고 체제 안정을 유도하는 데 적극 나섰다. "미국은 세계 자유를 진전시킬 임무를 맡았다"는 소명의식이 미국 지도자들 사이에 공유되었던 것이다. 이는

---

9   근대 이후 열강 구도가 굳어졌던 국제사회에서 내셔널리즘은 후발 주자가 판도를 변화시킬 수 있는 최후의 카드였다. 오랫동안 여러 개의 영방국가(중세 신성로마제국의 제후국들)로 쪼개져 있던 독일이나 이탈리아가 통일을 이루고 유럽 사회의 열강 클럽에 가입하게 된 계기가 바로 유럽 사회를 강타한 내셔널리즘의 확산이었다. 프로이센과 독일 제국이 보수적·전통적 가치를 중시했던 것과는 별개로 '독일 민족국가'는 귀족 계급보다는 소상공인을 비롯한 독일 민중들에게 압도적인 지지를 얻었다. 독일 민중의 내셔널리즘 신화는 수백 년간 주위 열강들에 의해 분열된 채 변방으로 취급받던 국가가 불과 한 세기 만에 유럽에서 주도적 지위를 확고히 하고, 양차 대전에서 전 세계를 상대로 전쟁을 벌이게 했다. 독일이 비록 제2차 세계대전에서 패배했지만 동·서독 통일 이후 유럽 통합 과정에서도 유럽의 지도 국가로 자리할 수 있었던 데에는 독일 민족주의가 그 원동력이 되었다. 한편 계급제의 모순에 대한 저항으로 출발한 서구 사회의 내셔널리즘과 비교하여 동아시아 민족주의는 외세 침탈에 대한 방어적 형태로 발현해 반외세의 저항 이데올로기가 되었다.

19세기 미국의 팽창을 합리화한 '자명한 신의 뜻(Manifest Destiny)'[10]을 연상시키기도 한다.

4·19 주도 세력의 민족주의를 위험스럽게 여겼던 미국은 4·19가 혁명으로 전화될 조짐을 보이자 미국에 결코 고분고분하지 않았던 이승만을 제거하는 편에 섰다. 이후 출범한 장면 정부(1960~1961)가 당시 남북 간에 불고 있던 민족주의 바람을 효과적으로 제어하지 못하자 미국은 장면 정부를 전복시킨 5·16 군사 쿠데타 세력의 편에 섰다. 그러나 박정희가 1963년 대통령 선거 전후로 서구식 자유민주주의가 아닌 '민족적 민주주의'를 내걸자 미국은 '전향한 공산주의자' 박정희의 과거 사상과의 절연 여부에 다시 한 번 의구심을 갖고 우려할 수밖에 없었다. 이에 미국은 이미 제거했던 김종필의 복귀를 막는 등 박정희 견제에 나섰다. 1970년대 박정희가 주한 미군 철수에 대비해 핵무기를 통한 자주국방을 추구하자 카터 대통령은 박정희를 제거하는 구상을 우회적으로나마 검토했다.

한편 레이건 대통령은 집권 1기에 반공주의자 전두환과의 동맹을 공고히 했다. 그러나 탈냉전 정책으로의 전환을 꾀했던 집권 2기에는 전두환이 탈냉전의 세계정세에 어울리지 않는 인물이라고 생각했다.[11] 이러한 인식을 지닌 가운데 한국에서 발생한 1987년 6월항쟁이

10　이 말은 미국의 텍사스 합병(1845)으로 멕시코와의 사이에 전운이 감돌 즈음에 미국의 저명한 언론인이자 변호사였던 존 오설리번(John O'Sullivan)이 처음 사용했다. 점점 공격적·팽창적으로 바뀌어 가던 미국 정부의 영토 합병 정책을 정당화하려고 이 정책을 '신이 준 권리'라고 주장하며 합법성을 부여하려 한 것이다. 존 오설리번, 「명백한 운명」, 한국미국사학회 편, 『사료로 읽는 미국사』(궁리, 2006), 136~137쪽.

11　김정배(2009), 앞의 글, 179쪽.

제2의 광주항쟁이 될 조짐을 보이자 미국은 직접 전두환의 장기 집권을 공개적으로 제어하고 전두환에게 시민 세력과의 타협을 강제했다. 그 결과 6·29 선언을 이끌어내고 친위쿠데타에 의한 전두환의 집권 연장을 억제했다. 미국은 이승만·박정희·전두환이 반공주의를 표방했으므로 지지했지만 특정 국면에서는 자주적·반외세적인 불온한 민족주의자로 보였기 때문에 제어하려 했다.

그런데 미국의 특정 대통령과 한국의 특정 국면이 맞아떨어져서 한국의 대통령 제거 공작이 입안되고 우회적으로 집행되었던 것이지 미국이 모든 국면에서 한국 최고 지도자들의 제거를 검토한 것은 아니었다. 한국 민주주의 정치 변동에서 최대 변혁을 야기한 3대 사건인 4·19, 10·26, 6월항쟁의 결정적 국면마다 미국은 한국 최고 지도자 제거 공작을 우회적인 방법으로 달성했다. 따라서 이 3대 사건은 1952년 입안되기 시작하여 그 이후 계속 검토되었던 대통령 제거 공작의 연장선상에 있는 사건이다. 20세기 후반 미국의 한국 최고 지도자에 대한 제거 공작은 위기가 심화되어 북한의 침략이 발생할 수 있는 정권 교체기에 집중적으로 구상되었다고 볼 수 있다.

3. 한국에서 체제 안정과 민주화를 병행 추구한 미국

1945년에 미국은 한국에 개입하는 것이 자국의 국가이익에 부합한다고 생각해 진주했던 것이 분명하다. 냉전 시대에 미국이 가졌던 가장 핵심적인 국가이익은 친미적인 국가를 유지해 소련의 팽창을 저지하는 것이었다. 미국은 한반도의 남부에서 미국에 우호적인 국가를 유지하기 위해 안정을 추구했으며 민주화는 그다음 과제였다. 그렇다고 민주화에 소홀한 것은 아니었으며 상당히 중요하고 장기적인 과제로 간주했다.(친미정권을 유지하고 사회주의 혁명을 방지하기 위해서라도 4·19와 6월항쟁과 같은 결정적 국면에는 민주화를 추구했다.)

미국식 자유민주주의는 혁명적 변화보다는 법과 질서에 의거한 안정적·점진적 개선을 선호한다. 따라서 미국식 민주주의에서는 민주주의와 안정(질서·안보)이 원칙적으로 양립 가능하다고 할 수 있다. 그러나 미국이 개입한 국가에서 양자가 병존할 수 없는 상황이 오면 미국 정부는 대체로 안정을 선택했다. 특히 냉전 시대 소련과의 이념 대결 최전선에 위치했던 한국에서는 혼란이 곧 공산화로 이어질 수 있다고 판단했으므로 미국은 자국이나 다른 지역에서보다 한국의 질서 확립에 더 집착했다. 미국은 남한을 반공국가로 유지하기 위해 안정과 질서 속에서 제한된 민주화를 도모했다. 그러나 국민의 민주화 요구가 거세게 일어나 상황이 악화되고 혼란이 조성되어 북한 개입(공산화)의 우려가 제기되는 급박한 상황에서는 권위주의적 지도자들을 제거하려 했으며, 민주화 세력의 손을 들어 줌으로써 질서를 회복하려 했다.

1960년 4·19 이후와 1987년 6월항쟁 당시 미국은 한국이 혁명적 민주화를 통해 사회주의로 나아가거나 북한이 한국의 혁명적 상황을 이용할 것을 우려해 비밀공작과 공개적 논평 등을 병행해 비교적 직접적으로 개입했다. 1952년 입안된 이승만 제거 계획이 4·19를 통해 우회적 결실를 거두고, 1979년 10·26으로 박정희 제거 공작이 우회적 결실을 거둔 것은 과격한 민족주의자보다는 미국의 국가이익을 충실하게 구현할 수 있는 온건한 지도자를 대안으로 모색하려 시도한 결과였다. 한편 1961년 5·16과 1980년 5·17 당시 미국은 남한 민주주의를 후원하면 북한이 이를 이용할 것을 우려했기에 군사정권의 등장 과정을 방관하면서 집권을 묵인했다. 따라서 이는 안정을 선택하는 한편 민주주의를 단기적으로는 포기한 경우였다.

미국이 1960년 4·19 이후, 1979년 10·26 국면, 1987년 6월항쟁 국면에서 민주화를 선호하고 간접적·우회적인 방법을 동원하여 이승만·박정희·전두환 대통령을 권력의 무대에서 끌어내린 것은 안정을 위한 조치였으며, 이 경우 안정과 민주주의의 양립이 가능했다.(집권 기간이 길고 그 영향력이 심대했던 3인의 대통령이었으므로 미국의 영향력이 한국 현대사에 매우 크게 작용했음을 확인할 수 있는 대목이다.) 따라서 이들 3대 사건은 '제한적 민주화' 조치였다. 미국은 냉전 시대에 한국의 완전한 민주화는 질서보다는 혼란으로 이어질 위험성이 있다고 판단해 이를 제어하려 했다. 냉전 시대 한국이 공산주의를 포함한 사상의 완전한 자유와 집회 및 결사, 시위의 자유가 보장된 서구나 미국과 같은 완전한 민주주의 국가가 되지 못했던 이유 중의 하나가 여기에 있다. 미국은 많은 사람들이 시위에 나서서 사회가 혼란에 빠질 경우 공산화의 위험이 있다고 판단했던 것이다. 이를 막기 위해 한국에서 질서 있는 민주화, 개량적 민주화(점진적 민주화), 제한적 민주화를 선호했다.

반대로 미국은 인권과 민주주의가 급격히 무너지면 혁명이 발생해 자국의 안보도 위협받을 수 있다고도 생각했다. 3대 사건 당시도 그랬다. 이 경우 미국은 눈앞의 단기적 안보보다 상층부 민주주의를 옹호하는 태도를 취해 아래로부터의 혁명을 방지하고, 혁명을 개량화시켜 장기적인 차원의 안보를 취했다. 이는 미국의 대한 정책에 전형적으로 나타나는 반혁명적인 안정화 전략의 표출이었다.

한국은 냉전이 막바지에 이른 1980년대 이래 사상의 자유가 보장된 다원주의적인 국가로 '복원'되었고,(1945~1948년 광복 직후가 그랬으므로 복원으로 본다.) 미국은 이전부터 다원주의 국가였다.[12] 한국이 처한 국면과 상황에 따라 미국의 대응 방식은 유동적으로 변했으며, 4·19와 6월항쟁에서 미국의 개입이 결과적으로는 한국의 민주주의를 발전시킨 것이 사실이다. 따라서 미국의 개입을 부정적으로만 평가할 것은 아니다. 그렇다고 미국이 '선한 제국주의'(미국은 선한 제국주의 국가인가 311쪽 참고) 국가라는 것은 아니며, 이는 미국이 자국의 이익을 위해 한국을 친미적 국가로 유지하려는 최상위 목표를 고려한 결과였다고 할 수 있다.

미국은 4·19와 6월항쟁이 더 격화되면 북한에 유리해질 수 있으며 친미·반공국가인 한국이 무너질지도 모른다고 판단해 적극 개입했던 것이다. 미국이 5·16과 5·17을 방관했던 이유도 마찬가지다. 미국은 군부와 신군부의 집권을 용인해 안정을 추구함으로써 친미·반공 국가를 유지하고자 했다. 4·19와 6월항쟁에 대한 미국의 개입은

---

12 저마다 정치적 관점이나 의견을 가지고 자유롭게 경쟁하는 것이 바람직하므로 다원주의는 정파주의를 배격할 수는 없다. 그러나 아무런 근거 없이 내 편만 옹호하거나 사실마저 왜곡해서 상대를 몰아가는 언행은 다원주의를 해치는 행동으로 지양되어야 한다. 손석춘, 「보수진보프레임과 평화의 길」, 『평화의 숲: 한양대학교 평화연구소 뉴스레터』 13호(2020년 봄), 5쪽.

한국 민주주의를 발전시켰지만 5·16과 5·17에 대한 미국의 방관은 한국 민주주의를 후퇴시켰다는 점에서 이와 대비된다. 그렇지만 한국 대중들의 과격화를 제어하고 안정을 기하려 했다는 점에서 미국의 외교 정책은 일관성을 갖는다.

✦✦✦
참고
미국은 선한 제국주의 국가인가

세상에 더 나은 제국주의, 더 나쁜 제국주의는 없다. 힘으로 자신들의 이익을 관철하기 위해 타민족을 지배하는 제국주의는 그냥 제국주의일 뿐 거기에 선한 제국주의와 악한 제국주의의 구분이 존재할 수 없다. 피식민지 민족의 입장에서는 그렇다.[13] 다만 19세기 말 미국의 해외 선교는 제국주의 국가들의 식민지 개척의 첨병이었던 스페인·영국 등 유럽 열강들의 해외 선교와는 결이 달랐다는 평가가 있다. 인요한 교수에 의하면, 당시 미국은 지금처럼 무소불위의 패권 국가가 아닌 초기의 순수한 청교도 정신에 입각한 복음주의 전통이 강한 나라였다. 대부분 20대였던 초기 개척 선교사들은 의료와 교육 사업 중심의 선교 사역을 지향했다. 특히 한국에 온 선교사들은 신학적으로 건전하고 사명감이 투철한 뜨거운 젊은 이들이었다. 19세기 말 열강의 침략기에 한국은 외세에 대한 반감

---

13 이길상, 「점령군을 점령군이라 부르지 못하는 비극」, 〈오마이뉴스〉(2021.7.8).

이 강했지만 미국에 대한 반감은 그리 심하지 않았다고 한다. 미국은 군대를 보내지 않았고 열강 분쟁의 와중에 있지 않았으며 무엇보다 미국인들 거의 대부분이 비정치적인 선교사들이었다.[14]

개화기 도쿄 주재 청국 주일공사관 참찬관(參贊官) 황준헌은 『조선책략(朝鮮策略)』(1880년 집필 추정)에서 조선이 러시아의 남진을 견제하기 위해 친중(親中)·결일(結日)하며 특히 미국과 손잡을 것[聯美]을 권유했다. 그는 미국이 "예의로써 나라를 세워 남의 토지를 탐내지 않고 남의 인민을 탐내지 않으며 남의 정사에도 간여하지 않는다"고 평가했다. "미국은 항상 약소한 자를 거들어 도와주고 올바른 공론을 유지하여 유럽 사람들로 하여금 함부로 악한 일을 행하지 못하도록 한다. 그 나라의 힘은 태평양에 두루 미치고 그 상업은 홀로 태평양에서 번성한다."라면서 유럽 제국주의 국가들과는 다르다고 주장했다. 미국은 공평무사한 나라이며 자기 나라의 이익만을 추구하는 유럽 열강과는 다르다는 것이다. 이 점은 이미 중국과 일본에서 미국이 하는 행동을 통해 입증되었으니 조선 또한 미국의 도움을 받으라고 권고했던 것이다. 이에 고종과 개화파는 1882년 미국과의 조약 체결에 적지 않게 기대했다. 그런데 당시 조약 체결을 주도했던 미 해군 제독 슈펠트(Robert W. Shufeldt)는 미국은 신랑, 태평양은 신부, 중·일·한은 신부의 들러리로 비유했다.[15] 미국은 태평양을 지배하는 유일한 제국이며 동아시아 국가들

---

14 인요한, 『내 고향은 전라도, 내 영혼은 한국인』(생각의 나무, 2006), 21~24쪽.
15 Bruce Cumings, *Dominion from Sea to Sea: Pacific Ascendancy and American Power* (New

은 미국의 영향력 아래에서 다시 태어나야 한다고 주장했던 것이다.[16] 이 대목에서 태평양을 자신의 내해(內海, 혹은 호수)로 바라보며 아시아 국가들을 영향력 아래 두려 한 미국의 제국주의적 인식을 엿볼 수 있다.

그런데 실제로 매슈 페리 미군 제독이 1853년 일본에 군함을 보내 다음 해 개항을 이끌어냈지만 영토를 빼앗거나 식민지로 만들었던 것은 아니므로 역시 다른 제국주의 국가와는 결이 다른 점이 있었다. 그러나 미국도 19세기 말~20세기 초에 필리핀을 침략해 식민지로 만들기도 했으므로 다른 서양 제국주의 국가와 크게 다를 게 없다고 할 수도 있다. 필리핀과 달리 일본은 식민지화가 쉽지 않다고 판단해 문호 개방과 신제국주의적 반식민주의, 신식민주의에 만족해야 했을 수도 있다. 따라서 미국이 일본과 한국을 식민지화하지 않은 것은 미국이 선한 제국주의 국가라서가 아니라 상황이 여의치 않아서 식민지로 만들지 못했다고 보아야 한다. 즉 『조선책략』에 나타난 친미적 서술은 대러 공조 외교를 얻기 위해 미국을 지나치게 미화한 것이라는 비판을 제기할 수 있다. 당시 청나라 입장에서는 지속적인 남하 정책을 펼치는 러시아가 가장 시급한 외교적 현안이었기 때문에 그에 대응하기 위해 미국을 아무런 이익도 바라지 않는 우호국으로 그린 것인데, 이미 필리핀을 비롯한 동

Haven, Conn.: Yale University Press, 2009), pp. 87–89; 브루스 커밍스, 박진빈·김동노·임종명 공역, 『미국 패권의 역사: 바다에서 바다로』(서해문집, 2011), 176~177쪽.
16 고정휴, 『태평양의 발견 대한민국의 탄생』(국학자료원, 2021), 72~73쪽.

남아시아 지역에서 패권 경쟁을 벌이고 있던 미국의 실제를 호도한 것이었다고 평가할 수 있다.

※ ※ ※

4. 역사를 복합론의 시각으로 보면 진영 대결을 지양할 수 있다.

미국 외교 정책에서 안정과 변혁(민주화)은 모순적인 관계일 수 있지만 한국 국내 정치가 혼란한 상황(전환기)에 이들은 미국이 동시에 추구할 수 있는 상보적이며 유기적인 관계였다고 할 수 있다. 이 점에서 두 변수를 보다 다원적이며 복합적인 시각으로 살펴보아야 한다. 역사는 결코 단순하지 않으며 다층적으로 얽혀 있는 복잡한 것이기 때문이다. 그러한 시각으로 본다면 안보와 민주화 중 어느 한쪽만 강조하는 양분법과 흑백논리도 지양될 수 있을 것이다. 또한 어느 한 시점에서 고정적으로 보면서 일관성만 강조할 것이 아니라 평상시와 전환기 상황을 분간해서 보는 등 유동적으로 볼 것을 제안한다.

냉전 시대에는 한국의 '안정적 민주화'가 미국 외교 정책의 장기적 목표였으나, 탈냉전기 한국인은 미국이 부여한 제한적 민주화를 극복하고 완전한 민주화를 쟁취했다. 한국인들은 자신들의 개혁 요구를 개량적으로 발산할 수 있는 제한된 민주주의 공간에서 민주화를 이루었고, 1990년대 탈냉전 이후에는 사상의 자유가 보장된 상태에서 이전 시대보다 더 자유로운 민주주의를 얻어냈으며, '두 번의 수평적 정권 교체'를 통해 민주주의 체제를 공고화했다. 1997년과 2007년 여야 간의 정권 교체 국면에서 미국의 영향력은 눈에 띄게 줄어들었다. 2016~2017년 촛불시위 과정에서도 미국은 적어도 표면적으로는 방관자에 머물렀다. 따라서 대한민국의 민주화는 미국이 허용한 제한적 민주주의 환경을 벗어나 완전한 민주주의를 쟁취한 과정이었다는 것을 다시 한 번 강조할 수 있다.

미국은 1960년 4·19와 1987년 6월항쟁 때 비교적 적극적으로 개입했고, 1961년 5·16과 1980년 5·17 때 방관했다. 한국 사회에서는 미국의 개입을 '내정간섭'이라고 간주하면서 부정적으로 평가하는 경향이 우세하다. 특히 1980년대식 반외세·자주화의 입장에 서 있는 (자주파) 논자들은 미국의 개입을 극복해야 할 악으로 인식하면서 반미·자주화운동을 옹호한다. 반면에 (한미)동맹파들은 미국의 개입이 대한민국을 구했다고 주장한다. 그런데 이러한 양분법적인 선악론은 여러 변수들로 복잡하게 얽혀 있는 실제 역사를 지나치게 단순화할 수 있다. 한국 현대사를 다차원적으로 들여다보면 더 심층적인 역사 해석이 가능하다. 탈근대 시대에 적합한 세계관은 진영 논리에 입각한 양분법이 아니라 다양한 견해를 인정한 상태에서 다차원적으로 역사를 해석하는 복합론이다. 이렇게 해야 양 진영 사이의 극단적이며 끝없는 투쟁을 수습하고 공존이 가능한 중간지대와 여백을 볼 수 있다.

미국을 '사악한 제국주의 국가'나 '선한 민주주의의 전파자' 중 어느 하나로 단순하게 볼 수는 없다. 국가이익을 추구하는 점에서 미국 외교 정책의 본질은 변함이 없지만 그 표피적인 현실(현상)은 각 행정부에 따라 달라지고, 국무부와 군부가 다르며, 각 개인의 입장에 따라 다르다. 이 점에서 미국은 다원주의 사회이다. 냉전 시대 한국은 반공주의라는 하나의 이데올로기로 뭉쳤으나 미국은 그렇지 않았다. 따라서 미국의 외교 정책사는 비록 냉전 시대일지라도 다차원, 다초점의 시각으로 볼 수 있어야 한다.

5. 민주화의 이상과 안보 현실의 유기적인 결합

외교 정책의 결정은 현실에 바탕을 두지만 이상을 도외시할 수 없다. 미국 외교 정책의 결정과 집행에도 이상주의와 현실주의가 상호 보완적인 관계에서 개재되어 있다. 미국의 대한 정책 목표에서 한국의 민주화는 이상이고, 미국의 안보는 현실적인 요소라고 할 수 있다. 이상주의적 가치가 목적으로 추구될 때에는 현실주의가 그 수단으로 기능하는 경향이 있고 반대로 현실주의적 가치가 목적으로 추구될 때에는 이상주의가 그 수단으로 기능한다. 따라서 미국 외교 정책에서 이상주의와 현실주의는 수레의 두 바퀴, 동전의 양면처럼 상호 의존적이고 상호 보완적인 관계를 맺는다. 정치 지도자의 개성, 이념, 그리고 상황의 요구에 따라 때로는 이상주의가 강조되고 때로는 현실주의가 강조되며, 양자의 적절한 균형 속에서 외교 정책이 형성되고 추진되어 왔다.

카터 집권 초반기 미국의 외교 정책 이념은 '실용적 이상주의',[17] 혹은 '현실적 이상주의'였다가, 1979~1980년 미국 사회의 보수화 경향 속에서 '(자유주의적) 이상적 현실주의'로 변화했다. 카터는 초기에 이상을 표방했으나 점차 현실주의자로서 본질을 드러냈고 결국 이상주의적 외피를 가진 현실주의자로 변모했다. 한편 레이건 집권기 초중반의 이념은 '(보수주의적) 이상적 현실주의'라 명명할 수 있지 않을까 한다. 이어 레이건 집권 마지막 2년, 즉 냉전 말기의 자유화 조류가 밀려들기 시작한 1987~1988년은 '덜 보수주의적인 이상적 현실주의'로 순화되어 한국 민주화를 견인했다고 할 수 있다.

이상과 현실이라는 상반된 개념이 형용 모순처럼 여겨지기도 하지만 실제 외교 현실에서는 종종 양자가 병립한다. 완전히 현실적인 냉혈 인간이나 이상만을 추구하는 낭만 인간이 있을 수 없는 것과 같다. 정치 지도자의 경우 힘의 작동에 대한 현실주의적 인식과 함께 희망과 꿈에 대한 이상주의적 지향이 교직·결합되어 있다고 할 것이다.

결론적으로 반공주의가 서방세계를 풍미한 냉전 직후(1950년대)가 아닌 1970~1980년대 냉전 시대 후기 미국의 대한 외교 정책은 민주화라는 이상과 안보라는 현실이 유기적으로 결합되어 서로 의존하고 추동하는 관계 속에서 구현되었다고 할 수 있다. 따라서 상호 보완적인 민주화 이상과 안보 현실을 배타적·양분법적인 것으로 볼 것이 아니라 유기적인 결합으로 보아야 국제정치의 작동 과정을 제대로 파악할 수 있을 것이다. 국제정치에서 이상 없는 현실은 공허할 뿐만 아

---

17 전웅, 『미국의 외교정책은 어떻게 만들어 지는가』(한올출판사, 2007), 9~10쪽.

니라 실제로 설 땅이 없다. 또한 이상만 가지고 국제정치의 전장에 나서다면 언제나 패할 수밖에 없다. 국제정치에서 이상과 현실은 겸비하지 않으면 존립이 어려운 상호 보완적인 변수이다.

전술한 바와 같이 미국은 한국에서 민주화를 장기 목표로 설정하고 안정과 병행 추구하려고 노력했지만 단기적으로는 안정을 제1목표로, 민주화를 제2목표로 설정하여 국면에 따라서는 안정을 취하기 위해 민주화를 버리는 정책을 추구하기도 했다. 안보와 민주주의를 배타적으로 간주하는 양분법적인 접근이 적용 가능한 시점도 있다. 그러나 장기적으로는 안정과 민주화가 병행 추구되었으며, 특히 1980년대 이후 한국의 민주화운동 세력이 성장하여 급진적 혁명까지 추구하게 되면서 미국도 이를 병행 추구할 수밖에 없었다. 따라서 결과적으로는 민주화와 안정이 유기적으로 결합되었다고 할 수 있다.

이는 한미 관계가 일방적 수혜 관계에서 벗어나 상호 의존 관계에 이르게 된 장기적인 발전 궤적과도 무관하지 않다. 따라서 장기적인 관점에서 볼 때 한미 관계가 경제적 종속 관계에서 상호 의존적인 관계로 점진적으로 전환하는 제1과정, 그리고 배타적으로 보였던 안보와 정치적 민주화가 유기적·상호 보완적 성격으로 변화되는 제2과정의 양대 과정을 유기적으로 종합해 한국 현대사를 정리해 볼 수 있을 것이다.

관점에 따라서는 미국이 한국의 정권 교체기마다 일관성 있게 비밀공작을 관철해 왔다는 비판적인 시각도 가능하다. 반면에 친미적인 논자들 중 일부는 미국이 간접적인 조언을 하거나 한국의 요청에 따라 파병을 하는 등 도움을 준 경우는 있었지만 결코 한국 내정에 직접 개입하지는 않았다는 견해를 제시하기도 한다. 다양한 역사 해석의 병존은 학문 공동체의 건전성을 입증한다. 비판적으로 보면 백가쟁명식 어지러움일 뿐이지만 긍정적으로 보면 다양한 견해가 다원적으로 반영되고 있다는 증거이기도 하다. 필자는 여러 다양한 견해에 겸허하게 귀를 기울일 필요가 있다고 생각한다.

필자는 미국이 1952년 에버레디 입안, 1979년 10·26 사건 등을 포함해 대체로 비밀리에 한국 정치에 간접 개입하려 했지만, 4·19와 6월항쟁 등 개입을 요구받는 전환기의 결정적 국면에 직접 나섰다는 시각을 제시해 보았다. 미국은 시기와 상황에 따라 간접 개입과 직접 개입을 유동적으로 구사했던 것이다. 이렇게 보면 반미적 시각과 친미적 시각 양자를 모두 포섭할 수 있지 않을까 한다.

부록 2

미국의 제3세계 국가 정권 교체 공작

1. 사례와 유형

지금까지 특수한 사례라고 할 수 있는 미국의 대한민국 최고 지도자 제거 공작을 고찰했다면 이제 전 지구적 차원에서 미국의 제거 공작을 살펴보고자 한다. 미국은 자신의 세력권 아래 놓으려고 했던 제3세계 국가들의 정권 교체 과정 등에 영향력을 행사하려는 계획을 입안했으며 대부분은 도상작전에 그쳤지만 칠레[1]나 니카라과의 경우처럼 실제로 실행하기도 했다.

정권 교체 공작은 18세기 말부터 미국이 줄곧 사용해 온 외교 정책의 주요 정책 수단으로, 여러 국가에서 갖가지 대안의 차원에서 고려되었다. 미국은 1893년 당시 독립국가였던 하와이(Hawaii)의 왕정을 해리슨(Harrison) 공화당 행정부가 침공하여 전복시키고 친미정권을

---

1   촘스키는 칠레를 미국 내정간섭의 대표적인 케이스로 상정했다. Noam Chomsky and Edward S. Herman, *The Washington Connection and Third World Fascism* (Boston: South End Press, 1979).

수립한 이후 공화당과 민주당의 행정부 차이 없이 외교 정책으로서 '정권 교체'를 지속적으로 추진해 왔다. 1893년 이후 '정권 교체'는 국제 체제에 커다란 변동이 발생하고 미국 외교 정책 행태가 고립주의와 국제주의의 주기를 반복할 동안 미국 외교 정책의 주요 수단으로 자리매김해 왔다.

클링버그(Frank L. Klingberg)는 미국 외교 정책의 기조를 4회의 내향적(Introvert) – 외향적(Extrovert) 주기의 반복으로 설명하고 있다. 이러한 주기가 반복되는 동안에도 정권 교체라는 미국의 외교 정책은 지속적으로 추진되어 왔다.[2] 21세기에도 아프가니스탄[3]과 이라크 등에서 실제로 실현되었으므로 여전히 현재 진행형임이 확인된다.

2021년 1월 28일 미국의 싱크탱크 애틀랜틱 카운슬은 「더 긴 전문(The Longer Telegram): 새로운 미국의 중국 전략에 대해」라는 보고서를 공개했다. 이 보고서는 '시진핑 제거론'의 불을 지폈다는 평가를 받고 있다. 중국 공산당 내부가 최고 지도자 시진핑 국가주석에 대한 불만으로 분열되어 있으므로 이를 이용해 시진핑이 교체되도록 해야 한다는 주문을 하고 있는 것이다. 이에 대해 중국 국방부 우첸(吳謙)

---

[2] Frank L. Klingberg, "Cyclical Trends in American Foreign Policy Moods and their Policy Implications," in C. W. Kegley, Jr. and P. J. McGowan, eds., *Challenges to America: United states Foreign Policy in the 1980s* (Beverly Hills, CA: Sage 1979), p. 38; 김재천, 「미국의 정권교체(Regime Change) 정책 사례연구: 유형별 분석」, 『신아세아』 16-3(2009), 171쪽. 후자의 연구는 가설 검증이 아닌 가설 도출과 유형화 작업에 초점을 맞추어서 수행되었다. 가설 검증과 가설 도출을 목적으로 하는 연구의 차이는 다음을 참조하라고 적시되었다. Gary King, Robert O. Keohane, and Sidney Verba, *Designing Social Inquiry: Scientific Inference in Qualitative Research* (Princeton: Princeton University Press, 1994), pp. 134-135.

[3] 마크 마제티, 이승환 역, 『CIA의 비밀전쟁』(삼인, 2017).

대변인은 1월 28일 기자회견에서 "중국을 봉쇄하는 것은 미션 임파서블(mission impossible, 불가능한 일)"이라고 말했다.⁴ 미국 일각에서는 자국과 대결하고 있는 중국의 정권 교체까지도 고려했던 것이다.

촘스키는 『불량국가: 미국의 세계 지배와 힘의 논리』에서 미국은 라틴아메리카, 쿠바, 동아시아 등지에서 만행을 저질렀다면서 냉전 종식 이후에도 이러한 만행이 계속되고 있다고 주장했다.⁵

1953년 필리핀 막사이사이 집권, 1953년 8월 19일 이란 군부 쿠데타로 모사데크 수상이 이끄는 정부 전복,⁶ 1953~1954년 과테말라 아르벤스(Jacobo Arbenz)의 좌경 민선정부를 전복한 카스티요 아르마스(Castillo Armas) 대령의 쿠데타 지원, 1961년 도미니카공화국 독재자 라파엘 트루히요(Rafael Trujillo) 암살(개입 증거는 빈약함⁷), 1963년 베트남 응오딘지엠(Ngo Dinh Diem) 암살 등에 미국 CIA 등이 개입한 혐의가 있다.

1970년에 미 CIA는 캄보디아 시아누크(Sihanouk) 왕을 실각시키고 론 놀(Lon Nol)을 옹립하였으며 국명을 '크메르 공화국'으로 바꾸었다. CIA를 통한 은밀한 비밀 개입은 기존의 군사 개입보다 훨씬 적은 예산이 소모되어 효율적이었으며 비밀만 유지된다면 내정간섭의 논

---

4 김진명, 「미(美), '시진핑 교체해야' 보고서… 중(中) "레드라인 넘지마라"」, 『조선일보』 2021년 1월 30일, A8면.
5 노엄 촘스키, 강주헌 역, 『촘스키, 누가 무엇으로 세상을 지배하는가』(시대의 창, 2002), 233쪽.
6 윌리엄 브럼, 조응진 역, 『미군과 CIA의 잊혀진 역사』(녹두, 2003), 26, 35쪽.
7 1975년 오스트레일리아 국정에 개입해 좌익 성향의 에드워드 휘트먼(Edward Whitman) 수상을 퇴임시킨 CIA 비밀공작도 정황 증거밖에 발견할 수 없다. 김재천, 『CIA 블랙박스: 모든 사건의 뒤에는 그들이 있다!』(플래닛, 2011), 47쪽.

란으로부터 자유로울 수 있었으므로 1950년대 이후 널리 활용되었다.

김재천 교수는 미국이 다른 나라 정권을 교체하려 한 사례를 시대적 분류와 정책 목표에 의한 분류 등으로 유형화했다. 우선 시대적 분류는 제국주의 유형, 냉전 시대 유형, 테러와의 전쟁 유형으로 나뉜다.

제국주의가 세계적으로 맹위를 떨치던 19세기 말과 20세기 초 미국은 하와이, 쿠바, 푸에르토리코, 온두라스, 니카라과, 필리핀 등에서 미국의 경제이익을 위해 정권 교체 공작을 행했다. 제국주의 유형의 정권 교체는 미국의 경제적 이익을 보호·증진시키기 위해 추진되었으나, 정권 교체 정책을 정당화하기 위해 미국은 정권 교체 대상국의 자치 능력 부재와 민주주의와 기독교 사상을 전파해야 할 미국의 '명백한 의무(Manifest Destiny)' 등을 강조했다는 특징이 있다.

또한 제국주의 시대의 정권 교체 정책은 미국이 직접 군대를 파병하여 대상국을 침공·점령하거나(쿠바, 푸에르토리코, 필리핀) 또는 전복시키고자 하는 정권의 반대 세력을 '공개적으로' 지지하고 이들에게 군사적 도움을 제공하여(온두라스, 니카라과) 정책 목표를 달성하는 방식이었다. 이렇듯 공개적으로 진행되었던 당시의 정권 교체 정책은 자국의 이익 보호와 증진을 위해 타국을 대상으로 내정간섭이나 침략을 감행하는 정책 행위가 정당화될 수 있었던 제국주의와 식민주의 시대의 시대 상황을 반영하고 있다.

20세기 후반 냉전 시대에 미국은 이란, 과테말라, 칠레, 인도네시아, 도미니카공화국 등에서 경제이익과 안보이익을 위한 정권 교체 공작을 행했다.[8] 냉전 시대 유형은 제국주의 시대 유형과 마찬가지로 대부분 미국의 상업이익 보호를 목적으로 촉발되었으나, 미국의 정책 결정권자들은 정권 교체를 통해 미국의 안보이익을 보호할 수 있다는 인식도 함께 가지고 있었다. 콩고(1961)와 베트남(1963)의 정권 교체는 미국의 경제이익보다는 안보이익이 강조된 경우였다. 미국의 정권 교체 공작이 공개적으로 추진되었던 제국주의 시대 유형과는 달리 냉전 시대 유형은 대부분 미 CIA의 비밀공작(Covert Action)을 통해 암암리에 진행되었다는 특징이 있다.

아프가니스탄, 이라크 등의 사례는 테러와의 전쟁 시대 유형으로 분류할 수 있다. 이 시기에는 미국의 안보이익 수호 차원에서 정권 교체 공작이 진행되었다.(다만 이라크 정권 교체는 석유 자원의 안정적 확보라는 미국의 경제이익과도 밀접한 관계가 있었다.) 테러와의 전쟁 시대 정권 교체는 제국주의 시대와 마찬가지로 공개적으로 진행되었다는 특징이 있다.[9]

다음으로 정권 교체를 도모한 수단을 기준으로 한 김재천 교수의 분류는 침공형, 준침공형, 적극적 비밀공작형, 소극적 비밀공작형으로 나뉜다. 침공형은 미국이 직접 군대를 파병하거나 대상국을 침공 또는 점령하여 정권을 교체시킨 쿠바, 푸에르토리코, 필리핀, 파나마

---

8 김재천, 「미국의 정권교체(regime change) 정책 사례 연구: 유형과 정책목표」, 한국정치학회 주최 2007 한국학세계대회 발표논문(부산, 2007.8.25.), 2~20쪽; 김재천(2009), 앞의 글, 170~199쪽.
9 김재천(2009), 위의 글, 173~174쪽.

표 2. 김재천 교수의 미국 정권 교체 사례 유형별 분류

수단 \ 시대	제국주의	냉전	테러와의 전쟁
침공형	쿠바(1899) 푸에르토리코(1898) 필리핀(1899)	그레나다(1983) 파나마(1989)	아프가니스탄(2001) 이라크(2003)
준침공형	니카라과(1909) 온두라스(1910)		
적극적 비밀공작형		이란(1953) 과테말라(1954) 칠레(1973) 니카라과(1980년대)	북한(2000년대) 대상 감행 고려
소극적 비밀공작형		콩고(1961) 인도네시아(1965) 도미니카공화국(1963)	

출전: 김재천, 「미국의 정권교체(Regime Change) 정책 사례연구: 유형별 분석」, 『신아세아』 16-3(2009), 176쪽.

(1989년 침공해 노리에가 대통령 체포),[10] 그레나다(1983년 10월 25일 공산화 방지를 위해 침공),[11] 아프가니스탄, 이라크 등이 대표적 사례이다. 준침공형은 미국이 직접 군사력을 사용하여 정권을 교체하지는 않았지만 교체하고자 하는 정권에게 공공연한 군사적 위협을 가하고 정권 반대 세력에게 군사적인 지원 또는 지원 약속을 제공하여 정권 교체를 이루어낸 유형으로 하와이, 온두라스, 니카라과(20세기 초) 등이 그 사례이다.

10　김재천(2009), 위의 글, 192~193쪽.
11　김재천(2009), 위의 글, 191~192쪽.

미국이 자국의 군사 자원을 동원하여 대상국을 침공 또는 점령하여 정권 교체를 도모한 침공형과 준침공형의 배경에는 다음 두 가지 요인이 작용하였다. 첫째, 정권 교체 대상국을 상대로 단기간 내에 미군의 인명 손실을 최소화하여 군사적 승리를 거둘 수 있다고 확신하는 경우 공공연한 무력 침공 방식을 동원하여 정권 교체를 진행했다.(그레나다, 파나마의 경우) 둘째, 군사력을 동원한 정권 교체가 국내외적으로 정당화될 수 있다는 인식이 있는 경우 무력 침공을 통한 정권 교체 방식을 선택했다.(쿠바, 푸에르토리코, 아프가니스탄, 이라크의 경우) 준침공형 역시 정권 교체가 정당화될 수 있다는 인식이 있었기 때문에 공공연히 진행할 수 있었다.

반면에 정권 교체 정책이 국내외적으로 정당화되기 어렵거나 정권 교체 대상국을 상대로 군사적 승리를 거두기가 용이하지 않다고 판단한 경우, 미국의 정책 결정권자들은 CIA의 비밀공작 역량을 동원하여 암암리에 정권 교체 정책을 추진했다.[12] 이러한 비밀공작형에는 이란, 과테말라, 인도네시아, 도미니카공화국, 콩고, 베트남, 니카라과(1980년대) 등 냉전 유형 사례들 대부분이 해당된다. 이 유형은 다시 미국이 반대 세력을 조직·지원하거나 대대적인 경제전과 심리전 등을 비밀스럽지만 적극적으로 전개하여 정권을 교체한 적극적 비밀공작형(이란, 과테말라, 니카라과)과 기존의 반정부 세력의 정부 전복 계획을 외곽에서 비밀리에 지원하여 정권 교체를 유도한 소극적 비

---

12 Gregory Treverton, *Covert Action: The Limits of Intervention in the Postwar World* (New York: Basic Books, 1987).

밀공작형(인도네시아, 도미니카공화국)으로 나뉜다. 제3국인 벨기에의 주도적 역할과 CIA의 보조적 역할로 정권 교체를 이루어낸 콩고의 경우도 소극적 비밀공작형으로 분류할 수 있다.

김재천 교수는 앞서 시대 유형 분류에서 언급했듯이 미국의 정권 교체 사례를 정책 목표를 기준으로 경제형, 경제·안보 복합형, 안보형으로 분류하기도 했다.

✧✧✧
참고
한국에 대한 미국의 개입은 소극적 비밀공작형

제국주의 시대가 지나고 냉전 시대에 이루어진 한국에 대한 미국의 개입은 침공형이나 준침공형이 아닌 비밀공작형이었다. 미국은 반미 감정의 역풍을 맞을 것을 우려해 비밀공작을 적극적으로 수행하지 않고 신중하고 은밀한 방식을 채택했다. 먼저 4·19, 5·16, 10·26은 매우 신중한 '극단적으로 소극적인 비밀공작형'으로 볼 수 있다. 6월항쟁은 미국이 공개적인 압력과 비밀스러운 공작을 겸하며 위의 세 가지 경우보다 적극적인 태도를 보였지만 전형적인 적극적 비밀공작형으로 보기에는 미국의 개입이 소극적이었으므로 마찬가지로 소극적인 비밀공작형에 가깝다고 할 수 있다. 1953년 이후의 이승만 제거 계획은 직접 실현하지 못하고 1960년 4·19를 통해 우회적으로 달성하였으며 소극적 비밀공작에 해당된다. 1980년 전두환의 신군부 정권에 대한 미국의 역쿠데타 후원과 김대중 구명을 위한 카터의 전두환 제거 구상도 역시 직접 실현되지 못한 도상작전에 그쳤으나, 1987년 레이건 행정부의 전두환 연임 시도 제어를 통해 우회적으로 달성되었으므로 소극적 비밀 공작이었다고 할 수 있다.

* * *

2. 베트남전쟁과 응오딘지엠 제거 공작

프랑스의 나폴레옹 3세는 선교사 박해사건을 구실 삼아 1858년 다낭을 공격하고 이듬해 사이공을 점령했다. 그 후 프랑스는 베트남의 북부 및 중부를 공략했고 1884년에는 베트남 전 국토가 프랑스의 식민지가 되었다. 제2차 세계대전이 발발하고 1942년 일본의 점령이 시작되었을 때 호찌민을 비롯한 베트남의 반제민족해방 세력은 프랑스 식민정부와 연합하여 일본에 대항했다. 1945년 3월 9일 일본은 베트남에서 불편한 공존 관계를 지속하던 프랑스 식민정부와 관계를 끊고 무력으로 이들을 굴복시켰다. 이로써 80년간 계속된 프랑스의 식민통치가 종결되었다. 일본은 베트남에서 자신들을 대리할 세력으로 이미 오래전에 무력화된 응우옌 왕조의 마지막 제13대 황제인 바오다이(Bao Dai)를 '베트남 제국'의 황제로 다시 내세웠다.

인도차이나 공산당은 일본의 베트남 왕정 복원이 결코 베트남의 독립을 보장하는 것이 아니라는 사실을 간파하고 연합군과 협력하여 베트남에서 일본군 세력을 몰아내기 위해 투쟁했다. 8월 6일 일본에 핵공격이 가해지자 일본의 패망이 눈앞에 다가온 것을 깨달은 베트남독립동맹회(Viet Nam Doc Lap Dong Minh Hoi, 비엣민)[13]는 즉각적인 총궐기를 선언하고 8월 19일에는 하노이, 같은 달 25일엔 사이공을 장악했으며, 9월 2일 호찌민은 하노이에서 전(全)베트남민주공화국 수립을 선언하고 대통령에 취임했다.

그러나 전후 연합군은 1945년 9월 2일 일반명령1호를 통해 베트남의 독립 열망을 저버린 채 일본군의 무장해제라는 명목으로 북위 16도선을 경계로 남쪽에는 영국, 북쪽에는 중국 국민당 정부의 군대를 진주시켰다. 뒤이어 1946년 1월 영국군은 프랑스군에게 북위 16도선 이남의 전권을 이양했다. 장 에땅 발루이가 이끄는 프랑스 군대가 하노이 부근에 주둔하면서 결국 프랑스 식민정부를 복원시켜 완전한 독립은 멀어졌다.

군사적 긴장감이 감도는 가운데 비엣민과 중화민국군, 프랑스군은 삼자 협약을 맺고 프랑스령 인도차이나의 일원으로서 베트남의 독립을 인정하고 프랑스군 및 중국군의 철군에 합의했으나, 프랑스군은 철군 약속을 지키지 않았다. 호찌민은 1946년 12월 프랑스와 교섭이 결렬되자 대(對)프랑스 항전을 직접 지휘했다. 이렇게 시작된 제1차 인도차이나전쟁은 베트남에서 물러나지 않으려는 프랑스(주로 남쪽 기반)와 이에 대항하는 베트남민주공화국(주로 북쪽 기반) 간의 민족

---

13   비엣민, 베트민＝월맹(越盟), 1941년 호찌민을 중심으로 인도차이나 공산당과 다수의 베트남 민족주의 계열 정당의 동맹으로 결성되었다.

해방전쟁이었다.

　1947년 프랑스군은 하노이를 포위 공격하여 점령했다. 그러나 1949년까지 프랑스는 비엣민을 이길 수 없었고 산발적인 교전이 계속되었다. 한편 1949년 이후에 건국된 공산주의 국가 중화인민공화국은 이 기간에 비엣민에게 은신처와 무기를 제공했다. 이 과정에서 미국은 베트남인들의 완전한 자주독립을 외면하고 프랑스를 지원했다. 1950년 1월 공산 진영의 중국과 소련이 프랑스에 맞서 독립투쟁을 벌이는 북베트남 호찌민 정부와 외교 관계를 수립하자, 미국은 이에 맞서 이미 퇴위한 황제 바오다이를 국가원수로 내세운 '프랑스의 괴뢰정부' 베트남 공화국을 승인했다.

　미국은 수송기와 탱크를 비롯한 대량의 군수물자를 남베트남의 프랑스 군부에 지원하기 시작하였으며 1952년에 프랑스가 비엣민과 종전 협상을 벌이는 것에 강력하게 반대했다. 트루먼 정부는 동아시아에서 한반도와 중국에 이어 베트남에도 공산주의 정권이 들어서는 것을 반드시 막고 싶어했다. 미국은 1954년까지 프랑스에 약 14억 달러를 지원하며 전쟁 비용의 거의 80%를 부담했지만 '명분 없는 전쟁'을 벌인 프랑스는 북베트남을 이기지 못했다. 이에 앞서 비엣민 지도자 호찌민은 1945~1946년 트루먼 대통령과 미 국무부에 적어도 여덟 차례 이상 편지를 보내 베트남이 프랑스로부터 독립할 수 있도록 도와달라고 호소했다. 제2차 세계대전 중 일본에 의해 인도차이나에서 쫓겨났던 프랑스가 일본이 패배하자 다시 인도차이나를 점령해 평화를 위협한다며 미국, 소련, 영국, 중국의 4대 강국이 유엔을 통해 해결해 달라고 호소했던 것이다.

그러나 트루먼 정부는 이를 거부했다.[14] 미국이 프랑스와 베트남 중 프랑스를 지지했던 이유는 당시 국제 정세와 관련이 있다. 미국은 당시 점증하는 냉전체제하에서 프랑스를 확고한 우방으로 만들 필요가 있었다. 라오스와 캄보디아를 비롯한 동남아시아의 불확실한 민족주의 세력보다는 프랑스를 지지하고 이들에게 전비를 지원함으로써 동아시아 지역에서 미국의 패권이 확실해질 때까지 그들로 하여금 미국을 대리하도록 했다. 미국은 타이완, 필리핀, 일본, 남한을 연결하는 태평양 연안의 군사적 요충지를 차지하고, 인도차이나의 풍부한 자원을 지배하기 위해 이 지역에서의 패권 장악을 노렸다.

미국의 프랑스에 대한 전폭적인 지원이 있었지만 베트남 민족해방 세력은 1954년 3월 디엔비엔푸 전투에서 결정적인 승리를 거두었으며 같은 해 5월 이 중요한 거점 지역을 점령했다. 프랑스의 패전으로 베트남 독립은 거의 쟁취된 듯 보였다. 1954년 7월 프랑스와 제네바협정을 맺은 베트남은 북위 17도선을 경계로 임시 분할되었고 협정에 의거하여 남북 베트남 간에 총선거를 실시하게 되었다. 제네바협정은 내전(제1차 인도차이나 전쟁은 프랑스 침략의 연장이므로 내전이라기보다는 '내전을 가장한 국제전'이다.) 종식의 명분으로 조인되었지만 1954년 3월부터 5월에 걸친 디엔비엔푸 전투의 패전으로 수세에 몰린 프랑스군은 협정에 따라 철군하면서도 미국을 대신 끌어들여 식민 지배를 연장하려는 복안을 갖고 있었다. 따라서 조약의 구체적 산물인 북위 17도선 분단은 외세가 조장한 분단이지 내전의 결과는 아

---

14 이재봉, 「박정희, 베트남 파병 간청하며 계엄령 선포한 이유?」, 〈프레시안〉(2018.7.12).

니었다. 북베트남 정권을 국제적으로 확인시킨 제네바협정에 따라 2년 후에 치러진 전국 총선거에서 호찌민 정부의 승리가 예견되었지만 미국의 개입으로 베트남전쟁은 명실상부한 국제전이 되었다.

북베트남의 배후에 소련이 있다고 생각한 미국은 인도차이나를 비롯한 동남아시아 지역의 공산화 도미노를 우려해 소련을 봉쇄하려 했다. 1955년 이후 미국은 제네바협정 당사자가 아니라는 명분으로 선거 실시 약속을 준수하려 하지 않았다. 오히려 미 CIA를 통해 베트남에서 여러 비밀공작들을 수행했으며 그 결과로 1955년 10월 북위 17도선 남쪽에 미국이 지원하는 응오딘지엠 정권의 '베트남 공화국'을 수립했다. 이런 상황에서 호찌민은 총선을 거부했고, 미국과 호찌민이 대립하는 가운데 제네바협정은 파기되었다. 남쪽 응오딘지엠 정권은 태생적 한계와 실정, 부패로 인해 국민의 신임을 잃었다.

남베트남의 초대 대통령 응오딘지엠은 1954년 제네바협정으로 프랑스군이 인도차이나 반도에서 철수하자 독립된 남베트남의 총리를 거쳐 1956년 대통령이 되었다. 응오딘지엠은 북쪽 비엣민과 대치하면서 지배 계층을 기반으로 반공 민족주의 노선의 정치를 폈다. 응오딘지엠 정부는 집권 이후 농지·세제 관련 경제 정책과 징병제 실시, 문맹 퇴치운동 등으로 많은 성과를 거뒀다. 그러나 시간이 흐르면서 남베트남 내부의 반정부 운동이 심각해졌고, 1960년 11월 발생한 군사 쿠데타는 미수에 그쳤지만 미국과 선이 닿아 있었다.[15] 결국 응오

---

15 김종필(대통령특사), 「동남아친선사절단 종합보고서」(1962.2.23); 전영기·최준호, 「JP 비밀 보고에 담긴 1962년 월남」, 『중앙일보』 2015년 5월 29일, 13면.

딘지엠은 1963년 11월 2일 새벽 6시 미국 CIA의 사주를 받은 쿠데타 세력에 의해 암살되었다.[16] 응오딘지엠이 내건 민족자주 노선 때문에 미국에 의해 암살되었다는 해석도 있다.

당시 미 CIA는 응오딘지엠이 비엣민과 전쟁을 하면서도 상대방 지도자인 호찌민과 별도의 비밀 접촉을 시도하고 있다는 정보를 입수했다. 미국은 두 민족주의자들이 비밀리에 무슨 공작을 할지 모른다는 의구심을 가졌다. 미국의 사주로 응오딘지엠이 제거된 뒤 남베트남에서는 쿠데타가 빈발했고 새로 들어선 반공 군사정권들은 자기 나라의 안보를 미국에만 의존하려고 했다. 그들은 결국 호찌민이 지도하는 북베트남에게 패망했다. 결과적으로 미국의 응오딘지엠 제거는 패착이었는데, 미국이 베트남전에 패배한 첫 번째 원인으로 꼽히기도 한다.[17] 한편 응오딘지엠은 프랑스 식민 지방군의 대장을 맡는 등 민족 반역자로 분류되며 부패한 독재자였다는 비판적 평가도 있다.

응오딘지엠이 통치하는 남베트남에서 내란이 일어나자, 1961년 케네디 행정부는 정규군을 파견해 정식으로 개입했다. 북베트남 또한 남베트남의 사회주의 세력을 규합하여 1960년 12월 20일 '남베트남

16　John Prados and Luke A. Nichter, "New Light in a Dark Corner: Evidence on the Diem Coup in South Vietnam, November 1963," *National Security Archive Briefing Book* #730, Published: Nov 1, 2020, https://nsarchive.gwu.edu/briefing-book/vietnam/2020-11-01/new-light-dark-corner-evidence-diem-coup-november-1963?eType=EmailBlastContent&eId=d028c305-87ec-4e63-b938-6e40ae0d7697 (검색일: 2020.11.3).

17　조갑제, 「한국내 美CIA의 內幕」, 『월간조선』(1986.2); 조갑제, 「한국내의 미CIA(4)」, 〈조갑제닷컴〉(2006.2.18). 김종필도 미국의 응오딘지엠 제거가 실수라고 평가했다. 전영기·최준호, 「월남 최전선의 JP "6·25 맨주먹으로 싸웠는데 … 전투병 보내자"…3개 사단 해외 진주…침략만 받던 한민족, 역사의 드문 경험」, 『중앙일보』 2015년 5월 29일, 12면.

민족해방전선(Vietnamese National Liberation Front, NLF)'을 결성하여 개입했다. NLF는 남베트남 반공주의자들에 의해 베트콩(원명은 Viet Nam Cong San이며 베트남 공산주의자라는 의미)이라고 규정되었다. NLF는 1954년 사이공에서 좌경 지식인을 중심으로 공산주의가 아닌 민족주의 이념으로 출발했다. 1954년 베트남 공화국은 제1차 인도차이나 전쟁에서 승리한 비엣민이 실시한 토지개혁을 다시 원점으로 돌려 개편했다. 이에 반발한 소작농과 대부분의 농민들은 소작료 경감과 점진적인 토지개혁을 원했지만 베트남 공화국 정부는 이들을 탄압하고 수감했다. 이에 반발한 일부 세력과 그들을 기반으로 삼았던 여러 정치적 좌익들이 남베트남 노동당을 결성해 정치권 내로 진입하려 했지만 당국의 탄압으로 실패했다. 응오딘지엠 정부가 농민과 노동자를 착취하자 이에 반발한 남베트남 노동당과 베트남 공화국 내의 일부 민족주의 세력이 1954년에 힘을 합쳐 반군단체를 만들었다. 이 농민·노동자 반군단체가 '남베트남 민족해방전선', 즉 NLF였다.

반군단체의 활동은 평화적인 데모나 법에 대한 호소를 기본으로 했으나, 1957년 이후 남베트남 정부의 탄압이 심해지자 폭력을 병용하게 되었으며, 공산주의자들이 동참하면서 공산주의운동으로 변했다. NLF의 강령은 ① 응오딘지엠 정권의 타도와 민족민주연합정부의 수립, ② 진보적 민주주의의 실현, ③ 독립적이고 자주적인 경제 건설, ④ 소작료 경감과 점진적인 토지개혁, ⑤ 민족문화 창달, ⑥ 인민군대 창설, ⑦ 남녀동권, 민족평등, 재(在)베트남 외국인과 국외 체류 베트남인의 권리 보장, ⑧ 평화적인 외교 중립정책, ⑨ 남북 베트남의 관계 정상화와 평화적 통일, ⑩ 세계평화 옹호 등이며, 적극적인 저항운동을 중심으로 남북통일과 평화·중립·독립을 지지했다. NLF는 1962년 인민혁명당(PRP)을 조직하여 활동의 중심부로 삼았으며, 1969년 여러 지역의 단체와 연합하여 베트남남부공화임시혁명정부(PRG)를 수립했다.

분단 후 북베트남은 남베트남을 점령하기 위해 대내적으로 군사력을 증강하고 주민들에게 혁명의식을 고취하는 활동을 쉬지 않았다. 북베트남의 지원을 받는 베트콩의 게릴라전술 때문에 남베트남 지역은 피아를 구분하기 힘든 전장으로 변했다. 존슨 행정부 당시인 1964년 3월 17일 NSAM 288(National Security Action Memorandum No. 288)[18]을 통해 베트남 문제에 적극 개입하기로 결정한 후 곧이어 8월 2일 '통킹만(灣)사건'을 조작한 미국은 베트콩의 활동은 곧 비엣남의 침략 행위라는 견해를 표명하고 1965년 북폭(北爆)을 개시했다.(제2차 인도차이나 전쟁) 베트콩의 기세가 꺾이지 않자 미군이 직접 소탕전에 뛰어들어 작전을 유리하게 이끌었고 민생 안정, 농촌 건설에 주력하는 '평정 계획'도 본격적으로 추진했다. 동남아시아의 집단방위를 목적으로 하는 이 전쟁에는 한국·필리핀·태국·오스트레일리아·뉴질랜드도 파병했다.

1968년 5월 10일 미국 존슨 대통령 정부는 북베트남과 비밀 평화협

---

18 "National Security Action Memorandum No. 288," Washington, March 17, 1964, https://fas.org/irp/offdocs/nsam-lbj/nsam-288.htm (검색일: 2021.7.15); *FOREIGN RELATIONS OF THE UNITED STATES*, 1964-1968, VOLUME I, VIETNAM, 1964, https://history.state.gov/historicaldocuments/frus1964-68v01/d87 (검색일: 2021.7.15).

상을 시작했다. 평화협상을 이끌어내 대통령 선거에 유리하게 이용한다는 것이 민주당의 계산이었다. 그러나 이 평화협상은 미국의 대통령 선거 사흘 전에 무산되었다. 남베트남 정부가 평화협상을 거부했기 때문이다. 남베트남이 이런 돌출 행동을 감행한 배경에는 닉슨과 남베트남 군부가 벌인 비밀 접촉이 있었다. 닉슨은 공화당 정부가 들어서면 남베트남에 더 유리한 조건으로 협상할 테니 존슨 정부의 평화협상안을 거부하라고 남베트남 측을 설득했다. "(존슨 정부의 압력에) 버티면 우리가 승리한다." 이것은 공화당이 남베트남에 보낸 전문의 한 구절이다. 그런데 닉슨은 어떻게 민주당의 비밀 평화협상 전략을 간파했을까? 그 비밀의 열쇠는 키신저가 쥐고 있었다. 당시 키신저는 닉슨의 정적이던 록펠러의 외교 자문을 맡고 있었는데, 이 때문에 민주당의 협상 팀은 키신저를 믿고 그에게 자문을 구했다. 그러나 키신저는 민주당의 선거 전략을 닉슨 캠프에 누설했고, 평화협상은 깨지고 말았다.

　이후 전쟁은 4년간 더 지속되었다. 닉슨의 국가안보 담당 보좌관이 된 키신저는 이후 폭격 대상을 캄보디아와 라오스로 확대했다. 두 나라가 북베트남의 배후 근거지이므로 폭격이 불가피하다는 것이 그 이유였다. 미국은 중립국인 두 나라를 선전 포고도 없이 폭격하면서 교전 수칙을 위반했으며 고엽제를 비롯한 화학 무기까지 사용했다. 이때 미군 폭격에 희생된 민간인은 캄보디아에서 60만 명, 라오스에서 35만 명에 이르렀다. 히친스에 따르면, 키신저는 민간인 신분으로 미국 외교에 개입했고, 베트남 평화협상을 4년이나 지연시키면서 수

많은 미국 군인들과 베트남 민중들의 목숨을 잃게 했다.[19]

1969년 2월 북베트남의 공산군이 남베트남에 대하여 전면 공격을 개시하자 닉슨 대통령은 '베트남전쟁의 베트남화(化) 계획'을 발표했다. 1972년 1월 미국과 비엣민 간의 비밀 회담이 계기가 되어 1973년 1월 27일 프랑스 파리에서 남베트남 임시혁명정부(민족해방전선)와 북베트남 간에 전쟁 종결과 평화 회복에 관한 '파리[휴전]협정'이 조인되었다. 미국과 남베트남은 이 협정의 구성원으로 참여했으며 영국, 소련, 중국 등 12개 국가가 참여했다. 협정은 ① 미군의 철수, ② 전쟁포로의 송환, ③ 현 상태로의 정전, ④ 남베트남에서 사이공 정부와 임시혁명정부 간에 연합정부 조직을 위한 협의, ⑤ 정치범의 석방 등을 규정했다. 1973년 3월 미군은 철수했고 남베트남 지역에서 베트콩의 활동은 법적으로 보장받게 되었다.

1973년 4월 공산군은 휴전협정을 위반하고 맹렬한 공격을 재개했으며 1974년 북베트남이 '구정 대공세'를 통해 승리했다. 1975년 3월 10일 북베트남은 남베트남을 향해 총공세를 감행해 50일 만인 1975년 4월 30일 남베트남의 수도 사이공을 함락시켰다. 1975년 4월 21일 응우옌반티에우(Nguyen Van Thieu) 대통령이 미국을 비난하고 부통령 쩐반흐엉을 지지한다면서 사임 의사를 밝히고 곧바로 타이완으로 망명해 남베트남 정권은 무너졌다. 1975년 4월 30일 남베트남에 주둔하던 그레이엄 마틴 미국대사의 탈출에 이어 베트콩의 남베트남 정권 접수로 30년간의 베트남전쟁은 막을 내렸다. 1976년 남베

---

19   크리스토퍼 히친스, 안철흥 역, 『키신저 재판』(아침이슬, 2001).

트남의 비엣민과 통일 선언 이후 '베트남 사회주의 공화국' 정부가 수립되어 남·북 베트남이 통일되었다.

외세인 미군 철수 후 베트남은 짧은 내전을 거쳐 통일되었다. 명실상부한 내전은 1973년 미군 철수 이후 2년간에 불과했으며 이전 시기는 반외세 전쟁기였다. 만약 외세의 강력한 분단 의지가 없었다면 베트남의 내쟁은 분단으로 이어질 정도로 심하지 않았던 것이다. 또한 반외세 전쟁에 승리하여 외세를 몰아내고 통일을 달성했으므로 그 분단이 단순한 내쟁형은 아니었음을 확인할 수 있다. 김학준 교수는 베트남 분단을 내쟁형으로 분류했으나[20] 필자는 국제형에서 내쟁형으로 변화한 것으로 본다. 베트남 분단에 미친 미국의 영향은 강정구 교수의 글에 나온다.[21] 미국의 베트남 개입으로 인해 미국을 중심으로 반전운동이 전개되었으며, 베트남과 관련해 미국의 타국 내정 개입 실패 사례로는 라오스 메오족을 이용한 비엣민의 라오스 점령 방지 실패(1962~1975)가 있다.

---

20 김학준, 「분단의 배경과 고정화과정」, 송건호 외, 『해방전후사의 인식』(한길사, 1979), 72~73쪽; 김학준, 「한반도의 분단과 통일의 정치경제사」, 동국대학교 건학 100주년 기념 DMZ 생태평화 국제학술회의(2006.5.2), 3~4쪽.
21 강정구, 「베트남의 분단과 미국의 역할」, 『동남아시아연구』 4(1996), 113~142쪽.

3. 설탕 식민지 쿠바와 카스트로 암살 미수

미 CIA는 피델 카스트로가 집권한 49년 동안 카스트로 암살을 무려 638차례 시도했으나 모두 실패했다. 카스트로 정권 교체 전사(前史)를 살펴보면 미국이 주도한 1899년 쿠바 정권 교체까지 거슬러 올라가게 된다. 18세기 중반 세력이 약해지기 시작한 스페인 제국은 재정을 충당하기 위해 부유한 식민지였던 쿠바로부터 세금을 거둬들였다. 스페인 통치로 인한 부담이 점점 커지자 쿠바인들은 스페인으로부터의 분리 독립을 원했고, 이때마다 스페인군은 강경 진압으로 대응했다. 쿠바 독립운동 게릴라들 중에 미국의 지원을 받았던 일파는 미국과의 합방을 원하기도 했다. 1868년부터 1878년까지 벌어진 10년간의 전쟁 끝에 산혼조약을 체결하고 쿠바인들은 스페인으로부터 자치령을 인정받았으나 이후에도 스페인 식민지 당국이 배신적인 처사로 일관하자 마침내 1895년 쿠바 독립전쟁이 발발했다.

미국의 맥킨리(McKinley) 행정부는 이전부터 쿠바에서 스페인을 축출하고 배타적인 영향력을 확보할 계획을 가지고 있었다. 쿠바가 스페인 식민지였던 시기에 이미 미국은 쿠바 경제권의 상당 부분을 장악하고 있었다. 당시 쿠바의 제당(製糖) 공장은 대부분 미국인이 소유하고 있었으며, 쿠바의 시장은 미국의 공산품 수출에 중요한 역할을 하고 있었다. 1890년대에 뒤늦게 제국주의에 눈뜬 미국은 1898년 메인호 폭파사건을 기화로 쿠바 독립전쟁에 뛰어들었다.

1898년 미국-스페인 전쟁이 발발하자 미국은 원활한 전쟁 수행과 전후 영향력 확보를 위해 쿠바에 군대를 파견하고자 했지만 쿠바 반식민 세력의 주류는 전후 미국이 쿠바에 미칠 영향력을 우려하여 미국의 파병에 반대했다. 이에 미국 의회가 전후 미군의 완전 철수와 쿠바의 독립을 보장하는 텔러 수정안(Teller Amendment)을 입법하자 반식민 세력은 미국의 파병에 동의했다. 쿠바 독립당이 이미 쿠바의 반 이상을 수복한 상황에서 스페인 식민지군은 여력이 남아 있지 않았으므로 쿠바는 미국의 통제 아래 들어가게 되었다. 이렇게 미서전쟁은 1899년 미국의 승리로 공식 종결되었다.

그런데 반식민 세력이 장악한 쿠바 정부는 미국인이 소유한 제당공장의 이익에 반하는 토지개혁을 감행하고 미국산 공산품에 관세를 부과하여 미국의 경제이익에 해를 끼치는 정책을 추진했다. 그러자 맥킨리 행정부는 텔러 수정안을 무효화하고 반식민 세력이 선포한 쿠바 공화국(Republic of Cuba)의 독립을 인정하지 않았을 뿐 아니라 이들을 축출한 후 1899년 우드(Wood)를 수장으로 하는 군사 점령 정부를 수립했다.[22] 미국의 식민주의 정책에 반대하던 쿠바인들이 미국의 상업이익에 반하는 일련의 정책을 추진하려 하자 정권 교체를 감행한 것이다.

1899년부터 1959년까지 쿠데타와 반란이 빈발했음에도 불구하고 친미정부의 기조가 이어졌다. 1901년 미국은 쿠바 공화제 헌법 제정과 때를 같이하여 쿠바 독립을 대가로 재정·외교 등에 대

---

22 Richard Gott, *Cuba: A New History* (New Haven: Yale University Press, 2004), pp. 20-25; 김재천, 「미국의 정권교체(Regime Change) 정책 사례연구: 유형별 분석」, 『신아세아』 16-3 (2009), 177쪽.

한 미국의 내정간섭과 군사기지 설치를 인정하는 '플랫 수정안(Platt Amendment)'을 헌법에 추가하는 안을 성안시켰다. 1902년 미국은 쿠바 군정 종결과 함께 제국주의적 야심이 없음을 과시할 목적으로 쿠바를 자국에 편입시키는 대신 주권국가로 독립시켰다. 미국은 1902년 5월 20일 독립운동가 출신 친미주의자 토마스 에스트라다 팔마(Tomás Estrada Palma)를 수반으로 하는 공화제 정부를 출범시켰다. 그러나 양질의 토지, 설탕산업, 교통수단 등 쿠바 경제의 중추적 기능은 미국 자본이 장악했으므로 당시 쿠바는 사실상 독립국이 아니라 미국의 종속국이었다는 평가가 지배적이다. 미국은 쿠바를 설탕 공급기지 및 경제적 요충지로 삼았던 것이다. 1906년에 팔마는 재선에 성공했지만 부정선거 의혹에 휩싸였다. 이로 인해 반란이 일어나고 정부군이 패배를 거듭하자 팔마는 미국에 도움을 요청했다. 미국은 이를 빌미로 쿠바를 재점령했다. 1909년 쿠바는 다시 독립했지만 미국의 영향력은 그대로였다.

1920년대까지 쿠바의 경제는 사탕수수를 중심으로 하는 농산물 산업과 관광산업으로 꾸준히 발전하였다. 그러나 1929년 대공황이 일어나자 미국의 영향이 컸던 쿠바 경제도 나락으로 떨어졌다. 대공황 이전인 1924년 대통령 선거에서 미국의 지지를 등에 업은 자유당의 마차도(Gerardo Machado) 후보가 보수당의 마리오 가르시아(Mario García Menocal) 전임 대통령을 꺾고 대통령에 당선되었다. 1928년 마차도는 재선에 성공했으나 대공황과 독재화 등으로 촉발된 반체제 그룹의 퇴진 압박에 직면했다. 1933년 5월 새로 부임한 섬너 웰스(Sumner Welles) 미국대사는 독립운동의 영웅 카를로스 마누엘 드

세스페데스의 아들 카를로스 마누엘 세스페데스 이 케사다(Carlos Manuel de Céspedes y Quesada)를 비롯한 명망가와 독립적인 군부 지도자, 학생, 노동운동가들을 부추겨 쿠데타를 주도하게 했다. 마차도는 1933년 8월 12일 바하마 망명길에 올랐다. 쿠데타이기는 했지만 미국이 조종한 일종의 혁명이었다.

　1933년 8월 12일부터 13일까지 군부 지도자 알베르토 에레라 프란치가 대통령 대행을 지냈고, 뒤를 이어 8월 13일부터 9월 5일까지 23일 동안 케사다가 대통령 대행을 지냈다. 9월 5일부터 10일까지의 집단지도체제를 거쳐 9월 10일 라몬 그라우 산 마르틴(Ramón Grau San Martín)의 급진적 정부가 들어섰다. 1933년 혁명의 지도자들은 플랫 수정안 무효를 선언하고 미국의 영향력에서 벗어나려 했다. 그런데 산 마르틴 정부는 취임 127일 만인 1934년 1월 15일 풀헨시오 바티스타 이 살디바르(Fulgencio Batista y Zaldívar)를 주축으로 하는 쿠데타에 의해 무너졌다. 이후 대통령 권한대행으로 옹립된 카를로스 에비아, 마누엘 마르케스 스털링, 카를로스 멘디에타 이 몬테푸르, 호세 아그리 피노 바넷 등은 단명에 그쳤다. 이어 1936년 대통령 선거에 당선된 미겔 마리아노 고메즈는 218일 만에 실력자 바티스타가 주도한 탄핵으로 물러났다. 대통령직을 승계한 부통령 페데리코 라레도 브루(Federico Laredo Brú)는 잔여 임기 3년 동안 풀헨시오 바티스타가 1940년 대통령으로 선출되는 길을 열어 주었다. 바티스타는 교육기관 확대, 경제발전 등으로 쿠바 국민의 지지를 얻었다. 쿠바는 연합국의 일원으로 제2차 세계대전에 참전했다. 1944년에는 라몬 그라우 산 마르틴, 1948년에는 카를로스 프리오 소카라스가 대통령에 선출되었다. 이 기간 동안 쿠바의 경제는 크게 발전했으며 도시의 중산층이 부유해졌으나 빈부격차가 심해졌다.

소카라스의 임기 말인 1952년 대통령 선거에서 바티스타는 재집권을 시도했으나 뜻대로 되지 않자 또다시 쿠데타를 일으켜 집권했다. 바티스타의 재집권 이후 경제지표는 향상되었으나 빈부격차가 더 심화되고 실업률이 40%까지 올라갔으며, 비밀경찰을 이용한 감시 및 부정부패 등이 계속되자 국민들은 바티스타에게 등을 돌렸다. 1954년에 바티스타는 정통성 부여를 위해 다시 선거를 실시하였고 재선에 성공했으나 부정선거 의혹이 제기되었다. 중산층은 미국과 쿠바를 비교하며 실업 문제 등을 이유로 바티스타를 지지하지 않았으나 노동조합은 끝까지 바티스타를 지지했는데, 이는 바티스타가 해고와 공장 기계화를 금지하는 등 노동자들을 우대했기 때문이다.

부패한 바티스타 정권은 점점 무능해져 혁명이 일어나도 제대로 대응하지 못했다. 바티스타의 무능을 파악한 미국이 쿠바 정부군 지원을 중단한 상황에서 농촌의 지지를 받으며 기세 등등해진 혁명군에게 정부군이 밀리기 시작했고, 결국 1959년 1월 1일 바티스타는 도미니카공화국으로 망명했다. 안셀모 알리에그로 밀라와 카를로스 마누엘 피에드라가 하루씩 정권을 잡았으나 피델 카스트로에 의해 실각하고 쿠바의 자본주의체제는 무너졌다. 1933년 이후 직간접적으로 쿠바의 정치를 좌우해 온 바티스타 독재 시대[23]에 정착된 미국 설탕

---

23 수뢰·부패·실정·무책임으로 상징되는 고메스 정권에 이어 가르시아, 사야스, 마차도, 바티스타, 산 마르틴의 독재·부패 정치가 계속되었고, 1912년에는 아프리카계 쿠바인들이 반란을 일으켜 3,000여 명이 살해되기도 했다. 특히 미국의 지지로 정권을 장악한 마차도와 1933년 쿠데타로 마

식민지로서 쿠바의 이미지는 혁명의 당위성을 확산시키는 명분을 제공했다. 결과적으로 쿠바는 바티스타 등의 쿠데타로 인해 헌팅턴이 제시한 '두 번의 정권 교체 테스트'를 통과하지 못했다. 결국 쿠바의 민주주의는 공고화되지 못하고 혁명에 의해 무너졌다.

쿠데타로 취소된 1952년 선거에 대통령 후보로 출마했던 피델 카스트로는 1953년 7월 이른바 7·26 운동이라고 하는 반란을 일으켰으나 반란 실패로 투옥되었다. 1955년 감옥에서 풀려난 카스트로는 멕시코로 망명하여 정부 전복을 준비하는 한편, 체 게바라와 함께 쿠바에 상륙했다. 이후 마에스트라 산맥을 중심으로 게릴라 활동을 벌인 끝에 1959년 1월 정권 장악에 성공했다. 총리로 취임한 카스트로는 그해 5월 농지개혁법을 발표하고 대지주의 토지와 미국계 기업의 대농원을 몰수했다. 1959년의 석유법, 1960년의 대기업 국유화법으로 미국계의 사탕·석유회사를 접수하는 등 개혁을 단행하여 미국과 대립하다가 1961년 1월에는 국교를 단절했다. 같은 해 4월에는 미국 기업인들의 지원을 받은 망명 쿠바인들이 쿠바로 진격했으나 실패했다. 1962년 10월에 소련 중거리 미사일의 쿠바 반입과 미국의 쿠바 해상봉쇄로 '쿠바 미사일 위기'가 발생했다. 같은 해 우루과이의 푼타델에스테에서 개최된 미주기구(OAS) 외상회의에서 쿠바가 축출된 데 이어 1964년 회의에서는 대(對)쿠바 경제봉쇄 강화 조치가 결정되었다. 이로써 쿠바는 멕시코를 제외한 라틴아메리카 국가들과 국교가 단절

차도 정권을 전복시킨 바티스타는 속임수·군대·암살을 통해 권력을 유지한 인물로 악명이 높다.

되었다.[24]

2017년 10월 26일 공개된 1975년 록펠러위원회 문서에서는 케네디 행정부 초기에 미 CIA가 피델 카스트로 당시 쿠바 국가평의회 의장의 암살을 계획했다는 사실이 확인된다. 2017년 새로 공개된 문서에는 CIA가 카스트로 암살을 위해 구체적인 액수를 제시한 내용 등이 포함되어 있다.[25] 카스트로는 암살을 피했지만 볼리비아에서 게릴라 활동을 벌이던 체 게바라는 1967년 10월 9일 미 CIA 지령을 받은 볼리비아 정부 병사에 의해 살해되었다. 일각에서는 카스트로 제거 계획을 세웠던 미 CIA가 이 계획에 반대하는 케네디와 갈등을 겪었으며, 이 일이 1963년 11월 22일 케네디 암살로 이어졌다는 음모론도 제기되어 있는 상황이다.[26]

미국과 쿠바는 1980년 4월 지미 카터 대통령 때 처음으로 화해 조치가 취해졌고, 1981년 12월 양국 간 긴장 해소를 위한 회담이 열렸다. 1982년에는 소련으로부터 10억 달러 상당의 군사 장비인 SA3 지대공 미사일 140기를 제공받는 등 이후로도 소련과 경제적·군사적으로 긴밀한 관계를 유지했다. 1990년에 미국은 대쿠바 선무공작 방송 TV 마르티(Marti)를 송출하기 시작했으며, 1991년 12월에는 소련의 원조가 중단되었다. 1992년 쿠바는 민주화법(토리첼리법)을 도입했으

---

[24] 「쿠바의 역사」, 〈네이버 지식백과-두산백과〉(검색일: 2021.1.8).
[25] 「케네디 암살, 영국은 미리 알았다?…"FBI, 암살범 살해 예고 전화 받아"」, 〈서울신문〉(2017.10.27).
[26] 강혜란, 「케네디 암살 기밀문서 이번주 공개 미 CIA 배후설 등 음모론 밝혀지나」, 『중앙일보』 2017년 10월 23일, 16면.

며, 1995년에는 중남미 핵무기 금지조약에 서명했다. 1995년 9월 5일에는 쿠바 외국인 투자법을 통과시켰으며, 1996년 3월에는 자유민주연대법(헬름스버튼법)을 효시켰다. 1996년에 카스트로 의장이 교황청을 방문했고, 1998년 1월에는 교황 요한 바오로 2세가 쿠바를 방문했다. 2000년에는 푸틴 러시아 대통령이 쿠바를 방문했고, 2002년 5월에는 카터 전 미국 대통령이 방문했으며, 같은 해 11월에는 핵확산금지조약(NPT)에 서명했다. 2003년 3월 75명의 반체제 인사를 체제 전복 혐의로 일괄 구속시켰으며, 10월에 부시 미 대통령이 쿠바 민주화를 위한 이니셔티브를 발표하는 일이 발생했다. 2004년 11월에는 쿠바 내 미국 달러 통용을 금지시켰다. 2006년 7월 31일 병환 중이던 카스트로가 동생 라울에게 한시적 권력이양을 발표하고 12월 2일 라울이 미국에 대화를 제의하자, 12월 15일 사상 최대 규모의 미국 의회 대표단 10명이 쿠바를 방문했다. 2007년 1월에는 관타나모 기지 폐쇄를 촉구하는 국제인권단체의 쿠바 평화행진이 벌어지기도 했다. 2008년 2월 19일에 쿠바를 49년간 통치해 온 피델 카스트로가 국가원수직 사임 발표를 했으며, 2008년 2월 24일 쿠바 혁명 이래 줄곧 국방부 장관직을 수행해 온 라울 카스트로가 국가평의회 의장 겸 각료회의 의장으로 선출되었다.[27](피델의 동생인 라울도 1960년 이래 줄곧 미국 CIA의 암살 표적이 되었다.[28]) 2011년 4월 19일, 14년 만에 개최된 쿠

---

[27] 「쿠바의 역사」, 〈네이버 지식백과-두산백과〉(검색일: 2021.1.8).
[28] Peter Kornbluh, "CIA Assassination Plot Targeted Cuba's Raul Castro," *National Security Erchive Briefing Book* #756 Published: Apr 16, 2021, https://nsarchive.gwu.edu/briefing-book/cuba/2021-04-16/documents-cia-assassination-plot-targeted-raul-castro

바 공산당 제6차 당대회에서 피델 카스트로가 공산당 제1서기직에서 공식 사임하고 동생 라울 카스트로가 취임함으로써 피델 카스트로의 시대는 완전히 막을 내렸다. 1959년 집권 후 52년 만의 일이었다.

공산당 제1서기 겸 국가평의회 의장이 된 라울 카스트로(2011년 당시 80세)는 새 지도부를 구성하고 300여 개의 경제개혁안을 제시했다. 이로써 공산정권 수립 이래 최초로 주택과 차량을 매매할 수 있게 되었으며 은행 대출도 허용되었다. 라울 카스트로는 그 자신을 포함한 고위 정치인의 임기를 10년으로 제한한다고 선언했다. 2014년 12월 17일, 쿠바 혁명으로 단절된 뒤 무려 53년 만에 미국과 국교 정상화에 합의하게 됨에 따라 냉전체제 몰락 이후 23년 만에 쿠바에도 '봄'이 찾아왔다. 라울 카스트로 국가평의회 의장은 이날 국영 TV와 라디오 방송으로 전국에 생중계한 특별 성명을 통해 미국 대통령 버락 오바마와 45분 동안 전화통화를 하며 양국 관계 정상화를 논의했다고 밝혔다. 특히 미국과의 국교 정상화는 체제의 자주성과 국가 주권에 대한 편견 없는 기반에서 이뤄져야 한다는 점을 강조해 쿠바가 바티스타 시절 미국의 '설탕 식민지' 신세로 돌아가는 일은 없게 할 것임을 강조했다. 라울 의장은 "서로가 견지하는 원칙을 하나도 저버리지 않는 토대에서 존중하는 대화를 통해 차이점을 풀어나가게 될 것"이라고 덧붙였다. 2015년 7월 20일, 드디어 미국과 수교를 맺음으로써 쿠바와 미국의 국교 정상화가 이루어졌다.

?eType=EmailBlastContent&eId=aa22d9b9-405a-4c7a-b50d-d63d7e05a1b8 (검색일: 2021.4.17).

4. 니카라과
    우익 반군 지원

니카라과는 미국이 20세기 초부터 관심을 가지고 있던 국가였으므로 개입의 연원이 매우 깊다. 반미(反美) 중앙아메리카 연대를 구축하려고 시도했던 니카라과의 호세 산토스 셀라야(Jose Santos Zelaya) 대통령은 1909년 미국 채광회사에 부여된 경제 특권의 일부를 취소했다. 셀라야 정부는 니카라과로 수출되는 미국의 공산품에 대한 관세를 인상하고 역내 미국의 벌목 사업을 방해하는 등 미국의 경제이익에 반하는 정책을 추진했다. 셀라야는 채광회사가 선동한 쿠데타에 가담했다는 이유로 미국인 두 명을 처형하기도 했는데, 이를 계기로 태프트 미 대통령은 미국 해병대를 보내 후안 에스트라다(Juan Estrada)가 주도하는 셀라야 반대 세력을 지원하여 셀라야 정부를 전복시키고 미국에 우호적인 정권을 수립했다. 미국 군대는 공공연히 반셀라야 세력의 활동을 보호하고 군사적 지원을 아끼지 않았으므로 이 사실을 주지하고 있던 셀라야는 대통령직을 사임할 수밖에 없었다. 전직 기업 변호사인 녹스(Philander C. Knox) 미 국무장관은 은행업계의 인맥을 이용해 니카라과에 대규모 차관을 제공했다. 워싱턴의 영향력을 대폭 증대시키기 위한 전형적인 달러 외교 케이스였다.[29] 미국군

---

29   엘런 와인스타인·데이비드 루벨, 이은선 역, 『사진과 그림으로 보는 미국사』(시공사, 2004), 419쪽. 그런데 달러 외교를 공화당 제국주의자들의 정책이라고 비난하면서 집권했던 우드로 윌슨 민주당 대통령은 철저한 반제국주의자인 윌리엄 제닝스 브라이언을 국무장관으로 임명했다. 그러나 이상주의자 윌슨도 재임 말기에는 뉴레프트적인 수정주의 역사학자 월터 라페버의 지적

의 지원으로 감행된 1909년 니카라과의 정권 교체 목적은 미국의 상업이익 수호와 증진이라고 할 수 있다.[30]

20세기 후반 니카라과에 대한 미국의 개입은 더 극적이었다. 미국이 지지한 소모사(Somoza) 가문은 미국의 지지를 등에 업고 1937년부터 1979년까지 2대에 걸쳐 최고 권력자로 군림했다. '강도의 지배(kleptocracy, 도둑 정치)'로 불릴 만큼 타락과 부패로 점철되었던[31] 소모사 일족 독점체제는 결국 민중봉기에 의해 무너지고, 1979년 7월 19일 친사회주의적인 산디니스타 민족해방전선('산디니스타'로 알려짐) 정권이 출범했다. 레이건 행정부는 산디니스타를 무너트리기 위해 반군(Contra)을 재정적으로 직접 지원했다.

그런데 카터 행정부는 1977년 인권을 문제 삼아 소모사 정권에 대한 군사 및 경제원조를 중단했고 소모사는 미국의 환심을 사기 위해 임시방편으로 인권 탄압을 누그러뜨리는 제스처를 보이기도 했으나 1979년 결국 무너졌으므로 카터의 인권 정책이 사회주의 정부의 출현을 우회적으로 결과했다고 할 수 있다. 다른 미국 대통령이라면 친미정권 수립을 위해 곧바로 개입해 산디니스타 정권을 무너뜨렸겠지만 카터 행정부는 니카라과의 신생 연립정부에게 지원을 약속하고 이

처럼 "미국 역사상 가장 위대한 무력 간섭주의자"로 탈바꿈했다. 제국주의 시대에 윌슨식 세계주의는 무너질 수밖에 없었다. 엘런 와인스타인·데이비드 루벨, 이은선 역(2004), 위의 책, 420, 427쪽.

30 김재천, 「미국의 정권교체(Regime Change) 정책 사례연구: 유형별 분석」, 『신아세아』 16-3 (2009), 179쪽.

31 Bill Gilpin, "A Structural Overview of the Nicaraguan Economy," Rose J. Spalding, ed., *The Political Economy of Revolutionary Nicaragua* (Boston: Allen and Unwin, 1987), p. 41.

들이 쿠바·소련과 점점 가까워지는 모습을 예의 주시했다.[32] 이에 비해 레이건 행정부[33]의 CIA는 비밀리에 적성국이던 이란에 1981년부터 무기를 수출해 얻은 자금으로 1985년과 1986년 니카라과의 우익 성향 반군 콘트라를 지원하다 이란-콘트라 사건이 드러나게 되었다.[34]

'산디니스타'라는 말은 1927~1933년 미군이 니카라과를 침공하여 점령했을 때 이에 저항한 아우구스토 세사르 산디노(Augusto Cesar Sandino)의 이름에서 나왔다. 산디니스타 혁명을 주도한 세력들은 그들의 혁명을 혼합 경제, 민족 단합에 기초한 민중적·민주주의적·반제국주의적 혁명으로 규정하고 무엇보다 국가 주권의 보호와 국가 재건을 강조했다. 혁명정부는 정치적으로는 다원주의적 경쟁을 허용하여 야당의 자유로운 조직과 활동을 보장했고, 경제적으로는 국가 부문과 사적 부문을 동시에 용인하는 혼합경제체제를 채택했다.

산디니스타 혁명정부는 10년간 서유럽 사회민주주의 세력과 우호적인 관계를 유지하면서 경제적으로 상당한 원조 혜택을 누렸고, 소련·쿠바와 같은 사회주의 국가와 다양한 관계를 맺으면서 연대를 강화했다. 그러나 새로운 국가 건설 작업은 미국의 지속적인 탈안정화 정책으로 초기부터 난관에 부딪쳤다. 콘트라 반군의 국경 침입, 국내

---

32 앨런 와인스타인·데이비드 루벨, 이은선 역(2004), 앞의 책, 638쪽.
33 김재천, 「미(美) 레이건 행정부의 대(對)니카라과 비밀전쟁(Covert War): 비밀전쟁의 동기연구」, 『국제정치논총』 42-3(2002.9), 151~178쪽에서는 레이건 행정부가 산디니스타 정부를 상대로 비밀 전쟁을 벌이기로 한 결정에는 산디니스타 정부나 구소련의 저항을 미리 차단하려 한 '외부 제한적' 요인보다 자국민의 반대를 우회하려 한 국내 정치적 고려가 더 크게 작용했다고 주장되었다.
34 김봉중, 「카터 인권외교에 대한 재조명」, 『미국사연구』 10(1999.11), 203쪽; John Prados, *The Ghosts of Langley: Into the CIA's Heart of Darkness* (New York: The New Press, 2017).

교란 등으로 인해 예산의 25~40%가량을 군비로 지출할 수밖에 없었는데, 사회주의권과 유럽 서방국(특히 사회주의 인터내셔널, SI)의 도움에도 불구하고 혁명 10년간 국민들의 생활은 나아지지 않았다. 산디니스타 좌익정부를 위협해 온 미국은 지속적인 개입 정책으로 혁명정부의 안정화를 효과적으로 저지했다.

1990년 2월 유엔 등에 의한 국제 감시 아래 실시된 선거에서 페드로 호아킨 차모로의 미망인 비올레타 바리오스 데 차모로를 중심으로 한 보수 세력이 승리하면서 민간정부가 출범했다. 10년간의 전쟁을 겪으며 경제적으로 피폐해진 대중들은 산디니스타 좌익정부에 대한 지지를 상당수 철회했고, 그 결과 미국이 지지하는 우파 야당 세력이 중심이 된 차모로 정권이 탄생한 것이다. 차모로 정권은 미국과의 관계를 수복하여 전방위 외교를 전개했다. 이후 콘트라 반군이 무장해제 및 해체 완료를 선언하고 산디니스타 인민군이 8만 명에서 1만 5,000명으로 삭감되면서 내전은 실질적으로 종료되었다.

1995년 7월에는 1987년의 산디니스타 헌법을 민주적 자유헌법으로 개정했다. 1997년 1월에는 보수연합의 아르놀도 레만 대통령이 취임했다. 아르놀도 레만 정권도 차모로 정권의 외교 노선을 계승했다. 2000년 1월 헌법 개정안이 가결되었고, 2001년 11월 4일의 대통령 선거에서 집권당인 자유헌정당의 시장경제론자 엔리케 볼라뇨스가 산디니스타 민족해방전선의 후보인 전 대통령 오르테가를 물리치고 대통령으로 선출되었다.

2006년 11월 대선에서는 산디니스타의 다니엘 오르테가 후보가 당선되어, 2007년 1월 10일에 취임했다. 오르테가의 승리 요인으로는 우파 진영의 후보 단일화 실패, 미국 정부의 공개적인 오르테가 당선 저지운동에 대한 국민들의 반감, 에너지 위기를 겪고 있는 니카라과에 대한 우고 차베스 베네수엘라 대통령의 원유 제공 방침에 대한 국민적 지지, 1980년대 급진 좌파에서 온건 좌파로 변화된 이미지를 부각시킨 선거 전략 등을 꼽는다. 오르테가는 국가 안정과 국민 화합, 특히 고용 창출과 빈곤 타파로 외국 투자 유치를 위한 정책을 적극 추진하려 했다.

2018년 11월 트럼프 대통령의 안보보좌관인 볼턴은 쿠바·니카라과·베네수엘라를 '독재 3국'으로 지목하며 "심판의 날이 다가온다"고 예고하는 연설을 했다.[35] 2019년 11월 10일 에보 모랄레스 볼리비아 대통령을 축출하는 우익 쿠데타가 성공했는데, 미국이 배후에서 조종한 혐의가 짙었다. 쿠데타 다음 날인 11월 11일 트럼프는 볼리비아 군부 쿠데타를 찬양하면서 다음 목표가 베네수엘라와 니카라과임을 분명히 했다. 트럼프는 이날 발표한 성명에서 "이 사건은 베네수엘라와 니카라과의 비합법적인 정권에 강력한 신호를 보낸다"고 선언했다. 이는 마두로 베네수엘라 대통령과 오르테가 니카라과 대통령에게 보내는 선전포고나 다름없었다.

실제로 2주 뒤인 2019년 11월 25일 트럼프는 오르테가를 압박하는 조치를 취했다. 약 1년 전 니카라과에 국가 비상사태를 선포한 행정명령을 앞으로 1년간 더 연장한다는 내용의 성명 발표가 그것이다.

---

35 정효식, 「미국 앞마당〈베네수엘라〉서 330만명 탈출 … 트럼프 '군사개입' 만지작」, 『중앙일보』 2019년 2월 18일, 19면.

2018년 11월 27일 트럼프는 행정명령 제13851호를 통해 "니카라과의 상황이 미국의 국가안보와 대외 정책에 엄청난 위협이 된다"면서 "국제긴급경제권한법(IEEPA)에 따라 국가 비상사태를 선포한다"고 밝혔다. 미 의회도 오르테가 압박에 동참했다. 2018년 12월 13일 '니카라과 투자 및 조건부 융자법(NICA)'을 만장일치로 통과시킨 것이다. NICA에 따라 트럼프는 니카라과에 제재를 부과하고, 국제 금융기관이 니카라과와 거래하는 것을 막을 수 있게 되었다.

미국의 독립 온라인 매체 〈더 그레이존〉은 트럼프의 행정명령이 버락 오바마 대통령이 2015년에 베네수엘라가 국가안보에 위협이 된다는 이유로 발동한 행정명령과 비슷하다고 지적했다. 실제로 미 대통령의 행정명령은 경제 제재 부과를 정당화하기 위한 수단이었다. '미국의 소리(VOA)' 방송은 트럼프의 행정명령 연장이 더 많은 경제 공격을 수반할 것이라고 보도했다. 카를로스 트루히요 미주기구(OAS) 주재 미국대사는 이 방송에서 "니카라과에 대한 압박이 계속될 것"이라며 트럼프가 몇 주 안에 새로운 경제 제재를 발표할 것이라고 말했다.

이 같은 니카라과에 대한 일련의 경제 제재는 미국이 정권 교체를 시도할 때 가장 먼저 취하는 조치이다. 미국의 정권 교체 작업은 대개 '경제 제재 → 반정부 시위 지도자 독재자로 낙인찍기 → 꼭두각시 내세우기 → 가짜뉴스 퍼뜨리기 → 쿠데타 시도 → 정권 교체'의 순서로 진행된다. 2019년 볼리비아의 모랄레스 대통령 축출 당시 '반정부 세력 조직화 → 선거 전 불안 조성 및 가짜뉴스 퍼뜨리기→ 선거 개입 후 부정선거 논란 제기→ 독재자 축출 → 우익정권 수립'이라는 '쿠데

타 교본'을 따랐다는 평가를 받기도 했다.[36]

　미국의 경제 제재로 니카라과 국민의 삶이 송두리째 흔들렸다. 세계은행에 따르면 2018년 경제 제재 이전까지만 해도 니카라과의 경제 성장률은 연평균 약 5%였다.(2010~2017) 외국 투자도 몰려들었다. 그러나 2018년 마이너스 3.8%를 기록했고 2019년 전망치는 마이너스 5%대였다. 추가 경제 제재가 있을 경우 니카라과 경제는 더 악화되어 사회가 심각한 대혼란에 빠져들 것이라고 했다. 이것이 미국이 경제 제재로 노리는 효과이다. 니카라과에 대한 미국의 다각적인 압박은 2018년 4월 중순 시작된 혼란 상황을 반영한 것이다. 1년 8개월이 지난 2019년 12월 니카라과의 상황이 어떠했기에 미국은 니카라과를 여전히 국가안보와 대외 정책의 위협으로 인식했을까? 미국의 압박 목적이 무엇인지를 살펴보려면 니카라과의 상황을 반추해 볼 필요가 있다.

　2018년 니카라과를 뒤흔든 반정부 시위는 오르테가의 사회보장제도 개혁안이 발단이었다. 오르테가가 재정 부실을 막기 위한 고육책으로 소득세 증액과 연금 삭감 등을 담은 개혁안을 내놓자 4월 18일 수도 마나과의 대학생들이 이에 반발해 시위를 시작했다. 사태는 유혈 사태로 번졌다. 오르테가는 결국 사회보장제도 개혁 방침을 철회했다. 하지만 반정부 세력이 시민들의 분노를 이용해 오르테가 정부 타도로 국면을 전환시키면서 친정부 및 반정부 세력 간의 운명을 건 싸움이 되었다.

36　조찬제, 「모랄레스 축출 쿠데타 뒤에 미국이 있다」, 『주간경향』(2019.12.2).

오르테가는 좌익단체 산디니스타 민족해방전선(FSLN) 지도자로, 1979년 친미 소모사 정권을 무너뜨렸다. 미국은 우익 비올레타 차모로를 앞세워 1990~1997년 정권을 찾았지만 다시 산디니스타에 정권이 넘어갔다. 산디니스타 집권 이후 미국은 이를 무너뜨리기 위해 부단히 노력해 왔다. 1980년 중반 레이건 행정부 시절 니카라과 우익 반군 콘트라를 지원하기 위해 적성국 이란에 비밀리에 무기를 판 스캔들인 '이란-콘트라 사건'이 대표적이다. 그만큼 니카라과는 과거나 현재나 미국에게 반미정권 타도의 시범 케이스였으며, 그 핵심이 미국과 대립각을 세우는 오르테가였다.

2018년에 미국이 지원한 오르테가 타도 시도는 실패했다. 대신 미국은 다음 목표로 베네수엘라를 잡았으나 2019년 봄에 이마저도 실패했다. 다시 미국은 에보 모랄레스 볼리비아 대통령 축출을 목표로 잡았고, 결국 성공했다.[37]

니카라과 사태는 2018년 7월 중순부터 잦아들었지만 반정부 시위는 계속 이어졌다. 미국은 2018년 니카라과 반정부 시위 때 반정부 매체와 단체에 막대한 자금을 지원했다. 대표적인 지원 기구가 '민주주의를 위한 국가원조기금(NED)'과 '국제개발처(USAID)'이다. NED는 해외 민주주의 증진을 위해 만든 소프트파워 기구로, 미 의회를 통해 예산을 지원받는다. USAID는 국무부 산하 대외 원조기관이다. 〈더 그레이존〉에 따르면 NED는 2014년 이후 니카라과 반정부 매체와 단체 54개에 410만 달러를 지원했다. 목적은 '니카라과 좌파정부 타도

---

[37] 조찬제(2019), 위의 글.

를 위한 준비 작업'이었다. USAID도 같은 목적으로 2014~2017년 니카라과 반정부 세력에게 500만 달러를 지원했다. 마크 그린 USAID 처장은 지난해 11월 말 니카라과에 400만 달러 투입을 선언했다.

니카라과는 1983년 설립된 NED가 처음으로 개입한 나라다. NED의 첫 번째 성공 사례가 반산디니스타 매체 『라 프렌사』에 대한 지원이었다. 『라 프렌사』는 니카라과 첫 여성 대통령으로 1990년 4월 25일부터 1997년 1월 10일까지 집권한 비올레타 차모로의 남편이 편집장을 지낸 매체였다. NED는 반미정권 교체에 성공하자 니카라과에 무려 1600만 달러를 지원했다. 미 포트루이스대의 벤저민 웨들 교수는 지난해 5월 라틴아메리카 뉴스 사이트인 〈글로벌 아메리칸스〉 기고에서 "미국의 지원이 니카라과 봉기를 키우는 역할을 하도록 도왔다"면서 "니카라과의 시민사회단체를 육성하는 NED의 개입은 21세기 정치적 결과물에 영향을 미치기 위한 초국가적인 지원의 힘을 알려 준다"고 썼다.

미국의 우익 옹호단체 '프리덤하우스'는 니카라과 반정부 시위가 한창이던 2018년 6월 초 이를 주도한 대학생 지도자들을 워싱턴에 초대해 극우 공화당 정치인들인 테드 크루즈, 마르코 루비오 상원의원, 일리나 로스-레티넨 하원의원과의 만남을 주선했다. 학생 지도자들은 국무부 고위 관계자와 USAID 관계자들도 만났다. 두 달 뒤인 8월 중순에는 한 학생 지도자가 극우 군국주의 친이스라엘 싱크탱크인 허드슨연구소를 방문했다. 학생 지도자들이 잇따라 미국을 방문한 이유는 말할 것도 없이 오르테가 정부 타도를 위한 미국의 지지를 이끌어내기 위해서였다.

'콘도르 작전'은 냉전 시절 미국이 중남미 좌파국가 타도를 위해 펼친 악명 높은 공작정치의 암호명이다. 당시 공작정치는 미 중앙정보국(CIA)이 주도했다. 시대가 바뀌면서 그 역할을 NED와 USAID가 떠안았다. 모랄레스 축출 쿠데타 성공으로 21세기 트럼프판 '콘도르 작전'의 검은 그림자가 니카라과에 다시 드리워졌다.[38] 중남미 국가는 미국의 직접적 이해가 걸린 지역이므로 적극적으로 개입한 경우이다.

5. 온두라스 쿠데타 개입 의혹

1910년 미국은 자국의 경제이익에 손실을 입혀 온 온두라스의 정권을 축출하고 미국의 정책 지침을 충실히 따르는 마누엘 보니야(Manuel Bonilla)의 집권을 돕기 위하여 리 크리스마스(Lee Christmas)가 주도하는 용병 반란군을 지원했다. 보니야 옹립 정책에는 역내에서 바나나 교역 등으로 부를 쌓고 훗날 미국의 '유나이티드 프루트 컴퍼니' 사장을 역임하게 되는 미국의 기업인 새뮤얼 제머레이(Samuel Zemurray)가 결정적인 역할을 했다. 미국 정부는 제머레이를 통해 반란에 필요한 무기와 자금 등을 지원했다. 미국은 1911년 베르트랑(Francisco Bertrand) 임시정부를 수립하고 이듬해 친미 보니야 정부

38　조찬제, 「'모랄레스 제거' 미국, 다음 목표는 오르테가 니카라과 대통령」, 〈경향신문〉(2019. 12.7).

를 옹립했다.[39]

20세기 초 미국이 자국의 상업이익을 수호·증진하기 위해 군사력을 동원하여 공공연한 방법으로 타국의 정권 교체를 추진할 수 있었던 배경에는 제국주의와 식민주의 시대 약육강식의 국제관계 논리가 작용하고 있었다. 이 시기에 미국의 정책 결정권자들은 타국의 정권 교체 정책에 대한 국내외의 동의를 쉽게 구할 수 있었던 것으로 판단된다.[40] 그러나 20세기 후반 냉전기에 들어와서 공개적인 방법을 동원한 정권 교체는 미국의 반대 진영 즉 공산권의 반격이 우려되는 상황을 조성했고, 직접적인 군사력 사용보다 비밀공작이 인적·경제적 비용 절감의 효과를 거둘 수 있었다. 여기에다가 미국의 침략에 대한 국제사회의 부정적 여론도 무시할 수 없었다. 따라서 미국은 대개 비밀작전을 추구할 수밖에 없었다.[41]

2009년 6월 28일 새벽 발생한 중미 온두라스의 군부 쿠데타[42]에 미

---

39 Lester Langley and Thomas Schnoover, *The Banana Men*: *American Mercenaries and Entrepreneurs in Central America* (Lexington: University Press of Kentucky, 1995); 김재천, 「미국의 정권교체(Regime Change) 정책 사례연구: 유형별 분석」, 『신아세아』 16-3(2009), 179쪽.

40 김재천(2009), 앞의 글, 179쪽.

41 김재천(2009), 앞의 글, 180~182쪽.

42 대법원과 의회의 반대에도 불구하고 장기집권을 위한 개헌을 추구하던 마누엘 셀라야(Manuel Zelaya) 대통령이 국민투표 시작 몇 시간 전에 군부에 의해 추방당하고 로베르토 미첼리티가 권한대행을 맡아 11월 대통령 선거 실시를 추진했다. 셀라야 전 대통령은 미국이 쿠데타 후 수립된 로베르토 미첼리티 임시정부를 지지하는 것을 비난하면서 쿠데타의 배후로 미국을 지목했다. 그러나 2011년 5월 회견에서는 미국을 쿠데타 음모의 주도국으로 지칭하지는 않았다. 양정우, 「셀라야 "나 쫓아낸 쿠데타는 국제적 음모"」, 〈연합뉴스〉(2011.5.31). 한편 2009년 온두라스에서 발생한 쿠데타를 정부 차원에서 조사해 온 온두라스 진실·화해위원회는 당시 쿠데타를 불법으로 결론 내리고 권좌에서 쫓겨난 마누엘 셀라야 전 대통령이 쿠데타의 희생양이었다는 점을 2011년 7월 7일 정부와 미주기구(OAS)에 낸 보고서를 통해 주장했다. 셀라야는 2009년 쿠데타로 추방

국 남부군이 개입했다는 의혹이 제기되었다. 2009년 7월에 에보 모랄레스 볼리비아 대통령이 온두라스 쿠데타에 미국이 개입했다는 의혹을 제기한 것이다. 우루과이를 방문 중이던 모랄레스 대통령은 기자회견에서 온두라스에서 발생한 쿠데타에 중남미와 카리브 지역을 관할하는 미국의 남부군 사령부가 개입한 것으로 의심된다고 주장했다. 그는 미국 남부군 사령부의 개입 가능성을 언급한 문건이 존재한다고 지적하면서 오바마 미국 대통령은 이에 대해 잘 모르는 것 같다고 말했다. 오바마가 쿠데타를 불법으로 규정했기 때문이다.(오바마는 대화를 통한 사태 해결을 강조했으며 6월 29일에는 "쿠데타는 불법이며 끔찍한 전례가 될 것"이라고 말했다.[43] 국무부도 "셀라야 대통령을 온두라스의 유일하고 합법적인 대통령으로 인정하고 있다"고 밝혔다.[44])

이렇듯 미국과 중남미 관계의 참신한 새 출발을 약속한 오바마 정부는 온두라스가 쿠데타로 마누엘 셀라야 대통령을 축출한 것을 강력 비난한 중남미 다수 국가들에 동참했다. 그러나 미국은 2009년 7월 중순 온두라스의 폭력사태 격화 방지를 위해 셀라야 대통령이 일방적으로 귀국하는 것에 대해서도 반대했다.[45] 좌익적인 셀라야 대통

되기는 했지만 합법적인 승계 절차에 따라 대통령직에서 물러난 것은 아니라며 그가 군에 의해 강제로 쫓겨났다는 점을 강조했다고 AP통신이 전했다. 에두아르도 스테인 위원장은 "셀라야에 반대해 이뤄진 절차는 행정부에 반하는 쿠데타였다"며 당시 군의 행동이 불법이었음을 지적했다. 양정우, 「셀라야 前온두라스 대통령은 쿠데타 희생양」, 〈연합뉴스〉(2011.7.8).

43 이기홍, 「중남미 좌파 지도자들 "쿠데타 악몽 재연되나…"」, 『동아일보』 2009년 7월 1일, A18면.
44 이기홍, 「온두라스 군부 쿠데타… 오바마, 중남미정책 딜레마」, 『동아일보』 2009년 6월 30일, A19면.
45 MARIO LOPEZ, 「美 온두라스 쿠데타비난 셀라야대통령일방적귀국도 반대」, 〈EPA-연합뉴스〉(2009.7.14).

령을 탐탁지 않게 생각하는 애매한 입장이었다고 할 수 있다. 모랄레스는 이런 정황을 볼 때 미국 정부 내에 제국주의적 구조가 여전히 살아 있으며 2008년 볼리비아[46]에서 일어났던 민간 쿠데타 시도가 지금 온두라스에서 발생하고 있는 것이라고 지적했다.[47]

마누엘 셀라야 전 대통령은 2010년 6월 28일 국민에게 보낸 이메일에서 당시 쿠데타가 미국의 계획하에 벌어졌다며 강하게 비판했다. 범죄를 계획한 이들은 미국의 오래된 매파 세력과 그 파트너인 온두라스 자본가들이라고 셀라야가 비난했다고 EFE통신이 전했다. 그는 자신의 집권 연장 시도가 미국 매파 등을 미치게 만들었다며 2006년 미국 석유회사에 영향을 끼쳤던 여러 법안과 온두라스 내 팔메롤라 미군 기지를 민간 공항으로 바꾸려 했던 계획이 결국 쿠데타라는 결과를 낳았다고 지적했다. 그는 또 쿠데타로 추방된 이들이 미국 개입의 희생자라는 사실이 분명해졌다면서 포르피리오 로보 소사(Porfirio Lobo Sosa) 대통령이 미국의 이익 앞에 굴복했다고 비판했다. 미국은 온두라스에서 쿠데타가 발생하자 처음에는 비난의 목소리를 냈지만 2009년 11월 로보 대통령이 합법적인 선거로 당선됐고 화해정부를 구성해 쿠데타 진상 조사 노력을 보이고 있다며 당초 입장을 바꿔 로보 정부에 지지를 보냈다.[48]

2009년 7월 10일 『파이낸셜타임스』는 버락 오바마 미국 대통령이

---

[46] 그보다 전인 1971년 미국 CIA는 볼리비아의 후안 토레스 정권을 전복시키고 수아레스 집권을 지원했었다.
[47] 「온두라스 쿠데타 미 개입 의혹」, 〈YTN〉(2009.7.15).
[48] 양정우, 「온두라스 셀라야 "쿠데타는 美작품"」, 〈연합뉴스〉(2010.6.29).

다른 나라 정치에 참견하지 않겠다고 밝힌 것은 미국이 수십 년간 중남미 쿠데타 세력의 배후로 지목돼 온 '과거'를 끊어내겠다는 의지로 풀이된다고 보도했다. 오바마 대통령은 7월 8일 러시아를 방문한 자리에서 "미국은 다른 어떤 나라에 대해 어떠한 정부 시스템도 강요할 수 없고 해서도 안 되며 어느 정당이나 개인이 국가를 운영해야 한다고 감히 선택을 해서도 안 된다"고 말했다. 그는 "미국은 민주적으로 선출된 대통령의 복귀를 지지하고 있지만 셀라야 대통령을 지지하기 때문은 아니며 우리가 동의하든지 안 하든지 상관없이 국민이 그 나라 지도자들을 선택해야 한다는 보편적인 원칙을 존중하기 때문"이라고 덧붙였다.

미국은 1954년 과테말라에서 일어난 군부 쿠데타의 배후로 지목된 것을 시작으로 수십 년간 중남미 국가의 내정에 간섭하려 한다는 의혹을 받아 왔다. 미국은 1980년대 니카라과에서 콘트라 반군이 소련의 지원을 받던 집권 세력에 맞서는 것을 후원했다. 또한 2002년 베네수엘라의 우고 차베스 대통령을 축출하려는 쿠데타 기도의 배후에 미국 CIA가 있다는 의혹을 받고 있다.[49] 오바마 대통령이 우려하고 있는 것이 바로 차베스 대통령의 영향력이었다. 그는 2002년 쿠데타 이후 볼리비아와 에콰도르,[50] 니카라과 같은 국가를 부추겨 중남미 국가에서 반미 목소리를 고조시키는 데 앞장섰기 때문이다. 차베스 대통

---

49 Andy McInerney, 「베네주엘라 CIA쿠데타를 좌절시킨 대중봉기: 신자유주의에 대항하는 노동자 투쟁」, 변정필 역, 『현장에서미래를』 76(2002년 4·5월), 94~101쪽.

50 미 CIA는 1961년 벨라스코 정권을 전복시키고 1963년 아로세마나 정권으로 교체했다.

령이 '민주적 정권의 수호자'라고 자처하지 못하도록 막는 것이 오바마 대통령이 내릴 수 있는 '현명한 선택'이 됐다고 워싱턴 소재 두뇌집단인 '인터 아메리칸 다이얼로그'의 마이클 쉬프터가 지적했다. 그는 미 정부가 중남미 국가들로부터 협력을 얻기 위해 이들 지역에서 민주주의 사안에 대해 신뢰를 회복할 필요가 있다는 점을 인식하기 시작한 것으로 보인다고 분석했다.[51]

2009년 6월 차베스 대통령은 온두라스 "쿠데타 배후에 양키제국이 있다"고 주장했다. 이에 대해 미 행정부 관리들은 "터무니없는 주장"이라고 일축했으며 한 관리는 『뉴욕타임스』에 "지난 수일간 쿠데타를 막기 위해 중재 노력을 했으나 결국 일이 터졌다"고 말했다. 미국이 쿠데타 비난의 톤을 낮추면 쿠데타를 용인했다는 거센 반미 선동의 빌미를 제공할 수 있고, 강력히 비난하면 온두라스 내 보수층의 지지를 받는 쿠데타 세력이 고립돼 좌파 셀라야 대통령의 장기 집권 시도를 되살릴 수도 있는 상황이었다.[52] 미국으로서는 한국의 1961년 5·16 때처럼 내정에 개입할 수는 없다는 원칙론을 내세워 쿠데타를 방관할 수밖에 없었다. 불법적인 쿠데타에 반대한다면서 셀라야의 대책 없는 귀국도 반대하는 등 다른 대안을 제시하지 않는 이중적이며 애매한 태도로 미국은 중남미 좌파세력들에게 미국이 배후에 있거나 최소한 방조하고 있다는 의심을 불러일으켰다.

---

51 「오바마, 중남미 쿠데타와 '절교' 선언」, 〈연합뉴스〉(2009.7.10).
52 이기홍, 「온두라스 군부 쿠데타… 오바마, 중남미정책 딜레마」, 『동아일보』 2009년 6월 30일, A19면.

미국은 온두라스에서 군부의 불법적인 정치 참여를 공개적으로 지지하려 하지 않았지만 미국을 제국주의 국가로 규정하여 반목할 수 있는 좌파의 재집권을 결코 보고 싶지 않았을 것이므로 사태를 관망하면서 우파 정권의 수립을 방조할 가능성이 높았다. 한국에서 반공을 기치로 내걸었던 박정희의 군부와 전두환의 신군부를 인정했던 경우와 유사하다 할 것이다. 좌파적 민주주의 정부를 수립하는 대신 우파 권위주의를 용인했던 것이다. 공산화 가능성이 있는 불안한 민주주의보다는 안정을 기할 수 있는 독재정권을 선호했던 것이다. 실제로 온두라스에서는 쿠데타를 옹호하는 반셀라야 우파 시위대가 등장했다. 이들은 '자유롭고 발전된 나라에서 살고 싶다'는 구호를 내걸었다.[53]

셀라야는 축출된 지 3개월 만인 2009년 9월 21일 온두라스에 잠입하는 데 성공했다. 셀라야는 니카라과 국경을 넘어 온두라스 수도 테구시갈파의 브라질대사관으로 들어가 신변 보호를 요청했다. 힐러리 클린턴 미 국무장관은 21일 "셀라야가 입국한 만큼 그를 복귀시키고 예정된 선거를 치러 온두라스를 헌법적이고 민주적인 질서로 평화롭게 되돌릴 때가 됐다"고 말했다. 세우수 아모링 브라질 외무장관도 "셀라야와 우리 대사관에 무슨 일이 벌어진다면 국제법 위반이다."라고 경고했다. 오스카르 아리아스 코스타리카 대통령도 대화를 중재하기 위해 온두라스에 입국할 수 있다고 밝혔다. 그러나 미첼레티 임시 대통령은 22일 "외국의 간섭에 굴복하지 않겠다"며 셀라야의 대

---

53   전승훈, 「21세기엔 '피플 파워≠민주화 시위'」, 『동아일보』 2009년 7월 15일, A18면.

통령직 복귀를 결코 받아들이지 않겠다는 자세여서 극적인 돌파구가 마련될지는 미지수였다.[54]

그러나 11월 29일 치러진 대통령 선거에서 포르피리오 로보가 당선되었다. 선거에서 승리한 로보 대통령은 20110년 1월 셀라야의 니카라과 망명을 허용했다. 미주기구(Organization of American States, OAS)는 브라질 등이 주동이 되어 온두라스의 회원 자격을 박탈하면서 셀라야의 귀환과 신변 보장을 온두라스의 회원국 복귀 조건으로 내걸었다. 결국 온두라스 법원이 셀라야의 부정부패 혐의에 무죄를 선고해 그는 2011년 5월 28일 온두라스로 돌아왔으므로 사태는 평화적으로 수습되었으며 온두라스의 미주기구 회원 자격도 회복되었다.

6. 노골적인 그레나다 침공

카리브해의 작은 나라 그레나다는 1974년 2월 7일 영연방의 일원으로 독립했다. 독립운동을 주도한 에릭 M. 게어리(Eric M. Gairy)는 1979년까지 총리를 지냈다. 1979년 모리스 비숍(Maurice Bishop)이 이끄는 반란군은 쿠데타를 일으켜 게어리 정권을 무너뜨리고 인민혁명정부(PRG)를 수립했다. 이후 비숍 수상의 온건 좌익 노선에 불만을 품은 극좌 세력이 유혈 쿠데타를 단행했다. 1983년 10월 13일부터

---

54 김순배, 「쿠데타 축출 셀라야 '영화같은 귀국'」, 〈한겨레〉(2009.9.23).

8일간 쿠바의 조종을 받은 허드슨 오스틴(Hudson Austin) 장군이 내부 쿠데타를 주도해 장관들을 포함한 60여 명을 처형하고 극좌 노선의 군사평의회를 설치한 후 정권을 장악했다.

미국은 자메이카 등 친미적인 카리브 6개국의 요청에 따라 그들 국가와 공동으로 그레나다 정부의 내전에서 미국 시민의 안전 확보, 민주주의 및 법질서 수호를 명목으로 그레나다를 침공했다. 실제로는 미국이 그레나다의 공산화를 막기 위해 카리브해의 친미 국가를 동원한 사건이었다. 1979년 집권에 성공한 이래 자주적 민족주의 노선으로 미국의 이해를 위협한 그레나다 인민혁명정부(PRG)와 혁명 과정을 일거에 전복하기 위한 무력 침략이었던 것이다. 자주적 민족주의 노선을 지향하는 그레나다 혁명 지도부의 급진 진영과 온건 진영 간의 갈등 과정에서 온건 진영의 비숍 총리를 비롯한 장군 4명이 사형당한 일을 기화로 삼은 것이다.

국민 생활 안정과 자주적 민족국가 건설을 내세운 그레나다의 혁명 과정은 주위의 카리브해 국가들에도 영향을 끼치면서 이 지역에 대한 미국의 정치·경제적 지배에 위협이 되었다. 미국으로서는 이 지역을 잃을 경우 석유를 비롯한 전략물자의 해상운송로에 대한 위협도 우려되는 상황이었다. 따라서 미국은 약소국가에 대한 강대국의 침략 행위라는 전 세계의 거센 비난을 감수하더라도 적은 수의 군사력 동원만으로 큰 희생 없이 막대한 자국의 이익을 지킬 수 있는 길을 선택했던 것이다.

1983년 10월 25일 침공 즉시 섬을 점령한 미군은 급진파 지도자 오스틴과 인민혁명정부의 요원들을 체포하고 쿠바의 노동자와 군인들을 송환하는 등 내정간섭 조치를 단행했다. 예상대로 그날 바로 유엔 안전보장이사회가 소집되었고, 28일까지 진행된 회의 결과 찬성 11, 반대 1, 기권 3으로 채택된 '무력간섭의 즉각 중단과 외국군의 즉시 철수' 요구안이 통과되었으나 미국의 거부권 발동으로 무시되었다.

1984년 2월 1일 임시정부가 수립되고, 1984년 12월 민선 총선에서 보수 성향인 신국민당(NNP, New National Party)의 허버트 블레이즈(Herbert Blaize)가 승리했다.(총 15석 중 14석 획득) 과도기 임시정부가 안정되자, 미군은 1985년 6월 침공 후 약 20개월 만에 철수했다. 그레나다는 영연방의 일원이었지만 침공 이후 미국은 그레나다의 군대를 해산시켰고 방위는 미국이 책임졌다. 미국 고문단에게 훈련받은 준군대 조직이 국방 업무를 담당했으며, 약 600명의 경찰대가 국내 치안을 유지했다.[55]

정책 노선 이견과 당내 주도권 장악을 위한 정쟁 등으로 내각을 어렵게 이끌어 오던 허버트 블레이즈가 1989년에 사망하면서 당시 부총리 겸 외무장관이던 벤 존스(Ben Jones)가 총리직을 승계하는 등 전반적인 정세는 불안정했다. 1990년 3월 총선에서는 모든 정당이 과반수 의석 확보에 실패했다. 그러나 최대 의석을 확보한 중도좌익 성향의 국민민주의회당이 민주사회주의를 표방한 그레나다통일노동당 소속 의원을 영입해 과반수를 확보하면서 니콜라스 브레스웨이트(Nicholas Brathwaith)가 총리로 임명되었다. 니콜라스 브레스웨이트는 정권을 안정적으로 이끌었으나 1995년 2월 고령을 이유로 총리직

---

[55] 「그레나다침공」, 〈네이버 지식백과 – 두산백과〉(검색일: 2021.5.3).

을 사임했다. 조지 브리잔(George Brizan) 당수가 총리직을 승계했으나 당 지도력 약화, 경제발전 부진, 과다한 실업 문제 등으로 1995년 6월 총선에서 패배한 후 정권을 신국민당에게 넘겨주었다. 키스 미첼 (Keith Mitchell) 총리가 이끈 신국민당은 1999년 1월 총선에서도 그레나다 선거 사상 최초로 15석 전부를 석권하며 재집권했다. 이후 70%에 가까운 국민 지지를 바탕으로 과감한 국정 운영을 이끌었다.

2003년 11월 총선에서도 신국민당은 집권에 성공했으나 경기 후퇴 등으로 총 15중 8석을 차지한 반면, 야당인 국민민주의회당은 7석을 차지하며 여야 균형을 이루었다. 2008년 7월 선거에서는 중도좌익 국민민주의회당이 집권당이 되었고, 틸먼 토머스(Tillman Thomas)가 총리가 되었다.[56] 그러나 국민민주의회당 정권은 단명하고 2013년 키스 미첼이 이끄는 신국민당이 정권을 다시 되찾아 2021년 현재까지도 총리직에 있다.[57]

결과적으로는 미국의 침략이 성공을 거두어 극좌파의 정권 장악을 막고 보수 성향의 정부가 집권하도록 후원했다고 할 수 있다. 그레나다 국민들은 중도좌익인 국민민주의회당을 지지하기도 했다. 국민 여론을 의식해야 하는 미국은 그 정도까지는 용인했고 다만 극좌파 정권의 출범만은 방지하기 위해 노력했다. 전반적으로 보수와 중도 좌익 사이의 선거에 의한 정권 교체가 수차례 이루어져 민주주의가

---

56 「그레나다의 역사」, 〈네이버 지식백과-두산백과〉(검색일: 2021.5.3).
57 "Biography: DR. THE RT. HONOURABLE KEITH CLAUDIUS MITCHELL," Government of Gremada, https://gov.gd/biography-keith-claudius-mitchell (검색일: 2021.5.3).

어느 정도 공고화된 상황이라고 할 것이다.

7. 미국의 쿠데타 개입과 이란혁명

1) 1953년 미국 CIA의 모자데크 정권 교체 공작

2009년 6월 4일 이집트 카이로대학 연설에서 버락 오바마 미국 대통령은 1953년 이란에서 일어난 군부 쿠데타에 미국이 개입했다고 시인하면서 1979년 이래 적대 관계에 있던 이란과의 화해를 모색했다. 오바마 대통령은 "냉전 시대에 미국은 민주적으로 선출된 이란 정부를 전복시키는 데 일정한 역할을 했다"고 말했다. 1953년 이란에서 발생한 군부 쿠데타에 미국이 개입했다는 의혹은 공공연한 사실이었지만 미국 대통령이 공식적으로 시인한 것은 처음이라고 AFP통신은 전했다.

마무드 아마디네자드 이란 대통령은 오바마의 화해 제안에 "미국은 먼저 1953년 쿠데타 개입 사실을 시인하고 이란에 사과해야 한다"고 주장했다. 오바마의 이날 발언은 사과까지는 아니었지만 쿠데타 개입을 시인함으로써 양국 관계 개선에 대한 의지를 표명한 것으로 여겨졌다. 오바마는 "우리나라는 과거에 얽매이기보다는 앞으로 나갈 준비가 되어 있다는 점을 이란의 지도자와 국민들에게 분명히 밝혀 왔다"며 "중요한 것은 이란이 무엇을 반대하느냐가 아니라 이란이

어떤 미래를 건설하고 싶어 하느냐의 문제"라고 강조했다.[58]

1953년 이란에서는 무슨 일이 있었으며, 오바마는 왜 이란에 화해의 손짓을 보였을까? 산유국 이란을 둘러싸고 영국과 러시아, 미국이 각축을 벌였던 역사적 배경을 먼저 살펴보아야 이란의 현재 정치·경제·사회적 상황을 이해할 수 있을 것이다.

1907년 영국과 러시아는 세력 협상선을 설정해 페르시아(지금의 이란)의 일부를 분할했는데, 러시아는 테헤란을 포함한 북부를, 영국은 영국령 인도제국 서쪽을 확보해 페르시아의 일부가 양국의 보호 지대로 분할되었다. 1914~1918년 제1차 세계대전 중에 페르시아는 중립을 선포했으나 석유자원을 차지하려는 양 세력의 목표물이 되어 이 지역은 전쟁터로 변했으며, 1919년 러시아의 공산주의 혁명으로부터 보호한다는 명목하에 영국의 보호령이 되었다.

1935년에는 국호를 페르시아에서 이란으로 변경하고 독립을 달성했으며, 1939년 제2차 세계대전이 일어나자마자 중립을 선포했다. 그러나 연합국은 영국에서 소련으로 군수물자를 수송하기 위해 이란의 횡단철도를 이용하려 했다. 이란의 국왕 레자 샤 팔라비가 독일 편에 서서 협력을 거부하자 영국과 소련은 1941년 이란을 침공해 레자 샤 팔라비에게 왕위를 포기하도록 강요했다. 결국 그의 아들인 모하마드 레자 샤 팔라비(팔라비 2세)가 왕위에 올랐다.

1942년 팔라비 2세는 전쟁이 끝날 때까지 이란 내에 영국과 소련의 군대를 주둔시키고 철도 이용을 허용하는 조약을 체결했다. 외국 군

---

58 「오바마, 이란 쿠데타 美 개입 시인」, 〈연합뉴스〉(2009.6.5).

대는 종전 후 6개월 내에 철수한다는 조항도 삽입했다. 이란은 전쟁 기간 동안 분할 점령되었고 테헤란 회담의 장소를 제공하기도 했다. 미국도 3만 명의 비전투부대를 주둔시켰다. 1944년에 이미 영국과 미국은 이란에 압력을 가해 석유 시추권을 얻어냈으며 소련도 그 권리를 요구했다.

전쟁이 끝나고 소련의 이권 확보가 결말이 나지 않은 상태에서 소련은 영국과 미국이 소련의 세력권을 부인하고 있다면서 이란 북부 반군을 지원하기 시작했다. 아제르바이잔 인민공화국과 마하바드 쿠르드공화국을 후원해 내란을 선동했던 것이다. 1945년 9월부터 미군과 영국군이 철수한 상태에서 소련군이 철수하지 않고 야욕을 노골적으로 표출하자 미국은 1946년 초 소련이 이란 내정에 간섭하고 있다고 유엔에 문제를 제기했다. 철군 시한인 1946년 3월 2일까지 소련군의 주둔이 이어지고, 남쪽으로 세력 확장에 나서기까지 하면서 이란 위기가 시작되었다. 그러나 1946년 3월 25일 소련이 6주 내로 철군할 것이라고 발표하면서 외교적 대결은 피할 수 있었으며, 이란 정부로부터 석유 시추권을 제공하겠다는 협정을 받아낸 소련은 4월에 철수했다.

그런데 소련의 철군과 거의 동시에 이란 정부는 미국의 지원과 권고에 따라 소련에 제공하기로 했던 석유 시추권을 취소했다. 또한 북부 이란의 반란을 무력 진압했다. 소련 정부는 격분했으나 갈등이 격화될 것을 우려해 이란에 군대를 진격시키지는 않았다. 전쟁 중에는 분할 점령되었으나 그 기한을 명기한 협정 덕분에 영국군이 철수하고 미국의 압력으로 소련군도 철수했으며, 미국과의 대결을 우려한 소련이 재진격하지 않아 이란은 분할 점령 상태를 끝낼 수 있었다. 1946년 이란 위기는 제2차 세계대전 종전 이후 최초로 표출된 미소 대결로, 냉전의 출발을 알리는 신호탄이 되었다. 당시 소련이 철수하는 등 수세적으로 나왔으므로 냉전이 아직 시작되지 않은 것처럼 보였지만, 당시 소련이 철군한 것은 미국의 핵위협 때문이라는 평가도 있으며,[59] 이미 냉전이 시작되었다고 할 수 있다.

1920년대 이후 서구식 근대화를 추구했던 이란과 중동 원유 확보의 교두보가 필요했던 미국은 우호 관계를 유지해 왔으나 1950년대 들어서면서 양국 관계에 균열이 생기기 시작했다. 제2차 세계대전 이후 전 세계적으로 분출된 민족주의 감정이 그 배경이었다. 이란의 대미 적대감은 1950년대부터 배태되었고, 1950년대 초 반외세 민족주의를 내세운 모하마드 모사데크(Mosaddeq) 박사가 국민적 인기를 모았다.

1950년대 초반 서구 진영의 리더 격이라 할 수 있는 영국과 미국이 이란의 내정에 적극 개입하여 반정을 주도했던 배후에는 이란의 석유 이익을 둘러싼 서구 세력과 이란 민족주의 세력의 갈등이 주요한 원인으로 작용하고 있었다. 이란은 2차 대전 이후 독립을 쟁취했지만, 영국 정부와 영국이 이란에서 소유·운영하고 있던 석유회사 '앵글로-이란석유회사(AIOC)'는 전후에도 이란의 정치·경제에 막강한 영향력을 행사하고 있었다. 모사데크가 이끄는 민족주의 세력(국민전선)은 석유산업에 대한 영국의 통제권을 없앨 것을 요구했다. 식민주

---

59 박인규, 「세계 최대의 핵위협 국가, 미국」, 〈프레시안〉(2016.1.16).

의자들이 세운 석유산업 설비의 국유화를 최초로 주장했던 것이다. 1951년 4월 29일 합법적인 의회 선거에 의해 모사데크가 총리로 선출되었고, 5월 1일 석유산업의 국유화 정책에 대한 법안을 승인했으며, 영국 소유 AIOC의 국유화를 시작했다.

이에 영국은 자국의 석유 이익을 지키기 위해 이란을 상대로 전면적 경제봉쇄정책을 내리는 등 강공책을 구사했다. 이란이 1951년 9월 AIOC에서 근무하고 있던 영국인들을 추방하자 영국은 아바단의 유조지를 무력으로 침공하는 계획을 수립했다. 그러나 국제 여론의 비난, 막대한 재정 소요, 인명 손실 등 무력 사용에 수반되는 부정적인 요인들로 인해 영국은 무력 침공안을 포기했다. 대신 1953년 미국의 아이젠하워 행정부를 설득하여 CIA의 비밀공작으로 모사데크 정부를 전복시키고 친미적인 모하마드 레자 샤 팔라비 국왕을 실질적인 정권 책임자로 옹립하려 했다.[60] 1953년 영국이 이란산 석유 불매운동을 벌이자 팔라비 국왕은 이란 최초의 민주선거를 통해 옹립된 모사데크 총리를 제거하려 했던 것이다.

모사데크와 그 추종자들은 좌파 계열인 투데당(Tudeh Party)과 연합해 팔라비 국왕을 추방하고 권력을 장악했다. 그러자 미국의 아이젠하워 행정부는 이란에서 소련의 영향력이 확대되는 것을 방지하기 위해 직접 개입했다. 1953년 미 CIA의 지원(아작스 작전)을 받은 자헤

---

60 다음의 영국 정부 문서에 정황이 나와 있다. CAB 129/46/CP (51) 212, H. Morrison, Persia: Memorandum by the Secretary of State for Foreign Affairs, July 20, 1951 ; CAB 128/20. Cabinet Minutes 60 (51), September 27, 1951 ; 김재천, 「미국의 정권교체(Regime Change) 정책 사례연구: 유형별 분석」, 『신아세아』 16-3(2009), 181쪽.

디 장군의 군부 쿠데타가 일어나 모사데크 민족주의 정부는 전복되었다.[61] 모사데크 총리는 반역 혐의로 체포되고 팔라비 국왕이 미국의 도움으로 권좌로 돌아왔다. 미 CIA가 각본을 짠 군부 쿠데타로 인해 이란에서는 보수적 민족주의 정부가 몰락하고 왕정이 복귀했으며 미국은 이란을 통제하던 영국을 배제할 수 있었다.[62]

2013년 8월 19일 미 CIA와 영국 문서가 공개되었고,[63] 1953년 쿠데타에 관련된 CIA 문서는 2000년과 2011년, 2017년 말에 공개되었지만 부분 공개에 그쳤다.[64] 한편 영국의 정보기관 MI6도 이 쿠데타에 개입했다는 사실이 2020년 8월 19일 인터넷에 공개된 다큐멘터리 영화 「COUP 53」(2019)에서 폭로되었다.[65]

---

61 Jaechun Kim, "The First American Secret War: Assessing the Origins and Consequences of Operation AJAX in Iran," *International Area Review* 9 (2006), pp. 195~216.

62 촘스키 교수는 이란을 통제하던 영국을 미국이 의도적으로 배제하면서 들어왔다고 평가했다. 노암 촘스키, 송은경 역, 『중동에 평화는 없다: 미국의 對테러정책에 대한 촘스키 보고서』 (북폴리오, 2005).

63 Malcolm Byrne, ed., "CIA Confirms Role in 1953 Iran Coup: Documents Provide New Details on Mosaddeq Overthrow and Its Aftermath, National Security Archive Calls for Release of Remaining Classified Record," *National Security Archive Electronic Briefing Book* No. 435, August 19, 2013, http://www2.gwu.edu/~nsarchiv/NSAEBB/NSAEBB435/ (검색일: 2013.8.20).

64 Danielle Siegel and Malcolm Byrne, "CIA declassifies more of "Zendebad, Shah!" - internal study of 1953 Iran coup," *National Security Archive Electronic Briefing Book* No. 618, Feb 12, 2018, https://nsarchive.gwu.edu/briefing-book/iran/2018-02-12/cia-declassifies-more-zendebad-shah-internal-study-1953-iran-coup (검색일: 2018.2.13).

65 Malcolm Byrne, "COUP 53: New Documentary on Overthrow of Iran's Mosaddeq," *National Security Archive Briefing Book* #717, Published: Aug 17, 2020, https://nsarchive.gwu.edu/briefing-book/iran/2020-08-16/new-film-iran-1953-coup-tells-story-through-documents?eType=EmailBlastContent&eId=96913b93-c938-4c6b-b37a-53029e2fb2cd (검색일: 2020.8.17).

식민주의자들이 세운 석유산업 설비의 국유화를 주장했던 모사데크 박사가 이끄는 정권은 최초의 민족주의 정부였다.[66] 모사데크 정부를 교체하기로 결정한 배후에는 영국과 미국의 상업이익(석유 이익)이 작용하고 있었다. 국무장관 덜레스(John Foster Dulles)와 CIA국장 덜레스(Allen Dulles) 등 아이젠하워의 외교 정책을 담당했던 정책 엘리트들은 이란의 석유자원 확보에 지대한 관심을 가지고 있었다. 냉전 시기 미국의 안보이익 역시 아이젠하워의 결정에 영향을 끼쳤던 것으로 보인다. AIOC의 국유화를 둘러싼 영국과 이란의 갈등이 지속되자 이란의 정황이 불안정해졌고, 미국은 이란 내 소련 공산주의 세력이 발호할 수 있다고 판단했다. 존 포스터 덜레스는 훗날 인터뷰에서 자신들의 결정은 석유이익의 보호보다는 안보이익의 수호 차원에서 내려졌다고 증언했다.

그러나 덜레스 형제는 아이젠하워 행정부의 중책을 맡기 전 AIOC의 법률사무소 소속 변호사로 근무한 경력이 있다. 당시 CIA 비밀공작을 주도한 커밋 루스벨트(Kermit Roosevelt)는 모사데크 정부 전복 이후 이란에 진출한 미국의 석유회사 걸프석유(Gulf Oil)의 부사장으로 영입되었다. 모사데크 정부 전복 이후 그동안 영국이 독점해 왔던 이란의 석유 개발권의 40% 이상을 미국 회사가 차지하게 되었다는 점을 감안하면 미국의 상업이익이 이란의 정권 교체에 큰 영향을 끼

66　김상민, 「한국어판을 내면서」, R. 제프리스-존스, 김상민 역, 『미국대외공작사: CIA와 미 외교정책』(학민사, 1991), 7쪽.

쳤음을 짐작할 수 있다.[67]

그런데 미국의 정책 결정권자들이 왜 공공연한 방법이 아닌 비밀공작을 통해 모사데크 정권의 교체를 도모했을까? 무엇보다도 당시 많은 미국 국민들이 모사데크를 긍정적으로 평가하고 있었기 때문이다. 모사데크는 민주적인 정통성을 가진 이란의 지도자였고 외세를 축출하고자 하는 그의 민족주의 노선은 미국에서도 많은 지지를 받고 있었다. 공화당 아이젠하워 행정부의 전임 민주당 트루먼 행정부는 모사데크를 위시한 이란의 민족주의 정치 세력에 상당히 동정적인 시각을 가지고 있었고, 트루먼 행정부의 정책 엘리트들은 영국이 이란에 대한 제국주의 정책을 지양하고 AIOC의 국유화를 수용하는 것을 골자로 하는 양국 간의 타협안을 중재하고자 했었다.[68] 또한 직접적인 공산주의 위협이 부재했던 당시 이란의 상황을 감안할 때 미군을 동원하여 공개적으로 정권 교체를 감행하는 정책은 국내외 여론의 지지를 유도해 내기 어려웠을 것이다. 비밀공작은 직접적인 군사력의 사용보다 비용 절감의 효과도 있었으므로 한국에서 전쟁을 수행하고 있던 미국의 정책 결정권자들에게 군사적 개입보다 훨씬 매력적인 대안이 될 수 있었다.[69]

---

67 김재천(2009), 앞의 글, 181쪽.
68 James Bill, *The Eagle and The Lion: The Tragedy Of American-Iranian Relations* (New Haven: Yale University Press, 1988); 김재천(2009), 위의 글, 182쪽.
69 Dean Acheson, *Present at the Creation: My Years in the State Department* (New York: W. W. Norton, 1969); 김재천(2009), 위의 글, 182쪽.

2) 1979년 이란 이슬람혁명과 이란 - 콘트라 게이트 사건

1953년 이후부터 1979년 이란혁명이 일어날 때까지 미국은 팔라비의 후원자로 이란 정치에 개입했다. 팔라비는 1959년 미군 주둔을 허용하는 등 미국을 노골적으로 추종했다. 미 CIA가 왕당과 계열의 이란인들과 영국 외교관들을 배후 조종해 팔라비를 왕위에 복귀시켰으므로 미국에 더욱 의존하게 된 것이다. 미 CIA의 이란에 대한 내정 간섭은 이란의 정보기관 사바크(SAVAK)를 통해 계속되었다. 미국은 1953년 쿠데타로 석유산업 국유화를 저지했을 뿐 아니라 미국의 주요 다국적기업인 석유회사들에게 이란 내 채유권의 40%를 부여했다. 미국산 무기 판매에도 몰두했다. 그러나 반공 토착 민족주의 세력마저 무시한 결과 반미주의를 확산시켰다. 쿠데타 이후 1979년 이슬람혁명 이전까지 이란은 친미정권을 유지했지만 1953년 쿠데타 이후 반미감정이 이란 국민들 사이에 스며들었으며 이는 1979년 이후 수십 년간 이어진 미국과 이란 갈등의 시발점이 되었다.

1970년대 들어 이란 국민들의 팔라비 왕정에 대한 반감이 더욱 커졌다. 이슬람 성직자들은 서양(특히 미국)의 영향력에 분개했으며, 지식인과 학생들은 왕정체제하에서 시민의 자유가 억압당하는 것에 저항했다. 이런 상황에서 팔라비는 비밀경찰을 동원해 강력한 탄압을 자행했다. 그러나 탄압은 궁극적으로 반정부 세력을 규합하게 만들었다. 카터 미국 대통령은 1977년 말 테헤란을 방문하여 팔라비와 협력하겠다고 말했는데, 이것은 카터가 내세우던 인권 추구와는 다른 것이었다. 미국은 중동 지역의 대소 전진기지였던 이란의 인권 탄압

을 묵인했다고 할 수 있다.[70]

1977년 10월에 시작된 시위가 해를 넘긴 1978년 1월에는 소요·폭동 및 파업으로 격화되었다. 이러한 위기 상황에 대해 브레진스키 대통령 안보 담당 특별보좌관은 이란군이 반대파를 공격하는 쿠데타 상태임을 이유로 강력한 군사 대응을 주장했다. 그는 이란 팔라비 왕정의 붕괴를 막기 위해 강압 조치와 친위쿠데타를 주문했던 것이다. 이에 반해 밴스 장관은 카터 외교 정책에서 가장 위협적인 요소는 강권정책이며, 이란군은 징집된 병력이므로 쉽게 와해될 수 있기 때문에 미군의 개입은 적절한 방안이 아니라고 주장했다. 당시 테헤란 주재 미국대사였던 윌리엄 설리번은 밴스 국무장관과 같은 견해를 가지고 있었다. 카터는 밴스의 손을 들어 주었다.

1979년 1월 3일 백악관에서 개최된 비공식 NSC 회의에서 밴스 장관과 터너 CIA 국장은 팔라비 국왕을 제거할 것을 주장했다. 그러나 키신저 전 국무장관과 데이비드 록펠러 등 오랫동안 팔라비를 후원했던 인사들과 의견을 같이했던 브레진스키는 만약 미국이 팔라비를 버리게 되면 소련이 이 지역에서 영향력을 확대하는 등 많은 부작용이 발생할 것이라며 팔라비에 대한 지지를 주장했다.[71]

---

70 김강석, 「중동 냉전의 역사와 지역적 특성」, 『세계정치』 22(사회평론, 2015), 176쪽.

71 White House, Memorandum for the Record, "Informal NSC Meeting, 12:00 – 1:15 PM, Wednesday, January 3, 1979, The Cabinet Room," TOP SECRET, January 3, 1979, Jimmy Carter Library; NSC Institution Files, 1977 – 81; Container 56; NSC – 015A – Iran, 1/3/79, https://nsarchive.gwu.edu/document/24687 – document – 01 – white – house – memorandum – record – informal – nsc – meeting – 1200 – 115 – pm – wednesday (검색일: 2021.9.21); Malcolm Byrne and Kian Byrne, *Worlds Apart*: *A Documentary History of US – Iranian Relations, 1978 – 2018* (Cambridge: Cambridge University Press, 2021);

한편 모하마드 레자 샤 팔라비는 자기 예하의 장성들이 용인할 수 있는 민간정부인 바크티아르 정부를 구성한 후 1979년 1월 16일 휴양을 이유로 이집트로 탈출했다. 2월 1일 아야툴라 호메이니(Ayatollah Khomeini)는 15년간의 망명 생활을 청산하고 귀국해 바크티아르 과도정부를 붕괴시키고 6월에 신권적 지배의 이슬람 공화국을 수립했다. 신정 정치체제(theocracy)가 수립된 것이다. 1979년 11월 4일 테헤란 미 대사관 점거 및 인질사태를 계기로 호메이니의 이슬람 세력에게 실권이 완전히 넘어가는 과정은 다음과 같다.

이란혁명의 와중인 1979년 2월에도 브레진스키는 호메이니를 제거하기 위한 '군사 쿠데타'라는 강경책을 계속 고려했다. 당시 주이란 대사인 윌리엄 설리번이 1980년 9월 7일 발행한 『포린 폴리시』 가을호에서 폭로한 내용에 따르면 브레진스키는 이란혁명 세력을 제거할 군사 쿠데타를 주선할 수 있는지 설리번에게 문의했다. 백악관이 당시 설리번 대사에게 호메이니파와 협상하는 대신 샤푸르 바크티아르 수상의 임시정부를 지지하도록 지시했을 때 설리번은 대사직에서 사임하고 싶었다고 회고했다. 알렉산더 헤이그 장군이 나토(북대서양조약기구) 연합군 사령관직에서 사임한 것도 이란 군부가 바크티아르에 충성하고 있는지 알아보기 위해 나토 부사령관 로버트 호이저 장군을

Malcolm Byrne and Kian Byrne, "U.S.-Iran Relations: 40 Years of Antagonism, Distrust, and Frustration Reflected in New Volume of Declassified Documents," *National Security Archive Electronic Briefing Book* #775, Published: Sep 20, 2021, https://nsarchive.gwu.edu/briefing-book/iran/2021-09-20/us-iran-relations-40-years-antagonism-distrust-and-frustration?eType=EmailBlastContent&eId=bb17ee0c-9874-4a88-8b39-0f2f527e826f (검색일: 2021.9.21).

이란에 파견하는 데 반발했기 때문이라고 설리번 전 대사는 밝혔다.[72]

이란군의 중립화 선언 이후 정치인과 관료들이 줄이어 호메이니의 혁명 임시정부에 충성을 선언하자 팔라비 정권은 끝이 났다. 이후 혁명 세력 간의 주도권 다툼 과정에서 급진 울라마(ulama, 성직자인 이슬람 법학자)들은 좌파와 자유주의자, 민족주의자뿐 아니라 온건 성직자 세력까지 제거했다. 다양한 혁명 세력은 왕정을 폐지하고 공화국을 수립하는 데 동의했지만 구체적 방식에서는 첨예한 대립을 보였다. 성직자들은 이슬람공화국을, 좌파와 자유주의 세력들은 민주공화국(자유주의적 혁명정부)을 주장했다. 호메이니를 중심으로 한 급진 울라마들은 이슬람공화국의 찬반 여부를 묻는 국민투표를 강행해 99%의 지지를 얻었다. 1979년 4월 1일 호메이니는 이란 이슬람공화국의 출범을 선포했다. 이슬람공화국의 헌법은 호메이니의 주장에 따라 울라마의 통치를 기초로 삼았고 대통령과 의회의 권위를 종교 지도자 아래 종속시켰다.[73]

미국 CIA는 이란혁명 발발 6개월 전 보고서에서 "샤의 권력이 한층 공고화되었기 때문에 1980년대에도 이란 정치 내에 큰 변화가 없을 것"으로 내다봤다. 팔라비가 이란을 빠져나가기 4일 전에 작성된 보고서 역시 "샤의 반대 세력들은 서로 경쟁하느라 함께 저항을 조직할 수 없다. 최근 일련의 반(反)샤 시위가 혁명으로 이어질 가능성은

---

72 UPI, 「미 설리번 전 대사 「이란」 쿠데타 한때 고려 「호메이니」옹 제거 위해」, 『중앙일보』 1980년 9월 8일, 3면.
73 장지향, 『중동 독재 정권의 말로와 북한의 미래』(아산정책연구원, 2018), 20쪽.

없다"고 판단했다.⁷⁴ 혁명정권이 수립된다고 해도 곧 붕괴할 것이라는 낙관적 전망이었는데 결국 치명적 오판으로 판명되었다. 당시 CIA 등 미국의 정보기관은 혁명 주도 세력과의 인적인 접촉선이 부재했다. 따라서 카터 행정부 출범 이후 이른바 휴민트(HUMINT, 인적 네트워크를 통해 얻은 정보)에 대한 예산 삭감이 초래한 참사라며 그 책임을 CIA를 좋지 않게 보았던 카터에게 돌리기도 한다. 그러나 최근 비밀 해제된 문서를 종합해 보면 현장의 세부적인 정보 보고가 상부로 전달되지 않은 것이 부분적 원인으로 지목되기도 한다. 당시 미국 국무부의 이란 스페셜리스트 찰스 나스(Charles Naas)는 비교적 정확한 정세 예측 보고서 전문(電文)을 워싱턴에 보냈지만 상부로 전달되지 못했으며 결국 정책 결정자가 읽지 못했다는 것이다.⁷⁵

카터 행정부는 이란 혁명정부의 경직성에 대해 오판해 신병 치료를 이유로 신청한 팔라비 왕의 미국 입국을 1979년 10월 22일 허가했다. 카터의 참모들은 위험한 결과로 이어질 수 있다고 경고했으나 대

---

74 Seyed Hossein Mousavian and Shahir Shahidsaless, *Iran and the United States: An Insider's View on the Failed Past and the Road to Peace* (New York: Bloomsbury Publishing, 2014); 장지향(2018), 위의 글, 7쪽.

75 Charles Naas, "The Carter Administration and the Arc of Crisis: Iran, Afghanistan and the Cold War in Southern Asia, 1977-1981," conference co-organized by the National Security Archive and the Cold War International History Project, Washington, D.C., July 25-26, 2005; Malcolm Byrne, "Intelligence Reporting on the Iranian Revolution: A Mixed Record," in Malcolm Byrne, "Iran's 1979 Revolution Revisited: Failures (and a Few Successes) of U.S. Intelligence and Diplomatic Reporting," *National Security Archive Electronic Briefing Book* #660, Published: Feb 11, 2019, https://nsarchive.gwu.edu/briefing-book/iran/2019-02-11/irans-1979-revolution-revisited-failures-few-successes-us-intelligence-diplomatic-reporting#_ftn1 (검색일: 2019.2.12).

통령은 이를 무시했으며[76] 당시 팔라비는 멕시코에 있었다. 이란 급진 강경파는 미국의 입국 허가를 망명 허용으로 해석해 분노했다. 호메이니는 팔라비 송환을 강력하게 요구했고 사절단 파견을 제의했으나 미국은 이를 거부했다. 1979년 11월 4일 이란의 급진 강경파 학생들이 치외법권 지역인 테헤란 미국대사관에 무단으로 침입해 미국 외교관과 군인 66명을 억류하는 인질사건이 일어났다.(Iran hostage crisis[77]) 이는 공관(公館)과 외교관에 대한 테러로 국제법 위반 행위였다. 이란 과격파 학생들은 망명한 전 국왕을 재판을 받도록 이란으로 송환하면 납치된 미국인들을 석방시키겠다는 조건을 제시했으나 미국은 인도적 이유로 즉각 거부했다. 국제사법재판소(ICJ)는 1980년 5월 24일 인질의 석방과 공관 등의 반환을 판결했다. 한편 이란은 샤의 신병 인도뿐만 아니라 이란에 대한 미국의 죄상 조사와 그에 대한 미국의 사과까지 요구했지만 받아들여지지 않았다.

이란의 팔라비 왕정 붕괴 과정에서 브레진스키 보좌관은 카터에게 강압적 조치와 친위쿠데타(호메이니의 교체와 직접 개입)를 건의했으나[78] 전술한 바와 같이 카터는 밴스 국무장관의 손을 들어 주었다. 그러나 이란 주재 미국대사관 인질사건이 발생했을 때 그 해법과 관

---

76 윌리엄 루첸버그, 「지미 카터 1924-」, 엘런 와인스타인·데이비드 루벨, 이은선 역, 『사진과 그림으로 보는 미국사』(시공사, 2004), 640쪽.

77 David Farber, *Taken Hostage: The Iran Hostage Crisis and America's First Encounter with Radical Islam* (Princeton: Princeton University Press, 2005).

78 Malcolm Byrne, "1979 Iran Hostage Crisis Recalled," *National Security Archive Electronic Briefing Book* #689, Published: Nov 4, 2019, https://nsarchive.gwu.edu/briefing-book/iran/2019-11-04/1979-iran-hostage-crisis-recalled (검색일: 2019.11.4).

련해서 카터는 브레진스키의 손을 들어 주었다. 구출 작전을 반대하고 대신 경제적인 압박을 가하는 방법을 대안으로 제시했던 밴스는 1980년 4월 11일 인질특공작전을 최종 결정한 회의에 불참했으며 작전 개시 3일 전인 4월 21일 사직서를 제출했다.[79] 브레진스키가 건의한 대로 미국은 무장 헬기를 투입해 인질로 잡힌 미국 외교관을 구조하는 이른바 '델타포스(Delta Force)' 부대의 이란 인질 구출 작전인 '독수리 발톱 작전(Operation Eagle Claw)'[80]을 시행했으나 1980년 4월 24일 처참한 실패로 끝났다. 결과적으로 이란과 미국의 관계가 최악의 상황에 빠져들어 21세기까지 적대 관계가 지속되었다. 이렇게 작전이 실패한 것에 대해 1980년 4월 25일경 한국은 미국에 동정과 지지를 표명했다.[81]

이란 인질사건은 다른 일련의 사건으로 인해 해결의 실마리를 찾게 되었다. 1980년 7월 샤가 이집트에서 사망하고 호메이니가 이끄는 이슬람 성직자들이 의회 장악에 성공함으로써 더 이상 정치적 목적으로 인질극을 연장할 필요가 없어진 것이다. 1980년 9월 이란-이라

---

79 Telegram, U.K. Embassy in Washington to the Foreign and Commonwealth Office in London, "For Private Secretary," Confidential, April 29, 1980, National Archives (United Kingdom), PREM 19/276. Iran (Part 6), https://nsarchive2.gwu.edu//dc.html?doc=6585708-National-Security-Archive-Doc-04-Telegram-U-K (검색일: 2019.12.20).

80 「그림자 전사 세계의 특수부대 델타포스의 이란 인질구출작전: 인질 하나 구하지 못한 세계 최강의 미국 군대」, 〈네이버 지식백과〉(검색일: 2018.4.8).

81 Central Intelligence Agency, National Foreign Assesment Center, Iran Task Force, "Spot Commentary: Situation as of 1200," 25 April 1980, National Security Affairs, Collection # 2: Brzezinski Material, President's Daily CIA Brief File, Folder: 4/24/80-4/30/80, Box 27, Jimmy Carter Library(NLC-2-27-4-4-2).

크 전쟁이 터진 것도 인질사건 해결에 도움이 되었다. 그런데 1980년 10월에는 풀려났어야 하는 인질이 4개월이 훌쩍 지난 1981년 1월에야 풀려났다. 그 시차에 대해 포드-카터 행정부의 NSC에서 근무했던 개리 시크는 당시 대통령 선거에 나섰던 공화당 레이건 측에서 이를 연기시켰다는 '10월 음모설'을 제기했다. 1991년 4월 15일자 『뉴욕타임스』는 "레이건-부시 선거 진영의 인사들이 1980년 10월 이란 관리들을 비밀리에 만나 미국인 인질들을 미 대통령 선거 이후에 석방하면 그 보상으로 이스라엘로부터 무기를 공급해 주겠다는 흥정했다"는 시크의 주장을 실었다.[82] 시크의 음모설은 미국 상하 양원의 조사를 이끌어냈으나 1992년 11월 상원은 증거 부족으로 결론 내렸고, 1993년 1월 하원도 증거가 없다고 결론 내렸다.

이러한 의혹은 1986년 11월에 제기된 '이란-콘트라 게이트 사건'과 1988년 9월 리처드 브레닉 사건이 수면 위로 드러나 쟁점화되면서 뒷받침된 것이었다.[83] 미국 법원의 브레닉 판결 과정을 살펴보면 먼저 관여 인물은 레이건 선거본부의 책임자 윌리엄 케이시와 조지 부시 부통령 후보, 그레그 CIA 요원 등이다. 또한 딕 체니 하원의원과 법무부 직원인 존 볼턴의 이름도 등장한다.[84] 공화당 네오콘(신보수주의

---

82 Gary Sick, "The Election Story of the Decade," *The New York Times*, April 15, 2015, https://www.nytimes.com/1991/04/15/opinion/the-election-story-of-the-decade.html (검색일: 2019.12.1). 시크의 저서 *October Surprise: America's Hostages in Iran and the Election of Ronald Reagan* (New York: Times Books, 1991)가 1991년 11월에 출간되었다.

83 Malcolm Byrne, *Iran-Contra: Reagan's Scandal and the Unchecked Abuse of Presidential Power* (Lawrence, KS: University Press of Kansas, 2014).

84 John Prados and Arturo Jimenez-Bacardi, "What the CIA Tells Congress (Or Doesn't) about Covert Operations: The Barr/Cheney/Bush Turning Point for CIA Notifications

자) 성향인 볼턴은 아들 부시 행정부 시절 이란·이라크·북한을 불량국가로 지목해 정권 교체론을 주장한 원조 개입주의자이다. 1986년 11월 이란-콘트라 게이트 사건이 폭로되자 "이란은 선거 기간 중인 1980년 10월 인질들을 석방하기로 되어 있었는데 윌리엄 케이시와 리처드 앨런을 중심으로 한 레이건의 정보 및 군사통들이 이란에 무기를 공급하는 것을 조건으로 인질 석방을 대통령 선거가 끝난 이후로 연기하는 데에 성공했다"는 가설이 제시되었던 것이다. 이란의 호메이니를 어떻게 믿고 그런 무모한 음모를 꾸밀 수 있었겠는가 하는 점 때문에 이 가설은 신빙성이 약하다고 평가되어 봉합되는 듯했으나, 1988년 9월 23일 콜로라도주 덴버의 연방지방재판소에서 놀라운 증언이 터져 나왔다.

증언대에 선 브레닉은 무기 매매와 돈 세탁 전문가로 18년간 CIA에서 일한 공작원이었다. 그는 동료 공작원이며 파일럿이던 하인리히 러프가 대선 직전인 1980년 10월 19일 CIA의 지시로 조지 H.W. 부시 부통령 후보와 윌리엄 케이시 등을 특별기로 파리에 실어다 주었다가 부시를 24시간 안에 다시 미국에서 데리고 들어왔다고 증언했다. 그 목적은 10월 19일부터 20일까지 파리에서 열린 레이건 측과 이란 혁명정부 측의 인질 석방을 위한 비밀 회담에 부시를 출석시키기 위한 것이었다고 했다. 당시 카터 행정부의 국가안전보장 담당 CIA 스태

to the Senate," Published: February 7, 2019, *National Security Archive Electronic Briefing Book* No. 659, https://nsarchive.gwu.edu/briefing-book/intelligence/2019-02-07/what-cia-tells-congress-or-doesnt-about-covert-operations-barrcheneybush-turning-point-cia (검색일: 2019.2.8).

프였던 그레그가 일련의 회담에 참석했으며, 마지막 회담에는 부시와 케이시가 가세했다고 증언했다. 브레닉은 자신도 CIA의 지령으로 마지막 날 회담에 참관자로 있었으며, 여기에서 4,000만 달러 상당의 무기와 부품의 교환 조건으로 인질 전원을 레이건의 대통령 취임 후에 석방한다는 합의가 이루어졌다고 말했다.

레이건 측은 1989년 5월 12일 브레닉을 위증죄로 기소했고, 이에 따라 1990년 4월부터 재판이 시작되었다. 1988년 11월 8일 대통령 선거에서 부시가 당선되었으므로 당시는 '아버지 부시'로 불리는 조지 H.W. 부시 행정부 시절이었다. 1990년 5월 4일 배심원은 5시간에 걸친 격렬한 토의 끝에 전원일치로 브레닉의 무죄 평결을 선언했다. 브레닉 문제는 일단락되었으나 레이건 측의 음모는 영원한 미제 사건으로 남았다.[85]

1981년부터 1989년 초까지 이어진 레이건 행정부 시절 레이건 대통령과 케이시 CIA 국장은 미국 의회에 압력을 가해 이란-콘트라 스캔들 자료의 공개를 막았다. 당시 딕 체니 하원의원은 콘트라 지원을 한 레이건이 법을 어긴 것은 인정했지만 판단 착오 그 이상이 아니라며 레이건의 행동을 변호하는 소수파 리포트를 제출했다.[86] '아버지 부시'로 불리는 조지 H.W. 부시 행정부 출범 직후 국방장관에 임명

---

85 강준만, 『미국사 산책 11: '성찰하는 미국'에서 '강력한 미국'으로』(인물과사상사, 2010).

86 "Minority Report of Members of House and Senate Select Committees on Secret Military Assistance to Iran and the Nicaraguan Opposition," November 18, 1987, https://nsarchive2.gwu.edu//dc.html?doc=5746911-National-Security-Archive-Doc-05-Minority-Report (검색일: 2019.2.23).

된 체니는 1989년 8월 31일 부시 대통령이 상원의 '정보권한부여법안 (Intelligence Authorization Bill)'에 거부권을 행사하도록 만들어 진실을 은폐하려 했다.[87] 체니는 아들 부시 대통령 후보의 러닝메이트로 부통령이 된 이후에도 계속 진실 은폐 공작을 이어 갔다.[88] 체니는 2001년 9·11 사태 직후인 9월 16일 NBC에 출연해 비밀공작에 힘써야 한다고 강조했다. 이라크 침공 전인 2003년 3월 16일 체니 부통령은 미국이 해방자로서 환영받을 것이라고 말하기도 했다.[89] 그러나 2014년 12월 미 의회의 보고서 "The Cost of Iraq, Afghanistan, and Other Global War on Terror Operations Since 9/11"에 따르면 미국은 이라크 전쟁으로 8,159억 달러가량을 썼으며 미국인 4,410명이 죽고 3만 1,957명이 다치는 희생을 감내해야 했다.[90]

---

87 Richard Cheney, Secretary of Defense, "Memorandum for Brent Scowcroft: Veto Signal on Senate Intelligence Authorization Bill," August 31, 1989, George H. W. Bush Presidential Library, Bush Presidential Records, National Security Council, Nicholas Rostow Files, Subject Files, Folder, "Covert Action: Notification of [3]," https://nsarchive2.gwu.edu//dc.html?doc=5725567-National-Security-Archive-Doc-12-Richard-Cheney (검색일: 2019.2.8).

88 John Prados and Arturo Jimenez-Bacardi, "What the CIA Tells Congress (Or Doesn't) about Covert Operations: The Barr/Cheney/Bush Turning Point for CIA Notifications to the Senate," Published: February 7, 2019, *National Security Archive Electronic Briefing Book* No. 659, https://nsarchive.gwu.edu/briefing-book/intelligence/2019-02-07/what-cia-tells-congress-or-doesnt-about-covert-operations-barrcheneybush-turning-point-cia (검색일: 2019.2.8).

89 Tom Blanton and Nate Jones, "The VICE File: Dick Cheney Declassified," Published: Feb 22, 2019, *National Security Archive Electronic Briefing Book* #662, https://nsarchive.gwu.edu/briefing-book/foia/2019-02-22/vice-file-dick-cheney-declassified#_ednref2 (검색일: 2019.2.23).

90 Amy Belasco(Specialist in U.S. Defense Policy and Budget), "The Cost of Iraq, Afghanistan, and Other Global War on Terror Operations Since 9/11," *Congressional*

또한 1981~1989년 국무부 민주주의·인권 미주 지역 담당 차관보였던 엘리엇 에이브럼스는 '이란-콘트라 반군 지원 스캔들' 당시 관련 정보를 의회에 숨긴 혐의로 2019년 유죄를 선고받았다. 그는 1982년 과테말라의 군부 쿠데타를 지지하고 엘살바도르 우익 군부 정권의 민간인 학살을 두둔한 전력도 있다. 그는 2002년 4월 차베스에 대한 군부의 사흘 쿠데타 당시 아들 부시 대통령의 특별보좌관 겸 NSC 선임국장을 맡기도 했다.[91]

　레이건 당선 이후 이란 과격파 학생들이 테헤란 소재 미국대사관의 점거를 풀었으므로 인질 석방은 레이건의 성과로 간주되기도 한다. 그러나 이는 미국 내 이란의 재산을 풀어 주겠다는 조건을 내세워 얻어낸 카터의 성취였다. 인권외교를 표방한다면서 독재자 팔라비 국왕의 친미정부를 후원하는 모순을 이미 범했던 상황에서[92] 반미적 이란혁명으로 출범한 호메이니 신정부를 인정할 수는 없었다. 종

Research Service, 7-5700, RL33110, December 8, 2014, https://fas.org/sgp/crs/natsec/RL33110.pdf (검색일: 2019.2.23).

91　정효식, 「미국 앞마당〈베네수엘라〉서 330만명 탈출 … 트럼프 '군사개입' 만지작」, 『중앙일보』 2019년 2월 18일, 19면.

92　"Memorandum of Zbigniew Brzezinski to the Secretary of State and the Secretary of Defense: President's Meetings with the Shah of Iran, November 15 and 16, 1977," November 25, 1977, Top Secret, National Security Affairs, Collection # 7: Brzezinski Material, Subject File, Folder: Memcons: President, 11-12/77, Box 35, Jimmy Carter Library. 극비로 분류된 12쪽 분량의 이 회의록은 아직 비밀 해제되지 않았다. 또한 1978년 9월 10일 일요일 아침에 카터는 팔라비 국왕과 전화 통화까지 했는데 비밀로 분류된 전화 대화록 2쪽은 공개되지 않았다. "Memorandum of Gary Sick to Zbigniew Brzezinski: President's Telephone Conversation with Shah of Iran," September 11, 1978, Secret, National Security Affairs, Collection # 7: Brzezinski Material, Subject File, Folder: Memcons: President, 6-7/78, Box 36, Jimmy Carter Library.

교를 무기로 인권을 억압하는 정부였기 때문이다. 그러나 미국의 국가이익을 보호하기 위해서는 신정부와 교섭할 수밖에 없는 상황이었다.(1979년 단교된 미국·이란 관계는 2015년 이란이 핵개발을 포기하고 2016년 미국 등 서방국가들이 대이란 제재를 해제하고 나서야 개선되었다.)

한편 이란은 혁명 이후 서방국가의 경제 제재가 지속되었던 2015년 7월 유엔 안보리 5대 상임이사국(미국, 영국, 프랑스, 중국, 러시아)과 독일) 등 주요 6개국과 핵합의인 '포괄적공동행동계획(JCPOA)'을 체결해 경제 제재를 푸는 데 성공했다. JCPOA에는 핵 관련 조치, 제재 해제 관련 공약, 민간 원자력 협력 공동위원회와 합의 이행 계획 등이 포함되어 있다. 그러나 2017년 이래로 도널드 트럼프 미국 대통령은 이란과의 핵 관련 재협상을 주장했다. 트럼프는 오바마 전임 대통령 시대에 주로 진행된 핵협상이 이란 핵무장의 시간을 벌어 주었다며 핵합의를 일방적으로 파기했다. 그러나 바이든 대통령은 2021년 JCPOA를 복원하려고 했다.

8. 미국 다국적기업의 로비로 촉발된 과테말라 정권 교체

1953년 이란에서 정권 교체를 이루어낸 아이젠하워 행정부는 매우 유사한 방법을 동원하여 1954년 과테말라에서 정권 교체를 감행했다.[93] 이란의 사례와 마찬가지로 과테말라의 정권 교체 역시 미국의 상업이익 수호가 주된 목적이었다. 1950년대 초 민주적이고 합법적인 선거 과정을 통해 집권한 과테말라의 아르벤스(Arbenz) 대통령은 외세에 의해 강점당해 온 경제구조를 개혁하기 위해 일련의 경제개혁 조치를 단행했다. 우선 토지개혁을 단행하여 대지주와 미국의 다국적 기업이 소유하고 있던 사유지를 소작인에게 나누어 주려고 했다. 아르벤스는 미국의 유나이티드 푸르트 컴퍼니(UFC)에게 전년도 세금 정산 당시 UFC가 책정한 가격으로 UFC의 유휴지를 매매할 것을 권유했지만 UFC는 당시 세금 정산에 사용한 가격이 너무 낮게 책정되었다는 이유로 아르벤스의 매매 권유를 거부했다. UFC의 거부 의사에도 불구하고 아르벤스 정부가 매도를 강권하자 UFC는 본국의 아이젠하워 행정부에게 아르벤스 정부 제거를 권고하는 로비를 시작했다.

아르벤스를 제거하기 위한 CIA의 비밀공작은 크게 두 가지로 분류할 수 있다. 첫째, 아르벤스 반대 여론을 조장하여 정권 교체 분위기를 조성하기 위한 고도의 심리전을 전개했다. 즉 아르벤스가 소련과 밀접한 관계를 유지하고 있는 공산주의자이며 무능한 지도자라는 이미지를 부각시키려 했다. 심리전과 선전전에는 CIA 외에도 미국 홍보처(USIA)가 중요한 역할을 했다. 둘째, 미국은 준군사 행위라고 할 수 있는 군사적 지원을 제공했다. 실제로 반아르벤스 쿠데타 주도 세력의 주역은 미국 캔자스주 육군지휘참모학교에서 훈련을 받은 과테

---

[93] 김재천, 「미국의 정권교체(Regime Change) 정책 사례연구: 유형별 분석」, 『신아세아』 16-3(2009), 182~184쪽.

말라 망명인 카를로스 카스티요-아마스(Castillo-Amas) 대령이었다. 아이젠하워 행정부의 전폭적인 지원을 받은 카스티요-아마스는 인근에 있는 온두라스에서 700여 명의 반란군을 훈련시키며 쿠데타를 준비했다. 1954년 6월 27일 아이젠하워 행정부의 '고(go)' 사인을 받은 카스티요-아마스는 과테말라 주재 미국대사관의 비행기를 타고 수도 과테말라 시티에 입성해 권력을 장악했다.[94]

전술한 바와 UFC는 아르벤스 정권의 경제개혁 조치에 심각한 위협을 느끼고 워싱턴의 정책 결정자들을 대상으로 아르벤스 정권이 소련 공산주의의 사주를 받고 있으므로 과테말라가 중미 지역의 공산주의 전파의 전초기지가 될 수 있다고 설득했다. 아이젠하워 행정부 역시 아르벤스가 공산주의자와 공산당에게 너무 관용적인 정책을 추진하고 있다고 비난했다. 그러나 아르벤스는 소련 공산주의와 사상적, 외교적 유대관계를 가지고 있지 않았다. 미국의 정보기관 역시 아르벤스가 공산주의자가 아니라는 사실을 주지하고 있었다.[95] 아르벤스의 일련의 정책이 미국의 안보이익에 직접적인 위협이 되지는 않았으나, 역내 미국의 정치, 경제적 패권에 도전하는 행위로 간주되었고 미국은 비밀공작을 통한 정권 교체로 이에 대응한 것이다.

---

94 William Blum, *Killing Hope: US Military and CIA Interventions Since World War* Ⅱ (London: Zed Books, 2003), pp. 79-80, https://www.cia.gov/library/abbottabad-compound/13/130AEF1531746AAD6AC03EF59F91E1A1_Killing_Hope_Blum_William.pdf (검색일: 2021.1.8); 윌리엄 브럼, 조용진 역, 『미군과 CIA의 잊혀진 역사』(녹두, 2003); 김재천(2009), 위의 글, 183쪽.

95 "Communism in Guatemala," July1 1st, 1955, Office of Intelligence Research Psychological Intelligence Digest Supplement No.1/Intelligence Research Report 6712, declassified 1979; 김재천(2009), 위의 글, 183~184쪽.

미국이 자국의 군대를 파병하여 과테말라를 침공하지 않고 비밀공작을 사용한 이유는 다음과 같이 추정할 수 있다. 첫째, 민주적 정통성을 가진 아르벤스 정부를 공공연히 무력 침공하는 정책은 국내외의 비판에 직면할 수 있었다. 둘째, 반아르벤스 세력을 규합할 수 있는 상황에서 벌이는 비밀공작은 군사행동에 비해 물적, 인적 비용을 절감할 수 있는 효율적인 정책일 수 있었다.[96] 이란과 과테말라 정권 교체 정책의 성공으로 '비밀공작'은 공공연한 무력 침공으로 인한 부작용을 최소화할 수 있는 미국 외교 정책의 중요한 대안적 수단으로 자리매김하기 시작했다.

한편 과테말라에서 다시 반미가 등장할 우려가 보이기 시작하자 이를 차단하기 위해 케네디 대통령은 쿠데타를 지원했으며 케네디 사후인 1964년 군사 쿠데타가 일어났다.[97]

---

96 William Blum(1995), 앞의 책, 71~82쪽; 윌리엄 브럼, 조용진 역(2003); 김재천(2009), 위의 글, 184쪽.

97 William Blum(1995), 위의 책, 146~148쪽; Jaechun Kim, "Motivations of US Covert Action in Guatemala: External and Internal Constraint?" *The Korean Journal of International Studies* vol. 8 no. 2 (2010), pp. 255-275; Mario Overall and Dan Hagedorn, *PBSuccess: The CIA's covert operation to overthrow Guatemalan president Jacobo Arbenz June-July 1954* (New York: Helion and Company, 2016); John Prados, *Safe for Democracy: The Secret Wars of the CIA* (Chicago: Ivan R. Dee, 2009).

9. 키신저가 주도한 칠레 정권 교체

1953년 칠레의 대통령 선거에서 사회당 후보인 살바도르 아옌데(Salvador Allende)가 불과 3%의 득표 차로 낙선한 것이 계기가 되어 미국은 칠레 내정에 간섭하기 시작했다. 존슨과 케네디 민주당 행정부는 사회주의자인 아옌데가 칠레의 대통령이 되는 것을 막기 위해 반아옌데 정치 세력의 지원을 골자로 하는 비밀공작에 착수했다. 1964년 칠레 대통령 선거에서 미국은 기독교민주당을 지원하면서 여론 조작을 통해 사회당 후보인 아옌데를 낙선시키는 데 간접적으로 영향력을 행사했으며, 그 결과로 미국이 CIA를 통해 지원한 에두아르도 프레이(Eduardo Frei)가 대통령에 당선되었다.[98] 미국은 이후에도 칠레의 국회의원 선거에 개입하는 등 비밀공작을 지속적으로 추진했다.

1970년 9월 5일 대통령에 다시 도전한 아옌데가 당선되자 닉슨 대통령은 1970년 9월 15일 CIA 책임자 리처드 헴스 국장과의 면담에서 아옌데의 취임을 저지하라고 지시했다.[99] 그러나 아옌데는 미 CIA의

---

[98] 김재천, 「미국의 정권교체(Regime Change) 정책 사례연구: 유형별 분석」, 『신아세아』 16-3(2009), 184쪽.

[99] Peter Kornbluh, "'Extreme Option: Overthrow Allende'" *National Security Archive Electronic Briefing Book* #721, Published: Sep 15, 2020, https://nsarchive.gwu.edu/briefing-book/chile/2020-09-15/extreme-option-overthrow-allende?eType=EmailBlastContent&eId=8e2cadb6-69a0-44f6-8574-c0d1026fcd8d (검색일: 2020.9.16).

군사 쿠데타 기도[100]를 물리치고[101] 1970년 10월 결국 대통령에 취임했다.[102] 이 과정에서 미 CIA가 레네 슈나이더 육군참모총장을 납치해 사망에 이르게 한 사건까지 발생했다.[103] 아옌데는 세계 최초로 비폭력적인 민주 선거에 의해 당선된 마르크스주의자 대통령이었다.[104]

닉슨 행정부는 민주적이고 합법적인 대통령 선거로 출범한 아옌데 정부를 전복시키기 위하여 매우 광범위한 대규모 비밀공작에 착수했는데, 반아옌데 정치 세력에 대한 지원 외에도 '파트리아 리베르타드(Patria y Libertad)'라는 극우 무장 세력을 조직·지원하여 아옌데를 위협했고, 보수 언론 '엘 메르쿠리오(El Mercurio)'를 매수하여 반아옌데 선전과 홍보 작전을 수행했다. 또한 파업을 유발하는 등 칠레의 경제 사정을 악화시켜 아옌데를 곤경에 처하게 했다. 이와 더불어 미국은

---

100 Peter Kornbluh, "Chile: Secrets of State," *National Security Archive Electronic Briefing Book* #603, Published: Sep 11, 2017, On 44th Anniversary of Military Coup, Archive Posts 9/11/1973 Documents, http://nsarchive.gwu.edu/briefing-book/chile/2017-09-11/chile-secrets-state (검색일: 2017.9.12).

101 이삼성, 『현대미국외교와 국제정치』(한길사, 1993), 517쪽.

102 배진영, 「나라를 內戰상태로 몰고 간 지도자들: 세계 최초로 선거에 의해 선출된 마르크스주의자 대통령 아옌데의 최후 등」, 『월간조선』(2001.9).

103 Peter Kornbluh and Savannah Bock, "The CIA and Chile: Anatomy of an Assassination," *National Security Archive Electronic Briefing Book* #728, Published: Oct 22, 2020, https://nsarchive.gwu.edu/briefing-book/chile/2020-10-22/cia-chile-anatomy-assassination?eType=EmailBlastContent&eId=96a5a40f-1640-4e13-a468-9b593c1995b6 (검색일: 2020.10.23).

104 필립 J. 오브라이언 편, 최선우 역, 『칠레혁명과 인민연합』(사계절, 1987). 아옌데는 대통령 선거에서 칠레 공산당 후보 파블로 네루다와 단일화를 이루어 36.3%의 득표율을 얻었다. Peter Kornbluh, ""Allende Wins"," *National Security Archive Electronic Briefing Book* #719, Published: Sep 4, 2020, https://nsarchive.gwu.edu/briefing-book/chile/2020-09-04/allende-wins?eType=EmailBlastContent&eId=4428305b-f207-4f9a-96c0-0c7690e9bb7e (검색일: 2020.9.4).

인적·물적 지원을 제공하여 칠레의 군부와 돈독한 관계를 형성해 나갔다.[105]

당선 이후 아옌데 대통령은 미국 광산회사 아나콘다가 소유한 추키카마타 구리 광산을 국유화하여 외국계 기업에 의한 국부 유출을 막고자 했다. 또한 어린이에 대한 무료 우유 배급, 정부의 의료 및 교육 복지 관리 등 사회복지 정책 실현을 위해 노력했다. 그러나 아옌데의 개혁정치 때문에 칠레에서 특권을 잃을 것을 우려한 미국과 다국적기업들(목축업자들을 지배하던 스위스 네슬레 등)은 아옌데 민주정부와의 경제적 협력을 거부했으며 파업, 태업, 물가 인상 조장 등으로 칠레 경제를 파멸시키기 시작했다. 구리 광산 국유화에 대한 보복으로 미 정부가 국제 구리 가격을 폭락시키자 칠레 경제는 공황을 겪게 되었다. 아옌데 이전 칠레는 구조적으로 미국에 종속된 예속경제 체제였으므로[106] 미국이 경제력을 이용해 영향력을 발휘할 수 있었다. 미국이 봉쇄정책을 단행하자[107] 정치·사회적 혼란은 배가되고 칠레 사회는 더욱 급격한 계급 대립 상태로 치닫게 되었다.

이란, 과테말라와 마찬가지로 칠레의 정권 교체는 미국의 상업이익을 지키기 위해 추진된 것이었다. 1960년대 칠레의 경제는 미국의

---

105 김재천(2009), 앞의 글, 184~185쪽.
106 캬끌린스 F. 로딕, 「칠레의 계급구조와 계급정치」, 필립 J. 오브라이언 편, 최선우 역(1987), 앞의 책, 15쪽.
107 James Petras and Morris Morley, *The United States and Chile: Imperialism and the Overthrow of the Allende Government* (New York: Monthly Review Press, 1975); 巢山靖司, 서경원 역, 『라틴아메리카 변혁사』(백산서당, 1985), 211쪽; 강문구, 「칠레의 아옌데 인민연합정부의 사회변혁실험에 대한 연구」, 이수훈 외, 『한국과 제3세계의 민주변혁』(경남대학교 극동문제연구소, 1989), 351쪽.

다국적기업이 장악하고 있었으며, 1970년 칠레 내 미국 자산은 150억 달러에 육박했고, 아나콘다, 케네콧 같은 광산회사와 아이티티(ITT) 같은 통신회사가 칠레 경제에 미치는 영향력은 막강했다. 아옌데 정부는 미국 다국적기업의 영향력을 약화하고 칠레 기간산업을 국유화하는 정책을 추진했는데, 이에 반발한 다국적기업들은 '칠레특별위원회(Chile Ad Hoc Committee)'라는 조직을 구성해 닉슨 행정부의 요인을 대상으로 아옌데 정부의 전복 필요성을 적극 설득했고, 종국에는 닉슨 행정부의 적극적 비밀공작 정책을 유도하는 데 성공했다. 미국의 다국적기업은 또한 닉슨 행정부의 비밀공작에 막대한 금전적 지원을 제공했다. 닉슨과 키신저 등 아옌데 제거를 주도한 닉슨 행정부의 인사들은 칠레의 아옌데 사회주의 정부가 역내에 공산주의를 전파하여 소련의 영향력을 증대시킬 가능성을 우려하여 정권 교체를 도모했다고 주장했다. 닉슨 행정부는 미국의 뒷마당이라고 할 수 있는 남미에 합법적인 사회주의 정권이 수립·유지되는 상황이 미국의 냉전 전략에 차질을 초래할 수 있다는 인식을 가지고 있었던 것으로 보인다.[108]

칠레 자본가들은 자신들의 기득권을 지키기 위해 해고와 가축 도살을 통한 실업과 식량난을 조장했다. 이러한 방해에도 불구하고 칠레 국민들이 아옌데의 사회개혁에 더 많은 지지를 보내 그의 재선이 확실시되자 친미파 장교들이 쿠데타 음모를 꾸몄다. 아옌데 대통령은 국가 전복 음모를 꾸민 군부를 국민투표로 심판하고자 했으나, 군

---

108 김재천(2009), 앞의 글, 185쪽.

부에서는 질 것이 뻔한 게임에 응하지 않고 폭력으로 나라를 뒤집기에 이른다. 미국의 재가를 받은 육군총사령관 아우구스토 피노체트(Augusto Pinochet Ugarte) 장군이 이끄는 군부는 1973년 9월 11일 군사 쿠데타를 일으켜 아옌데를 제거했다.

피노체트의 군이 호크기를 동원해 라 모네다(칠레의 대통령궁)를 폭격하는 와중에 아옌데는 대국민 선언을 라디오를 통해 전하고 기관총으로 저항하다가 결국 자결했다. 정권을 탈취한 피노체트 및 장성들은 훈타[109]라고 불리는 삼인 체제를 설립하였고 곧 피노체트의 독재가 시작되었다. 피노체트는 16년간의 군부독재 기간 동안 정치적 반대자들을 학살·고문하는 등 국가범죄로 탄압했다. 피노체트는 1988년 10월 집권 연장을 위한 국민투표에서 패하자 두 번째 쿠데타를 일으켰으나[110] 1989년 12월 선거에 출마하지 못해 집권 연장이 좌절되었다. 1998년 10월 17일 디스크 치료차 런던의 한 병원을 방문했던 피노체트는 스페인 국민 살해 혐의로 체포되었다.

피노체트의 쿠데타 배후에 미국이 있다는 풍문이 제기되었고, 미국은 피노체트 쿠데타에 직접적인 개입을 하지 않았다고 주장했지만, CIA 비밀공작을 통해 정권 교체가 불가피한 사회·정치·경제적

---

109 "Report on Junta Communique," Junta Communique regarding Coup, September 11, 1973, Contributed by National Security Archive, National Security Archive, http://nsarchive2.gwu.edu//dc.html?doc=3990077-12-Report-on-Junta-Communique (검색일: 2017.9.12).

110 Peter Kornbluh, "Chile: Secrets of State," *National Security Archive Electronic Briefing Book* #603, Published: Sep 11, 2017, On 44th Anniversary of Military Coup, Archive Posts 9/11/1973 Documents, http://nsarchive.gwu.edu/briefing-book/chile/2017-09-11/chile-secrets-state (검색일: 2017.9.12).

인 상황을 조장했다는 점을 감안하면 1973년 칠레의 정권 교체는 미국이 주도했다고 할 수 있다. 1973년 9월 16일 키신저 대통령 안보보좌관은 닉슨 대통령과의 전화 통화에서 미국이 아옌데 정권을 전복한 사람들을 도왔다고 실토했다.[111] '우리가 그들을 도왔다.(we helped them)'는 표현을 보다 적극적으로 해석하면 '배후 조종'했다는 의미로 확대할 수 있다. 1973년 피노체트의 쿠데타는 닉슨 대통령의 명령에 따라 키신저 안보보좌관이 기획했으며 CIA가 집행했다고 볼 수 있다.[112] 키신저가 중심인물이라는 사실은 미국 문서 여러 곳에서 확인된다.[113] 그런데 칠레 내부적 요인으로 아옌데 인민연합정부가 계급양극화와 계급투쟁을 직접적으로 격화시킨 토대 위에서 미국의 힘이 작용해 붕괴되었다는 복합적인 설명이 가능하다.[114] 키신저 미 국무장관은 1976년 6월 8일 산티아고 피노체트 대통령 관저에서 가진 회담

---

111 "TelCon between Kissinger and Nixon," September 16, 1973, 11:50 a.m., http://www2.gwu.edu/~nsarchiv/NSAEBB/NSAEBB437/docs/Doc%207%20-%20Kissinger-Nixon%20telcon%20Sep%2016%201973.pdf (검색일: 2013.9.14).

112 Peter Kornbluh, ""Allende Wins"," National Security Archive Electronic Briefing Book #719, Published: Sep 4, 2020, https://nsarchive.gwu.edu/briefing-book/chile/2020-09-04/allende-wins?eType=EmailBlastContent&eId=4428305b-f207-4f9a-96c0-0c7690e9bb7e (검색일: 2020.9.4).

113 Peter Kornbluh and Savannah Bock, "'Allende and Chile: 'Bring Him Down'," National Security Archive Electronic Briefing Book #732, Published: Nov 3, 2020, https://nsarchive.gwu.edu/briefing-book/chile/2020-11-06/allende-inauguration-50th-anniversary?eType=EmailBlastContent&eId=2290b9c9-3892-4cc2-bcc3-5ccd08e791f8 (검색일: 2020.11.4).

114 강문구, 「칠레의 아옌데 인민연합정부의 사회변혁실험에 대한 연구」, 이수훈 외(1989), 앞의 책, 356~357쪽. 아옌데의 좌절 원인은 보는 시각에 따라 노선 자체의 근본적 결함인지 전술적 선택의 실책인지로 분간해 볼 수 있다. 서병훈, 「제3세계와 사회주의 변혁운동: 아옌데의 비폭력노선과 그 좌절」, 『사회비평』 제2권 제1호(1989년 여름), 214쪽.

에서 "항상 공산주의에 반대했다"는 피노체트의 발언에 대해 "공산주의자들이 세계적으로 선전 캠페인을 하고 있다"고 응대했다.[115] 키신저의 아옌데 정권 전복작전은 FRUS에도 실려 있다.[116] 미국이 외국 지도자에 대해 정권을 교체하려 했을 때의 명분은 반공주의였다.

군사력에 의존한 침공이 아니라 CIA의 비밀공작 자원을 동원하여 아옌데 정부를 암암리에 전복·교체하기로 한 닉슨 행정부의 결정에는 다음과 같은 요인들이 작용한 것으로 추정된다. 첫째, 민주적이고 합법적인 절차를 통해 수립된 아옌데 정부에 대한 닉슨 행정부의 공식적인 정책 기조는 칠레의 민주적 선거 결과를 존중하며 대화와 외교적 노력을 통해 갈등을 조정해 나간다는 것이었다. 이러한 맥락에서 공식적인 정책에 반하는 공개적인 무력 침공은 국내외 여론의 지탄을 받을 수 있었다. 둘째, 베트남전쟁의 실패로 인해 대다수 미국인들은 국외 문제에 적극적인 개입을 지양해야 한다는 의견을 가지고 있었다. 비밀공작은 이러한 국내외 반대 여론을 우회해 갈 수 있는 수단이 되었던 것으로 보인다. 베트남전쟁에서 국력을 소진한 미국에게 비밀공작은 반정부 세력을 규합할 수 있을 경우 저렴한 비용으로

---

115 "Memorandum of Conversation: U.S.-Chilean Relations," Participants: Chile: Augusto Pinochet(President), Patricio Carvajal(Foreign Minister), Manuel Trucco(Ambassador to United States), Ricardo Claro(OAS/CA Conference Coordinator for Chilean Government), United States: Henry Kissinger(State Secretary), William D. Rogers(Assistant Secretary for Inter-American Affairs, Anthony Hervas(Interpreter), Santiago, June 8, 1976, Gerald Ford Library, http://www2.gwu.edu/~nsarchiv/NSAEBB/NSAEBB437/docs/Doc%2010%20-%20Kissinger-Pinochet%20memcon%20Jun%208%201976.pdf (검색일: 2013.9.13).
116 고지훈, 「한국사DB에 수록된 미 국무부 외교문서(FRUS) 국역본 소개」, 『역사의 창』 45호 (2017년 하반기), 16쪽.

정권 교체라는 정책 목표를 달성할 수 있는 수단이 되었다.[117]

10. 석유와 고무를 차지하기 위한 인도네시아 군사 쿠데타 지원

인도네시아의 독립 영웅이자 민족주의자인 아크멧 수카르노(Achmed Sukarno) 대통령은 1950년대 초 인도네시아 공산당(PKI)이 주도하던 토지개혁운동을 저지하는 등 반공주의 노선을 표방했다. 이로 인해 미국은 초기 수카르노 정부에 우호적이었다. 그러나 수카르노는 곧 비동맹 중립외교 정책을 표방하여 미국의 심기를 불편하게 했다. 1958년 인도네시아 도서지역에서 반수카르노 반란이 발생했을 때, 아이젠하워 행정부는 반란 세력에게 군사물자를 지원하여 수카르노 정부 교체를 기도했으나 무산되었다. 그 후 인도네시아에서 PKI의 영향력이 크게 증가하고 있다고 판단한 아이젠하워 정부는 CIA 비밀공작에 착수하여 인도네시아의 우익보수 세력을 지원하기 시작했다.

다당(多黨) 난립으로 단명 내각이 계속되자 수카르노는 내정 혼란의 원인이 서구형 의회정치에 있다고 판단하고, PKI의 지원하에 촌락민주주의 전통에 입각한 '교도(教導)민주주의(Guided Democracy)'를 도입하여 정권을 강화했다.[118] 그러나 1960년대 초에도 계급 간 갈

---

117 김재천(2009), 앞의 글, 185~186쪽.
118 김재천, 「미국의 정권교체(Regime Change) 정책 사례연구: 유형별 분석」, 『신아세아』 16-

등은 진정되지 않았고 소작농과 저임금 노동자들은 지주 계급이 소유하고 있던 토지와 미국 소유의 기업들을 공격하기도 했다. 1965년 9월 30일 PKI가 배후에 있다고 여겨지는 쿠데타가 발생해 반공주의자 군인 5명이 처형당하자, 당시 군부의 실세로 육군 소장이던 하지 모하메드 수하르토(Haji Mohammad Soeharto)가 이끄는 군이 이들을 진압했다. 이러한 혼란을 틈타 수하르토는 CIA의 지원하에 정권을 장악하고 수카르노를 권좌에서 끌어내렸다. 1966년 3월 11일 수카르노 대통령은 수하르토 장군에게 치안대권(사실상의 실권)을 이양했던 것이다. 수하르토는 1967년 3월 수카르노를 완전히 축출하고 스스로 대통령에 취임했다.

　미국은 수카르노의 친중국·친소정책을 못마땅하게 생각해 1957~1958년 군사 쿠데타를 부추겼으나 실패한 이후 인도네시아 군부에 무기 및 금전적 지원은 물론 군사훈련도 제공했다. 당시 존슨 행정부의 외교 정책 엘리트들은 쿠데타의 전모를 모르고 있었다고 주장했지만, 『뉴욕타임스』 등에서 지적했듯이 미 CIA는 인도네시아 군부의 상층부와 매우 효율적이고 긴밀한 관계를 유지하고 있었다.[119] CIA는 1965년 공산당 쿠데타를 진압한 군부를 후원해 1966~1967년 수카르노 정권의 교체를 실현했던 것이다. 수하르토가 쿠데타를 감행할 때 CIA는 통신 및 운송 장비를 지원한 것으로 알려졌다. CIA뿐

3(2009), 186~187쪽.
119　David Johnson, "Gestapu: The CIA's 'Track Ⅱ' in Indonesia," (1976), http://www.hartford-hwp.com/archives/54b/033.html (검색일: 2021.1.9); *The New York Times*, June 19, 1966; 김재천(2009), 위의 글, 187쪽.

아니라 미국 홍보처(USIA) 역시 인도네시아에서 활발하게 활동했는데, 반수카르노 분위기를 조성하는 CIA의 심리전에 USIA가 많은 도움을 주었다. 미국이 쿠데타를 직접 계획하여 주도하지는 않았지만 반수카르노 세력을 외곽에서 지원하여 정권 교체를 유도한 것이다.

1967년 집권한 수하르토 정부가 이후 강력한 반공주의를 채택해 친미적인 성향을 견지한 것에서도 미국이 그를 후원했다는 사실을 추정할 수 있다.[120] 미국의 공작은 마셜 그린 주인도네시아대사가 주도했다. 1961년까지 서울에서 대사를 대리했던 그린은 홍콩 총영사를 거쳐 주인도네시아대사로 전보되었다. 그의 인도네시아 부임은 수하르토의 군사 쿠데타를 지지하기 위한 것이라고 평가된다. 1965년 7월 26일, '그린은 돌아가라'는 슬로건이 걸린 베트남전 반대 시위 와중에 그린은 수카르노 대통령에게 신임장을 제출했다. 몇 주 후 인도네시아 공산당이 연루된 9월 30일 쿠데타 사건이 일어나고 10월 1일 군사 쿠데타를 주도한 장성들이 암살된 후 군사 쿠데타가 실패하는 듯했지만 수하르토는 인도네시아 공산당을 지목해 50만~100만 명을 학살하는 반수카르노 반공 군사 쿠데타를 일으켜 실권을 장악했다.[121]

마셜 그린은 1965년 10월 20일 국무부에 반공을 위해 군사 쿠데타를 지지하는 전문(電文)을 보냈다.[122] 이 전문은 그린이 학살을 고무한

---

120 서정균, 「「인도네시아」「스하르토」체제의 1년간: 親中共政策에서 親西方」, 『시사』 58(1968.7), 67~71쪽.

121 Geoffrey B. Robinson, *The Killing Season: A History of the Indonesian Massacres, 1965–66* (Princeton, NJ: Princeton University Press, 2018), p. 11.

122 "Telegram From the Embassy in Indonesia(Green) to the Department of State," Djakarta, October 20, 1965, 0330Z, *Foreign Relations of the United States, 1964–1968*,

증거로 간주된다.[123] 그린은 닉슨 행정부 때인 1969년 5월 5일 동아시아·태평양 담당 국무차관보로 부임해 1973년 5월 10일까지 재임하면서 1972년 닉슨의 중국 방문을 수행했다.

미국의 경제이익과 안보이익이 인도네시아의 정권 교체를 도모한 배경에 자리하고 있었다. 당시 미국 대기업들은 인도네시아의 석유 및 고무 사업에 적극 투자했을 뿐 아니라 인도네시아의 석유 및 고무 공장 대부분이 미국 기업 소유였다. 수카르노 정부 당시 정국이 매우 불안정하고 대규모 소요 사태가 지속적으로 발발했으며, 소작농과 저임금 노동자들은 미국 기업 소유의 공장을 공격·강탈하기도 했는데 이는 미국의 상업이익에 대한 도전으로 받아들여졌다. 1963년 미국의 석유회사와 수카르노 정부의 협상이 결렬되자 수카르노는 미국의 석유회사를 국유화할 것이라고 공표했다. 이는 역내 미국의 상업이익에 큰 위협으로 인식되었다.

인도네시아는 지정학적 관점에서도 미국에게 매우 중요한 나라였다. 인도네시아는 미국이 동맹국들에게 석유를 수송하고 미 해군이 자유롭게 회항할 수 있는 해상 교통로에 위치하고 있어서 인도네시

Volume XXVI, *Indonesia; Malaysia-Singapore; Philippines*, pp. 330-331, https://history.state.gov/historicaldocuments/frus1964-68v26/d158 (검색일: 2020.4.24); Kai Thaler, "50 years ago today, American diplomats endorsed mass killings in Indonesia. Here's what that means for today," *The Washington Post*, December 2, 2015.

123 Mark Aaron, "Justice Betrayed: Post-1945 Responses to Genocide," David A. Blumenthal and Timothy L. H. McCormack, eds., *The Legacy of Nuremberg: Civilising Influence or Institutionalised Vengeance?* (Leiden, Netherland: Martinus Nijhoff Publishers, 2008), pp. 80-81; John Pilger, *A Secret Country* (London: Vintage Books, 1992), pp. 139, 203, 218, 235, 246, 251.

아의 공산화 방지는 냉전 시대 미국의 안보이익에 매우 중요한 것으로 간주되었다. 비동맹 중립외교 노선을 표방한 수카르노는 비록 소련과는 일정한 거리를 유지하고 있었지만 인도네시아 공산당과 결탁하는 등 미국의 우려를 자아냈다. 수카르노 정권 교체 수단으로 미국의 정책 결정권자들이 공개적인 군사 개입이 아닌 CIA를 선택한 주된 이유는 군사행동에 수반되는 고비용 때문이었던 것으로 추정된다. 당시 수카르노에 우호적이지 않았던 미국의 여론을 감안한다면 대다수 미국인들이 군사력을 동원해 수카르노 정부를 전복시키는 정책을 지지했을 것이다. 수카르노는 민주적인 절차에 의해 선출된 지도자였지만 '교도민주주의'를 도입하는 등 독재적인 방식으로 정권을 강화했으며 말레이시아데 대한 대립정책 등을 채택하여 미국 내 수카르노에 대한 여론이 악화되고 있었다.

  1960년대 초 수카르노 정부에게 대외원조를 제공하는 등 유화정책을 펼치던 케네디와 존슨 행정부는 수카르노 정부에 대한 강경정책을 요구하는 국내 여론의 질타를 받고 있었다. 그러나 미국의 군사력을 동원하여 수카르노 정권의 교체를 도모하기는 어려운 입장이었다. 무엇보다 1960년대 초는 미국이 베트남전쟁의 '미국화(Americanization)'를 추진해 나가던 시기였다. 미국은 이미 베트남에 많은 군사자원을 투입한 상황이었고, 만약 수카르노 정부에 대한 무력 사용이 전면전으로 치닫게 된다면 확실한 승리를 장담할 수 없는 처지였다. 인도네시아를 상대로 치를 전면전은 미국 국민이 용인할 수 없는 인적, 재정적 비용을 초래할 것이고, 이를 간파한 미국의 정책 결정권자들은 군사 침공이 아닌 비밀공작의 정부 전복정책을 선

택한 것으로 보인다.[124]

2001년 비밀 해제된 문서에 따르면 1975년 인도네시아 수하르토 정부의 동티모르 침공을 포드 대통령과 키신저 국무장관이 지원했다고 한다.[125] 미국은 인도네시아를 친미정권으로 유지하기 위해 20만 명이 목숨을 잃은 동티모르 강제 병합을 지원했던 것이다. 소련과 사회주의 영향력의 확대를 저지하기 위한 미국의 냉전적 전략이었다.

수하르토는 1997년 11월 아시아 금융위기로 IMF에 구제금융을 신청한 상태에서 1998년 3월 7선 대통령이 되었으나 5월 21일 대규모 반정부 시위로 대통령직을 사임할 수밖에 없었다. 클린턴 행정부는 인도네시아군이 안정의 관건이라고 생각했고 수하르토의 몰락을 촉진시키는 IMF의 권고를 받아들이도록 압력을 가했다.[126] 수카르노에 이어 수하르토도 미국의 영향력에 의해 교체되었다고 할 수 있다. 미국의 수하르토 교체 공작은 1997년 김영삼 정권에서 김대중 정권으로 헌정 사상 최초의 평화적 정권 교체를 달성한 한국의 경우를 연상시킨다.

---

124 김재천(2009), 앞의 글, 186~188쪽.

125 Patricia Sullivan, "David D. Newsom; Diplomat Played Key Role During Iran Hostage Crisis," Washington Post, Friday, April 4, 2008, http://www.washingtonpost.com/wp-dyn/content/article/2008/04/03/AR2008040303969.html?noredirect=on (검색일: 2019.7.25).

126 Brad Simpson, "US Promoted Close Ties to Indonesian Military as Suharto's Rule Came to an End in Spring 1998," Published: Jul 24, 2018, *National Security Archive Electronic Briefing Book* #633, https://nsarchive.gwu.edu/briefing-book/indonesia/2018-07-24/us-promoted-close-ties-indonesian-military-suhartos-rule-came-end (검색일: 2018.7.26).

참고
서부 뉴기니 섬 문제

19세기에 네덜란드는 뉴기니 섬의 서해안에 상관(商館)을 설치하였고, 1885년 네덜란드·영국·독일이 뉴기니 섬을 분할해 네덜란드가 섬의 서반부를 네덜란드령 동인도(현재의 인도네시아)에 병합했다. 1949년 인도네시아 독립전쟁이 종식된 후 네덜란드령 동인도 독립을 논의하기 위해 열린 헤이그 원탁회의에서 서뉴기니(네덜란드령 뉴기니) 지역의 귀속 문제는 난항을 겪었다. 인도네시아는 서뉴기니 지역도 인도네시아로 귀속되는 것을 원했지만, 네덜란드는 서뉴기니 지역에서 토착민의 자치권을 인정하고 독립을 지원하며 한동안 지배체제를 유지하려 했다. 인도네시아는 서뉴기니에 대한 영유권을 계속 주장했으나 결국 '네덜란드령 뉴기니'는 네덜란드의 속령으로 남았다.

네덜란드는 뉴기니 섬 서반부를 지배하면서 1952년부터 파푸아인의 자치권과 자결권을 인정하고 독립 준비를 진행했다. 그러나 '국경선 신성(神聖)의 원칙'에 따라 이 지역의 영유권을 주장하는 인도네시아와 계속 대립했다. 서뉴기니에 지배권을 행사하는 네덜란드에 불만을 품고 있던 인도네시아는 1954년 네덜란드와 연방관계를 해제했다. 네덜란드는 서뉴기니에 약 5,000명에 달하는 교사를 파견했으며 이들은 정치와 상업, 일반 기술을 가르쳤다. 1955년 본토 해군사관학교 생도가 최초로 졸업했고, 1956년 육군 제1부대가 창설되었다. 1959년 네덜란드령 뉴기니 전역에서 선거가 실시되었고, 1961년 4월 6일 파푸아 의회가 신설되었다.

이 와중에 소련의 군사원조를 받아 군비를 확장한 인도네시아의 수카르노 대통령은 1960년 서뉴기니 문제를 유엔에 제소하고 무력에 의한 해결 의지를 밝히는 한편 네덜란드와 단교했다. 이런 상황을 견디다 못한 네덜란드가 1961년 12월 1일 파푸아 의회의 새 국기와 새 국가 채택을 승인하는 등 '서파푸아 공화국'의 독립을 인정하자, 12월 18일 인도네시아군이 서파푸아를 침공해 네덜란드군과 충돌이 벌어졌다. 이에 인도네시아에 대한 소련의 영향력 확대를 차단하려는 미국이 개입하여 네덜란드에 서파푸아 포기 압력을 가하는 한편 인도네시아를 설득해 서파푸아는 1962년 10월 유엔의 관리하에 놓였다. 유엔 이관을 계기로 서파푸아는 인도네시아로 넘어가는 전기를 마련했다. 결국 미국은 네덜란드가 서파푸아를 포기하고 인도네시아에 넘기는 데 결정적인 기여를 했다. 유엔은 서뉴기니의 장래를 결정짓기 위한 국민투표를 1969년까지 실시한다는 조건 아래 1963년 5월 인도네시아에 주권을 이양했다.

서파푸아의 독립 무산은 냉전 시대 국제정치에 희생당한 케이스이다. 수카르노는 통치 말기에 점점 좌파로 기울며 도미노 이론을 염두에 둔 미국을 불안하게 만들어 결국 서파푸아를 손에 얻기는 했지만 미국의 사주를 받은 수하르토에 의해 1967년 완전히 물러났다. 미국의 수카르노 제거 작전이 성공한 셈이다.

* * *

11. 도미니카공화국 정권 교체를 위한 미국의 비밀공작

1959년 1월 카스트로가 쿠바 정권을 잡은 이후 아이젠하워 미국 대통령은 도미니카공화국의 실질적 지배자 라파엘 트루히요(Rafael Trujillo) 전 대통령에 대한 대중적 지지가 너무 약해서 사회주의 혁명의 가능성이 높다는 미 CIA의 의견에 귀를 기울이기 시작했다. 당시 CIA는 미국에 적대적인 외국 집권자들을 권자에서 몰아내는 제거 작전('Black Operations'로 명명되다가 후일 'Executive Action'으로 알려짐[127])을 추진했는데, 케네디 행정부 시절인 1961년 5월 30일에 도미니카공화국에서 이루어진 트루히요 암살은 이러한 작전의 일환이었을 가능성이 높다.[128] 물론 보안을 유지해 미국의 배후가 드러나지는 않았지만 암살까지 감행했으므로 비교적 적극적인 비밀공작이었다고 평가할 수 있다.

트루히요는 암살당하기 전까지 31년간 도미니카공화국을 지배했다. 1918년 도미니카군에 입대했으며, 미국이 이 나라를 점령한 기간(1916~1924) 중에 미국 해병대에서 훈련을 받았다. 1919~1925년에 육군 소위에서 보안대 대령으로 승진했으며, 1927년에는 장성이

---

127 "CIA: Executive Action," *Spartacus Educational*, http://www.spartacus.schoolnet.co.uk/JFKexecutiveA.htm (검색일: 2012.3.21).

128 Michael W. Doyle, *Ways of War and Peace: Realism, Liberalism and Socialism* (New York: W. W. Norton, 1997), p. 275; "Rafael Trujillo," *Spartacus Educational*, http://www.spartacus.schoolnet.co.uk/JFKtrujillo.htm (검색일: 2012.3.21).

되었다. 1930년 호라시오 바스케스 대통령에 대항해 군부 반란을 일으켜 권력을 장악한 후 트루히요는 자신의 가족(동생 엑토르 트루히요 등)을 공직에 임명하고 많은 정적을 살해했으며, 군통수권을 통해 도미니카공화국에서 절대적인 통치권을 행사했다. 그는 공식적으로 1930~1938년, 1942~1952년에 대통령으로 재임했다. 업무 능력이 탁월하고 정치적으로 무자비했던 트루히요는 공화국에 전에 없던 평화와 번영을 가져다주었다. 그러나 국민들은 번영의 대가로 자신들의 시민적·정치적 자유를 희생해야만 했다. 경제 근대화의 혜택은 트루히요와 그의 측근 및 지지자들에게 유리하도록 불공정하게 분배되었다.

권력 유지를 위해 그가 취했던 가혹한 조치 때문에 정권 말기로 갈수록 반대 세력이 계속 증가했으며, 독재 통치를 완화하라는 외국의 압력도 상당히 컸다. 이 때문에 그는 점차 군부의 지지를 잃기 시작했다. 결국 산크리스토발에 있는 농장으로 차를 몰고 가던 중 기관총 총격을 받고 죽었다. J. T. 디아스 장군을 포함한 여러 암살 혐의자들이 체포되어 처형당했다.[129]

트루히요 암살은 공산주의 혁명으로부터 반공정부를 지키기 위한 미국의 공작 결과물이었다. 트루히요 암살 이후 군부와 미국영사의 중재하에 국가평의회가 구성되어 총선 때까지 도미니카공화국을 임시 통치했다. 1962년 12월 20일에 치러진 민주적 선거에 의해 1963년 2월 27일 중도좌파 성향의 후안 보쉬(Juan Bosch)가 대통령에 취임했

---

[129] 「트루히요」, 〈다음백과〉(검색일: 2021.1.9).

으므로 트루히요 암살은 보쉬 집권의 기반을 제공했다고 할 수 있다.

그러나 보쉬는 1년도 못 되어 미국의 비밀공작으로 군부에 의해 축출되었다. 보쉬는 일찍이 라파엘 트루히요의 독재정치에 항거하다 추방형에 처해졌으며 1939년 좌파 '도미니카 혁명당(PRD)'을 창설했다. 도미니카 혁명당은 도미니카 최초의 정당이며 트루히요 사망 이후 국가 권력을 인수할 건설적 계획을 갖고 있던 유일한 정당이었다. 보쉬는 이제까지 소외되어 왔던 농민층에 직접 호소했을 뿐만 아니라 빈민층과 중산층 지식인 계층의 지지를 얻기 위해 계층을 망라하는 유세 연설을 함으로써 1962년 선거전에서 압승을 거두었다.[130]

트루히요 암살에서 이미 적극적인 개입정책을 구현한 바 있는 미국은 보쉬 정권을 교체하는 정책이 초래할 국내외 여론의 역풍을 우려해 소극적인 비밀공작 정책을 취했다. 특히 1960년대 초 케네디 행정부는 전임 아이젠하워 공화당 행정부의 강경일변도 제3세계 외교정책을 탈피하여 수카르노 정부 등이 표방했던 제3세계 국가의 중립주의 노선에 보다 관대한 입장을 견지할 것이라 피력했다. 미국은 이들 국가의 경제·정치적 발전을 유도하는 데 외교 정책의 역량을 집중할 것이라는 '진보를 위한 동맹(Alliance for Progress)'의 신외교 독트린을 천명했던 점도 소극적인 공작을 취하게 된 중요한 요인이다. 진보를 위한 동맹 정책은 주로 중남미 권역의 국가를 대상으로 추진되었는데, 그중 카리브 연안의 도서 국가 도미니카공화국이 그 시연장이 될 것이라고 표방했다. 케네디 행정부는 신외교정책의 성공을 위

---

130 「보쉬」, 〈다음백과〉(검색일: 2021.1.9).

해 도미니카가 자유주의 정치·경제 제도에 기초한 민주국가로 변화해 갈 수 있도록 적극적으로 지원했고, 그 결과 민주적 선거로 보쉬 정권이 탄생했다.[131]

그러나 보쉬 정부가 미국이 용인하는 냉전 시대 반공정부의 틀을 넘는 용공적인 스탠스를 취하면서 문제가 발생했다. 보쉬는 공산주의자나 사회주의자가 법을 지킨다면 투옥되지 않을 것이라고 선언했다. 미국은 그가 공산당의 정치활동을 허용하고 토지개혁을 단행하는 등 미국이 '용인할 수 있는 진보'의 한계선을 넘었고 미국의 국익에 반하는 일련의 정책을 추진한다고 여겼다. 공산주의자들의 침투가 급속도로 진전되고 있다고 판단한 미 CIA는 보쉬 정권의 전복에 군부를 활용하는 방안을 고려했다. 케네디 행정부는 원조 정책을 중단했을 뿐 아니라 CIA와 반보쉬 군부 세력과의 긴밀한 협조를 통해 쿠데타를 지원해 보쉬 정부를 전복시켰다.

당시 쿠바의 피델 카스트로로 인해 상당한 충격을 받은 미국 정부는 카리브해 국가들의 전반적인 좌익 성향에 대하여 우려하기 시작했다. 이 위기의식은 새로운 도미니카공화국 정부에 반감을 갖고 있던 미국대사의 정세 보고서에 의해 가중되었다. 1963년 4월 29일 보쉬 대통령이 공포한 자유민주주의 헌법은 국내 4대 기간 세력의 입지를 뒤흔들어 놓았다. 지주들은 대토지 소유 금지 조항으로 경악을 금치 못했고, 교회는 헌법의 세속적인 성향에 분노했고, 경영자들은 헌

---

131 김재천, 「미국의 정권교체(Regime Change) 정책 사례연구: 유형별 분석」, 『신아세아』 16-3(2009), 189쪽.

법이 노동 계층 편향적이라고 생각했으며, 특히 군부 지도자들은 권위의 실추를 절감하게 되었다.[132]

CIA는 도미니카공화국에서 반보쉬 분위기를 조성하는 데 중요한 역할을 했다. 콘트랄(Contral)이라는 노조 연합을 창설하여 강력하고 통합된 노조를 결성하려는 보쉬의 노력을 무력화하고 조직적인 파업을 유도해 경제 불안을 증폭시켰다. 미국이 쿠데타에 직접 개입하지 않았지만 쿠데타가 발발할 수 있는 환경을 비밀리에 조성한 것이다.[133] 1963년 7월 군부 그룹이 보쉬 정부가 반공을 유지해야 지지할 것이라고 위협하자 보쉬는 민주사회에서 군부는 정치에 개입하지 말아야 한다고 대응했다. 1963년 9월 보쉬 정부는 미국이 후원하는 군사 쿠데타에 의해 실각했다. 1963년 9월 25일 군부는 대통령을 국외로 추방했다.

미국이 도미니카공화국의 정권 교체를 감행한 배경에도 미국의 경제이익과 안보이익이 복합적으로 작용한 것으로 추정된다. 19세기 말부터 미국은 카리브 지역의 경제권을 장악하고 있었으며, 20세기 초부터 미국 기업과 투자자들이 도미니카에서 본격적인 투자를 시작했다. 유럽 시장으로 수출되던 도미니카공화국의 담배, 카카오, 설탕 등이 미국으로 헐값에 매매되었고, 미국의 설탕회사는 도미니카의 은행과 교통수단을 장악하고 기존의 공동 소유 토지를 분할 소유함으로써 부당한 이익을 취득했다. 보쉬의 경제개혁 정책은 이러한 미

---

132 「보쉬」, 〈다음백과〉(검색일: 2021.1.9).
133 김재천(2009), 앞의 글, 189쪽.

국의 상업이익을 크게 위협했는데, 예를 들어 보쉬는 과도정부가 미국 기업과 체결한 설탕 계약의 부당성을 지적하며 계약을 준수하지 않았다. 미국 자본의 무분별한 유입에 일정한 제약을 가하려고 한 것이다. 이러한 정책으로 인해 미국 기업의 도미니카 사업 계획은 심각한 차질을 빚게 되었다. 그런데 이란이나 칠레의 경우와는 달리 미국 기업인들이 케네디 행정부에 보쉬 정부의 전복을 권고하는 로비를 했다는 증거는 찾아보기 어렵다.

도미니카공화국은 지정학적 관점에서도 미국에게 전략적 가치가 높은 국가였다. 도미니카는 카리브해 진입을 위한 관문에 위치해 있고 파나마 운하와도 매우 근접해 있다. 이렇듯 전략적 가치가 높은 도미니카가 공산화되는 상황은 냉전 시대 미국의 안보를 크게 위협할 수 있다. 그러나 실제로 도미니카가 공산화될 가능성은 매우 희박했고, 보쉬 역시 반공주의자였다. 하지만 보쉬의 정책은 미국이 이 지역에서 누리고 있는 정치·경제적 패권에 대한 도전으로 인식되었고, 종국에는 케네디가 진보를 위한 동맹정책을 포기하고 정부 전복 정책으로 선회하게 하는 단초를 제공했다.[134]

그러나 케네디가 공표한 '진보를 위한 동맹' 정책은 국내외 여론의 적극적인 지지를 받고 있었고, 1962년 보쉬를 대통령으로 선출한 민주적 선거는 케네디 외교 정책의 쾌거로 받아들여지고 있었다.[135] 공

---

134 김재천(2009), 위의 글, 190쪽.
135 *The New York Times*, December 27, 1962; *The Washington Post*, Decenber 25, 1962; 김재천(2009), 위의 글, 190쪽.

산당을 합법화하는 정책 등으로 보쉬는 미국 여론의 질타를 받기도 했지만 보쉬에 대한 국내외 여론은 집권 말기까지도 상당히 호의적이었다. 이러한 상황에서 행정부의 공식적인 정책에 반하는 정부 전복 정책을 공공연히 추진하기에는 무리가 따를 수 있었기 때문에 비밀공작이 동원된 것으로 보인다.[136]

보쉬의 실각 이후 군부는 민간인 삼두체제 정권을 수립하여 19개월간 도미니카공화국을 간접 통치했다. 군부 지배하에서도 정계의 불안은 지속되었다. 민간인 삼두체제 정권은 1965년에 보쉬 지지자들에 의해 전복되었으며, 이에 따라 보쉬의 지지자들과 군부 사이에 무력 충돌이 일어나 내전이 발발했다. 이 사태를 해결하기 위해 미군 4만 2천 명이 도미니카공화국에 주둔하고 미주기구(OAS) 평화군까지 개입하고 나서야 임시정부가 수립되고 사회 질서가 회복되었다. 임시정부는 엑토르 라파엘 가르시아(Héctor Rafael García)를 임시 대통령으로 선출하여 1966년 선거 때까지 행정부 수반의 권한을 맡게 했다. 1966년 보수적인 기독교사회개혁당(PRSC)의 호아킨 발라게르(Joaquín Balaguer)가 중도좌파의 보쉬를 누르고 제45대 대통령으로 선출되어 1978년까지 3선 연임으로 봉직했는데, 그의 보수정부는 미국과 긴밀한 관계를 유지했다.

발라게르는 1932~1957년 트루히요 지배하의 도미니카공화국 정부에서 행정직과 외교직을 두루 거쳤다. 독재자 라파엘 트루히요 장군의 동생인 엑토르 트루히요의 정부(1952~1960)에서 교육부 장관을

---

[136] 김재천(2009), 위의 글, 190쪽.

역임했다. 엑토르 트루히요가 병으로 대통령직에서 물러나자 발라게르가 대통령이 되었는데, 라파엘 트루히요 장군이 여전히 전권을 장악하고 있었으므로 명목상의 대통령에 불과해 실질적인 개혁을 실행에 옮길 수 없었다. 1961년 라파엘 트루히요가 암살되자 발라게르는 정부의 자유화에 전력했으며, 미주기구는 트루히요 독재정권 시절에 줄곧 취했던 경제 제재 조치를 해제했다. 발라게르는 트루히요 정권에 비해 급진적인 변혁을 추구했지만 시민의 자유를 즉각 복원시키고 공평한 부의 분배를 요구하는 사람들을 충분히 만족시키지는 못했다. 나라가 분열되어 폭력이 난무하는 가운데 군사 쿠데타가 발생하자 1962년 단명의 대통령직을 사임했다. 쿠데타 이후 국가평의회 체제하에서 그는 미국으로 망명할 수밖에 없었다.

발라게르는 1965년 미군이 개입한 시기에 도미니카공화국으로 돌아와 평화적이고 온건하면서 질서 있는 변화를 선거공약으로 내세워 1966년 대통령에 당선되었다. 실업계와 긴밀한 유대 관계를 맺고 온건한 사회개혁을 추진하는 한편 지속적인 경제성장을 이루었다. 1970년과 1974년 대통령에 재선되었으나 두 차례 임기 중에 정치적 소요, 반정부인사들의 암살, 통화 팽창 및 선거 부정 의혹 등으로 인기가 실추되었다. 그는 1978년 대통령 선거에서 야당인 도미니카 혁명당의 실베스트레 안토니오 구스만 페르난데스에게 패배했다. 1978년 선거는 1966년 이래 주요 야당의 피선거권을 허용한 최초의 선거였다.[137] 그리고 최초의 평화적인 정권이양이 이루어진 선거였다.

---

137 「발라게르」, 〈다음백과〉(검색일: 2021.1.9).

✦✦✦
참고
호아킨 발라게르와 박정희

발라게르는 라파엘 트루히요 지배하 엑토르 트루히요 대통령 아래서 부통령을 역임했고, 엑토르 사임 직후 대통령을 물려받아 1962년 쿠데타로 실각할 때까지 대통령직을 수행했다. 1966년부터 1978년까지 12년간 장기 집권하면서 대통령직을 유지했으며, 다시 1986년부터 1996년까지 10년 동안 대통령직을 수행했다. 발라게르는 24년간 도미니카공화국을 통치하면서 경제를 발전시켰다는 점에서 긍정적으로 평가받기도 하지만 그의 치세는 오늘날까지 수많은 논쟁의 대상이 되고 있다.

발라게르의 보수주의 정권은 미국과의 긴밀한 관계와 막대한 원조를 바탕으로 '도미니카의 기적'이라고 불리는 비약적인 경제발전을 실현했다. 광산 개발을 위한 외국 자본 투자를 적극적으로 유치하되 외국 자본에 대한 구조적 종속을 개선하고 농축산업 부문의 변화를 창출했으며 도로와 학교 등 다양한 사회 인프라를 확충함으로써 경제를 안정시켰다. 또한 녹지 보호 정책을 펼쳐 강과 해안의 습지대를 보호구역으로 설정하고 국립공원을 확대하여 환경보전에 공헌했다. 그러나 강권 통치로 인한 인권 침해 논란과 부정선거 개입, 부정부패 확산, 빈부 격차 확대, 무분별한 사법 살인 등으로 인해 부정적으로 평가받기도 한다.[138] 이런 점에서 한강의 기적을 일궈냈지만 독재자로 비난받는 박정희와 비교될 수 있다.

　1963년 대한민국 대통령 선거에서 미국은 박정희 같은 군인이 아닌 윤보선과 같은 민간인 출신이면서 보수주의자가 대통령이 되기를 원했다. 발라게르는 윤보선과 비견될 수 있는 인물이다. 그러나 한국의 발리게르인 윤보선은 군인 출신 박정희보다 국민의 선택을 받지 못했으므로 미국은 박정희의 집권을 인정할 수밖에 없었다.

※ ※ ※

12. 브라질의 용공적 민주정부 전복을 위한 미국의 비밀공작

1964년 3월 31일 밤 브라질 군부는 주앙 굴라르(João Goulart) 대통령을 상대로 쿠데타를 감행했다. 주앙 굴라르는 민주적으로 선출된 두 명의 대통령 주셀리누 쿠비체크와 자니우 쿠아드루스 아래서 부통령으로 있다가 쿠아드루스의 갑작스런 사임으로 군부의 강력한 반대에도 불구하고 1961년 대통령으로 승격했다. 개혁을 추진할 만큼 충분한 권력을 갖지 못했던 굴라르는 1963년 국민투표를 실시해 재선에 성공했다. 그의 개혁과 1963년 선거는 냉전체제가 극심하던 시절에

---

138 「호아킨 발라게르」, 〈위키백과〉(검색일: 2021.1.9.).

사회주의로 비쳐져 우익 세력과 군부를 자극했으며 쿠데타의 원인이 되었다. 재임 중에는 외국 자본의 이윤 송금 제한, 석유 관계 수입 통제, 유휴지 국유화 등 민족적 과제 달성에 힘썼고, 여러 사회주의 국가들과 가까운 관계를 형성했다.

1964년 4월 11일 국회에서 대통령으로 선출되어 권력을 넘겨받은 움베르투 지 알렝카르 카스텔루 브랑쿠 육군 사령관은 1966년 국민에 의해 합법적으로 선출된 후임자에게 정권을 이양하겠다고 약속했다. 그러나 1967년 군부는 약속을 지키지 않았고 브라질 군사정부는 1984년까지 지속되었다.

쿠데타 직전 미국대사 링컨 고든은 미국 대통령 린든 존슨과 지속적으로 접촉했다. 존슨은 주앙 굴라르 정부의 전복을 돕기 위해 "우리가 할 수 있는 것은 모두 하라"고 촉구했다.[139] 본국에 보낸 보고에서 고든은 "민주주의를 지향하는 데모와 의회에서 반공주의를 격려하기 위한 비밀 지원, 근시일 내로 비밀 행동 계획을 위한 충분한 자금을 요청하려고 한다"고 언급해 미국의 개입이 있었던 것으로 드러났다.[140] 굴라르는 우루과이로 망명했고 아르헨티나에서 1976년 객사했다.

---

139 Peter Kornbluh, ed., "BRAZIL MARKS 40th ANNIVERSARY OF MILITARY COUP: DECLASSIFIED DOCUMENTS SHED LIGHT ON U.S. ROLE," *GWU National Security Archive*, http://www.gwu.edu/~nsarchiv/NSAEBB/NSAEBB118/index.htm#docs (검색일: 2013.5.6).

140 "Telegram From the Ambassador to Brazil (Gordon) to the Department of State," Rio de Janeiro, March 28, 1964, *Foreign Relations of the United States, 1964-1968*, Volume XXXI, South and Central America; Mexico, Document 187, http://history.state.gov/historicaldocuments/frus1964-68v31/d187 (검색일: 2013.5.6).

13. 아르헨티나의 '더러운 전쟁'을 묵인한 미국 CIA

후안 도밍고 페론(Juan Domingo Peron)은 1946년 6월 4일 대통령에 취임해 1955년 9월 19일 에두아르도 로나르디가 이끄는 군부 쿠데타에 의해 실각한 아르헨티나의 29대 대통령이다. 후안 페론은 대령 신분으로 1943년 국가주의적 의식을 가진 청년장교 중심의 군사 쿠데타에 주동적으로 참여했으며 국방부 장관과 부통령 겸 노동(복지)부 장관을 역임했다. 페론은 노동부 장관으로 있는 동안 노동자의 권익을 보호하는 정책을 추진해 노조를 자신의 지지 기반으로 만드는 데 성공했다. 페론의 야심과 대중 선동 능력을 경계한 군부는 정부 전복 혐의를 적용해서 페론을 체포했다.

에바 두아르테(에바 페론)은 후안 페론이 노동부 장관 시절 도움을 준 노조에 호소했다. "나 역시 당신들과 같은 하층민 출신입니다. 우리 가난한 자들과 이 나라를 구할 수 있는 사람, 미국으로부터 자유를 줄 수 있는 사람은 오직 후안 페론뿐입니다." 그녀의 호소는 노조의 총파업을 이끌어냈고 노조의 페론 석방운동은 1945년 9월 17일 민중혁명으로 이어졌다.

1946년 페론은 오르텐시오 키하노를 부통령으로 지명하고 아르헨티나 대선에 출마했다. 페론은 라 보카 등 노동자 밀집 거주 지역의 대규모 지지에 힘입어 54% 득표로 대통령에 당선되었다. 급진시민연합당에 약 11% 차이로 승리했다.[141] 노조만이 아니라 산업가 세력도 페론을 지지했다. 이들은 페론이 전통적 지배 세력인 농업 세력을 무너뜨리고 새로운 질서를 수립할 것을 희망했다. 그는 집권 시기 동안 사회정의와 자립경제를 동시에 추구했다. 이 두 가지 목표를 내세우면서 사회주의와 자본주의 양대 진영이 대립하는 냉전에 맞서 한 진영으로 참여하기를 거부했다. 페론은 CGT라는 거대 노동조합 설립했으며, 외채를 갚고 국유화정책을 추진했다. 집권하는 동안 사회보장제도를 크게 확충했다. '페론주의(페로니즘)'라고 하는 대중적 포퓰리즘은 이때를 전후해 생겨났으며 나라 경제는 이를 시발점으로 휘청거리기 시작했다. 1952년 에바 페론을 부통령으로 지명해 대통령 선거에 나선 후안 페론은 재선에 성공했으나 1955년 군부 쿠데타로 실각했다.

　후안 페론은 두 번째 부인 에바 페론을 잃고 독신으로 지내던 중 1956년경 파나마 망명지에서 마리아 마르티네스 페론(이사벨)을 만나 이듬해에 정식으로 결혼했다. 이사벨은 1960년대와 1970년대 초 여러 차례 아르헨티나로 건너가 후안 페론 시대의 국민의 추억을 상기시키며 후안 페론의 정계 복귀를 위한 기반을 다졌다. 1973년 3월 대통령 선거에서 페론주의를 내건 정의당의 엑토르 호세 캄포라가 당선되었으나 1973년 7월 13일 갑작스레 사임했으므로 페론 부부는 아르헨티나로 돌아가서 다음 선거를 준비했다. 페론의 러닝메이트로 이사벨이 지명되었고, 선거 결과 페론이 대통령, 이사벨이 부통령으

---

141 「후안 도밍고 페론」, 〈위키백과〉(검색일: 2021.1.9)

로 당선되어 1973년 10월 12일 취임했다. 그러나 페론이 고령으로 건강이 악화되어 이사벨이 대통령직을 대행했다. 1974년 페론이 사망하자 이사벨이 대통령직을 승계했다. 이로써 이사벨은 세계 최초의 여성 대통령이 됐다.

부통령이 대통령의 궐위로 대통령직을 승계한 것이므로 법적으로는 문제가 없었지만 국민의 반감이 심했고, 이전 정권의 인플레이션, 사회 갈등, 정치 폭력 등의 문제를 그대로 물려받았으므로 이사벨은 재임 도중 국외로 추방당해 1975년 9월 13일부터 10월 16일까지는 이탈리아에서 임시 대통령으로 재임해야 했다. 낮은 지지율을 만회하기 위해 국민들에게 인기가 높았던 에바 페론의 계승자를 자처하고 에바의 향수를 달래기 위해 외국에 있던 에바의 미라를 아르헨티나로 송환하는 등 국민의 지지를 얻기 위해 노력했으나 반감은 수그러들지 않았다. 경제가 파탄 상태에 이르자 이에 항의하는 폭동이 이어져 국가는 거의 무정부 상태에 이르렀다. 계엄령을 선포했으나 상황은 더욱 악화되어 군부마저 그에게서 등을 돌렸다. 집권 내내 좌파 게릴라의 준동과 우파 암살단의 보복 테러 등으로 인한 정국 혼란에 시달렸다.

1976년 3월 24일 육군 사령관 호르헤 비델라 장군이 가톨릭교회의 암묵적 지원을 받아 군부 쿠데타를 성공시켰다. 그런데 1976년 이사벨 페론 대통령 축출 쿠데타에 미국이 개입했다는 설이 있다. 1983년까지 군부 독재가 지속되는 가운데 '더러운 전쟁(Guerra Sucia)'이라고 불리는 인권 탄압이 자행되었다. 비델라는 아고티스 공군 사령관, 미세라 해군 사령관과 군사평의회를 구성하고 대대적인 좌익 숙청에 돌입했다. 이들은 칠레 비밀경찰과 미 CIA와 협조해 '콘도르 작전'을 수행했는데, 그 결과 수천 명의 반체제 행방불명자가 발생했다. 의회를 해산하고 사법부, 정당, 노조 활동을 정지시켰으며 좌익 게릴라 단체를 소탕한다는 명목으로 '더러운 전쟁'을 전개하여 페론주의 노동운동가, 인권운동가 등 페로니즘 세력에게 무자비한 탄압을 가했다.[142] 8천 명(당국 추정)에서 3만 명(유가족 추정)에 이르는 시민이 사망·실종되었다고 한다.

300여 곳의 변두리 지역 학교나 체육관 등을 개조한 수용소로 끌려온 학생, 기자, 페론주의 혹은 사회주의를 추종하는 게릴라 혹은 동조자들 대부분이 수용소에서 생을 마감했다. 끔찍한 고문이 자행되었고 고문에서 살아남은 자들도 대부분 살해되었다. 은퇴한 한 아르헨티나 해군 조종사가 집필한 고백서 『비행』(1995)에 따르면, 자신의 부대에서만 최소한 2,000여 명을 대서양 한가운데 던져 버렸다고 한다.

'콘도르 작전'이란 1975년 칠레의 독재자 아우구스토 피노체트가 아르헨티나, 브라질, 볼리비아, 파라과이, 우루과이 등 다른 독재정권들을 엮어 만든 일종의 '국제 협력 군경 테러조직'으로 아르헨티나 군사정권이 무너진 1983년까지 계속됐다. 칠레의 피노체트는 '콘도르 작전'의 명분을 좌파 게릴라 근절을 위한 '반공'으로 내걸었지만, 실

---

[142] Carlos Osorio, Silvia Tandeciarz and Johanna Weech, eds. "Inside Argentina's Killing Machine: U.S. Intelligence Documents Record Gruesome Human Rights Crimes of 1976-1983," Published: May 30, 2019, *National Security Archive Electronic Briefing Book* #673, https://nsarchive.gwu.edu/briefing-book/southern-cone/2019-05-30/inside-argentinas-killing-machine-us-intelligence-documents-record-gruesome-human-rights-crimes-1976 (검색일: 2019.5.31).

제로는 자신의 철권통치에 반대하는 반체제인사들 또는 그들의 가족을 감금하고 처형하는 데 이용했다.

콘도르 작전을 주도한 핵심 기관은 칠레의 비밀경찰 격인 국가정보회의(DINA)이다. 1973년 9월 피노체트가 칠레에서 군사 쿠데타를 일으킨 후 2개월 만에 만들어진 DINA는 오직 피노체트의 지시만 따랐으며 '좌익 공산 세력 박멸'을 목표로 무자비한 숙청 작업을 주도했다. DINA는 지나친 독점적 권력 행사로 군부와도 적잖은 마찰을 빚었다. 당시 부에노스아이레스 주재 미 FBI 파견요원이었던 로버트 슈헤르가 처음 본부에 보고한 내용에 따르면 '칠레가 콘도르 작전의 중심'이었고 테러리스트와 그 배후 세력을 뿌리 뽑기 위한 특별팀에 칠레가 각종 정보를 제공하고 있었다.[143] 각국 군사정권은 상대방 국가에서 활동하거나 숨어 있는 자국의 반체제인사들의 체포를 부탁하거나 상대방 반체제인사들을 넘겨주는 데 콘도르 조직망을 이용했다. 남미 위성방송 '텔레수르'는 콘도르 작전과 관련해 아르헨티나에서만 3만 명이 실종됐다고 추정한다. 살해 6만 명, 투옥 40만 명에 이른다.

1981년 3월에 비델라에 이어 아르헨티나 대통령에 취임한 로베르토 비올라는 야당과의 대화를 약속하는 등 민주적 제스처를 취했으나 이에 불만을 가진 군부 강경파인 레오폴도 갈티에리 육군참모총장의 쿠데타로 8개월 만인 1981년 12월에 실각했다. 갈티에리도 미 CIA의 지원을 받은 세력이다. 1982년 계속되는 경기침체와 600%에

---

143 하태현, 「[역사퍼즐] 70년대 남미를 흔들었던 콘도르(Condor) 계획」, 〈스토리오브서울〉(2005. 11.1).

달하는 인플레이션, 높은 실업률, '5월광장 어머니회'를 비롯한 국내외 인권단체의 활동으로 군정에 대한 반대 여론이 비등하자 갈티에리 정권은 3월 26일 국민들의 관심을 돌리기 위해 영국과의 영유권 분쟁 지역인 포클랜드 제도를 점령하여 영국과 전쟁을 벌였으나 패했다. 칼티에리는 정치·사회적 국정 혼란, 전전 패배 등 책임을 지고 사임했다. 이어 1982년 7월에 대통령에 취임한 레이날도 비뇨네 장군은 국민들의 민정이양 요구로 더 이상 군정이 불가능하다고 판단하고 총선에 앞서 두 가지 조치를 취했다. 첫째 피체포자와 실종자 관련 문서를 파기하도록 밀명을 내렸으며, 둘째 이른바 '더러운 전쟁'에 참가한 모든 군인을 사면한다는 자기사면법을 제정했다.

1983년 10월 선거에서 당선되어 12월에 취임한 혁신당(UCR)의 변호사 출신 라올 알폰신(Raul Ricardo Alfonsin) 대통령은 전 정권의 인권 유린 행위를 대대적으로 수사하여 44대 로베르토 비올라, 45대 레오폴드 갈티에리 등 군정 대통령 3명에게 종신형을 선고하고, 장성·경찰 간부 등 370여 명의 군정인사들을 내란·인권 유린 등의 혐의로 수감했다. 그러나 군부의 반발과 쿠데타 기도가 잇따르자 위협을 느낀 알폰신 정부는 사면법을 제정하였고 추가 수사는 중단되었다. 알폰신은 집권 초기 군정 청산과 민주주의 정착을 위해 힘썼으며 긴축재정으로 국가 경제를 정상화하기 위해 노력했으나 돌아온 것은 노조의 총파업뿐이었다. 결국 포퓰리즘에 빠져 집권 말기 3000%의 인플레를 초래했다.

2016년 아르헨티나 법원은 남미 반체제인사에 대한 국제적 추적, 납치, 살해 범죄인 '콘도르 작전'에 대한 역사적 첫 단죄를 시행했다.

아르헨티나 연방법원은 2016년 5월 27일 레이날도 비뇨네 전 대통령에게 콘도르 작전에 대한 책임을 물어 징역 20년을 선고했다. 적용 혐의는 불법단체 결성, 납치, 직권남용 등이며 법원은 그가 반체제인사 100명 이상의 실종사건에 관여했다고 판결했다. 아르헨티나 군사정권의 마지막 대통령인 비뇨네는 이미 군부 독재정권 시절(1976~1983)의 각종 인권 침해 범죄 혐의로 종신형을 선고받고 복역 중이었다.

이 판결은 1970~1980년대 남미의 친미 독재정권들이 공조해 벌인 콘도르 작전에 대한 40여 년 만의 첫 단죄였다. 아르헨티나 연방법원은 이날 비뇨네 전 대통령뿐 아니라 콘도르 작전에 관여한 다른 군 출신 인사들에 대해서도 징역 8년에서 25년까지 선고했다. 유죄 선고를 받은 이들 가운데는 우루과이의 마누엘 코르데로 피아센티니 전 대령도 포함돼 있다. 그는 남미 각국에서 납치돼 부에노스아이레스로 끌려온 반체제인사들을 고문한 혐의로 25년형을 선고받았다.

콘도르 작전은 1992년 파라과이의 한 판사가 찾아낸 정치범 관련 자료를 통해 세상에 드러났다. 이후 관련 조사가 1990년대 아르헨티나에서 대대적으로 시작됐다. 아르헨티나 군사정권이 만들어 놓은 사면법에 따라 조사가 벽에 부닥쳤지만, 아르헨티나 대법원이 2005년 사면법에 대해 위헌 판결을 내려 단죄가 이뤄지게 됐다. 1998년 비밀 해제된 미 연방수사국(FBI) 문서들을 보면, 미국은 CIA 등을 통해 콘도르 작전을 배후에서 후원했고, 최소한 이를 묵인한 것으로 여겨진다. 특히 헨리 키신저 전 국무장관은 당시 콘도르 작전에 대해 아르헨티나 장관들과 연락을 주고받았고, 국무부가 콘도르 작전과 관련해 남미 각국에 경고를 보내려던 계획을 중간에서 가로막았다는 의혹도 받고 있으나 키신저는 이를 부인했다.[144]

2016년 8월 4일 미국의 존 케리 국무장관은 아르헨티나의 수도 부에노스아이레스를 방문해 '더러운 전쟁' 기밀 해제 문서를 전달했다. 이는 2016년 3월 아르헨티나를 국빈 방문한 버락 오바마 대통령이 마우리시오 마크리 대통령과 인권단체의 더러운 전쟁 관련 기록 공유 요청을 수락한 데에 따른 약속 이행 차원이었다. 미국은 2002년에 더러운 전쟁과 관련해 기밀 해제된 국무부 문서 4,700건을 공개한 바 있다.[145] 2019년 3월 24일 쿠데타 43주년을 맞아 트럼프 행정부도 문서 추가 공개를 약속했고[146] 미국 내셔널아카이브는 4월 12일 비밀 해제 문서를 아르헨티나 정부에 전달하는 기념식을 가졌다.[147]

---

144 조기원, 「남미 인권유린 '콘도르 작전' 40년만에 단죄」, 〈한겨레〉(2016.5.29).
145 국기헌, 「美 '더러운 전쟁' 기밀해제 문서 아르헨티나에 전달」, 〈연합뉴스〉(2016.8.5).
146 Carlos Osorio, "Declassification Diplomacy: Trump Administration to Turn Over Trove of Declassified Records to Argentina on Human Rights Violations Committed During Military Dictatorship," Published: Mar 24, 2019, National Security Archive Posting, https://nsarchive.gwu.edu/news/southern-cone/2019-03-24/declassification-diplomacy-trump-administration-turn-over-trove-declassified-records-argentina-human (검색일: 2019.3.25).
147 Carlos Osorio and Peter Kornbluh, "Declassification Diplomacy: Trump Administration Turns Over Massive Collection of Intelligence Records on Human Rights and Argentina," Published: April 12, 2019, *National Security Archive Electronic Briefing Book* #669, https://nsarchive.gwu.edu/briefing-book/southern-cone/2019-04-12/declassification-diplomacy-trump-administration-turns-over-massive-collection-intelligence-records (검색일: 2019.4.15).

14. 오스트레일리아 총리 제거를 위한
   미국과 영국의 합동작전

노동당의 에드워드 고프 휘틀럼은 1972년 총선에서 승리하여 21대 호주 총리로 취임했다. 그러나 1975년 11월 11일 오스트레일리아의 연방총독 존 커로부터 헌정사상 처음으로 파면 통보를 받고 전격 해임당했다. 정권은 보수적인 말콤 프레이저(Malcolm Fraser) 총리가 이끄는 자유당으로 넘어갔고, 노동당 출신이면서도 총리를 해임한 커 총독 역시 격렬한 비난을 받아 조기 퇴진해야 했다. 이 일을 계기로 오스트레일리아에서 군주제 폐지 여론이 대두되었다. 총리 해임과 상하원 동시 해산은 하원에서의 다수 의석 확보를 통해 집권한 휘틀럼 정부의 개혁안이 상원의 벽에 부딪힌 데 따른 결과였다.

그런데 휘틀럼 해임 스캔들의 흑막에 미국이 있다는 의혹이 제기되었다. 당시 휘틀럼 정권은 베트남전쟁에 파병한 자국군을 철수시키려 했고, 자국에 주둔한 미군기지를 폐쇄하겠다고도 해서 미국의 불신을 받고 있었다. 미국은 좌파 노동당이 계속 집권하면 동남아 지역에 퍼지던 공산주의의 영향을 받아 공산화 도미노 효과로 인해 오스트레일리아가 공산화될지도 모른다는 생각을 하고 있었다. 이를 두려워한 미국이 CIA를 통해 존 커 총독으로 하여금 휘틀럼 총리를 해임하도록 사주했다는 의혹이 제기되었다.

1970년대 중반 첩보위성 관련 미국의 방위사업체 TRW의 직원 크리스토퍼 보이스는 텔렉스룸에서 기밀 업무(암호 해독)를 수행하다가 우연히 CIA가 휘틀럼 정권을 실각시키려고 모의하는 것을 알게 되었다고 했다. 보이스는 CIA 직원 조 해리슨이 존 커 총독을 '우리 편'이라고 말하는 것을 들었다는 것이다. 보이스는 이 정보를 언론에 공개하려고 했으나, 1973년 칠레 쿠데타에 대한 미국의 개입이 공개될 때와 비슷하게 파장을 일으키지 못할 것이라고 판단해 언론 공개 대신 마약중개업자 앤드류 리에게 미국의 첩보위성 관련 기밀 정보들을 건네주어 멕시코시티에 있는 소련대사관 직원에게 돈을 받고 팔아넘기게 했다. 결국 보이스와 리는 1977년 간첩혐의로 체포되었다.[148]

1982년 보이스는 미국 캔자스주 레번워스 연방교도소에서 행한 오스트레일리아 TV 프로그램과의 인터뷰에서 미국의 오스트레일리아 내정간섭을 폭로했다. 보이스는 CIA가 오스트레일리아 정계 엘리트와 노동조합 등에 침투해 노조 활동을 배후 조종하고 전화와 텔렉스 메시지를 도청한다고 폭로했다. 그리고 미국 정부가 이를 은폐하기 위해 자신에게 소련에게 정보를 제공한 간첩 혐의를 씌웠다고 주장했다.[149] 2003년에 석방된 보이스는 2014년 오스트레일리아 SBS 방송

---

148 "The Falcon Lands: Did the CIA interfere in 1970s Australian politics? Did the CIA interfere in 1970s Australian politics? Former spy Christopher Boyce speaks out in an explosive new Dateline interview." *SBS Dateline*, 18 Feb 2014, 09:32 pm, https://www.sbs.com.au/news/dateline/tvepisode/the-falcon-lands, in *YouTube*, 2014. 2. 19, https://www.youtube.com/watch?v=eQAqgUKgrkQ (검색일: 2020.7.29).

149 Ray Martin, "TRANSCRIPT: PROGRAM: SIXTY MINUTES DATE: 23 MAY 1982 TOPIC: A SPY'S STORY: USA TRAITOR GAOLED FOR 40 YEARS AFTER SELLING CODES OF RYLITE AND ARGUS PROJECTS. Christopher Boyce, Traitor, Leavenworth Federal Penitentiary, Kansas, Maximum security prison. - Prison Warden - Bill Doughety, Boyce's lawyer," in AUSTRALIAN HOUSE OF REPRESENTATIVES NOVEMBER 20, 1986, GRIEVANCE DEBATE, SPEAKER: PETER STAPLES, MP JAJAGAGA, Queensland, Archives, The CIA in Australia, https://web.archive.org/web/20120724113116/http://williambowles.info/spysrus/cia_australia.html (검색일: 2020.7.25).

국의 마크 데이비스와 인터뷰했다. 보이스는 소련과 중국의 통신 정보가 파인 갭(Pine Gap)이라는 오스트레일리아 소재 미군 비밀 기지의 통신 감청 장비를 통해 미국 CIA 본부에 보내지며 TRW로 보내진다고 했다. 보이스는 자신이 1974년부터 오스트레일리아를 기만하는 정보 해독 작업을 해 왔으며, 당시 미국과의 동맹에 대해 비판적이던 휘틀럼 총리가 파인 갭에 있는 스파이 베이스의 존재에 대해 우려해 폐쇄를 추진했다는 것이다.[150]

『월스트리트저널』의 조나단 퀴트니 기자는 존 커 총독이 CIA로부터 해외여행 비용 등 뇌물을 받았다고 지적하기도 했다.[151] 오스트레일리아 저널리스트 존 필거는 CIA의 광범위한 자금 지원을 받는 커가 CIA의 이익에 따라 움직일 수밖에 없었다고 주장했다. 인도네시아에서 수카르노를 제거하는 데 개입했던 그린 대사를 1974년 오스트레일리아 대사로 부임시킨 것도 심상치 않았다고 했다. 휘틀럼의 사임에 대한 자초지종을 매우 설득력 있게 기술한 필거의 기고문[152]에 따

---

150 "The Falcon Lands: Did the CIA interfere in 1970s Australian politics? Did the CIA interfere in 1970s Australian politics? Former spy Christopher Boyce speaks out in an explosive new Dateline interview." *SBS Dateline*, in *YouTube*, 2014. 2. 19, https://www.youtube.com/watch?v=eQAqgUKgrkQ (검색일: 2020.7.29.). 보이스와 리의 이야기는 Robert Lindsey, *The Falcon and the Snowman*: *A True Story of Friendship and Espionage* (New York: Simon & Schuster, 1979)로 출간되었으며, 1985년 같은 제목으로 영화화되었다.

151 Jonathan Kwitny, *The Crimes of Patriots: A True Tale of Dope*, *Dirty Money*, *and the CIA* (New York: W. W. Norton & Company, 1987)

152 John Pilger, "THE CIA COUP AGAINST 'THE MOST LOYAL ALLY' IS HISTORY'S WARNING IN 2020," *johnpilger.com*: *The films and journalism of John Pilge*, 2 June 2020, http://johnpilger.com/articles/the-cia-coup-against-the-most-loyal-ally-is-history-s-warning-in-2020 (검색일: 2020.7.25.); John Pilger, "The British-American coup that ended Australian independence," *The Guardian*, Thu 23 Oct 2014 13.50

르면 미국은 영국의 정보 부문과 공조했다. 1975년에 휘틀럼 총리는 영국 MI6이 자신의 정부 정책에 대항하고 있음을 눈치챘다고 훗날 회고했다. 클라이드 캐머런 과학·소비자부 장관이 자신에게 MI6이 오스트레일리아 각료회의를 미국인들을 위해 도청하고 있음을 알고 있다고 말했다고 했다.

1980년대에 한 CIA 고위 인사는 1975년 당시 윌리엄 콜비 CIA 국장과 모리스 올드필드 MI6 국장이 휘틀럼 문제에 대해 논의했다고 폭로했다. CIA 부국장은 "커가 들은 대로 했다"고 말했다는 것이다. 커 총독이 CIA가 지시한 대로 움직였다는 주장이다.

1975년 11월 10일 휘틀럼은 악명 높은 시어도어 샤클리 CIA 동아시아 책임자의 극비 텔렉스 메시지를 읽었다. 여기에는 휘틀럼 총리가 오스트레일리아 안보 위기 그 자체라고 적혀 있었다. 그 전날 커 총독은 오스트레일리아 국가안보실 국방신호 사령부를 방문해 안보 위기에 대해 보고받았다. 11월 11일 휘틀럼은 의회에 오스트레일리아 비밀 CIA의 존재를 보고해야 할 운명이었다. 커 총독은 11월 11일 휘틀럼 총리를 소환했다. 커는 법적 대행자를 지명하면서 민주적으로 선출된 총리를 해임시켰다. 휘틀럼 문제는 해소되었으나 오스트레일리아 정치는 결코 회복되지 않았다. 국가의 진정한 독립도 회복되지 않았다. 휘틀럼의 몰락은 미 CIA와 영 MI6의 합작품이라는 해석이 가능하다.

BST, Last modified on Fri 14 Jul 2017 22.49 BST, https://www.theguardian.com/commentisfree/2014/oct/23/gough-whitlam-1975-coup-ended-australian-independence (검색일: 2020.7.25).

전두환 제거 구상 편 끝.